सकारात्मक सोच की अद्भुत शक्ति

सकारात्मक सोच की अद्‌भुत शक्ति

नॉर्मन विन्सेन्ट पील

अनुवाद : डॉ. सुधीर दीक्षित

MANJUL

मंजुल पब्लिशिंग हाउस

स्माइली ब्लैन्टन, डैनियल ए. पोलिंग, हर्मन एल. बारबेरी,
यूजीन मेकिनली पियर्स, डॉनल्ड वेन हॉफ़मैन, मैरी एफ़ ब्रिनिग को समर्पित

MANJUL

मंजुल पब्लिशिंग हाउस

कॉरपोरेट एवं संपादकीय कार्यालय

• द्वितीय तल, उषा प्रीत कॉम्प्लेक्स, 42 मालवीय नगर, भोपाल-462003

विक्रय एवं विपणन कार्यालय

• सी-16, सेक्टर 3, नोएडा, उत्तर प्रदेश - 201301, इंडिया

वेबसाइट : www.manjulindia.com

वितरण केन्द्र

अहमदाबाद, बेंगलुरू, भोपाल, कोलकाता, चेन्नई,
हैदराबाद, मुम्बई, नई दिल्ली, पुणे

नॉर्मन विन्सेन्ट पील द्वारा लिखित मूल अंग्रेजी पुस्तक
द *अमेज़िंग रिज़ल्ट्स ऑफ़ पॉज़िटिव थिंकिंग* का हिन्दी अनुवाद

यह हिन्दी संस्करण 2006 में पहली बार प्रकाशित
13वीं आवृत्ति 2024

मूल प्रकाशक फायरसाइड, साइमन ऐंड शुस्टर, इन्कॉरपोरेटिड का प्रभाग
के सहयोग से प्रकाशित

ISBN 978-81-8322-024-8

हिन्दी अनुवाद : डॉ. सुधीर दीक्षित, रजनी दीक्षित

मुद्रण व जिल्दसाज़ी : गोपसन्स पेपर्स प्रा.लि.

विषय-सूची

पाठकों से

इस पुस्तक को *सैकड़ों लोगों ने* लिखा है। मैंने तो सिर्फ़ बहुत से पुरुषों और महिलाओं के अनुभवों को सामने रखा है।

यह परिणाम पर आधारित पुस्तक है। इसमें सकारात्मक सोच के सिद्धांतों पर अमल करने वाले हज़ारों लोगों की ज़िंदगी की रोमांचक कहानियाँ हैं।

मैंने *द पॉवर ऑफ़ पॉज़िटिव थिंकिंग* लिखी थी, जिसमें सही सोच और व्यावहारिक धार्मिक आस्था का इस्तेमाल करके प्रभावी जीवन जीने का तरीक़ा सिखाया गया था। उसके प्रकाशन के बाद से हज़ारों पाठकों ने मुझे पत्र लिखे हैं। उन्होंने मुझे बताया है कि सकारात्मक चिंतन के सिद्धांतों पर अमल करने के बाद उन्होंने डर पर विजय पा ली है, व्यक्तिगत संबंध सुधार लिए हैं, सेहत सुधार ली है, आंतरिक संघर्ष पर क़ाबू पा लिया है और प्रबल आत्मविश्वास हासिल कर लिया है।

इन पत्रों को लिखने वाले सभी लोगों ने ईश्वर में आस्था व्यक्त की है। उन्होंने बार-बार बताया है कि उन्होंने बाइबल पढ़ना शुरू किया और उन्हें इसमें नवीन अर्थ मिला। उन्होंने यह बताया कि उन्हें इससे इतनी आस्था और ख़ुशी मिलती है, जितनी पहले कभी नहीं मिली। उन्होंने चर्च में नए जीवनमूल्य खोजे। व्यावहारिक आध्यात्मिक तकनीकों का प्रयोग एक रोमांचक अभियान बन गया। ये पत्र कैथोलिक, प्रोटेस्टेंट और यहूदी समुदाय के लोगों के थे। इन सबमें यही उल्लेख था कि ईश्वर किस तरह एक जीवंत सच्चाई बन गया। कई ने ईसा मसीह को अपने जीवन में महसूस किया और उन्होंने इस आध्यात्मिक अनुभव को बहुत ही गहन, समृद्ध और व्यक्तिगत बताया। आध्यात्मिक जीवन में नई संभावनाएँ पाई गईं, ख़ास तौर पर प्रार्थना की शक्ति में। कुछ लोग बरसों से नियमित रूप से चर्च जा रहे थे, लेकिन उन्हें वहाँ कोई ख़ुशी

या प्रेरणा नहीं मिल रही थी। आस्था रखने के बाद उन्हें भी नए अनुभव हुए।

इन लोगों ने बहुत रोमांच के साथ अपने अद्‌भुत अनुभव बताए हैं। उन्होंने बताया है कि उनका जीवन नया हो गया है और साथी इंसानों के प्रति प्रेम बढ़ गया है।

पाठकों ने *द पॉवर ऑफ़ पॉज़िटिव थिंकिंग* की शिक्षा की सराहना की, लेकिन कई ने सुझाए गए तरीक़ों के नए प्रयोग खोज लिए या फिर प्रभावकारी जीवन के नए रोमांचक फ़ॉर्मूले खोज लिए, जो उन्होंने उत्साह से मुझे भेजे। मुझे महसूस हुआ कि नई तकनीकों को सबके सामने रखा जाना चाहिए, क्योंकि वे सचमुच फ़ायदेमंद हो सकती हैं।

सकारात्मक तरीक़े से ज़िंदगी जीने के बारे में ये पत्र और मौखिक वाक्य इतने अद्‌भुत थे कि जब मैंने उन्हें पुस्तक के रूप में आकार दिया, तो इसका स्वाभाविक शीर्षक यही था : ***सकारात्मक सोच की अद्‌भुत शक्ति।*** इस पुस्तक में बहुत से लोगों के सच्चे अनुभव हैं, जिन्होंने कुछ फ़ॉर्मूलों पर चलकर अपनी ज़िंदगी बदल ली।

इन फ़ॉर्मूलों का प्रयोग करके हज़ारों लोगों ने सोचने और जीने का एक ऐसा तरीक़ा खोजा है, जिसने दुख को सुख में, कमज़ोरी को शक्ति में, असफलता को सफलता में, निराशा को आशा में और पराजय को विजय में बदल दिया है। यह नई पुस्तक स्पष्ट करती है कि यही सिद्धांत आपकी किस तरह मदद कर सकते हैं। इन परिणामों को पढ़ने के बाद शायद आप इन सशक्त तकनीकों को अपने जीवन में भी उतारना चाहें। फिर शायद आप भी अपने परिणामों के बारे में मुझे पत्र लिखना चाहें, ताकि उनके द्वारा मैं दूसरों को प्रोत्साहित कर सकूँ और उनकी मदद कर सकूँ।

मेरे पाठक और मित्र, ईश्वर हमेशा आप पर कृपा करे और आपका मार्गदर्शन करे।

नॉर्मन विन्सेन्ट पील

अध्याय 1

क्या सकारात्मक सोच हमेशा कामयाब होती है?

क्या सकारात्मक सोच हमेशा कामयाब होती है ?

हाँ।

मैं जानता हूँ कि यह कहना बड़ी हिम्मत का काम है और कोई व्यक्ति यह आपत्ति कर सकता है: "क्या सचमुच ऐसा होता है ? मेरे सामने बहुत सी समस्याएँ थीं। मैंने सकारात्मक सोच पर कई पुस्तकें पढ़ीं, लेकिन अब भी मेरे सामने बहुत सी समस्याएँ हैं।" कोई दूसरा व्यक्ति यह कह सकता है, "मेरे बिज़नेस का हाल बुरा था। मैंने सकारात्मक सोच को आज़माकर देखा। मेरे बिज़नेस का हाल आज भी बुरा ही है। सकारात्मक सोच से स्थिति में रत्ती भर भी सुधार नहीं हुआ। ज़िंदगी में असफलता भी मिलती है। अगर आप इससे इंकार करते हैं, तो आप शुतुरमुर्ग की तरह अपना सिर रेत में छुपा रहे हैं।"

दरअसल लोग अक्सर सकारात्मक सोच की प्रकृति को नहीं समझ पाते हैं। ऐसा नहीं है कि सकारात्मक सोच वाला व्यक्ति नकारात्मक बातों के *अस्तित्व* को स्वीकार नहीं करता है; वह तो सिर्फ़ उन पर *ध्यान केंद्रित करने* से बचता है। सकारात्मक सोच विचार का वह रूप है, जो बुरी से बुरी परिस्थितियों में भी अच्छे परिणामों की तलाश करता है। चाहे स्थिति कितनी ही बुरी हो, उसे सुधारने के तरीक़े खोजे जा सकते हैं। चाहे स्थिति कितनी ही बुरी हो, आप अच्छे परिणामों की

आशा कर सकते हैं। और उल्लेखनीय तथ्य यह है कि जब आप अच्छे परिणामों की आशा करते हैं, तो उनके मिलने की संभावना बहुत बढ़ जाती है।

सकारात्मक पहलू की तलाश करना एक सुविचारित प्रक्रिया है। यह एक ऐसा विकल्प है, जिसे आप चुन सकते हैं। कुछ समय पहले मैंने सुना कि मेरे मित्र बिल को नौकरी से निकाल दिया गया है। बिल से चर्चा करने पर मुझे पूरी बात पता चली। उसे अचानक बिना कारण बताए निकाल दिया गया था। उसे सिर्फ़ इतना ही बताया गया कि नीतियों में परिवर्तन होने के कारण अब कंपनी को उसकी ज़रूरत नहीं है। स्थिति और भी बुरी इसलिए दिख रही थी, क्योंकि नौ महीने पहले एक प्रतिद्वंद्वी कंपनी ने बिल के सामने एक आकर्षक प्रस्ताव रखा था, लेकिन उसके बॉस ने यह कहकर उसे कंपनी नहीं छोड़ने दी थी, "हमें यहाँ तुम्हारी ज़रूरत है, बिल। और सच कहूँ, तो यहाँ पर तुम्हारा भविष्य बहुत उज्जवल दिख रहा है।"

ज़ाहिर है, बिल की प्रतिक्रिया कड़वाहट भरी थी। उसे लगा कि उसे कोई नहीं चाहता है। वह ख़ुद को असुरक्षित और तिरस्कृत महसूस कर रहा था। उसके अहं को चोट पहुँची थी। वह चिड़चिड़ा और द्वेषपूर्ण हो गया था। ज़ाहिर है, इस तरह की मानसिकता में वह दूसरी नौकरी की तलाश ठीक से नहीं कर सकता था।

यह स्थिति ठीक वैसी है, जिसमें सकारात्मक सोच से कामयाबी मिल सकती है। एक दिन बिल ने *द पॉवर ऑफ़ पॉज़िटिव थिंकिंग* (*सकारात्मक सोच की शक्ति*) की एक पुरानी प्रति निकाली और पूरी पुस्तक पढ़ डाली। उसे समझ में नहीं आ रहा था कि उसकी स्थिति में कौन सी बात सकारात्मक मानी जा सकती थी। बहरहाल, उसे बहुत सी नकारात्मक बातें नज़र आ रही थीं और वह यह भी जानता था कि उसकी नकारात्मक भावनाएँ उसे पतन की तरफ़ ले जा रही हैं। उसने यह तय किया कि सकारात्मक सोच का लाभ लेने के लिए उसे अपनी नकारात्मक भावनाओं से पीछा छुड़ाना होगा।

अब वह यह जान गया था कि उसे कहाँ से काम शुरू करना है। वह अपने विचारों को बदलने के काम में जुट गया। उसने अपने दिमाग़

से नकारात्मक विचार बाहर निकाले और उनकी जगह पर सकारात्मक विचार स्थापित कर लिए। उसने प्रार्थना का सुनियोजित कार्यक्रम शुरू किया और ईश्वर से कहा, "मुझे विश्वास है कि मेरी ज़िंदगी के बारे में आपकी कोई योजना है, इसलिए मुझे नौकरी से निकाले जाने के पीछे भी कोई उद्देश्य होगा। अपनी क़िस्मत पर लानतें भेजने के बजाय मैं आपसे यह प्रार्थना करता हूँ कि जो हुआ है, आप मुझे उसका उद्देश्य बता दें।" जब उसे यह विश्वास हो गया कि उसके साथ हुई घटना का कोई कारण और उद्देश्य है, तो अपने पूर्व नियोक्ताओं के प्रति द्वेष से छुटकारा पाना बहुत आसान हो गया। और ऐसा होने के बाद एक बार फिर से वह "नौकरी पाने योग्य" बन गया।

चिंतन के इस मोड़ पर पहुँचने के कुछ समय बाद ही बिल को एक पुराना मित्र मिला। वे बातें करने लगे और मित्र ने उसका हाल-चाल पूछा।

बिल ने सामान्य लहज़े में कहा, "मुझे नौकरी से निकाल दिया गया है।"

मित्र हैरान रह गया, "तुमने बड़ी ईमानदारी से बता दिया। वैसे हुआ क्या था?"

बिल ने उसे पूरी बात बताई और अंत में कहा, "... मैं जानता हूँ कि ईश्वर ने मेरे लिए कहीं दूसरी जगह पर कोई नौकरी निश्चित कर रखी है।"

"ईश्वर*!* क्या तुम्हें चिंता नहीं हो रही है?"

"बिलकुल नहीं। इससे बेहतर कोई नौकरी मेरा इंतज़ार कर रही होगी। मेरी फ़िलॉसफ़ी के अनुसार जब एक दरवाज़ा बंद होता है, तो दूसरा खुल जाता है, बशर्ते आपमें आस्था हो और आप स्थिति को ईश्वर के हाथों में सौंप दें।"

कुछ दिनों बाद बिल के पास उसके मित्र का फ़ोन आया। मित्र ने कहा कि उसकी कंपनी में एक पद बहुत समय से ख़ाली है और उससे पूछा कि क्या वह उस पद पर काम करना चाहेगा। मित्र ने यह भी कहा कि तनख़्वाह के हिसाब से यह पद बिल के पुराने पद जितना

अच्छा नहीं है, लेकिन इसमें प्रगति की अच्छी संभावना है। बिल ने वह नौकरी कर ली। इस बारे में कोई शक नहीं था कि नई नौकरी में वह लोगों की ज़्यादा सेवा कर सकता है। उसे जल्दी ही इस बात का एहसास हो गया। जल्दी ही वह जान गया कि उसका नया काम ठीक वैसा ही था, जैसा वह हमेशा से करना चाहता था। वह अपने काम के बारे में इतना प्रेरित और रोमांचित हो गया कि पुरानी नौकरी को लगभग भूल ही गया। यह बात तय है कि बिल नई नौकरी में तरक्की करेगा। और उसे यक़ीन है कि ईश्वर के दिमाग़ में उसके लिए यही योजना रही होगी।

यहाँ पर इस बात का विश्लेषण करना महत्वपूर्ण है कि सकारात्मक सोच ने काम *क्यों* किया। ऐसा नहीं है कि किसी ने जादू की छड़ी घुमाई और नौकरी हवा में से प्रकट हो गई। यहाँ पर एक निश्चित वैज्ञानिक सिद्धांत काम कर रहा था। जब बिल के दिमाग़ में द्वेष, क्रोध और नफ़रत भरी थी, तो वह कर्मचारी के रूप में अपने मूल्य को नष्ट कर रहा था। वह नई नौकरी ढूँढ़ने के काम को मुश्किल बना रहा था। अपने मित्र से मिलते समय अगर बिल का रवैया कटु और रक्षात्मक होता, तो क्या आपको लगता है उसके मित्र ने नई नौकरी के लिए उसका नाम सुझाया होता? यहाँ पर कोई रहस्यवाद नहीं है। इस तरह के चिंतन और काम को कॉमन सेंस की संज्ञा देना ज़्यादा उचित है।

सकारात्मक सोच का मतलब है, परिस्थितियों को इस दृष्टिकोण से देखना कि ज़िंदगी में अच्छी चीज़ें भी होंगी और बुरी भी, लेकिन अच्छी चीज़ों पर ज़ोर देना ज़्यादा अच्छा है। और जब आप ऐसा करते हैं, तो अच्छी चीज़ों में वृद्धि होती है।

कुछ दिन पहले मैंने अपने ऑफ़िस से बाहर निकलकर एक टैक्सी पकड़ी। जैसे ही मैं टैक्सी में चढ़ा, मैं समझ गया कि ड्राइवर काफ़ी ख़ुश था। वह सीटी बजा रहा था। पहले तो उसने "माई फ़ेयर लेडी" की धुन पर सीटी बजाई और फिर वह "स्टार्स एंड स्ट्राइप्स फ़ॉरएवर" की धुन पर सीटी बजाने लगा। कुछ समय बाद मैंने उससे कहा, "आप बहुत ख़ुश लग रहे हैं।"

वह बोला, "मुझे ख़ुश क्यों नहीं होना चाहिए? मैंने अभी-अभी कुछ

सीखा है। मैंने यह सीखा है कि ख़ुश होने या दुखी होने का कोई मतलब नहीं है, क्योंकि चीज़ें बराबर हो जाती हैं (things average out)।"

फिर उसने अपनी बात का मतलब समझाया। उसने बहुत सबेरे ही अपनी टैक्सी सड़क पर निकाल ली थी, क्योंकि वह सुबह की भीड़-भाड़ (rush hour) का फ़ायदा उठाना चाहता था। बाहर बहुत ठंड थी। ड्राइवर ने कहा, "ठंड इतनी ज़्यादा थी कि अगर धातु की किसी चीज़ को छू लें, तो हाथ चिपक जाए।" और उसकी क़िस्मत देखिए, जैसे ही उसका दिन शुरू हुआ, उसकी टैक्सी का टायर पंचर हो गया। उसे ग़ुस्सा आ गया। बड़बड़ाते हुए उसने जैक बाहर निकाला और स्टेपनी लगाने की कोशिश करने लगा। ठंड इतनी थी कि वह एक बार में कुछ मिनट ही काम कर सकता था। जब वह स्टेपनी लगाने के लिए जूझ रहा था, तो एक ट्रक पास आकर रुका। ट्रक का ड्राइवर कूदकर बाहर आया और टैक्सी ड्राइवर की मदद करने लगा। टैक्सी ड्राइवर यह देखकर हैरान रह गया। जब टायर लग गया, तो ट्रक ड्राइवर ने टैक्सी ड्राइवर के धन्यवाद पर हाथ हिलाया, ट्रक में चढ़ा और वहाँ से चल दिया।

टैक्सी ड्राइवर ने मुझसे कहा, "इससे मेरा मूड अच्छा हो गया। चीज़ें औसत के हिसाब से हो रही थीं। पहले तो टायर पंचर होने पर मुझे ग़ुस्सा आ गया था, लेकिन ट्रक ड्राइवर की मदद के बाद मैं अच्छा महसूस करने लगा। यहाँ तक कि मेरी कमाई भी औसत के हिसाब से ही हुई। इससे पहले मैं कभी इतना व्यस्त नहीं रहा। एक के बाद एक सवारियाँ टैक्सी में चढ़ती-उतरती रहीं। चीज़ें औसत के हिसाब से होती हैं। जब कोई स्थिति बुरी लगे, तो निराश न हों, क्योंकि चीज़ें अंततः बराबर हो जाती हैं।"

वह टैक्सी ड्राइवर सकारात्मक सोच रखने वाला व्यक्ति था। उसने कहा कि अब वह कभी ज़िंदगी के उतार-चढ़ाव पर ग़ुस्सा नहीं होगा। अब वह इस सिद्धांत के अनुरूप जिएगा कि चीज़ें बराबर हो जाती हैं। यही सच्ची सकारात्मक सोच है और यह कामयाब भी होगी, क्योंकि जब आप आशावादी तरीक़े से स्थिति के सुधरने का इंतज़ार करते हैं

और मेहनत करते हैं, तो स्थिति हमेशा पहले से ज़्यादा अच्छी हो जाती है। औसत का नियम हमेशा सकारात्मक सोच रखने वाले के पक्ष में रहता है। सकारात्मक दृष्टिकोण वाला व्यक्ति अपने मस्तिष्क को अगले मोड़ पर मिलने वाले उज्जवल भविष्य पर केंद्रित रखने का विकल्प चुनता है। इस तरह से वह अपने निराशाजनक पलों को ज़्यादा सुखद, रचनात्मक और उपयोगी बना लेता है। जब ऐसा नज़रिया होता है, तो वह मोड़ जल्दी ही सामने आ जाता है।

यह ज़िंदगी की सच्चाई है कि हम सबको बहुत सी कुंठाओं, मुश्किलों और समस्याओं का सामना करना पड़ेगा। लेकिन यह ज़रूरी नहीं है कि हम उनके सामने हार मान लें। अगर आप इस सच्चे विश्वास के साथ ज़िंदगी का सामना करें कि सर्वशक्तिमान ईश्वर की मदद से आप अपनी समस्याओं को जीत सकते हैं, तो आप ज़रूर जीत जाएँगे। और यह सूत्र जीवन की सभी परिस्थितियों पर लागू होता है।

सैनफ्रांसिस्को में एक शाम को मुझे एलेना जेलाएटा नामक आकर्षक महिला के घर पर डिनर करने का सुखद अवसर मिला। मैंने पहले कभी इतनी ख़ुशमिज़ाज और ख़ुशदिल महिला के घर पर डिनर नहीं किया। एलेना मैक्सिको की हैं और उस शाम को उन्होंने डिनर में मेक्सिको के 17 व्यंजन बनाए थे। खाना बहुत ही स्वादिष्ट था। उन्होंने सारे व्यंजन ख़ुद बनाए थे, जबकि उनकी आँखों की रोशनी जा चुकी है।

एलेना जेलाएटा कभी सैनफ्रांसिस्को में एक रेस्तराँ चलाती थीं। यह सुंदर रेस्तराँ रंगों और ज़िंदगी से भरा था। फिर उनकी आँखों की रोशनी कम होने लगी। जल्दी ही वे अंधी हो गईं और उनकी दुनिया अंधेरी हो गई। एक दिन टेलीफ़ोन की घंटी बजी और उन्होंने टटोलते हुए अपना हाथ बढ़ाया। फ़ोन पर उन्हें यह सदमे भरी ख़बर मिली कि एक दुर्घटना में उनके पति की मृत्यु हो गई है।

पहले अंधापन - और फिर अचानक पति की मौत। वे टेलीफ़ोन के पास स्तब्ध बैठी रहीं। वे पूरी तरह टूट चुकी थीं और सोच रही थीं कि अब क्या करें। वे कई हफ़्तों तक हताशा की स्थिति में रहीं और लाचारी भरी ज़िंदगी जीती रहीं। लेकिन इस पूर्ण भावनात्मक और भौतिक

अंधकार में उन्हें आख़िरकार यह समझ में आया कि अपनी प्रबल आस्था की मदद से वे ज़िंदगी में सकारात्मक क़दम उठा सकती हैं। उन्होंने यह विकल्प चुना कि वे नकारात्मक बातों पर ध्यान केंद्रित करने के बजाय सकारात्मक बातों की तलाश करेंगी। जल्दी ही उन्हें एक सकारात्मक अनुभव हुआ और बहुत ही उल्लेखनीय तरीक़े से हुआ। जब वे सदमे और दुख से जूझ रही थीं, तो अचानक उन्हें महसूस हुआ, "जैसे किसी बड़े और शक्तिशाली हाथ ने मुझे पकड़कर ऊपर उठा लिया।"

सच्ची आस्था और प्रबल सकारात्मक सोच से अपनी दुखद परिस्थितियों का विश्लेषण करने के बाद उन्होंने यह तय किया कि वे अपने दुख, अकेलेपन और अंधेपन से मुक़ाबला करेंगी। वे जीत चुकी हैं और उन्होंने अपना कैरियर दोबारा शुरू कर दिया है। एलेना जेलाएटा कितनी सफल हुईं, यह इस बात से पता चलता है कि हाल के वर्षों में उन्होंने वेस्ट कोस्ट में कुकिंग पर भाषण दिए हैं और कई बार तो 1,000 महिलाओं के सामने भाषण दिए हैं। वे तीन सफल कुकरी बुक्स लिख चुकी हैं। इसके अलावा, उन्होंने प्रेरणा पर भी एक पुस्तक लिखी है। वे अपने दो पुत्रों के साथ फ्रोज़न फ़ूड बिज़नेस चलाती हैं और हर दिन ऑफ़िस जाती हैं।

आँखें न होने के कारण वे स्पर्श, स्वाद और गंध के सहारे खाना पकाती हैं। लेकिन वे मुस्कुराकर कहती हैं, कुकिंग में महत्वपूर्ण चीज़ें यही तो हैं। यह प्रेरक महिला सकारात्मक सोच का बहुत ही अद्‌भुत उदाहरण है। जब हम उनके घर पर डिनर कर रहे थे, तो मैंने स्वाभाविक रूप से उनसे यह पूछा कि उन्होंने इस विपत्ति पर विजय कैसे पाई। इसके जवाब में मिसेज़ जेलाएटा ने एक वाक्य में अपनी ज़िंदगी का मार्गदर्शक सिद्धांत बताया। उन्होंने इसी फ़ॉर्मूले से विपत्तियों पर विजय पाई थी। वह वाक्य यह था, "हमेशा इस तरह काम करो, जैसे आपके लिए असफल होना असंभव है... और फिर ईश्वर उस काम को संभव बना देगा।"

हमेशा इस तरह काम करो, जैसे आपके लिए असफल होना *असंभव* है!

एलेन जेलाएटा को दार्शनिक-मनोवैज्ञानिक विलियम जेम्स "दृढ़

मानसिकता" वाले व्यक्ति की संज्ञा देते। इस महान चिंतक के अनुसार दुनिया में दो तरह के लोग होते हैं - "दृढ़ मानसिकता" वाले और "कमज़ोर मानसिकता" वाले। कमज़ोर मानसिकता वाले वे होते हैं, जो बाधाओं और मुश्किलों के सामने आने पर टूट जाते हैं। वे आलोचना से बुरी तरह आहत हो जाते हैं और हिम्मत हार जाते हैं। वे शिकायतें करते हैं, रोते हैं और असफल हो जाते हैं। लेकिन दृढ़ मानसिकता वाले इस तरह के नहीं होते हैं। वे जीवन के हर क्षेत्र में होते हैं, फिर चाहे वे शारीरिक श्रम करने वाले हों, व्यापारी हों, माता-पिता हों, शिक्षक हों, बूढ़े या जवान हों। दृढ़ मानसिकता वालों को ईश्वर ने दृढ़ता का सशक्त तत्व दिया है। दृढ़ता का अर्थ है किसी मुश्किल के सामने आने पर उसका डटकर मुक़ाबला करने की आंतरिक शक्ति... मुश्किल स्थिति का मुक़ाबला करने के लिए अपेक्षित काम करने की शक्ति।

न्यूयॉर्क के छोटे क़स्बे कारमेल में हम *गाइडपोस्ट्स* पत्रिका प्रकाशित करते हैं। यहाँ पर जिम मैके नाम का एक लड़का रहता था, जिसकी उम्र चौदह साल थी। वह बहुत प्यारा तो था ही, साथ ही वह इस दुनिया के सबसे दृढ़ मानसिकता वाले लोगों में से एक भी था। वह एक जन्मजात खिलाड़ी था और बहुत अच्छा खेलता था। लेकिन अपने हाई स्कूल के कैरियर की शुरुआत में ही वह लँगड़ाने लगा। जल्दी ही यह पता चला कि उसे कैंसर हो गया है। एक ऑपरेशन में जिम का पैर काटना पड़ा। अस्पताल से बाहर आने के बाद वह बैसाखियों के सहारे चलकर हाई स्कूल में गया और हँसकर बताने लगा कि जल्दी ही उसे लकड़ी का पैर मिल जाएगा। उसने कहा, "फिर मैं अपनी लकड़ी के पैर में अपने मोज़े डाल सकता हूँ। तुममें से कोई भी यह काम नहीं कर सकता!"

फ़ुटबॉल का मौसम आने पर जिम ने कोच से पूछा कि क्या वे उसे टीम का बॉय मैनेजर बना सकते हैं। कई हफ़्तों तक वह हर दिन प्रैक्टिस पर आया और अपने प्रेरक व प्रबल साहस से पूरी टीम को प्रेरित किया। एक दोपहर को वह प्रैक्टिस पर नहीं आया। कोच ने चिंतित होकर जब पूछताछ की, तो उसे यह पता चला कि जिम जाँच कराने के लिए अस्पताल गया था। बाद में यह पता चला कि जाँच में

फेफड़े का कैंसर निकला था और डॉक्टर ने साफ़ कह दिया था, "जिम छह हफ़्ते में मर जाएगा।"

जिम के माता-पिता ने जिम से यह बात छुपाने का फ़ैसला किया। वे चाहते थे कि बचे हुए अंतिम हफ़्तों में वह आम ज़िंदगी जिए। इसलिए जिम जल्दी ही दोबारा प्रैक्टिस पर लौट आया। उसके चेहरे पर खिली हुई मुस्कान थी और वह अपने उत्साह तथा साहस से टीम को प्रेरित कर रहा था। उसकी प्रेरणा से टीम पूरे सीज़न में एक बार भी नहीं हारी। इस बात का जश्न मनाने के लिए टीम के सदस्यों ने एक दावत देने का फ़ैसला किया। वे लोग जिम को सम्मानस्वरूप एक विजयी फ़ुटबॉल देने वाले थे, जिस पर टीम के हर सदस्य के ऑटोग्राफ़ हों। बहरहाल दावत आशा के अनुरूप सफल नहीं हुई; उसमें जिम नहीं पहुँच पाया था। वह इतना ज़्यादा कमज़ोर था कि घर से बाहर नहीं निकल सकता था।

बहरहाल कुछ सप्ताह बाद जिम दोबारा लौट आया। इस बार वह बास्केटबॉल मैच में दिखा। उसका चेहरा बहुत पीला पड़ गया था, लेकिन वह पहले की तरह ही मुस्करा रहा था और हँसी-मज़ाक़ कर रहा था। मैच के बाद जब वह कोच के कमरे में गया, तो पूरी फ़ुटबॉल टीम वहाँ पर मौज़ूद थी। कोच ने दावत में न आने के लिए उसे हलके से फटकारा। जिम ने अपने दर्द को छुपाने के लिए मुस्कराते हुए कहा, "मैं डाइट पर चल रहा हूँ, कोच।" फिर टीम के एक खिलाड़ी ने उसे विजयी फ़ुटबॉल भेंट करते हुए कहा, "हम तुम्हारी बदौलत जीते हैं, जिम।" जिम की आँखों में आँसू छलछला आए। इसके बाद कोच, जिम और बाक़ी खिलाड़ियों ने अगले सीज़न की योजना बनाई। और फिर विदा लेने का समय हो गया। जिम मुड़ा और दरवाज़े तक पहुँचकर उसने कोच की तरफ़ देखते हुए कहा, "अलविदा, कोच।"

"तुम्हारा मतलब है, 'फिर मिलेंगे,' जिम?" कोच ने पूछा।

जिम की आँखों में चमक और चेहरे पर मुस्कराहट आ गई। वह बोला, "चिंता न करें, कोच। मैं पूरी तरह तैयार हूँ।" और यह कहते हुए वह चला गया।

दो दिन बाद उसकी मृत्यु हो गई।

जिम को मालूम था कि वह जल्दी ही मर जाएगा। लेकिन वह इस बात को झेल सकता था, क्योंकि वह दृढ़ मानसिकता वाला सकारात्मक चिंतक था। उसने इस दुखद सच्चाई को भी एक रचनात्मक अनुभव में बदल दिया। परंतु कुछ लोग कह सकते हैं कि वह मर तो गया। उसकी सकारात्मक सोच से उसे ज़्यादा फ़ायदा नहीं हुआ। यह सच नहीं है। जिम जानता था कि आस्था कैसे जगाई जाती है और बुरी से बुरी स्थिति में भी प्रेम व प्रेरणा कैसे उत्पन्न की जाती है। वह अपना सिर रेत में नहीं छुपा रहा था। वह अच्छी तरह जानता था कि उसके साथ भविष्य में क्या होने वाला है, लेकिन इसके बाद भी उसने हार न मानने का विकल्प चुना! जिम को हम पराजित नहीं कह सकते। उसने अपनी छोटी सी ज़िंदगी के माध्यम से दूसरों में साहस, आस्था और हँसी का संचार किया। उसने उन लोगों के जीवन और मन पर अपनी अमिट छाप छोड़ी। क्या इतना बड़ा काम करने वाले को हम असफल कह सकते हैं ?

यही सकारात्मक सोच है, यही दृढ़ मानसिकता है। इसका मतलब है हार मानने से इंकार करना। इसका मतलब है ज़िंदगी की चुनौतियों का अधिकतम फ़ायदा उठाने की कोशिश करना। दृढ़ मानसिकता के समर्थक थॉमस कार्लायल की पुस्तकें मुझे हमेशा अच्छी लगी हैं। हाल ही में मैं स्कॉटलैंड के छोटे से गाँव एक्लेफ़ेकान गया, जहाँ उनका जन्म हुआ था। मैं इस आशा में वहाँ गया था कि वहाँ जाने के बाद मुझे उनकी मानसिक दृढ़ता और चरित्र को ठीक से समझने में मदद मिलेगी। कार्लायल एक मिस्त्री के बेटे थे। वे अपनी जेब में एक शिलिंग लेकर एडिनबरा पढ़ने गए और अमर हो गए।

कार्लायल एक्लेफ़ेकान गाँव में बड़े हुए थे, जो स्कॉटलैंड की सीमा और डमफ्राइज़ क़स्बे के बीच स्थित है। उन्हें एक्लेफ़ेकान और डमफ़्राइशायर से प्रेम था। उनकी उपलब्धियों के कारण उन्हें वेस्टमिंस्टर एबे में दफ़नाया जा सकता था, लेकिन उनका प्रबल आग्रह था कि उन्हें एक्लेफ़ेकान में ही दफ़नाया जाए। महारानी विक्टोरिया ने एक बार कार्लायल से पूछा कि उन्हें ब्रिटेन में सबसे सुंदर सड़क कौन सी लगती है। इस पर उनका जवाब था, "एक्लेफ़ेकान से डमफ्राइज़ तक।" फिर महारानी ने यह पूछा कि उन्हें

दूसरी सबसे सुंदर सड़क कौन सी लगती है। इस पर उनका जवाब था, "और कौन सी, वही डमफ्राइज़ से एक्लेफ़ेकान तक।"

एक्लेफ़ेकान में मैं कार्लायल की क़ब्र पर गया और वहाँ बैठकर मैंने उनके लिखे कुछ शब्द पढ़े। वहाँ मैंने कार्लायल के संदेश को बिलकुल नए तरीक़े से समझा - जिसका सार यह है कि कभी हार मत मानो, कभी घुटने मत टेको, डटकर खड़े रहो, तब तक मुक़ाबला करते रहो, जब तक कि सफलता मिल न जाए। ईश्वर आपकी मदद करेगा। कार्लायल के अनुसार ज़िंदगी हममें से हर एक से यह सवाल पूछती है, "तुम साहसी बनोगे या कायर?" यह इतना ही आसान और स्पष्ट सवाल है। कार्लायल को ऐसे विचार कहाँ से मिले? ज़ाहिर है, आज तक लिखी गई सबसे बेहतरीन पुस्तक यानी बाइबल से। "दृढ़ और साहसी बनो। डर और निराशा को छोड़ो, क्योंकि तुम कहीं भी रहो, ईश्वर तुम्हारे साथ है।" (जोशुआ 1:9)

आप साहसी बनेंगे या कायर? दृढ़ मानसिकता वाले बनेंगे या कमज़ोर मानसिकता वाले? सकारात्मक सोच रखने वाला व्यक्ति कायर नहीं बनेगा। उसे ख़ुद पर, ज़िंदगी पर, मानवता पर और ईश्वर पर भरोसा होता है। उसे अपनी क्षमता का ज्ञान होता है। उसे अपनी योग्यता का ज्ञान होता है। वह निडर और अजेय होता है। वह जानता है कि परिस्थिति कैसी भी हो, वह उसमें सर्वश्रेष्ठ परिणाम हासिल कर सकता है।

इसके लिए वह उसी फ़ॉर्मूले का प्रयोग करता है, जिसके माध्यम से उसने अपनी कमज़ोरी को शक्ति में बदला है। कुछ समय पहले चेज़ मैनहटन बैंक ने गगनचुंबी इमारत बनाने के लिए नींव खुदवाई। मैनहटन टापू का अधिकांश हिस्सा ठोस पत्थर का है। इसी वजह से यहाँ पर गगनचुंबी इमारतों की भरमार है। लेकिन शुरुआती खुदाई से बैंक वालों को पता चला कि नीचे ठोस चट्टान के बजाय रेत थी! ज़ाहिर है, ऐसी जगह पर गगनचुंबी इमारत बनाना बहुत मुश्किल था।

इसलिए बैंक वालों ने विशेषज्ञों से सलाह माँगी कि इस समस्या को रचनात्मक तरीक़े से हल कैसे किया जा सकता है? एक विशेषज्ञ ने पाइलिंग का सुझाव दिया, दूसरे ने सलाह दी कि इसे वात-मंजूषा

(caissons) से सील कर दिया जाए। इन सुझावों या सलाहों के साथ दिक़्क़त यह थी कि इनमें ख़र्च बहुत था। भूवेत्ताओं से सलाह ली गई : बालू को बालू पत्थर में बदलने में कितना समय लगेगा? भूवेत्ताओं ने जवाब दिया, लगभग दस लाख साल। ज़ाहिर है, बैंक वाले इतने लंबे समय तक इंतज़ार नहीं करना चाहते थे। इसलिए उन्होंने भूमि को ठोस करने वाले विशेषज्ञों को बुलवाया और यहीं पर उनकी समस्या सुलझ गई। ये विशेषज्ञ जानते थे कि बालू की समस्या से कैसे निबटा जाता है। उन्होंने ज़मीन में पाइप डालकर उसके माध्यम से सोडियम सिलिकेट और कैल्शियम क्लोराइड का मिश्रण डाला। कुछ ही दिनों में बालू ठोस होकर बालू पत्थर में बदल गई और इतनी सख़्त हो गई कि उस पर साठ मंज़िला गगनचुंबी इमारत बन सके।

क्या यह चमत्कारी लगता है? नहीं, क्योंकि यह एक दमदार वैज्ञानिक सिद्धांत के अनुसार हुआ था - एक आज़माए हुए वैज्ञानिक फ़ॉर्मूले के अनुसार। परंतु मैंने इससे भी ज़्यादा बड़े "चमत्कार" देखे हैं। मैंने कमज़ोर और पराजित लोगों को सकारात्मक सोच नामक विशेष मानसिक-आध्यात्मिक फ़ॉर्मूले के प्रयोग से चट्टान की तरह ठोस बनते देखा है। वे दृढ़ बन चुके हैं और ज़िंदगी के बोझ को बहुत सफल तरीक़े से उठाने में समर्थ हो गए हैं।

इस तरह की कायापलट हम सब कर सकते हैं। इसी अर्थ में सकारात्मक सोच हमेशा काम करती है। सकारात्मक सोच में इतनी शक्ति है कि यह हमें कायर से साहसी बना सकती है, कमज़ोर मानसिकता वाले से दृढ़ मानसिकता वाला बना सकती है, कमज़ोर, नकारात्मक या ढुलमुल मनुष्य से सकारात्मक शक्ति वाला मनुष्य बना सकती है।

हालाँकि सकारात्मक सोच की ज़िंदगी बदलने वाली शक्ति का लाभ हम सब ले सकते हैं, लेकिन कुछ लोगों को यह काम मुश्किल लगता है। ऐसा इसलिए होता है क्योंकि एक अजीब मनोवैज्ञानिक अवरोध उनके और सकारात्मक सोच के बीच में बाधा बनकर खड़ा हो जाता है! यह अवरोध बार-बार सिर उठाता है और इसका कारण सिर्फ़ यह है कि वे ख़ुद नहीं चाहते हैं कि सकारात्मक सोच कामयाब हो। वे

सफल होना ही नहीं चाहते हैं। दरअसल वे सफल होने से डरते हैं। आत्म-दया के समुद्र में गोते लगाना ज़्यादा आसान काम है, इसलिए हम अपनी असफलता का निर्माण ख़ुद करते हैं। और जब कोई हमें उस असफलता से बाहर निकलने के लिए सकारात्मक सोच अपनाने का सुझाव देता है, तो हम अवचेतन में यह सुनिश्चित कर लेते हैं कि यह सुझाव कारगर न हो। इस तरह से हम इस नतीजे पर पहुँच जाते हैं कि हम नहीं, बल्कि सिद्धांत ग़लत है। लेकिन जब हम इस तरह की अस्वस्थ मानसिक प्रतिक्रियाओं को समझ लेते हैं, तो सकारात्मक सोच कारगर होने लगता है। हाल ही में मुझे पेटालुना, कैलिफ़ोर्निया की एक पाठक का पत्र मिला :

> ज़िंदगी में पहली बार मैं यह देख सकती हूँ कि मैंने अपने विचारों द्वारा अपनी बदक़िस्मती का निर्माण ख़ुद किया था। सकारात्मक सोच पर आपकी पुस्तक पढ़ने के बाद जब मैंने अपने मस्तिष्क को साफ़ करने की कोशिश की, तो मैंने यह पाया कि छोटे-छोटे द्वेष अब भी सिर उठा रहे हैं, जिनके बारे में मैं सोचती थी कि मैं उन्हें बरसों पहले भूल चुकी हूँ। मैंने इस तरह की मूर्खतापूर्ण छोटी-छोटी-चीज़ें इतने बरसों तक ढोई हैं।
>
> निश्चित रूप से आपने इन छोटे-छोटे दीमकों से मुक्ति पाने में मेरी मदद की है और मैं आपको रास्ता दिखाने का श्रेय देना चाहती हूँ। मेरी मानसिकता असफलता और पराजय की थी। मैंने कभी सर्वश्रेष्ठ की आशा नहीं की, इसलिए वह मुझे कभी मिला भी नहीं। अब मैं उन चीज़ों का पीछा करने जा रही हूँ, जिन्हें मैं चाहती हूँ और मैं आत्मविश्वास के साथ ऐसा करूँगी।
>
> मुझे लगता है ईश्वर ने मुझे एक अच्छा अवसर दिया था, लेकिन मुझमें उसका लाभ उठाने की बुद्धि नहीं थी। जब मैं इन मानसिक अवरोधों को हटाऊँगी, जिन्हें मैंने ख़ुद इतनी मेहनत से बनाया है, तो मेरी आस्था निश्चित रूप से गहरी होगी। मेरा यक़ीन कीजिए, मैंने इन अवरोधों को बहुत मज़बूत बना लिया था!

यह महिला बताती है कि पहली बार उसे यह दिख रहा है कि उसी

ने अपने विचारों द्वारा अपनी बदक़िस्मती का निर्माण किया था। हमें अपनी असफलता का निर्माण करना बंद करना चाहिए। हमें इस बात से नहीं डरना चाहिए कि हम सफल हो सकते हैं।

मेरा एक बहुत अच्छा दोस्त है, जो औद्योगिक चिकित्सा के क्षेत्र में विख्यात है। वह एक बड़ी अमेरिकी कंपनी का मेडिकल डायरेक्टर है। वह बहुत बुरी तरह असफल होने के बाद सफलता के शिखर तक पहुँचा है। अब वह मिट्‌टी से चट्‌टान बन चुका है और उसने यह काम प्रबल इच्छा-शक्ति के आध्यात्मिक फ़ॉर्मूले से किया। कुछ समय पहले मुझे उसका पत्र मिला, जिसमें यह लिखा था :

> मैं लगातार सफलता के साथ जूझता रहा हूँ। मुझे यह इतनी मीठी लगती है कि इसे सँभाल पाना असफलता की कटुता को झेलने से ज़्यादा मुश्किल लगता है और आध्यात्मिक प्रगति की सीढ़ी के रूप में इसका प्रयोग करना ज़्यादा अनिश्चित लगता है।

मैं उन्हें डॉ. टॉम कहूँगा। उनके अतीत की कहानी बहुत आश्चर्यजनक है, इसलिए मैं उनका असली नाम नहीं बता सकता। सफलता के साथ उनका संघर्ष बहुत नाटकीय था। वे सफल नहीं होना चाहते थे। वे सफलता से इतनी बुरी तरह घबराते थे कि इसका सामना करने से बचने के लिए वे आत्महत्या करने की कगार पर पहुँच गए थे। 1938 में डॉ. टॉम स्टेट मेंटल हॉस्पिटल के स्टाफ़ में थे। ठीक दस साल बाद उन्हें उसी अस्पताल से मरीज़ के रूप में पैरोल पर छोड़ा गया!

जब डॉ. टॉम ने अपना कैरियर शुरू किया, तो वे बहुत अच्छी स्थिति में थे। दरअसल वे इतनी ज़्यादा अच्छी स्थिति में थे कि इसी वजह से वे मुश्किल में फँस गए। उनके पास सामाजिक प्रतिष्ठा थी, अच्छी शिक्षा थी, दौलत, सेहत और अच्छा चेहरा था। नौ साल की उम्र तक एक नर्स प्राइवेट स्कूल में उनके पास बैठती थी। हाई स्कूल में पहुँचने पर उनके पिता ने उन्हें चेकबुक दे दी। अगर टॉम को किसी चीज़ की ज़रूरत होती थी, तो उन्हें बस चेक काटना होता था। यह इतना ही आसान था। लेकिन इस आराम के साथ कष्ट भी आए। चूँकि वे इतने बढ़िया परिवार और "अद्‌भुत" माहौल से आए थे,

इसलिए लोग उनसे हमेशा महान कामों की उम्मीद करते थे। टॉम चाहे जो करें, लोगों की अपेक्षाओं से कम ही होता था। टॉम को अपनी सफलताओं से ज़रा भी ख़ुशी नहीं मिली। सच्चाई तो यह है कि उनकी सफलता पर लोग हमेशा चिढ़कर कहते थे : "ज़ाहिर है वह सफल हो गया है। उसे तो सफल होना ही था!"

इसलिए टॉम के अवचेतन मस्तिष्क ने वह काम किया, जो बहुत से मस्तिष्क करते हैं। इसने कहा, "ठीक है। अगर मैं सफलता से संतुष्टि प्राप्त नहीं कर सकता, तो मैं असफलता से संतुष्टि प्राप्त करूँगा।" और फिर टॉम के क़दम ज़बर्दस्त असफलता की तरफ़ बढ़ने लगे। कॉलेज में वे शराब पीने लगे। मेडिकल कॉलेज में उनकी शराबख़ोरी हद से ज़्यादा बढ़ गई। नशे की लत ने उनकी मुश्किलों को और बढ़ा दिया। उन्होंने शादी की, वे डॉक्टर बन गए और एक बच्चे के पिता भी बन गए, लेकिन उनकी बुरी लतें नहीं छूटीं। दस साल में वे ऐसे मुक़ाम पर पहुँच गए, जहाँ "सिर्फ़ एक" पैग पीने के बाद वे बेहिसाब शराब पीने लगते थे और यह दौर कई दिनों, यहाँ तक कि कई हफ़्तों तक चलता था। जब एक बार लंबे समय तक ग़ायब रहने के बाद डॉ. टॉम घर लौटे, तो उन्हें पता चला कि परिवार वालों ने उन्हें अस्पताल में दाख़िल करवाने का फ़ॉर्म भर दिया है। उन्हें स्टेट हॉस्पिटल के हिंसक वार्ड में रखा गया। यह वही अस्पताल था, जहाँ वे कुछ साल पहले डॉक्टर थे।

टॉम कहते हैं, "पैंतालीस दिनों तक डी.टी. की वजह से मेरा दिमाग़ चेतनाशून्य था। मैं अकेला क़ैद था और किसी जानवर की तरह टिन की प्लेट में खाता था। फिर मैं इस स्थिति से बाहर आने लगा और अगले 86 दिनों तक मैं कोमा की स्थिति में रहा, यानी ज़िंदगी और मौत के बीच में झूलता रहा। ज़ाहिर है, इंसान इससे ज़्यादा नीचे नहीं गिर सकता। और फिर अचानक एक ऐसी घटना हुई, जिसे याद करते समय आज भी मेरा दिल तेज़ी से धड़कने लगता है। अचानक मैंने कुछ शब्द सुने, जो बहुत धीमे लेकिन बहुत स्पष्टता से सुनाई दे रहे थे, 'जितना दूर पश्चिम से पूर्व है, तुम्हारे पापों को मैंने तुमसे उतना ही दूर कर दिया है' (भजन 103:12)। उसके बाद सब कुछ बदल गया।"

क्या हुआ था, यह टॉम नहीं जानता था। वह तो सिर्फ़ इतना जानता था कि वह बदल गया था। वह शांत हो गया। उसे एकाकी क़ैद से रिहा कर दिया गया और वार्ड में कुछ स्वतंत्रता दे दी गई। वहाँ दो लोगों से उसकी मित्रता हो गई, जिन्होंने उसे एल्कोहलिक्स एनॉनिमस से परिचित करवाया। कुछ समय बाद नए मित्रों की ज़िम्मेदारी पर उसे अस्पताल से पैरोल पर छोड़ दिया गया।

इस स्थिति में मैं टॉम से एक धार्मिक सम्मेलन में मिला, जहाँ मैं भाषण देने गया था। मैंने कभी ऐसा व्यक्ति नहीं देखा, जो ज़िंदगी के जल के लिए इतना प्यासा हो, जो ज़िंदगी के अन्न के लिए इतना भूखा हो। वह ईश्वर को चाहता था और ईश्वर उसे चाहता था और दोनों ने एक-दूसरे को पा लिया।

डॉ. टॉम ने तत्काल दोबारा प्रैक्टिस शुरू नहीं की। उन्हें लगा कि वे उसके लिए तैयार नहीं हैं। वे अपने दम पर कोई काम करना चाहते थे, कोई ऐसा काम, जिसका उनके बचपन की शिक्षा से कोई संबंध न हो। उन्हें शहर के कूड़ेघर में मज़दूर का काम मिल गया। ज़रा सोचिए! एक बहुत निपुण और दौलतमंद युवक कूड़ेघर में मज़दूर का काम कर रहा था और वह भी अपने जन्मस्थान पर। लेकिन टॉम यही चाहते थे। वे यह देखना चाहते थे कि क्या उन्हें परिवार या धन के बजाय, उनके अपने दम पर स्वीकार किया जा सकता है।

एक दिन काम करते समय कुछ "सम्मानित नागरिक" वहाँ का निरीक्षण करने आए। डॉ. टॉम ने देखा कि उनमें उसके कुछ पूर्व सहपाठी भी थे। उन्हें शर्म आई कि वे लोग उन्हें पहचान लेंगे, इसलिए उन्होंने अपनी पीठ फेरी, झुके और काम करने का अभिनय करने लगे। एक नीग्रो मज़दूर ने उन्हें ऐसा करते देख लिया। उसने स्थिति को तत्काल भाँप लिया होगा, क्योंकि एक भी शब्द कहे बिना वह मुड़ा और आगंतुकों के वापस जाने तक उसने टॉम का काम सँभाल लिया। मेरे हिसाब से यह समझदारी और भाईचारे के सबसे महान और दयालुतापूर्ण कार्यों में से एक था। डॉ. टॉम और उनके नीग्रो मित्र में इस बारे में कभी चर्चा नहीं हुई, लेकिन इस घटना ने उनके बीच में एक ऐसी डोर बाँध दी, जिसका युवा डॉक्टर पर अद्भुत प्रभाव पड़ा।

इससे उन्हें वह शक्ति मिली, जिसकी उन्हें ज़रूरत थी।

डॉ. टॉम ने मुझे बताया, "इस व्यक्ति का नाम फ्रैंक था। फ्रैंक कभी नहीं समझ पाएगा कि उसने मेरे लिए क्या किया था। उसने मुझे स्वीकार किया था। उसने मुझे सिखाया था कि मुझे अपने दम पर स्वीकार किया जा सकता है। पहले तो मुझे अस्पताल के एकाकी वार्ड में ईश्वर की स्वीकृति मिली। फिर मुझे इंसान की स्वीकृति मिली। दोबारा शुरू करने के लिए मुझे बस इतने की ही तो ज़रूरत थी।"

आज डॉ. टॉम बेहद सफल डॉक्टर हैं। उनमें एक ऐसा उत्साह और हमदर्दी है, जो उन्हें नई दृढ़ मानसिकता से मिली है। कार्लायल के शब्दों में, वे "कायर" से "साहसी" बन चुके हैं। ज़ाहिर है, हममें से ज़्यादातर लोगों को सफलता के डर के कारण इतने नाटकीय अनुभव नहीं होंगे, लेकिन फिर भी यह सच है कि हम अक्सर सकारात्मक सोच को कामयाब *नहीं होने देना चाहते*। हम अवचेतन रूप से यह सुनिश्चित कर देते हैं कि हमारी असफलता का सिलसिला बरकरार रहे।

बहरहाल, सकारात्मक सोच की कामयाबी को रोकने वाला यह एकमात्र अवरोध नहीं है। कई बार हमारी ज़िंदगी में ऐसे प्रबल नकारात्मक तत्व होते हैं, जिन्हें हम बाहर निकालने से इंकार कर देते हैं। हम सकारात्मक शक्तियों से काम करवाने की कमज़ोर कोशिश करते हैं, लेकिन वे नकारात्मक शक्तियों से हार जाती हैं।

एक रात को मैं एक होटल के बॉलरूम में डिनर मीटिंग में भाषण दे रहा था। भाषण ख़त्म होने पर एक आदमी ने मुझसे कहा, "मैंने आपकी किताबें पढ़ी हैं। मैंने सकारात्मक सोच का इस्तेमाल करके देखा है, लेकिन यह काम नहीं करती है।"

मैंने उससे पूछा, "यह काम क्यों नहीं करती है?"

उसने गर्व से कहा, "यही तो मैं जानना चाहता हूँ।"

हवाई जहाज़ पकड़ने के लिए मेरे पास काफ़ी समय था, इसलिए मैंने उसे होटल के अपने कमरे में चर्चा के लिए आमंत्रित किया। बैठने के बाद वह बोला, "मैं आपको नीचा नहीं दिखाना चाहता। मैं तो सिर्फ़ यह पता लगाने की कोशिश कर रहा हूँ कि गड़बड़ कहाँ है। ऐसा

लगता है जैसे मेरी पकड़ ढीली हो चुकी है। मैं नर्वस और तनावग्रस्त हूँ। मेरी पत्नी और परिवार अच्छे हैं, मेरा बिज़नेस अच्छा है, मेरा घर अच्छा है और मैं चर्च भी जाता हूँ। कोई भी सोचेगा कि मैं ज़िंदगी से ख़ुश हूँ। परंतु..." वह लगातार बोलता गया। एक के बाद एक मुश्किल। और उसने कहा कि सकारात्मक सोच से उसे ज़रा भी फ़ायदा नहीं हुआ।

कुछ समय तक चर्चा करने के बाद मेरे मन में यह विचार आया कि मैं उससे यह सवाल पूछूँ : "क्या आप कोई ग़लत काम कर रहे हैं?"

उसने बुदबुदाकर कहा, "ज़्यादा नहीं।"

"आख़िर वह कौन सी चीज़ है?"

"उसका ज़िक्र करने की कोई ज़रूरत नहीं है। मैं ऐसा कुछ नहीं कर रहा हूँ, जिसका संबंध मेरी मुश्किलों से हो। मैं सिर्फ़ वही कर रहा हूँ, जो आजकल सब लोग करते हैं।"

मैंने पूछा, "सब लोग क्या करते हैं?"

वह बोला, "मेरा मिल्वॉकी की एक महिला के साथ हल्का प्रेमप्रसंग चल रहा है।"

"कितना हल्का?" मैंने पूछा।

वह झिझका, "शायद ज़्यादा हल्का नहीं।"

"देखिए, बेहतर यह होगा कि हम इसका सामना करें। सच्चाई तो यह है कि आप जानते हैं कि आप ग़लत काम कर रहे हैं, एक ऐसा काम जिस पर आप शर्मिंदा हैं, एक ऐसा काम जिसकी वजह से शायद सकारात्मक सोच आपको फ़ायदा नहीं पहुँचा पा रही है।"

"वह कैसे?" उसने रक्षात्मक होकर पूछा।

मैंने कहा, "क्योंकि अपराधबोध से आपके व्यक्तित्व के दरवाज़े बंद हो जाते हैं। यह डर और आत्मशंका को जन्म देता है। यह उस शक्ति को रोकता है, जिसके कारण विचारों का मुक्त प्रवाह होता है। इसके कारण रचनात्मक चिंतन ज़्यादा मुश्किल हो जाता है। इसके अलावा आत्म-दंड का तंत्र भी काम करता है। जब आप कोई ग़लत काम करते

हैं, तो आप अपनी अंतरात्मा के कष्ट से राहत पाने के लिए ख़ुद को दंड देना चाहते हैं। इसलिए (हालाँकि यह सुनने में अजीब लगता है) आप ही ख़ुद को असफल कराने की कोशिश कर रहे हैं। ज़ाहिर है, यह आपकी सकारात्मक भावनाओं और विचारों को रोक देता है। यह संभव है कि आपका सारा कष्ट और संघर्ष आपकी ज़िंदगी के इसी कष्टकारी क्षेत्र से उत्पन्न हो रहा हो।"

उसने पूछा, "तो अब मैं इस बारे में क्या करूँ?... मुझे लगता है, मुझे इसका जवाब मालूम है - प्रेमप्रसंग को ख़त्म कर दूँ, ईश्वर से क्षमा माँगू - यही ना?"

मैंने कहा, "बिलकुल यही। और फिर आपको भी ख़ुद को क्षमा कर देना चाहिए। क्या आप यह काम इसी समय करना चाहते हैं?" उसने सहमति में सिर हिलाया। उसकी गंभीरता को देखकर मैंने भी उसके साथ प्रार्थना की। मैंने उससे ज़ोर से प्रार्थना करने को कहा, क्योंकि उसकी आत्मा पर बहुत भारी बोझ था। चूँकि उसमें बदलने की गंभीर इच्छा थी, इसलिए ईश्वर ने उसकी मदद की और उसमें आध्यात्मिक शक्ति प्रवाहित की। फिर उसका सकारात्मक सोच सचमुच काम करने लगा। अब मिल्वॉकी की वह महिला उसकी ज़िंदगी से दूर चली गई है। अपराधबोध और संघर्ष की भावनाएँ भी दूर चली गई हैं। आध्यात्मिक रूप से व्यवस्थित होने पर उसने पाया कि सकारात्मक सोच के सिद्धांतों पर अमल करके वह प्रभावकारी जीवन जी सकता है। ज़ाहिर है, यह परिवर्तन एकदम नहीं हुआ, लेकिन यह *हुआ* और यही महत्वपूर्ण बात है। इस दुनिया की महानतम सच्चाइयों में से एक यह है कि जब कोई इंसान बदलता है और ईश्वर पर केंद्रित होकर सचमुच बदल जाता है, तो हर चीज़ बदल जाती है।

एक बार फिर कहना होगा, इसमें कोई रहस्य नहीं है। यह तो कॉमन सेंस है। जब हम कोई ग़लत काम करते हैं, तो हमें अपराधबोध होता है और हम दंड या सज़ा की उम्मीद करते हैं। अगर कोई दूसरा हमें सज़ा नहीं देता है, तो हम ही अपने आपको सज़ा देने लगते हैं। हम अक्सर असफलताओं के माध्यम से ख़ुद को सज़ा देते हैं। मानवीय मस्तिष्क इसी तरह से काम करता है। स्थिति को सुधारने के लिए हमें

ग़लत कामों को छोड़ना चाहिए। इससे अपराध बोध की भावनाएँ ख़त्म हो जाएँगी और असफलताओं से ख़ुद को दंडित करने की ज़रूरत भी ख़त्म हो जाएगी। जब यह प्रक्रिया पूरी हो जाएगी, तो सकारात्मक सोच के सिद्धांत बेहद प्रभावी हो सकते हैं।

कई बार हमें लगता है कि सकारात्मक सोच कामयाब नहीं हो रही है। इसके सबसे महत्वपूर्ण कारणों में से एक यह है कि इसका सचमुच प्रयोग नहीं किया जाता है। सकारात्मक सोच के कामयाब होने के लिए इसकी जानकारी, अध्ययन और लंबे समय तक लगन से मेहनत करने की ज़रूरत होती है। आपमें इस दिशा में मेहनत करने की इच्छा होना चाहिए, कई बार तो बहुत लंबे समय तक, जैसा इस महिला के प्रकरण में हुआ, जिसे अपेक्षित परिणाम पाने के लिए चार महीनों तक कोशिश करना पड़ी। उसने यह लिखा है :

प्रिय डॉ. पील,

21 जनवरी 1956 की सुबह को जब मैं जागी, तो मेरे सिर में दर्द हो रहा था। मैं एक नर्स हूँ और मैंने उस समय इसके बारे में ज़्यादा चिंता नहीं की। तीन बच्चों की माँ को सिरदर्द होना कोई असामान्य बात नहीं है। जब मैंने सिरदर्द दूर करने के लिए दो एस्पिरिन लीं, तो मैं यह नहीं जानती थी कि यह सिरदर्द अगले आठ महीनों तक मेरा साथ नहीं छोड़ेगा।

मुझे सिरदर्द क्यों हो रहा है? सात डॉक्टर बदलने और अपने बचत ख़ाते के ख़ाली होने के बाद भी कोई डॉक्टर इसका स्पष्ट कारण नहीं समझ पाया। मैं नई-नई दवाएँ अपने पेट में भरती गई, जिसका परिणाम सिर्फ़ यह हुआ कि मेरा वज़न पंद्रह पौंड कम हो गया। मैं पागलों की तरह चीख़ती रहती थी। मेरी एक आँख की रोशनी बहुत कम हो गई, मेरा ब्लड प्रेशर आसमान छूने लगा और मुझे लगातार सिरदर्द होने लगा।

मेरे पति और मैं निष्ठावान कैथोलिक हैं। चूँकि मैं प्रार्थना नहीं कर सकती थी, इसलिए मेरे पति ने हम दोनों के लिए प्रार्थना की। उन्होंने प्रार्थना की कि ईश्वर मेरी मदद करने के लिए मार्गदर्शन दे।

एक डॉक्टर ने मुझे सकारात्मक सोच की शक्ति के बारे में बताया। मुझे उस डॉक्टर की बताई बातों पर विश्वास नहीं हुआ, लेकिन जब आपकी पुस्तक *द पॉवर ऑफ पॉज़िटिव थिंकिंग* मेरे हाथों में आई, तो मुझे विश्वास होने लगा कि यह सच हो सकता है। उस बुद्धिमान डॉक्टर द्वारा कहे शब्दों और आपकी पुस्तक के लिखे शब्दों से प्रेरित होकर मैं इन सिद्धांतों पर चलने लगी।

मैंने अपने नकारात्मक विचारों तथा भावनाओं को समझा। मैंने उनकी जगह पर अपने अंदर सकारात्मक विचार और भावनाओं को स्थापित किया। मैंने ऐसा जितना ज़्यादा किया, मेरा सिरदर्द उतना ही कम होता गया। इसमें चार महीने का समय लगा। मैंने कोई दवा नहीं ली और धीरे-धीरे मेरा सिरदर्द ठीक हो गया। उस साल सितंबर में मुझे आख़िरी बार सिरदर्द हुआ था।

मैं यहाँ यह भी जोड़ना चाहूँगी कि जब से मैंने अपने सोचने का तरीक़ा बदला है, हमारी दवाई का ख़र्च लगभग ८० प्रतिशत कम हो गया है। क्या आप जानते हैं कि एक नर्स किस तरह सोचती है? अगर आप यह न जानते हों, तो मैं आपको यह बताना चाहूँगी। मान लीजिए, बच्चे की नाक बह रही है। आम आदमी इसे सर्दी मानेगा, लेकिन नर्स ऐसा नहीं मानेगी। वह कहेगी, यह तो निमोनिया है! वह इस विचार को हवा में उछाल देती है और अपने बच्चे के दिमाग़ में घुसा देती है। बच्चा इसे स्वीकार कर लेता है और उस तस्वीर को सच्चाई में बदल देता है।

मैं यह बात कैसे जानती हूँ - क्योंकि मैं यही करती थी। अस्पताल के बीमा रिकॉर्ड मेरी इस बात की पुष्टि करेंगे। मैं इस काम में इतनी निपुण थी कि एक बार तो मैं अपने एक नहीं, बल्कि तीन बच्चों को एक साथ अस्पताल में भर्ती कराने में सफल हुई और साथ ही मैं ख़ुद भी भर्ती हो गई।

अब जब बच्चों को सर्दी होती है, तो मैं उसे सर्दी ही मानती हूँ। और आप जानते हैं, यह सर्दी ही रहती है। वे दो दिन में ठीक हो जाते हैं।

ध्यान दें कि परिणाम पाने के लिए उसे चार महीने तक मेहनत करना पड़ी। यह नर्स सकारात्मक सोच के सिद्धांत जानती थी, लेकिन जब तक उसने इन पर अमल नहीं किया, जब तक उसने इन पर पूरी तरह भरोसा नहीं किया, जब तक उसने सिरदर्द से मुक्ति पाने के लिए ख़ुद को बदलने की कोशिश नहीं की, तब तक उसके अंदर सकारात्मक परिवर्तन नहीं हुआ।

महान गोल्फ़ खिलाड़ी बेन होगन मांसपेशियों की स्मरणशक्ति का अभ्यास करते हैं। वे गोल्फ़ के मैदान में जाकर एक ही शॉट को बार-बार दोहराते हैं, ताकि उनकी मांसपेशियाँ उस तरीक़े को "याद" कर लें। यही हमारी सोचने की आदतों के साथ भी है। उन्हें सचेतन रूप से प्रशिक्षित करना पड़ता है कि हम ज़िंदगी की समस्याओं का सामना करते समय उनसे किस तरीक़े से प्रतिक्रिया करवाना चाहते हैं। हमारे मस्तिष्क को सकारात्मक सोच के *प्रशिक्षण* की ज़रूरत होती है।

आख़िरी बात जो मैं कहना चाहूँगा, वह है विश्वास। सकारात्मक सोच तब तक कामयाब नहीं होगी, जब तक आपको इसकी कामयाबी पर विश्वास नहीं होगा। आपको अपनी विचार-प्रक्रिया में विश्वास भरना होगा। ज़्यादातर लोग सकारात्मक सोच का लाभ इसलिए नहीं ले पाते हैं क्योंकि उनकी आस्था कमज़ोर होती है। वे छोटी-छोटी शंकाओं द्वारा इसे कमज़ोर बना देते हैं। उनमें विश्वास करने का साहस नहीं होता है! लेकिन अगर आप विश्वास *करेंगे*, तो आपको अद्‌भुत परिणाम मिलेंगे।

उदाहरण के लिए, डी.एच. मेट्ज़गर को लें। लेकिन उनसे पहले मैं आपको एक बहुत प्रभावशाली सकारात्मक चिंतक के बारे में बताना चाहूँगा। वे मेरे मित्र रॉजर बर्मन हैं, जो नेशनल कैश रजिस्टर कंपनी के सेल्स मैनेजर हैं और न्यूयॉर्क में रहते हैं। रॉजर को दूसरों की मदद करने का जुनून है। वे हमेशा अपनी अधिकतम क्षमता से काम करते हैं और मुश्किल में फँसे लोगों को मार्गदर्शन देते हैं।

रॉजर बर्मन का सकारात्मक सोच उनके बहुत अच्छे सेल्समैन डी. एच. मेट्ज़गर के लिए वरदान साबित हुआ, जिसे अचानक गले की गंभीर बीमारी हो गई थी। संकट के दिनों में भी डेव मेट्ज़गर ने यह

कहा, "रॉजर बर्मन ने मेरे मस्तिष्क को सकारात्मक ढंग से सोचने और आस्थावान रहने का प्रशिक्षण दिया। मैं जानता था कि मेरी ज़िंदगी दाँव पर लगी थी, लेकिन सही समय पर सही काम करने की भावना ने मेरे भविष्य के प्रति मुझमें आत्मविश्वास भरा।"

फिर डेव मेट्ज़गर को इससे भी बड़े संकट का सामना करना पड़ा : उसे दोबारा बोलना सीखना पड़ा। अगर वह बोल नहीं पाएगा, तो वह सामान कैसे बेच सकेगा? रॉजर बर्मन ने उसे बताया कि ईश्वर की मदद से वह दोबारा बोल सकेगा और ऐसा ही हुआ। आज वह बेहतरीन सेल्समैन बन चुका है और अपने क्षेत्र में बहुत सफल है। दूसरों की मदद करने की अपनी इच्छा के बारे में डेव ने कहाः

> मुश्किल स्थिति में फँसे लोगों को मैं बताता हूँ कि मैं भी कभी बहुत मुश्किल स्थिति में फँसा था। लेकिन आज मैं उस मुश्किल से बाहर निकल आया हूँ और इसका कारण यह है कि मैंने डॉ. नॉर्मन विन्सेंट पील की फ़िलॉसफ़ी पर अमल किया था, जिसे उन्होंने अपनी पुस्तक *पॉवर ऑफ़ पॉज़िटिव थिंकिंग* में बताया है। उन्होंने बताया है कि अपने मस्तिष्क को सभी नकारात्मक, दुखद और निराशाजनक विचारों से ख़ाली कर लेना चाहिए और उस ख़ाली जगह में सुखद तथा अच्छे विचार भरने का संकल्प कर लेना चाहिए। मैंने अपने मस्तिष्क में यह तस्वीर बनाई कि मेरी पुरानी क्षमता और अच्छी सेहत लौट आई है। उनके विशेषज्ञतापूर्ण तरीक़ों का अनुसरण करके मैंने यह कल्पना की कि मैं एक बार फिर अपनी कंपनी का शीर्षस्थ सेल्समैन बन गया हूँ।
>
> "आस्था की शक्ति चमत्कार करती है।" यह डॉ. पील की पुस्तक का वाक्य है। यह फ़िलॉसफ़ी इतनी ज़्यादा महत्वपूर्ण है कि मैं इसका वर्णन नहीं कर सकता। अगर किसी के सामने कोई समस्या है, चाहे वह किसी भी तरह की हो, तो सकारात्मक सोच की जादुई शक्ति से वह सुलझ सकती है।
>
> इस बिलकुल नए अनुभव से मुझे यह कहावत याद आ गई, "सेल्समैन बहुत ज़्यादा बोलते हैं।" चूँकि मेरी मजबूरी थी कि मैं "कम से कम" शब्दों में "ज़्यादा से ज़्यादा" अर्थ भर दूँ, इसलिए मैंने अपनी

सेल्स टॉक के शब्दों और लहज़े को नए साँचे में ढाला। इसके परिणाम बहुत संतुष्टिदायक हैं। मैं अब ज़्यादा धीमे बोलता हूँ और अगर ग्राहक को कोई शब्द ठीक से सुनाई नहीं देता है, तो वह आगे झुक आता है। चूँकि मैं अब हावी होने की कोशिश नहीं करता हूँ, इसलिए अब ग्राहक को "हाँ" कहने का मौक़ा ज़्यादा जल्दी मिल जाता है। इस तरीक़े से मैं अपनी शक्ति बर्बाद नहीं करता हूँ। मैं अपने वाक्य के "शब्दों की योजना" बनाता हूँ और अब मैं ख़रीदने वाले को प्रक्रिया का हिस्सा बनने का मौक़ा देता हूँ। मैं यह मानता हूँ कि मैं पहले ऐसा नहीं था।

मेरे प्रेरक मित्र कॉनरेड हिल्टन ने सकारात्मक सोच का बहुत बढ़िया उदाहरण दिया, जब उन्होंने अपने विशाल होटल साम्राज्य में आई विपत्ति पर विजय पाई। अपनी प्रभावशाली पुस्तक *बी माई गेस्ट* में वे बताते हैं कि उनके माता-पिता ने उन्हें दो फ़ॉर्मूले दिए थे, जिनकी बदौलत वे सफल हुए। उनकी माँ ने कहा था, "प्रार्थना करो" और उनके पिता ने कहा था, "मेहनत करो।" प्रार्थना और मेहनत, कितना बुद्धिमत्तापूर्ण संयोग है!

मेरे माता-पिता ने भी मुझे इसी तरह के फ़ॉर्मूले दिए थे। मेरे पिता ने कहा था, "सोचो," और मेरी माँ ने कहा था, "विश्वास करो।" अगर इन चारों फ़ॉर्मूलों को एक साथ मिला दिया जाए, तो इनमें कितनी अद्भुत शक्ति है : प्रार्थना करो, मेहनत करो, सोचो, विश्वास करो!

साहसिक आस्था - यही असली फ़ॉर्मूला है। यह समस्त बाधाओं को जीत लेता है। कोई भी इसके ख़िलाफ़ लंबे समय तक नहीं टिक सकता। इसमें ज़बर्दस्त शक्ति है, "अगर आपमें आस्था है... तो आपके लिए कुछ भी असंभव नहीं होगा" (मैथ्यू 17:20)। ईश्वर में आस्था, आपके अंदर छुपी ईश्वर की शक्ति में आस्था, ज़िंदगी में आस्था - यही सकारात्मक सोच का सार है। शंका नहीं, कमज़ोर अनुमान नहीं, बल्कि साहसिक आस्था - यही विजय का सूत्र है।

क्या सकारात्मक सोच हमेशा कामयाब होती है?

ज़ाहिर है, यह हमेशा कामयाब होती है, लेकिन सकारात्मक सोच

तभी काम करेगी, जब आप इस पर काम करने के लिए तैयार हों। यह आसान नहीं है। इसके लिए कड़ी मेहनत और प्रबल विश्वास की ज़रूरत होती है। इसके लिए ईमानदारी से जीने और सफलता की प्रबल इच्छा की ज़रूरत होती है। और इसके लिए लगन से काम करने की भी ज़रूरत होती है। जब आपको यह लगेगा कि आप इसमें निपुण हो चुके हैं, तब भी आपको इसका अभ्यास करना होगा।

मेरे मित्र जस्टिन डार्ट रेक्साल ड्रग्स के प्रमुख हैं। इसके अलावा वे बेहतरीन सेल्समैन और बिज़नेस लीडर भी हैं। उन्होंने एक बार कहा था, "सकारात्मक सोच गोल्फ़ की तरह है। अगर आपको एक-दो अच्छे स्ट्रोक मिल जाते हैं, तो आप सोचने लगते हैं कि आप इस खेल के उस्ताद बन चुके हैं। लेकिन फिर आप ख़राब शॉट लगाने लगते हैं। इसलिए सकारात्मक सोच पर आपको लगातार काम करना होगा, लगातार सीखना होगा।"

मिस्टर डार्ट ने कितनी सही बात कही है। आपको ख़ुद पर हर दिन मेहनत करना होगी, अपने चिंतन को हर दिन ढालना होगा। और इसके परिणाम सचमुच आश्चर्यजनक होंगे। आप इसके लिए जितनी ज़्यादा कोशिश करेंगे, आप अपनी आदतों को बदलने के लिए जितनी ज़्यादा मेहनत करेंगे, आपको उतने ही अच्छे परिणाम मिलेंगे, जैसा आगे के अध्यायों में बताया गया है।

अध्याय 2

अपने मस्तिष्क को सफलता के लिए तैयार करें

आप अपने मस्तिष्क को सफलता के लिए तैयार कर सकते हैं। यह सकारात्मक सोच का मूलभूत सिद्धांत है। सच तो यह है कि आप यह सटीक पूर्वानुमान लगा सकते हैं कि आपकी वर्तमान सोच के कारण आप भविष्य में सफल होंगे या असफल।

मुझे लगता है कि यहाँ पर हमें यह परिभाषित कर लेना चाहिए कि सफलता का क्या अर्थ है। ज़ाहिर है सफलता का अर्थ सिर्फ़ उपलब्धि ही नहीं है। इसके बजाय इसका अर्थ जीवन को प्रभावकारी रूप से जीना है, जो ज़्यादा मुश्किल काम है। सफलता का अर्थ है इंसान के रूप में सफल होना, इसका अर्थ है नियंत्रित और व्यवस्थित रहना, इसका अर्थ है संसार के लिए समस्या बनने के बजाय इसका समाधान बनना। हमारा लक्ष्य यही होना चाहिए कि हम सफल जीवन जिएँ और रचनात्मक व्यक्ति बनें।

मैंने सफल जीवन का एक मूल्यवान सबक़ एक अटेंडेंट से सीखा। मुझे न्यूयॉर्क में ओलियन में भाषण देना था, इसलिए मैंने रात वाली ट्रेन पकड़ी। जब मैं स्लीपर में चढ़ा, तो मेरी यात्रा की शुरुआत अच्छी रही। बहुत ही दोस्ताना और भले दिखने वाले अटेंडेंट ने मेरा अभिवादन किया।

उसने कहा, "गुड ईवनिंग सर, क्या आप अच्छी तरह सोने के लिए तैयार हैं?"

मैंने जवाब दिया, "बिलकुल। मैं जल्दी से सो जाना चाहता हूँ।"

जब वह मुझे मेरे कंपार्टमेंट में ले गया, तो मैंने देखा कि बिस्तर पहले से ही लगा हुआ था और बहुत ही आरामदेह दिख रहा था। चादर, तकिए और टॉवेल क़रीने से रखे थे। तापमान भी बिलकुल सही था। मैंने कहा, "आप निश्चित रूप से जानते हैं कि आकर्षक बिस्तर कैसे तैयार किया जाता है।" मैं बिस्तर पर गया, बाइबल की कुछ पंक्तियाँ पढ़ीं और फिर गहरी नींद में सो गया। हालाँकि आम तौर पर मैं सात बजे सुबह उठ जाता हूँ, लेकिन उस दिन मैं सुबह नौ बजे उठा।

जब मैं नाश्ता करने जा रहा था, तो अटेंडेंट ने कहा, "गुड मॉर्निंग, सर। आपको कैसी नींद आई?"

मैंने जवाब दिया, "बहुत बढ़िया।"

"मुझे यह सुनकर कोई हैरानी नहीं हुई। मैं जानता था कि आपको अच्छी नींद आएगी। लेकिन आपको उस व्यक्ति को देखना चाहिए था, जो आपके बाद ट्रेन में चढ़ा था। उसने चढ़ते ही पहली बात यह कही थी, 'अटेंडेंट, मैं जानता हूँ कि मुझे अच्छी नींद नहीं आएगी।' उसे हर चीज़ गड़बड़ लग रही थी। वह चाहता था कि उसकी सीट डिब्बे के बीच में खिसका दी जाए। उसे बिस्तर की दिशा भी पसंद नहीं आ रही थी। उसे तापमान कभी ज़्यादा ठंडा, तो कभी ज़्यादा गर्म लग रहा था। क्या आप जानते हैं कि आप दोनों में क्या फ़र्क़ है और आपको अच्छी नींद क्यों आई, जबकि उसे क्यों नहीं आई?'"

"नहीं, लेकिन मैं जानना चाहता हूँ।"

"आप अच्छी तरह इसलिए सोए, क्योंकि आपने इसकी मानसिक तैयारी कर ली थी। दूसरे व्यक्ति ने न सोने की मानसिक तैयारी कर रखी थी। बहुत समय पहले ही मैं यह जान गया था कि अगर यात्री अच्छी नींद की आशा करते हैं, तो उन्हें अच्छी नींद आती है। वे अच्छी नींद के लिए अपने मस्तिष्क को पहले से तैयार कर लेते हैं।"

सिर्फ़ इसी कथन से मेरी वह यात्रा सार्थक हो गई। इसमें कितना अद्भुत ज्ञान छिपा था! आप अपने मस्तिष्क को पहले से तैयार कर सकते हैं। आप इसे अच्छी नींद के लिए तैयार कर सकते हैं या फिर

आप इसे नींद न आने के लिए तैयार कर सकते हैं। आप इसे सफलता या असफलता के लिए पहले से तैयार कर सकते हैं। दूसरे शब्दों में, आप जिस चीज़ के होने के बारे में लगातार सोचते हैं, वह हो जाती है। आज आप जिस स्थिति में हैं, वह आपके अतीत के विचारों का परिणाम है। और आपके मस्तिष्क में आज जो विचार हैं, उनका विश्लेषण करके लगभग वैज्ञानिक तरीक़े से यह अनुमान लगाया जा सकता है कि आज से दस साल बाद आप किस तरह के इंसान होंगे। क्या आपके वर्तमान विचार नकारात्मक और विध्वंसात्मक हैं तथा आप ख़ुद को असफलता के लिए तैयार कर रहे हैं? या फिर आपके वर्तमान विचार सकारात्मक और स्वस्थ हैं तथा आप ख़ुद को सफलता के लिए तैयार कर रहे है?

मैं यहाँ पर आपको अपने एक मित्र नॉर्मन ए. मैकगी के बारे में बताना चाहूँगा। या इससे बेहतर यह होगा कि मैं *सवाना मॉर्निंग न्यूज़* में उनके बारे में छपी ख़बर आपको सुना दूँः

> दस साल पहले द साउथलैंड ऑइल कॉरपोरेशन का अस्तित्व ही नहीं था। वह तो सिर्फ़ नॉर्मन ए. मैकगी के उपजाऊ मस्तिष्क में उत्पन्न होने वाला एक विचार था। आज वह विचार 20 लाख डॉलर की स्थायी संपत्ति वाले समृद्ध सवाना कॉरपोरेशन में बदल चुका है, जो जॉर्जिया स्टेट पोर्ट में 24 एकड़ में फैला है।
>
> 43 वर्षीय मैकगी कहते हैं, "मैं कई बार ख़ुशक़िस्मत रहा हूँ और इसके अलावा मैंने प्रार्थना भी काफ़ी की है। मुझे लगता है कि यह काम कोई भी कर सकता था, बशर्ते उसमें लगन और आस्था होती - और उसके पास मेरी पत्नी जैसी पत्नी होती।"
>
> मैकगी के मन में यह विचार आया था कि ऑइल प्रॉडक्ट्स का डिस्ट्रिब्यूशन करने के लिए कॉरपोरेशन बनाया जाए। उन्होंने कड़ी मेहनत की, ताकि दूसरों की रुचि भी जाग्रत हो और वे उनके पार्टनर बन जाएँ। इस काम में अच्छी संभावनाएँ दिख रही थीं, लेकिन मैकगी के पास आमदनी का कोई स्रोत नहीं था और उनके बैंक ख़ाते में सिर्फ़ 1,000 डॉलर बचे थे।

मैकगी कहते हैं, "मैंने अपनी पत्नी से पूछा, मुझे क्या करना चाहिए? कोशिश करता रहूँ या फिर कोशिश छोड़कर कहीं नौकरी कर लूँ?"

पत्नी के जवाब की वजह से साउथलैंड ऑइल कॉरपोरेशन संभव हो गया, क्योंकि पत्नी का जवाब था, "कोशिश करते रहो। कभी हिम्मत मत हारना!"

मैकगी की सफलता का रहस्य क्या था? उनके पास विचार था, प्रार्थना थी, विश्वास था, मेहनत थी और एक ऐसी पत्नी थी, जिसने उन्हें कभी हार नहीं मानने दी। उनके पास भले ही दौलत नहीं थी, लेकिन उनके पास इतनी सारी लाभकारी चीज़ें थीं! उन्होंने सफलता की मानसिक तैयारी कर ली थी। और वे सिर्फ़ अपने लिए काम नहीं कर रहे थे। वे प्रेसबाइटेरियन चर्च के सक्रिय सदस्य हैं और उनकी समाजसेवा की भावना की वजह से उन्हें विधानसभा के लिए भी चुना गया है।

मित्रो, आप भी सफलता पा सकते हैं। असफलता के बारे में सोचना छोड़ दें; सफलता के बारे में सोचना शुरू करें। सोचें, प्रार्थना करें और मेहनत करें। स्पष्ट लक्ष्य बनाएँ और कभी हिम्मत न हारें, लेकिन सबसे पहले अपने विचारों पर मेहनत करें। सकारात्मक सोच से अपने मस्तिष्क को पहले से तैयार करें। जब आप अपने मस्तिष्क को पहले से तैयार कर लेते हैं, तो आप अपनी ज़िंदगी में कायापलट करने की प्रक्रिया शुरू कर देते हैं। अपनी सोच के द्वारा हम अपनी ज़िंदगी की कायापलट कर सकते हैं। बाइबल में कहा गया है, "... अपने मस्तिष्क का नवीनीकरण करके ख़ुद को बदल डालो" (रोमन्स 12:2)। विचार ही सबसे बड़ी चीज़ हैं। विचार गतिमान, जीवंत और रचनात्मक होते हैं। विचार परिस्थितियों को सचमुच बदल देते हैं। अगर आप पराजय, नफ़रत, बेईमानी और असफलता के विचार रखेंगे, तो ये विध्वंसक विचार हैं। अगर आप ईमानदारी, प्रेम, सेवा और सफलता के विचार रखेंगे, तो ये रचनात्मक विचार हैं। अपने मस्तिष्क का नवीनीकरण करके आप अपनी कायापलट कर सकते हैं। नकारात्मक सोच की जगह पर सकारात्मक सोच को रखने से आपकी परिस्थितियाँ बदल सकती हैं। यह हर दिन होता है, जिसका सबूत मेरे पास आने वाले

पत्रों में मिलता है। नीचे दिया गया पत्र इसका उदाहरण है :

पाँच साल पहले मेरे पति सेना से लौटे। उसी समय मुझे शारीरिक और नर्वस ब्रेकडाउन हो गया। मैं ज़िंदगी का सामना नहीं कर पा रही थी। संडे स्कूल की क्लास में एक आसान सा लेक्चर देने के बाद ही मुझे कमज़ोरी महसूस होने लगती थी।

मैं दहशत में आ गई। जब मुझसे सामाजिक कार्यों में योगदान देने को कहा जाता था, तो मैं बहाने बना देती थी। जब भी मेरे सामने कोई असामान्य स्थिति आती थी, तो मैं घबराकर बिस्तर पर पड़ जाती थी और सचमुच बीमार हो जाती थी। फिर मैं डिप्रेशन में आ जाती थी और मुझे अपराधबोध होने लगता था। मुझे बुरा लगता था कि मैं अपने परिवार को मँझधार में छोड़ रही हूँ और उन्हें परेशान कर रही हूँ। मैं जानती थी कि पूरी तरह से सामान्य होने के लिए मुझे लंबा युद्ध लड़ना पड़ेगा। मैं बहुत दुखी थी।

इस दौरान मेरे पति समाज में अपनी जगह बनाने की कोशिश कर रहे थे। सामुदायिक क्लब, चर्च और बिज़नेस में उनका काफ़ी समय और प्रतिभा लग रही थी। जीवन में वे मुझसे बहुत आगे निकल रहे थे और मैं जानती थी कि आने वाले वर्षों में हमारे बीच कुछ भी साझा नहीं रह जाएगा... वे घर से बाहर रहने वाले सक्रिय और ख़ुश इंसान थे, जबकि मैं बिस्तर पर बीमारों की तरह पड़ी रहती थी।

फिर ईश्वर ने मेरी मदद की! मैंने सकारात्मक सोच के बारे में सुना। मेरे पति ने सकारात्मक सोच की कुछ पुस्तकें मँगा लीं! मैंने इस भावना के साथ उन्हें पढ़ना शुरू किया, "इन्हें भी आज़माकर देख लेती हूँ।" बहरहाल उनमें जो संदेश था, वह नया और सच्चा था। वह इतना निश्चित था कि मैं उस पर काम शुरू कर सकती थी।

अब वह दौर गुज़र चुका है। छह महीने पहले जब मुझसे फ़ोन पर पूछा गया कि क्या मैं संडे स्कूल क्लास की प्रेसिडेंट बनना चाहूँगी, तो मैंने इंकार कर दिया। लेकिन फ़ोन रखते ही मुझे यह एहसास हुआ कि यह अवसर तो ईश्वर ने दिया है और इसके द्वारा मैं पराजय के

एहसास से उबर सकती हूँ। प्रार्थना करने के बाद मैंने उस कमेटी को फ़ोन किया और उनके प्रस्ताव को स्वीकार कर लिया। फिर वह काम शुरू करने से पहले मैंने हर दिन यह प्रार्थना की कि ईश्वर मेरे माध्यम से अपना काम करवा ले।

मैं पूरी मानसिक शांति से उस कक्षा के सामने गई। अब मैं स्कूल पेरेन्ट्स एसोसिएशन की सेक्रेटरी हूँ, सप्ताह में दो दिन अपने पति के साथ काम करती हूँ, हर सप्ताह बाउल खेलती हूँ और सारा घरेलू काम ख़ुद करती हूँ। अब मुझे शायद ही कभी एक घंटे का भी डिप्रेशन होता है। मेरे पति को भी अब घर का माहौल अच्छा लगता है और हम मिलकर समाजिक काम करते हैं। डॉ. पील, धन्यवाद। ईश्वर आप पर कृपा करे।

जब इस महिला की विचार प्रक्रिया बदली, तो उसकी ज़िंदगी बदल गई। उसने अपनी मानसिक परिस्थितियाँ बदलकर अपनी ज़िंदगी की परिस्थितियाँ बदल दीं। महान अँग्रेज राजनेता डिज़राइली ने बुद्धिमत्तापूर्वक कहा था, "अपने मस्तिष्क को महान विचारों से पोषण दो, क्योंकि आप जितना सोचेंगे, उससे आगे कभी नहीं जा पाएँगे।" इसलिए, बड़ा सोचें। मुझे विश्वास है कि हम सबके साथ यह समस्या है कि हममें हर चीज़ के बारे में सिर्फ़ छोटे विचार सोचने की प्रवृत्ति होती है : ख़ुद के बारे में, अपने परिवार के बारे में, अपने बच्चों के बारे में, अपने बिज़नेस के बारे में। इसीलिए हमें परिणाम भी छोटे ही मिलते हैं।

मुझे सचमुच विश्वास है कि यह एक नियम है - आपके विचार जितने बड़े होंगे, आपको उससे ज़्यादा बड़े परिणाम नहीं मिलेंगे। बड़े विचारों से बड़े परिणाम मिलते हैं! छोटे विचारों से छोटे परिणाम मिलते हैं! मेरे एक परिचित बहुत सफल हैं। उनका नाम विलियम डैनफ़ोर्थ है और वे प्यूरिना कंपनी के प्रमुख हैं। बचपन में मिस्टर डैनफ़ोर्थ इतने दुबले और नाटे थे कि उन्हें किसी बॉडी बिल्डिंग विज्ञापन में "व्यायाम से पहले" वाले चित्र में बड़ी आसानी से स्थान मिल सकता था। उन्होंने मुझे बताया कि उनके विचार भी छोटे थे। वे ख़ुद के बारे में अच्छे विचार नहीं रखते थे तथा उनके दुबलेपन के कारण वे और भी ज़्यादा असुरक्षित महसूस करते थे।

लेकिन यह सब बदल गया। विलियम के स्कूल में एक टीचर थे, जो शायद दुनिया के सबसे प्रेरक व्यक्तियों में से एक होंगे। एक दिन अकेले में उनके टीचर ने उनसे कहा, “विलियम, तुम्हारा सोचने का तरीक़ा ग़लत है। तुम ख़ुद को कमज़ोर समझते हो। इसीलिए तुम कमज़ोर बनते जा रहे हो। परंतु ऐसा हो, यह ज़रूरी नहीं है। मैं तुम्हारे सामने यह चुनौतीपूर्ण लक्ष्य रखता हूँ कि तुम शक्तिशाली बनो।”

“आपका क्या मतलब है,” बच्चे ने पूछा। “चुनौतीपूर्ण लक्ष्य रखकर आप शक्तिशाली कैसे बन सकते हैं?”

“बिलकुल बन सकते हैं। मेरे सामने आओ।” छोटा डैनफ़ोर्थ टीचर के सामने खड़ा हो गया। “अब अपने खड़े होने की शैली देखो। इससे यह पता चलता है कि तुम ख़ुद को कमज़ोर समझ रहे हो। मैं यह चाहता हूँ कि तुम दृढ़ता के बारे में सोचो। अपने पेट को अंदर खींचो, अपना सीना फुलाओ। इस तरह! ऊँचा सोचो। ऊँचा विश्वास करो। ऊँचा काम करो। ऊँचा जोखिम लो। अपने पैरों पर खड़े होकर मर्द की तरह ऊँची ज़िंदगी जिओ।”

और यही विलियम डैनफ़ोर्थ ने किया। आख़िरी बार जब मैंने उन्हें देखा, तब वे 85 साल के थे। वे उत्साही, स्वस्थ और सक्रिय थे। और मुझसे विदा लेते समय उनके आख़िरी शब्द ये थे, “याद रखना, हमेशा ऊँचे खड़े रहना।”

रेक्साल ड्रग कंपनी के प्रमुख जस्टिन डार्ट कभी नॉर्थवेस्टर्न यूनिवर्सिटी के गार्ड के रूप में खेलते थे। एक महत्वपूर्ण मैच से पहले कोच ने उन्हें अलग बुलाकर कहा, “आज मैदान में उतरो और उस तरह खेलो, जिस तरह एक महान गार्ड को खेलना चाहिए। तुम यह कर सकते हो!”

जस्टिन ने मुझसे कहा, “मैं जानता हूँ कि कोच ने मेरी क्षमता का अतिशयोक्तिपूर्ण अनुमान लगाया था, लेकिन उन्होंने मुझे अपने बारे में एक नई मानसिक अवधारणा दी। मैं यह कभी नहीं भूलूँगा कि उस दिन मैं मैदान में कितने आत्मविश्वास से खेला था।”

बड़ी सोच! ऊँची सोच! यही तो इंसान को बड़ा बनाती है और उसे सफलता के लिए तैयार करती है।

मेरे एक पाठक ख़ुद को बिज़नेस डॉक्टर कहते हैं। मैं उन्हें जॉन के नाम से पुकारूँगा। वे बीमार कंपनियों को ठीक करते हैं। और उन्होंने मुझे बताया है कि दस में से नौ मामलों में कंपनी में कोई गड़बड़ नहीं होती है - सिर्फ़ उसे चलाने वाले लोगों में गड़बड़ होती है। उन्होंने कहा था, "बीमार कंपनी आम तौर पर बीमार लोग चलाते हैं। इस स्थिति को ठीक करने का उपाय आसान है। इन लोगों को सफल व्यक्तियों की तरह सोचने के लिए प्रेरित कर दें; कंपनी अपने आप सफल हो जाएगी।"

जॉन ने मुझे बताया कि जब वे एक बीमार कंपनी का इलाज करने की कोशिश कर रहे थे, तब उनका ध्यान एक युवक पर गया। वह युवक कंपनी की सबसे निचली पायदान पर काम कर रहा था। वह शिपिंग क्लर्क का पाँचवाँ सहयोगी था और लेबल चिपकाने का काम करता था। लेकिन जॉन को उस युवक में कोई ख़ास बात नज़र आई, इसलिए एक दिन उन्होंने उससे कहा, "मुझे लगता है कि अगर तुम *ठान लो*, तो तुम बहुत सफल हो सकते हो। तुममें प्रतिभा है। तुम्हारे पास दिमाग़ और व्यक्तित्व है। मुझे लगता है कि लेबल चिपकाने के काम में तुम्हें बहुत संतुष्टि नहीं मिलती होगी। क्या तुमने कभी सेल्समैन बनने के बारे में सोचा है?"

युवक ने जल्दी से जवाब दिया, "नहीं, नहीं। मैं यह काम नहीं कर सकता।"

जॉन ने कहा, "इतनी जल्दी जवाब मत दो। मुझे लगता है कि तुम अच्छे सेल्समैन बन सकते हो। मैं ऑफ़िस वालों से कहूँगा कि वे तुम्हारा काम बदल दें।"

वह युवक परेशान हो गया। वह असुरक्षित महसूस करने लगा। उसे लेबल चिपकाने की आदत थी। बहरहाल, जॉन की कोशिशों से कुछ ही दिनों में उस युवक की नीली जींस उतर गई और उसकी जगह पर एक स्मार्ट सूट आ गया। फिर वह यह पूछने आया कि उसे क्या काम करना है।

युवक ने पूछा, "आप मुझसे क्या करवाना चाहते हैं? मैं कुछ भी नहीं बेच सकता।"

मैंने उससे कहा, "देखो, पहली बात! मैं यह चाहता हूँ कि तुम उस दरवाज़े को बहुत ध्यान से देखो।" लड़के ने देखा। काँच के पैनल पर "सेल्स मैनेजर" लिखा था और उसके नीचे वर्तमान सेल्स मैनेजर का नाम लिखा था, जो कुछ ही साल बाद रिटायर होने वाले थे।

बिज़नेस डॉक्टर ने कहा, "मैं चाहता हूँ कि तुम इस दरवाज़े की तस्वीर अपने दिमाग़ में हमेशा के लिए बिठा लो। मैं सिर्फ़ यह चाहता हूँ कि तुम्हें इस समय वहाँ जो नाम दिख रहा है, उसकी जगह पर तुम अपना नाम देखो। अपनी आँखें बंद कर लो। क्या तुम अपने मन में उस दरवाज़े को देख सकते हो? क्या तुम उस पर अपना नाम देख सकते हो?" युवक ने हाँ में सिर हिलाया। "तो फिर ठीक है। अब तुम यह करो। उस तस्वीर को अपने मन में लगातार देखते रहो, कड़ी मेहनत करते रहो और हमेशा लगन से अध्ययन करते रहो। तुम्हारे मन में यह प्रबल विश्वास होना चाहिए कि तुम्हारा नाम अंततः उस दरवाज़े पर लिखा होगा। जब तुम ऐसा कर लोगे, तो तुम्हारा नाम उस दरवाज़े पर सचमुच लिखा होगा।"

मैंने पूछा, "और क्या ऐसा हुआ?"

"*आपको* क्या लगता है? मैंने कभी किसी को इतनी लगन से इतने लंबे समय तक इतनी कड़ी मेहनत करते नहीं देखा। जब मुझे लगा कि वह सेल्समैन बनने के लिए पूरी तरह तैयार हो चुका है, तो मैं उसकी पहली ट्रिप में उसके साथ गया। मैंने उसे व्हीलिंग, वेस्ट वर्जीनिया में छोड़ा। युवक ने मेरी तरफ़ देखकर कहा, 'आपके जाने के बाद मैं बिलकुल अकेला पड़ जाऊँगा, लेकिन मैं अपनी सर्वश्रेष्ठ कोशिश करूँगा।'"

"यह सुनकर मैंने कहा, 'तुम अकेले नहीं हो। ऊपर बैठा पार्टनर तुम्हारे साथ है। वह तुम्हारी मदद करेगा। और यह भी याद रखना, तुम्हें बेचने की कला आती है।'"

यह कहते समय जॉन के चेहरे पर संतोष का भाव आ गया। "उसने बहुत तरक्की की और आख़िरकार वह कंपनी का सर्वश्रेष्ठ सेल्स मैनेजर बन गया।"

आप किस तरीक़े से अपने मस्तिष्क को पहले से तैयार करते हैं,

यह बेहद महत्वपूर्ण है क्योंकि तैयारी अच्छी हो या बुरी, दमदार हो या कमज़ोर, वह हक़ीक़त में बदल जाती है। आप अपने बारे में जिस तस्वीर की कल्पना करेंगे, वह साकार हो जाएगी, चाहे वह तस्वीर सफलता की हो या असफलता की। एक मनोवैज्ञानिक ने कहा है, "मानवीय स्वभाव में एक गहरी प्रवृत्ति यह है कि हम जिस रूप में अपनी कल्पना करते रहते हैं, हम ठीक वैसे ही बन जाते हैं।" कल्पना का मतलब फंतासी नहीं है। कल्पना तस्वीर देखने की कला या विज्ञान है। आप इसे मानसिक तस्वीर बनाना कह सकते हैं। आप अपने बारे में जिस तरह की तस्वीर अपने मन में बनाते हैं, वह बहुत महत्वपूर्ण है क्योंकि वह तस्वीर वास्तविकता में बदल सकती है।

विचार कार्य का पूर्वज है। अगर आप सफलता के विचारों से अपने मस्तिष्क को पहले ही तैयार कर लेते हैं, तो सफलता दिलाने वाले काम अपने आप पीछे-पीछे चले आएँगे। लेकिन याद रखें कि ईश्वर से मदद माँगना इस तंत्र का एक महत्वपूर्ण हिस्सा है। मैं फिर यह कहना चाहूँगा : किसी भी रूप में सकारात्मक सोच का प्रयोग करने की योजना का एक महत्वपूर्ण हिस्सा यह है कि इसमें ईश्वर की सक्रिय भागीदारी होना चाहिए। इस बात का प्रमाण हमारे पास आने वाले पत्रों में अक्सर दिखाई देता है।

> मैंने फ़ोर्ट वर्थ के मॉन्टेगमेरी वार्ड से द *पॉवर ऑफ़ पॉज़िटिव थिंकिंग* ऑर्डर की। उस समय मैं बेरोज़गार था। मैंने पूरे देश में नौकरी के लिए फ़ोन खड़खड़ाए। मुझे और मेरे परिवार को बहुत बुरी स्थिति का सामना करना पड़ रहा था और कहीं कोई आशा की किरण नहीं दिख रही थी। मैंने किसी को बताए बिना इस पुस्तक का ऑर्डर दे दिया और इसके आने के बाद इसे पढ़ने लगा।
>
> कुछ ही दिनों में मुझमें आत्मविश्वास आने लगा, जो मुझमें पहले बिलकुल भी नहीं था। ईश्वर ने मुझे साहस दिया। एक रात को मैंने यह पढ़ा कि आप ईश्वर को अपना बिज़नेस पार्टनर बना सकते हैं, इसलिए मैंने ईश्वर से अपना पार्टनर बनने को कहा। मैंने एक वेल्डिंग मशीन ख़रीदी, ताकि वेल्डिंग का काम शुरू कर दूँ। फिर मुझे काउंटी के लिए कैटल गार्ड बनाने का कॉन्ट्रैक्ट मिल गया। मैं ईश्वर से

अपना पार्टनर बनने का आग्रह करता रहा और कुछ समय बाद मैंने एक ट्रक ख़रीद लिया। उसमें मैंने अपनी वेल्डिंग मशीन और बाक़ी सामान रख लिया। मैंने हर चीज़ उधार ली थी। मैं यह नहीं जानता था कि मैं उधार कैसे चुका पाऊँगा, बहरहाल मैंने संघर्ष किया, ईश्वर में आस्था रखी और प्रार्थना की।

अचानक मुझे प्रार्थनाओं का जवाब मिलने लगा। मैंने ऑइल फ़ील्ड वेल्डिंग पाइप ख़रीदा और मुझे एक पाइपलाइन का कॉन्ट्रैक्ट मिल गया, जिसने मुझे सचमुच सहारा दिया। लोगों को मेरा काम पसंद आया और मुझे दूसरे ऑर्डर मिलने लगे।

मैं बहुत सी चीज़ों के बारे में लिख सकता हूँ, लेकिन पत्र लंबा हो रहा है। मैं एक चीज़ कह सकता हूँ कि इस पुस्तक को पढ़ने के बाद मैंने ईश्वर को ज़्यादा अच्छी तरह से जाना और यह भी कि ज़िंदगी का आनंद कैसे लिया जा सकता है। इसे पढ़ने से पहले मैं यह नहीं जानता था। अब मैं जान गया हूँ कि ईश्वर में आस्था हो, तो इंसान कुछ भी कर सकता है। ईश्वर को और आपको धन्यवाद, क्योंकि आप दोनों ही ने मुझे सफलता की राह पर आगे बढ़ाया है।

इसके बाद एक बिलकुल ही अलग अंदाज़ में मुझे एक महिला का यह पत्र मिला। इस महिला ने एक बहुत बड़े संकट का सामना किया था, लेकिन उसने संकट के समय में सफल तालमेल बैठाने के लिए अपने मस्तिष्क को पहले से तैयार कर लिया था। यहाँ भी इस बात पर ध्यान दें कि ईश्वर ने उसकी सफलता में कितनी महत्वपूर्ण भूमिका निभाई।

पिछले साल मेरे कैंसर के तीन ऑपरेशन हुए थे। आख़िरी ऑपरेशन में मेरी दाईं बाँह और कंधे को काट दिया गया। उस दौरान मैं ईश्वर की उपस्थिति के लिए कृतज्ञ थी।

मुझे यह तय करने में बहुत मुश्किल हो रही थी कि मैं डॉक्टरों को यह बड़ा ऑपरेशन करने दूँ या नहीं। ज़ाहिर है, डॉक्टरों के हिसाब से यह ऑपरेशन ज़रूरी था। मैंने सकारात्मक सोच की शक्ति में "इलाज में आस्था का प्रयोग कैसे करें" वाला अध्याय कई बार पढ़ा और मार्गदर्शन के लिए प्रार्थना की। मैं इस निष्कर्ष पर पहुँची

कि अच्छा यही रहेगा कि मैं डॉक्टरों को उनकी सर्वश्रेष्ठ कोशिश करने दूँ और परिणाम को ईश्वर के भरोसे छोड़ दूँ। जब मैंने ख़ुद को पूरी तरह से ईश्वर के हवाले कर दिया, तो मुझे शांति मिली और मैं निडरता से ऑपरेशन थियेटर में गई।

मैं बहुत जल्दी ठीक हो गई। ऑपरेशन के आठ सप्ताह बाद आज मैं कृत्रिम बाँह लगवाने की तैयारी कर रही हूँ। मैं हैरान हूँ कि मैं इतनी बड़ी विपत्ति को कटुता और डिप्रेशन के बिना कैसे झेल पाई।

ईश्वर की शक्ति को अपनी ज़िंदगी में प्रवाहित करना सफलता की मानसिक तैयारी का अनिवार्य क़दम है। यह संकल्प करें कि आप किसी निश्चित लक्ष्य को पाएँगे और फिर उस लक्ष्य की तरफ़ निरंतर बढ़ते रहें। बहरहाल, अगर आपका लक्ष्य मुश्किल है, तो आप इसे सिर्फ़ अपने दम पर ही हासिल नहीं कर सकते। इसे हासिल करने के लिए आपको ईश्वर की मदद की ज़रूरत होगी। दुखद सच्चाई यह है कि हममें से ज़्यादातर लोगों को यह एहसास ही नहीं होता है कि हमारे भीतर ईश्वर का साम्राज्य है। हम उन महान शक्तियों का इस्तेमाल ही नहीं करते हैं, जो सर्वशक्तिमान ईश्वर ने हमें दी हैं। ईश्वर ने हमें बनाते समय हमारे भीतर जो शक्तियाँ दी हैं, उनका पूरा उपयोग करें और आत्मविश्वास के साथ करें।

ये शक्तियाँ सफलता की राह पर हम सबके लिए उपलब्ध हैं। वे उपलब्ध ज़रूर हैं, लेकिन उनसे हमें तब तक कोई फ़ायदा नहीं होगा, जब तक कि हम उनका लाभ न लें। अक्सर बहुत से लोग ज़िंदगी भर समृद्धि के बहुत क़रीब रहने के बावज़ूद उसका दोहन नहीं कर पाते हैं। वे उस वृद्ध आदमी की तरह होते हैं, जिसके बारे में मैंने टैक्सॉस में सुना था। उसके पास एक छोटा रैंच था, जो बहुत काम का नहीं लग रहा था। वह ज़िंदगी भर रोज़ी-रोटी कमाने के लिए संघर्ष करता रहा और आख़िरकार बुढ़ापे में मर गया।

उसकी जायदाद बिक गई। नए मालिक ने जब वहाँ कुआँ खोदा, तो वहाँ पर तेल का समृद्ध भंडार निकला। ज़ाहिर है, तेल वहाँ पर पहले से मौज़ूद था और बाहर निकलने का इंतज़ार कर रहा था। हममें से कई लोग इसी तरह जीते हैं। हम शक्ति के सबसे समृद्ध स्रोतों पर बैठे

रहते हैं, लेकिन हम उनका दोहन करने के लिए कुछ भी नहीं करते हैं। संसाधन मौज़ूद रहते हैं और दोहन होने का इंतज़ार करते हैं। लेकिन इन संसाधनों का दोहन करना आप पर निर्भर करता है। अगर आप इस सच्चाई के हिसाब से अपनी सोच को तैयार करेंगे, तो आप सफल जीवन जी सकते हैं।

इससे कोई फ़र्क़ नहीं पड़ता है कि आप कौन हैं या आप कितनी बार असफल हुए हैं। इससे भी कोई फ़र्क़ नहीं पड़ता है कि आपकी उम्र कितनी है। आप कभी भी सफल ज़िंदगी की शुरुआत कर सकते हैं। मुझे जॉर्जिया की एक महिला का पत्र मिला। इसमें उसने अपने पिता के बारे में बताया। जब उसके पिता ने यह पाया कि ईश्वर उनकी ज़िंदगी में सचमुच बहुत कुछ कर सकता है, तो उनमें अद्‌भुत परिवर्तन हो गया। उस महिला ने लिखा है कि सर्वशक्तिमान ईश्वर की शक्तियों का दोहन करने से पहले उसके पिता बहुत असफल थे। उन्होंने बाज़ार में अपना सारा धन गँवा दिया और उसके बाद वे कटु तथा चिड़चिड़े हो गए। उन्होंने अपना काम बदल लिया और अपने दम पर दोबारा सफलता की सीढ़ी पर चढ़ने की कोशिश की, लेकिन वे फिर असफल हो गए। इस महिला ने आगे लिखा है :

> . . . वे बुरी तरह से दुखी थे। उन्हें किसी पर विश्वास नहीं था। उन्हें ईश्वर पर विश्वास नहीं था और उन्हें ख़ुद पर भी विश्वास नहीं था। उन्होंने सबसे मित्रता तोड़ ली और वे सबकी बुराई करते रहते थे। आप कल्पना कर सकते हैं कि उनके बच्चों पर इसका क्या असर पड़ा होगा। मुझे याद नहीं है कि घर पर कभी हमने शांति से भोजन किया हो। हममें से किसी का भी वज़न नहीं बढ़ा, क्योंकि हम हर समय तनाव में रहते थे।
>
> लगभग अठारह महीने पहले मेरे माता-पिता फ़्लोरिडा में रहने चले गए। वे एक नई शुरूआत करना चाहते थे। जैसा आप अनुमान लगा सकते हैं, चीज़ें उनकी आशा के अनुरूप नहीं हुईं और वे पहले से भी ज़्यादा दुखी हो गए। आख़िरकार पिछले सितंबर में वे इतने निराश हो गए कि उन्हें दिल का दौरा पड़ गया। बाद में डॉक्टरों ने यह फ़ैसला किया कि उनका ऑपरेशन करना पड़ेगा।

ऑपरेशन का इंतज़ार करते समय उनके जीवन में ईश्वर ने प्रवेश किया। सबसे पहले तो ईश्वर ने मेरी बहन और मुझे वह सटीक समय बताया, जब हम डैडी को सकारात्मक सोच संबंधी पुस्तकें भेजें। डैडी ने पुस्तकें पढ़ीं और ईश्वर को अपनी ज़िंदगी में बिठा लिया।

और डॉ. पील, असली चमत्कार तो यह है कि मैं जब फरवरी में फ़्लोरिडा गई, तो मेरे डैडी मुझे बीस साल युवा दिखे। वे स्वस्थ और उत्साही हैं। वे अपनी कुर्सी के पास बाइबल हमेशा रखते हैं। वे अब सबसे प्रेम करते हैं और मेरी आँखों के सामने उन्हें एक दिन में तीन बड़े ऑर्डर मिल गए। वे बिना संकोच के ईश्वर के बारे में बातें करते हैं और उनकी कायापलट को देखने के बाद अब मुझे यह विश्वास हो चुका है कि अगर ईश्वर को अवसर दिया जाए, तो इस दुनिया में कुछ भी असंभव नहीं है।

सफलता हम सबको मिल सकती है, बशर्ते हम सकारात्मक सोच के मूलभूत सिद्धांतों का अनुसरण करें।

भले ही सब कुछ गड़बड़ हो रहा हो, लेकिन आपको इस निष्कर्ष पर नहीं पहुँचना चाहिए कि आप सफल नहीं हो सकते। बुरे से बुरे समय में भी कोई न कोई रास्ता या रहस्य छिपा होता है, जो असफलता को सफलता में और निराशा को ख़ुशी में बदल सकता है। कोई भी परिस्थिति इतनी अंधकारमय नहीं होती है कि वहाँ पर रोशनी की किरण न हो। इसलिए अगर आप बहुत मुश्किल और निराशाजनक परिस्थितियों का सामना कर रहे हों, तो मैं आपको यह सलाह दूँगा कि आप मिसूरी के मिस्टर और मिसेज़ जे.पी. लिंगले के अनुभव को पढ़कर इस पर विचार करें।

कुछ साल पहले मिसेज़ लिंगले ने द *पॉवर ऑफ़ पॉज़िटिव थिंकिंग* पढ़ने के बाद मुझे यह पत्र लिखा था :

मैंने चौदह साल तक वैरायटी स्टोर्स की राष्ट्रीय चेन में काम किया। फिर तीन साल पहले मेरे पति और मुझे अपना ख़ुद का स्टोर खोलने का मौक़ा मिला। हम इस बारे में निर्णय नहीं ले पा रहे थे और हमने निर्णय को ईश्वर पर छोड़ दिया। हमने कहा कि अगर

उसकी इच्छा होगी, तो वह हमें स्टोर शुरू करने के लिए धन दिलवा देगा और अगर उसकी इच्छा नहीं होगी, तो वह हमें धन नहीं दिलवाएगा।

मित्रों और रिश्तेदारों ने ख़ुद आकर हमारी आर्थिक मदद करने का प्रस्ताव रखा। हमें लगा कि हमें जवाब मिल गया है।

लेकिन इस बिज़नेस की शुरुआत गड़बड़ रही। हम गुज़ारा नहीं कर पा रहे थे और ढाई साल तक हम क़ानूनी मुकदमों तथा भुगतान माँगने वाले टेलीग्रामों की चपेट में रहे।

हम पर 10,000 डॉलर का कर्ज़ है और हमारे पास संपत्ति के नाम पर सिर्फ़ सात साल पुरानी कार व फ़र्नीचर है। मेरे पति टैक्स के बाद 310 डॉलर प्रति माह कमाते हैं, इसलिए हमारे पास कर्ज़ चुकाने के लिए ज़्यादा पैसे नहीं रहते हैं। हमने ख़ुद को दिवालिया घोषित इसलिए नहीं किया है, क्योंकि यह बहुत से लोगों के साथ धोखा होगा, जिनके हम देनदार हैं। हमें लगता है ईश्वर नहीं चाहेगा कि हम यह करें, हालाँकि क़ानूनी रूप से हम यह काम कर सकते हैं। जब आपको किसी कर्ज़दाता का बुरा पत्र मिले या आप अपनी छोटी तनख़्वाह के सामने कर्ज़ का पहाड़ देखें, तो आस्था बरकरार रखना बहुत मुश्किल होता है।

इस मामले में मेरी मदद करने के लिए अगर आप मुझे सिर्फ़ एक शब्द भिजवा दें, तो मैं आपकी बहुत आभारी रहूँगी। मैं नहीं जानती हूँ कि इतने मुश्किल समय में सकारात्मक सोच को कैसे बनाए रखा जा सकता है।

मैंने लिंगले दंपति को कुछ सुझाव दिए, जो मेरे हिसाब से उनकी मदद कर सकते थे। बहरहाल, मैंने सोचा कि मैं उनकी सबसे बड़ी मदद यह कर सकता हूँ कि उन्हें एक सफल सकारात्मक चिंतक के संपर्क में ले आऊँ, जो उनके क़रीब ही रहता था। मैंने उस सकारात्मक चिंतक से अनुरोध किया कि वे इस दंपति से मिलें। मैं चिंतक को "मिस्टर एस." कहूँगा, क्योंकि वे अपने अच्छे काम को गोपनीय रखने में विश्वास करते हैं। वे इस आध्यात्मिक सिद्धांत का अनुसरण करते

हैं कि दाएँ हाथ को यह पता नहीं होना चाहिए कि बायाँ हाथ क्या कर रहा है।

मैं जानता था कि मिस्टर एस. उदारता के आध्यात्मिक सिद्धांत में प्रबल विश्वास करते हैं। वे न सिर्फ़ सफल हैं, बल्कि वे दूसरों को भी सफल देखना चाहते हैं। वे तत्काल लिंगले दंपति से मिलने गए। उन्होंने पाया कि वे अपनी समस्या में इतनी बुरी तरह से डूबे थे कि वे अपने 10,000 डॉलर के कर्ज़ के अलावा किसी और बारे में बात ही नहीं कर रहे थे। मिस्टर एस. ने उन्हें बताया कि उनकी समस्या को सुलझाने का पहला क़दम उदारता है। उन्होंने लिंगले दंपति को यह सुझाव दिया कि वे अपनी आमदनी का कुछ प्रतिशत हिस्सा तत्काल दान करने लगें।

उन्होंने विरोध किया, "लेकिन हम पर 10,000 डॉलर का कर्ज़ है!"

मिस्टर एस. ने जवाब दिया, "उससे क्या! मेरी पत्नी और मैं 1933 में कंगाल हो गए थे। हम आप जैसी ही स्थिति में थे। फ़र्क़ सिर्फ़ इतना है कि हम पर 63,000 डॉलर का कर्ज़ था और हम दान देकर उस मुसीबत से बाहर निकले थे।" उन्होंने दान देने के सिद्धांत को स्पष्ट करते हुए बताया कि इससे किस तरह सफलता मिलती और क़ायम रहती है। उन्होंने लिंगले दंपति को सफल जीवन का एक बहुत ही सूक्ष्म नियम बताया : निस्वार्थ भाव से दान देने के बाद ही महत्त्वपूर्ण चीज़ें मिलती हैं।

मिस्टर एस. ने इस दंपति के साथ प्रार्थना की और उन्होंने इस समस्या को ईश्वर के हाथों में समर्पित कर दिया। दंपति ने यह वायदा किया कि जब उन्हें ईश्वर का मार्गदर्शन मिलेगा, तो वे उसका अनुसरण करेंगे। उन्होंने अपनी आत्म-दया, चिंता और तनाव से मुक्ति पा ली, क्योंकि अब उन्होंने समस्या को ईश्वर के हाथों में छोड़ दिया था और उसे सुलझाने का दायित्व भी ईश्वर को सौंप दिया था। इसके बाद वे रचनात्मक और सकारात्मक आध्यात्मिक स्तर पर बिज़नेस शुरू करने के लिए तैयार थे। और जैसा उन्हें पता चला कि यही व्यावहारिक तरीक़ा है। वे अपने समय, धन और मेहनत का दान करने लगे - दूसरे शब्दों में वे बाँटने लगे।

इसका पहला परिणाम मिसेज़ लिंगले के अगस्त वाले पत्र में दर्ज है, जो पहले वाले पत्र के चार महीने बाद लिखा गया था।

> मैं आपको यह बताना चाहती हूँ कि अब मेरा एक भी दिन चिंता में नहीं गुज़रता है। कुछ समय पहले मुझे एक कर्ज़दाता का उलाहना भरा पत्र भी मिला, लेकिन मैं उससे ज़रा भी विचलित नहीं हुई, जो अपने आप में एक उल्लेखनीय परिवर्तन है।

इसके कुछ समय बाद लिंगले ने दान के प्रभाव के बारे में एक और पत्र लिखा :

> क्या आपके पास एक "प्रेरणादायक कहानी" सुनने का समय है? मैं आपको एक ऐसी ही कहानी सुनाना चाहती हूँ। दो सप्ताह पहले हमें टैक्स विभाग से एक नोटिस मिला, जिसमें उन्होंने हमें यह जानकारी दी कि हम पर ९० डॉलर का टैक्स निकल रहा है। इसके अलावा हमारी कार जवाब दे रही थी और कार का बीमा भी ख़त्म हो चुका था।
>
> हमें जैसे ही टैक्स विभाग का नोटिस मिला (और हमें पता नहीं था कि इतना पैसा हम कहाँ से जुटा पाएँगे), उसी समय मोनरो कैलकुलेटर कंपनी के एक आदमी ने आकर हमसे कहा कि वह हमारा कैलकुलेटर बेच सकता है (हम इसे पाँच महीनों से बेचने की कोशिश कर रहे थे)। उसके कैलकुलेटर बेचने से हमारे टैक्स की रक़म निकल सकती थी, कार की रिपेयरिंग हो सकती थी और हम बीमा भी करवा सकते थे! क्या यह अद्भुत नहीं है? अभी और भी बाक़ी है!
>
> अब तक मैं ऐसी नौकरी नहीं खोज पाई थी, जिसे करते हुए मुझे अपने छोटे बेटे स्किपी के साथ घर पर रहने का मौक़ा भी मिल सके। लेकिन दान देने के सिद्धांतों का अनुसरण करते हुए एक दिन अचानक मेरे मन में विचार आया और मैं एक चर्च के पास रुक गई। चर्च के अंदर जाकर मैंने अपना परिचय देते हुए कहा कि मेरे घर पर भी टाइपराइटर है और अगर उनके पास कोई अतिरिक्त काम हो, तो मैं घर पर ले जाकर उसे कर सकती हूँ, ताकि मेरा कुछ समय चर्च के काम आ सके।

वे लोग अवाक थे! उन्होंने बताया कि उनकी एक सेक्रेटरी चली गई थी और उन पर काम का इतना बोझ था कि मेरा प्रस्ताव उन्हें अपनी प्रार्थना का परिणाम लगा! मैं कई स्टेंसिल लेकर घर आ गई और उन्हें काट दिया। अगले दिन भी मैंने यही किया।

उस रात को मेरे पास एक ऑफ़िस से फ़ोन आया, जहाँ मैंने नौकरी के लिए दो महीने पहले आवेदन दिया था। अब तक मैं उस बात को भूल चुकी थी। उन्होंने पूछा कि क्या मैं कुछ अतिरिक्त काम करना चाहती हूँ। उन्होंने कहा कि मैं शुरुआत में 1.25 डॉलर प्रति घंटे की दर से *स्टेंसिल काटने* का काम कर सकती हूँ। मेरे काम के कोई निश्चित घंटे नहीं रहेंगे, मैं हर दिन अपनी इच्छानुसार आ-जा सकती हूँ! क्या यह घटना आपको प्रेरक नहीं लगती है?

इसी तरह इन लोगों के जीवन में एक के बाद एक वरदान आते चले गए, एक के बाद एक मार्गदर्शन मिलता चला गया। उन्होंने प्रार्थना की, आस्था रखी, दान दिया और वे अपनी मुश्किलों को हराते चले गए। मिस्टर लिंगले ने स्टोर मैनेजर के रूप में एक नया बिज़नेस संबंध बनाया और वे सफल हो रहे हैं, जैसा दो साल बाद लिखे गए मिसेज़ लिंगले के इस पत्र से पता चलता है :

मैं अब और इंतज़ार नहीं कर सकती!

अब मैं आपको बताना चाहती हूँ कि ईश्वर किस तरह हमारी देखभाल कर रहा है। यह आपकी पिछली यात्रा के बाद हुआ था।

आपको याद है हम पिछले अक्टूबर में एक कार की तलाश कर रहे थे, क्योंकि हमारी सात साल पुरानी स्टडबेकर हमें परेशान करने लगी थी। हमने अक्टूबर में एक सेकंडहैंड ब्यूक देखी थी, लेकिन हमें लगा कि हमें इतनी अच्छी कार की ज़रूरत नहीं थी। इसलिए जिम तलाश करते रहे, लेकिन कोई भी कार क़ीमत, माइलेज, सफ़ाई और बाक़ी चीज़ों में ब्यूक की टक्कर की नहीं थी।

इसलिए एक दिन मेरे पति ने कहा, "देखो, हम जानते हैं कि हमें इतनी अच्छी कार की ज़रूरत नहीं है। हम जानते हैं कि हमारे पास डाउन पेमेंट नहीं है, लेकिन अगर हमें उसी कार का स्वामी बनना है,

तो हमारे पास डाउन पेमेंट आ जाएगा और वह कार उस समय भी बिकाऊ होगी।"

आप जानते हैं कि जिम के बिज़नेस में उसे वर्ष भर के लाभ का निश्चित प्रतिशत हिस्सा मिलता है। लेकिन 1958 में हमारा बिज़नेस दो महीने पहले ही शुरू हुआ था, इसलिए ज़ाहिर है स्टोर को हुआ मुनाफ़ा शुरुआती ख़र्चों में चला गया था।

अब ज़रा हमारी हैरानी की कल्पना कीजिए, जब जिम को ऑफ़िस से एक पत्र मिला, जिसमें यह कहा गया था कि वे उसे उसके मुनाफ़े पर बोनस देने वाले हैं, ठीक उसी तरह जैसे कोई शुरुआती ख़र्च न हुआ हो, क्योंकि उनके हिसाब से उसने कड़ी मेहनत की थी और उसे यह बोनस मिलना ही चाहिए। कंपनियाँ इस तरह तो काम नहीं करती हैं! और आम तौर पर दिए जाने वाले 10 प्रतिशत बोनस के बजाय उन्होंने 15 प्रतिशत बोनस दिया! अब हमारे डाउन पेमेंट का इंतज़ाम हो गया था! और चार महीने बाद भी वह कार वहाँ पर मौज़ूद थी!

आपको याद है, आपने फ़ोन पर मुझसे पूछा था कि हम अपने 10,000 डॉलर के कर्ज़ में से कितना चुका पाए हैं? अगले महीने दो साल हो जाएँगे और हमने उसमें से 4,000 डॉलर चुका दिए हैं! अब चार चले गए हैं और छह बाक़ी हैं। क्या चुनौती है!

नीचे लिंगले दंपति की आख़िरी रिपोर्ट है। इस बात पर ध्यान दें कि लिंगले दंपति ने बाँटने या दान देने के सिद्धांत को अब पूरी तरह आत्मसात कर लिया है :

यह पत्र आपको बताएगा कि आजकल हम किस हाल में रह रहे हैं। हम कर्ज़ से तो मुक्त नहीं हुए हैं, लेकिन हमारी आस्था प्रबल है।

कुछ आध्यात्मिक सिद्धांतों ने हमारी बहुत मदद की है और इस बात में ज़रा भी संदेह नहीं है कि उनमें सबसे ऊपर यह सिद्धांत आता है : *ज़रूरतमंद लोगों की मदद करना।* मैं उस पत्र की प्रति भेज रही हूँ, जो हम तब भेजते हैं, जब हमें पता चलता है कि हम किसी व्यक्ति की मदद कर सकते हैं। ऐसा करके मैं अपने रहस्य को

उजागर कर रही हूँ, लेकिन शायद डॉ. पील, अगर आप इस विचार का प्रयोग करना चाहें, तो बाक़ी लोग इससे प्रेरणा ले सकते हैं और यह फैलकर एक अद्‌भुत सिलसिले में बदल सकती है। यहाँ पर वह पत्र है, जो हम भेजते हैं :

प्रिय मित्रो,

हर सप्ताह जिम और मैं एक छोटी सी रक़म लिफ़ाफ़े में रखते हैं, जो "दूसरों" के लिए होता है। फिर जब हमें पता चलता है कि किसी को थोड़ी सी मदद या प्रेरणा की ज़रूरत है - जैसा हमें अक्सर पता चलता है - तो हम इस तरह के पत्र के साथ उन्हें थोड़ी रक़म भेज देते हैं।

हम जानते हैं कि स्टेन को नौकरी मिल गई है, लेकिन शनिवार को आपने कहा था कि आपके पास सिर्फ़ एक डॉलर है। इसलिए हम यह लिफ़ाफ़ा भेज रहे हैं। शायद इसमें रखे पैसों से उसे लंच और कार के पेट्रोल में मदद मिल सके, जब तक कि उसकी पहली तनख़्वाह नहीं मिल जाती।

हम इसे वापस नहीं चाहते हैं, लेकिन हम चाहेंगे कि आप दो काम करें - पहला तो यह कि इसके बारे में किसी को भी न बताएँ, और दूसरा यह कि जब आपकी स्थिति सुधर जाए, तो किसी ज़रूरतमंद व्यक्ति को खोजें और उसे इतनी ही राशि देकर हमारा उधार चुका दें।

कोई भी यह नहीं जानता कि हम यह करते हैं, इसलिए यह बात ईश्वर, आपके और हमारे बीच ही रहना चाहिए। और अगर आप हमारे इस व्यवहार का कारण जानना चाहते हैं, तो मैं आपको एक संकेत देना चाहती हूँ : मैथ्यू 6:1-4 पढ़ लें।

तो अब हम सफल जीवन के सिद्धांतों की सूची को एक बार फिर देख लें, जिनके बारे में हमने इस अध्याय में बात की है।

पहली बात, यह परिभाषित करना महत्त्वपूर्ण है कि सफलता का आपके लिए क्या अर्थ है। अपने लक्ष्य को स्पष्टता से परिभाषित कर लें। यह सुनिश्चित कर लें कि आपका लक्ष्य ईश्वर की इच्छाओं के सामंजस्य

में हो। उदाहरण के लिए, सिर्फ़ भौतिक सफलता का लक्ष्य बनाने की ग़लती न करें। ईश्वर आपसे सतही भौतिक सफलता से ज़्यादा की उम्मीद करता है। वह आपके लिए सच्ची संपत्ति चाहता है, जीवन की ऐसी संपत्ति जो हर दृष्टि से सफल हो : आर्थिक, सामाजिक, आध्यात्मिक, बौद्धिक, शारीरिक। वह आपको असली संपत्ति देना चाहता है। उन अच्छी चीज़ों को कम न आँकें, जो ईश्वर आपके लिए चाहता है और आपको प्रदान करेगा, बशर्ते आप उन्हें पाना सीख लें।

दूसरी बात, तब तक अध्ययन करें, जब तक आप सचमुच इस सच्चाई की ज़िंदगी बदलने वाली शक्ति को न समझ लें कि आप अपनी सफलता की पूर्व तैयारी कर सकते हैं। अगर आप अपनी सफलता की तस्वीर बनाते हैं और उस तस्वीर को लगातार अपने सामने रखते हैं, तो वह साकार हो जाएगी। सकारात्मक सोच से आप अपनी ज़िंदगी की परिस्थितियों को सचमुच बदल सकते हैं।

तीसरी बात, ईश्वर को अपनी विचार प्रक्रिया के केंद्र में रखें। प्रार्थना करें, उसका मार्गदर्शन माँगें, अपनी कोशिशों को उसकी इच्छाओं के सामंजस्य में लाने की कोशिश करें।

चौथी बात, अपनी सफलता को तनावरहित और शांतिपूर्ण अंदाज़ में स्वीकार करें। बाँटना सीखें। अपनी सफलता में दूसरों को उदारतापूर्वक हिस्सेदार बनाएँ। दूसरों को सिखाएँ कि सकारात्मक तरीक़े से कैसे सोचा जाता है और ज़िंदगी में वे परिणाम कैसे हासिल किए जाते हैं, जो आप अपनी ज़िंदगी में हासिल कर रहे हैं। इस तरीक़े से आपके पास रचनात्मक विचारों के सतत प्रवाह की गारंटी हो जाएगी : आपने जो सफलता हासिल की है, उसे सुरक्षित रखने वाली बीमा पॉलिसी पर आप प्रीमियम का भुगतान कर रहे होंगे।

अगर आप इन चार सिद्धांतों का प्रयोग नियमित रूप से करेंगे, तो सफलता - उदारता से जीने की सच्ची सफलता - आपके पास निश्चित रूप से आएगी। इसी समय अपने मस्तिष्क को सफलता के लिए तैयार करना शुरू कर दें।

अध्याय 3

अब आप असफल नहीं होंगे

उसका नाम बॉब था। अच्छे डील-डौल वाला और संकोची स्वभाव वाला बॉब सेल्समैन था, लेकिन उसका रिकॉर्ड बड़ा ख़राब था।

बहरहाल, जब बॉब के वरिष्ठ अधिकारियों ने उसे आख़िरी मौक़ा देने का फ़ैसला किया, तो एक साल में ही वह बाक़ी सभी सेल्समैनों से आगे निकल गया और कंपनी का शीर्षस्थ सेल्समैन बन गया। वार्षिक सेल्स मीटिंग में मैनेजर ने बॉब को मंच पर बुलाकर उसे वर्ष के सफलतम सेल्समैन का पुरस्कार दिया। मैनेजर ने उसे चेक देते हुए कहा, "बॉब, तुम्हारी सफलता का रहस्य क्या है? तुम पहले कभी सेल्स के मामले में शिखर के आसपास भी नहीं थे, लेकिन अब तुम इतनी ऊपर पहुँच गए हो। इसके अलावा तुम बहुत नीचे से आए हो। तुमने यह काम कैसे किया? यहाँ बैठे लोगों को बताओ।"

बॉब संकोच में पड़ गया। उसने कई बार बेचैनी से पहलू बदले। उसका चेहरा शर्म के मारे लाल पड़ गया। उसने कहा, "ऐसा कुछ नहीं है, जो मैं इन लोगों को बता सकता हूँ। दरअसल मुझे एक ऐसी चीज़ मिल गई, जिसने मुझे एक नए इंसान में बदल दिया।"

मैनेजर ने उत्सुकता से पूछा, "तुम्हें ऐसी कौन सी चीज़ मिल गई?"

बॉब ने कहा, "मुझे अठारह शब्द मिले थे और उन शब्दों के कारण ही सब कुछ बदल गया। जब मुझसे यह कहा गया कि मेरा प्रदर्शन नहीं सुधरने पर मुझे नौकरी से निकाल दिया जाएगा, तो मैं सोचने लगा। उस रात को मैं घर गया और कुर्सी पर बैठकर अपने बारे में ईमानदारी

से सोचने लगा।

"कुछ समय बाद मुझे एक पुरानी बाइबल दिखी, जो मेरी माँ ने मुझे दी थी। मैंने उस बाइबल को ज़्यादा बार नहीं पढ़ा था। माँ ने मुझसे कहा था कि अगर मैं कभी संकट में पड़ जाऊँ, तो मुझे बाइबल में समाधान मिल जाएगा। उस वक़्त मैं सचमुच संकट में था। मुझे तत्काल समाधान चाहिए था। इसलिए मैंने शेल्फ़ पर से बाइबल उठाई, उसकी धूल साफ़ की और उसके पन्ने पलटने लगा। कुछ समय बाद जब मैं उसे बंद करने वाला था, तभी मुझे वह मिल गया, जिसकी मुझे ज़रूरत थी।"

इतना बताने के बाद बॉब थोड़ी देर झिझका। उसे धर्म-संबंधी बातें करने की आदत नहीं थी, लेकिन वह आगे बोलता रहा। "मैंने ये अठारह शब्द पाए : 'देखो, मैं हर चीज़ को नया बनाता हूँ... जो विजय पाता है, उसे विरासत में हर चीज़ मिलेगी।'

"इन शब्दों ने मुझ पर इतना ज़ोरदार प्रहार किया, जैसे मेरे सिर पर टन भर ईंटें आ गिरी हों। अगर किसी को नया बनने की ज़रूरत थी, तो यह मुझे थी।

"उसी समय मैंने ईश्वर से प्रार्थना की कि वह मुझे नया इंसान बना दे और असफलता के जाल से बाहर निकलने में मेरी मदद करे। मेरी प्रार्थना सच्ची थी, इसलिए उसके बाद मैं ज़्यादा अच्छा महसूस करने लगा। मुझे कई हफ़्तों में पहली बार गहरी नींद आई। मुझे पहली बार आत्मविश्वास का अनुभव हुआ।

"अगली सुबह मैंने उन अठारह शब्दों को बार-बार दोहराया। चूँकि मैंने अपने बारे में सब कुछ बदलने का संकल्प कर लिया था, इसलिए मैंने यह फ़ैसला किया कि मैं इन शब्दों की तरह सब कुछ बदल डालूँगा। बाज़ार जाकर मैंने अपनी अंतिम जमापूँजी से एक नया सूट और टाई ख़रीदी तथा उन्हें लेकर घर गया। मैंने अपने पुराने कपड़े उतारे, टब में लेटा और अच्छी तरह रगड़कर नहाया। मुझे ऐसा लग रहा था, जैसे मैं अपनी असफलता को रगड़कर साफ़ कर रहा था। फिर मैंने कपड़े पहने और बाहर जाने से पहले घुटने टेककर ईश्वर से प्रार्थना की कि वह मेरी मदद करे। मैंने दर्पण में देखा और आप यक़ीन मानें, मैं सचमुच एक नए इंसान की तरह दिख रहा था। मैं जानता हूँ

कि यह आपको पागलपन लगेगा, लेकिन मुझे यही महसूस हुआ था।

"मैंने कहा, 'ईश्वर, मैं अब कुछ लोगों से मिलने जा रहा हूँ और मैं अब एक नया इंसान हूँ। अगर आप मेरी मदद करेंगे, तो मुझे ज़्यादा सफलता मिलेगी।' मैंने पाया कि मैं संभावित ग्राहकों में ज़्यादा रुचि ले रहा था। मैं अब ज़्यादा उत्साह महसूस कर रहा था। मेरा सामान बिकने लगा। मैं आनंदित महसूस कर रहा था। हर चीज़ बेहतर बन गई। मुझे लगता है कि बस इतनी सी ही बात है।"

जिस व्यक्ति ने मुझे यह कहानी बताई उसने कहा, "वहाँ पर सुईपटक सन्नाटा छा गया था। फिर श्रोताओं ने इतनी ज़ोरदार तालियाँ बजाईं, जितनी पहले कभी किसी सेल्स मीटिंग में नहीं बजी थीं।" और क्यों न हो, आख़िर उन्होंने यह प्रत्यक्ष प्रमाण देख लिया था कि ईश्वर की मदद से इंसान असफलताओं के बाद भी सफल हो सकता है।

आपको निरंतर असफलताएँ झेलने की कोई ज़रूरत नहीं है। मैं जानता हूँ कि यह सिर्फ़ कोरा सिद्धांत नहीं है, बल्कि हक़ीक़त है। मैं यह बात इतने विश्वास से इसलिए कह सकता हूँ, क्योंकि बहुत से लोगों ने असफलता को सफलता में बदलने की शक्ति को प्रदर्शित किया है। यह काम आसान नहीं है, लेकिन यह हो सकता है और होता है। यही महत्वपूर्ण बात है। जब आप ठान लेते हैं, सचमुच ठान लेते हैं कि अब आप असफल नहीं होंगे और इसके साथ ही आप इस अध्याय तथा पुस्तक में बताए गए सिद्धांतों पर अमल करते हैं, तो इसमें कोई संदेह नहीं है कि आपको भविष्य में असफलता नहीं मिलेगी।

मैं यह बात सकारात्मक सोच रखने वालों को मिले अद्‌भुत परिणामों के आधार पर कह रहा हूँ।

उदाहरण के लिए, एक बार मैं एक पश्चिमी राज्य में एक बड़े और सुंदर होटल में ठहरा। जब मैं वहाँ से चलने लगा, तो होटल का मैनेजर मुझे गुड बाई कहने आया।

मैंने उसे अपनी सुखद यादों के लिए धन्यवाद देते हुए कहा, "आपका होटल बहुत बढ़िया है।"

वह मुस्कराया और धीरे से बोला, "इस बात का श्रेय ईश्वर और सकारात्मक सोच को दिया जाना चाहिए।" बाद में उसने मुझे अपने भीतर हुए ज़बर्दस्त परिवर्तन का सच्चा और मर्मस्पर्शी वर्णन लिखकर भेजा।

पहले मैं चिंता और डर का शिकार था। दुनिया में मुझसे ज़्यादा डरने और चिंता करने वाला शायद कोई दूसरा नहीं होगा। जब मेरे पास चिंता करने की कोई वजह नहीं होती थी, तो मैं कोई ऐसी कल्पना कर लेता था, जिससे दुविधा और उथलपुथल भरी मेरी ज़िंदगी में चिंता बनी रहे। बचपन से मेरा यही हाल था।

पाँच साल पहले सितंबर में मैंने सकारात्मक सोच पर आपका लेख पढ़ा। उस लेख को पढ़कर मुझमें ज़बर्दस्त रुचि जागी। मैं तत्काल जान गया कि मुझे एक ऐसी चीज़ मिल गई है, जो मेरी मदद कर सकती है। मैंने आपकी लिखी सारी सामग्री बटोरना शुरू की और रविवार को रेडियो पर प्रसारित होने वाला आपका कार्यक्रम भी सुनने लगा।

डॉ. पील, लंबे समय से चली आ रही आदतों से पीछा छुड़ाना आसान नहीं होता, लेकिन जिस चीज़ ने आगे चलकर मेरी सबसे ज़्यादा मदद की, वह यह थी कि मैं बाइबल पढ़ने लगा। जल्दी ही मुझे यह एहसास हो गया कि मुझे ईश्वर की मदद की ज़रूरत थी। मैं ईसा मसीह पर आस्था रखने लगा।

मैंने आपकी वह पुस्तक भी पढ़ी, जिसमें आपने यह सुझाव दिया है कि जिस तरह सिंक से पानी निकलता है, उसी तरह अपने दिमाग़ से सारे बुरे विचारों को बाहर निकाल दें और उनकी जगह पर स्वच्छ तथा स्वस्थ विचारों को स्थापित कर लें। मैंने यही किया। मैंने सचमुच अपनी ब्रेनवॉशिंग कर ली। अब चिंताएँ, डर और बुरी भावनाएँ चली गईं। मैं यहाँ पर यह भी कहना चाहूँगा कि मैंने शराब भी छोड़ दी।

आज मैं सुखी हूँ। मैं हर चीज़ से प्रेम करता हूँ और मैंने आपके बताए अनुसार हर स्थिति का सामना करने की आदत डाल ली है।

सकारात्मक सोच के सिद्धांत तभी सफल होते हैं, जब उन पर सच्चाई और ईमानदारी से अमल किया जाए, जैसा इस आदमी ने किया था। मैं

एक प्रयोग करने का सुझाव देना चाहूँगा। एक पेंसिल और काग़ज़ लेकर अपनी असफलता के तीन प्रमुख क्षेत्रों की सूची बनाएँ। तीन ऐसे बिंदु लिखें, जहाँ आप वर्तमान में असफल हो रहे हैं या कम से कम उतने सफल नहीं हो रहे हैं, जितने आप होना चाहते हैं।

हो सकता है, आप लोगों के साथ अच्छे संबंध न बना पा रहे हों। या शायद आप अपनी इच्छाओं पर नियंत्रण नहीं रख पा रहे हों। क्या आपकी कमज़ोरी शराब है, सेक्स है, सिगरेट है या फिर फ़ास्ट फ़ूड है? हो सकता है आपको कुशलता से कार्य करने में दिक्क़तें आ रही हों। हो सकता है आप आसानी से हतोत्साहित या नकारात्मक हो जाते हों। आपकी असफलता के क्षेत्र चाहे जो हों, चाहे वे बड़े हों या छोटे, उन्हें उनके महत्व के क्रम में लिख लें। फिर हम देखेंगे कि इन असफलताओं को सफलताओं में बदलने के लिए हमें क्या करना है।

सबसे पहली बात तो इस मूलभूत सवाल का जवाब खोजना है, "हम इन क्षेत्रों में असफल क्यों होते हैं?"

इस सवाल का सही जवाब खोजना मुश्किल हो सकता है। हो सकता है आपको अपनी असफलता के असली कारण को जानने के लिए विशेषज्ञों की मदद की ज़रूरत पड़े। हममें से ज़्यादातर लोगों में अपनी असफलताओं के लिए बाहरी कारणों को दोष देने की प्रवृत्ति होती है, जबकि असली दोषी हम ख़ुद ही होते हैं। इसलिए सबसे पहले हमें अपने भीतर झाँकना चाहिए। ऐसा करने पर हमें कुछ अजीब और जटिल सच्चाइयाँ मिल सकती हैं। मनोवैज्ञानिक बताते हैं कि कई लोग दरअसल सफलता की नहीं, असफलता की कामना करते हैं। किसी मनोवैज्ञानिक कारण से कई लोगों को सफलता ज़्यादा ख़तरनाक लगती है। वे इससे बचने के चतुराई भरे तरीक़े खोज लेते हैं। ज़ाहिर है, वे ऐसा अचेतन रूप से करते हैं। वे सचमुच सफल नहीं होना चाहते हैं। इसलिए जब आप अपनी असफलता का कारण बताएँ, तो यह सुनिश्चित कर लें कि वह कारण सच्चा हो।

लेकिन हम यह मान लेते हैं कि आप सचमुच असफलता से उबरना चाहते हैं। ऐसा करने के लिए आप किस फ़ॉर्मूले का प्रयोग करेंगे? मैं एक आसान फ़ॉर्मूला जानता हूँ, जो अद्‌भुत परिणाम देता है। यह एक,

दो, तीन क़दमों वाली सकारात्मक सोच तकनीक है। यदि इस पर मेहनत से अमल किया जाए, तो निश्चित रूप से आप असफलता से उबर जाएँगे। वह फ़ॉर्मूला यह है :

कोशिश करें, सचमुच कोशिश करें।
सोचें, सचमुच सोचें।
विश्वास करें, सचमुच विश्वास करें।

आइए हम पहले बिंदु को लें। *कोशिश करें, सचमुच कोशिश करें।* शायद यह ज़्यादा आकर्षक नहीं लग रहा होगा, क्योंकि कोशिश करना बहुत मुश्किल हो सकता है। इतना मुश्किल कि बहुत कम लोग वास्तव में यह काम करते हैं। या अगर वे करते भी हैं, तो उनमें इतनी लगन नहीं होती है कि वे लगातार कोशिश करते रहें। आइए हम इसका सामना करें, आख़िरी बार आपने अपनी असफलता को दूर करने के लिए लगन से कब कोशिश की थी, *सचमुच* कोशिश की थी? ज़्यादातर असफलताएँ सिर्फ़ इसी तथ्य के कारण उत्पन्न होती हैं, क्योंकि हम सबसे कम "लगन" वाली राह पर चलते हैं। हम सफल होने के लिए लगातार कोशिश नहीं करते हैं।

मशहूर जॉकी एड्डी आरकेरो का मानना है कि कुछ घोड़े ही सचमुच जीतने की कोशिश करते हैं। वे कहते हैं, "घोड़ों में से सत्तर प्रतिशत तो जीतना ही नहीं चाहते।" ज़ाहिर है, एड्डी घोड़ों के बारे में सच्चाई जानते हैं। इस मामले में ऐसा लगता है कि हम भी घुड़दौड़ में हिस्सा लेने वाले घोड़ों की तरह ही व्यवहार करते हैं : हम भी जीतने की बहुत कम कोशिश करते हैं, बहुत कम बार सच्ची कोशिश करते हैं।

प्रसिद्ध मनोवैज्ञानिक विलियम जेम्स जानते थे कि प्रबल कोशिश करना मुश्किल होता है। उन्होंने इसे "थकान की पहली परत" की संज्ञा दी थी। उन्होंने कहा था कि थोड़ी असाधारण कोशिश करने के बाद ही इंसान थक जाते हैं। आप कुछ समय तक कोशिश करते हैं, थक जाते हैं और फिर कोशिश करना छोड़ देते हैं। लेकिन ईश्वर ने आपके भीतर ऊर्जा का वृहद भंडार भरा है। आप इस उपलब्ध ऊर्जा

का प्रयोग कर सकते हैं, बशर्ते आप इसके लिए थोड़ी ज़्यादा कोशिश करें। यह कार के एक्सीलरेटर की तरह है, जिसे थोड़ा ज़्यादा दबाने पर कार की गति तेज़ हो जाती है और उसकी ऊर्जा तथा शक्ति बढ़ जाती है। व्यक्तित्व भी इसी सिद्धांत पर काम करता है। अगर आप अपने व्यक्तित्व के एक्सीलरेटर को थोड़ा सख़्ती से दबाएँगे, तो आपके अंदर छिपी अतिरिक्त शक्ति बाहर आ जाएगी। थकान की पहली परत के नीचे हम बहुत कम एक्सीलरेटर दबाते हैं, जबकि वहाँ ऊर्जा का वृहद भंडार भरा हुआ है, जिसका दोहन नहीं हुआ है। लेकिन जब आप एक्सीलरेटर दबाते चले जाते हैं, तो आपको अद्‌भुत परिणाम मिलने लगते हैं।

रहस्य इस बात में छिपा है कि आप इस काम को *पूरे* मनोयोग से करें। सच तो यह है कि हम शायद ही कभी अपनी पूरी मानसिक शक्ति का इस्तेमाल करते हैं - निश्चित रूप से हम अपनी पूर्ण आध्यात्मिक क्षमता का इस्तेमाल तो कभी करते ही नहीं हैं। यह बात मान लें कि हम किसी समस्या पर जी-जान से कोशिश नहीं करते हैं। सिर्फ़ कुछ दुर्लभ उदाहरणों या बड़े संकटों में ही ऐसा होता है। अगर आप अपने मस्तिष्क को किसी समस्या पर पूरी तरह से लगा देंगे, तो आप यह देखकर हैरान रह जाएँगे कि आपमें इसे सुलझाने की कितनी ज़्यादा शक्ति है।

क्या आप सचमुच अपनी असफलताओं से उबरना चाहते हैं? क्या यह इच्छा इतनी प्रबल है कि आप कोशिश करना चाहते हैं, सचमुच कोशिश करना चाहते हैं? आप कोशिश करके ही अपनी असफलता से उबर सकते हैं, और यह बात असफलता के हर क्षेत्र में लागू होती है। लगन और सच्ची कोशिश के साथ आस्था हो, तो इस गठबंधन में विजय दिलाने वाली शक्ति होती है। इस बात का उल्लेखनीय उदाहरण न्यूयॉर्क की एक पाठक के पत्र में मिलता है। इस पत्र को लिखने वाली महिला कहती हैं कि वे ज़्यादा शिक्षित नहीं हैं। दरअसल विरामचिन्हों की कमी से पत्र का आकर्षण और बढ़ जाएगा, इसलिए मैं इसे उसी तरह प्रकाशित कर रहा हूँ, जिस तरह से इसे लिखा गया था।

मेरी उम्र साठ साल से ज़्यादा है और मैं आस्थाहीन लोगों को यह

बताना चाहती हूँ कि आस्था की शक्ति से इंसान चमत्कार कर सकता है। मुझे ख़ेद है कि मुझे शिक्षा नहीं मिल पाई और मुझसे वर्तनी की ग़लतियाँ हो जाती हैं लेकिन मैं आपको अपनी ज़िंदगी की पहली बड़ी समस्या के बारे में बताना चाहूँगी। मैं आपको यह भी बताऊँगी कि मैंने आस्था की शक्ति का सहारा कैसे लिया।

मैं अपाहिज पैदा हुई थी। मेरे दोनों कूल्हे अपनी जगह पर नहीं थे और डॉक्टरों का कहना था कि मैं कभी चल नहीं पाऊँगी। लेकिन जब मैं बड़ी हुई और मैंने दूसरों को चलते देखा, तो मैंने कहा, हे ईश्वर मेरी मदद करो, मैं जानती हूँ कि आप मुझसे प्रेम करते हैं। मैं छह साल की थी और निराश थी। बहरहाल, एक दिन मैंने दो कुर्सियों के बीच खड़े होने की कोशिश की। मैं गिर गई, परंतु मैंने कोशिश करना नहीं छोड़ी। हर दिन मैं ईश्वर से बातें करती थी और बार-बार कोशिश करती थी। एक दिन मैं कुछ सेकंड तक खड़ी रही। मैं आपको बता नहीं सकती कि अपने पैरों पर खड़े होने पर मुझे कितनी ज़्यादा ख़ुशी हुई थी। मैंने चीख़कर मम्मी को बुलाया। मैं खड़ी हो गई हूँ! मैं चल सकती हूँ!

फिर मैं नीचे गिर गई। मैं अपने माता-पिता की ख़ुशी को कभी नहीं भूल सकती। जब मैंने दोबारा खड़े होने की कोशिश की, तो मेरी माँ ने मुझे झाड़ू का एक सिरा पकड़ा दिया और दूसरा सिरा ख़ुद थामकर बोलीं, "एक क़दम आगे बढ़ाओ, फिर दूसरा क़दम, और इसी तरह आगे क़दम बढ़ाती जाओ।" इस तरह मेरी आस्था ने चलने में मेरी मदद की। हालाँकि मैं आड़ी-तिरछी चलती थी, लेकिन इसके लिए भी मैं ईश्वर के प्रति बहुत कृतज्ञ थी।

तीन साल पहले एक एक्सीडेंट में मेरा बायाँ टखना टूट गया। अस्पताल में मेरे पैरों के एक्सरे लिए गए। इसके बाद डॉक्टरों ने मेरे पास आकर पूछा, आप चल कैसे लेती हैं? मैंने कहा कि ईश्वर मेरा डॉक्टर है। वे बोले कि यह एक चमत्कार है, क्योंकि जब आपके कूल्हों में जोड़ या खाँचे ही नहीं हैं, तो आप खड़ी कैसे हो सकती हैं? मेरी पुरानी यादें लौट आईं। 60 साल बाद जाकर मुझे पता चला कि मेरे कूल्हों में खाँचे और जोड़ नहीं हैं, न जाने क्यों?

फिर डॉक्टर डरने लगे कि दुर्घटना, टखने की चोट और बुढ़ापे के कारण मैं शायद दोबारा नहीं चल पाऊँगी, लेकिन ईश्वर ने एक बार फिर मेरी मदद की और सबको यह देखकर आश्चर्य हुआ कि मैं दोबारा चलने लगी। मैं अब भी नौकरी करती हूँ और एक विधवा नौकरीपेशा माँ के चार बच्चों की देखभाल करती हूँ। मैं भी विधवा हूँ और मैंने अपने बच्चों को बहुत मेहनत से पाला है। 1919 में स्पेनिश फ़्लू से मेरे पति की मृत्यु हो गई थी। उस समय मेरी दो छोटी बेटियाँ थीं और उसके दो महीने बाद बेटा पैदा हुआ था। मैंने 17 साल तक घुटनों पर बैठकर फ़र्श साफ़ की है और मैं ज़िंदगी में कभी बीमार नहीं पड़ी। मैं नहीं जानती कि सिरदर्द क्या होता है।

यह महिला जानती है कि कोशिश करना, सच्ची कोशिश करना क्या होता है। "हर दिन मैं ईश्वर से बातें करती थी और बार-बार कोशिश करती थी, जब तक कि मैं खड़ी नहीं हो गई।" और मुझे उनकी माँ की सलाह भी पसंद आई : "एक क़दम आगे बढ़ाओ, फिर दूसरा क़दम, और इसी तरह आगे क़दम बढ़ाती जाओ।" यही कोशिश करने का मतलब है। इसका मतलब यह है कि आप अपनी समस्याओं पर तब तक मेहनत करने के इच्छुक हों, जब तक कि वे सुलझ न जाएँ। लगे रहें, कोशिश करते रहें, जुटे रहें। सतत आक्रमण वाला नज़रिया अंततः किसी भी असफलता को पराजित कर देगा।

क्या आप अपनी समस्या या असफलता का सामना अच्छी तरह से कर रहे हैं, या सिर्फ़ इस तरह से कर रहे हैं कि ज़िंदगी चलती रहे? क्या आप समाधान की दिशा में ईमानदारी से पूरी कोशिश कर रहे हैं? यह बात चाहे जितनी बार दोहराई जाए, कम है : सचमुच कोशिश करना सीखकर आप अपनी असफलता से छुटकारा पा सकते हैं।

आपको कठिनाइयों से प्रेरणा लेना चाहिए। चार्ल्स द गाल ने एक बार कहा था, "कठिनाई दृढ़ चरित्र वाले व्यक्ति को आकर्षित करती है, क्योंकि इसका सामना करने के बाद ही वह अपनी पूरी क्षमता तक पहुँचता है।" यही सच्ची बात है। कोशिश करते रहें, लगातार करते रहें और ईश्वर आपकी मदद करेगा। ईश्वर हमेशा उस व्यक्ति की मदद करता है, जो हिम्मत के साथ लगातार कोशिश करता है।

मैंने मैडिसन स्क्वेअर गार्डन में मिलरोज़ गेम्स देखे। इन खेलों में देश के सर्वश्रेष्ठ खिलाड़ी विभिन्न प्रतिस्पर्धाओं में भाग लेते हैं, जैसे दौड़, पोल वॉल्टिंग, हाई जंप। और मैंने एक अद्भुत प्रदर्शन देखा। मैंने विश्व के इनडोर हाई जंप रिकॉर्ड को टूटते देखा। इस रिकॉर्ड को बोस्टन यूनिवर्सिटी के सत्रह वर्षीय विद्यार्थी जॉन थॉमस ने तोड़ा था।

मैंने जॉन थॉमस को विश्व का चैंपियन हाई जंपर बनते देखा। मिलरोज़ गेम्स के एक महीने पहले वह छह फ़ुट नौ इंच कूदा था। गेम्स के दो सप्ताह पहले वह छह फ़ुट पौने बारह इंच कूदा। और गेम्स वाले दिन पंद्रह हज़ार दर्शकों के सामने उसने विश्वरिकॉर्ड तोड़ दिया। एक खेल समीक्षक ने लिखा है, "प्रतिस्पर्धा के एक महान क्षण में जॉन थॉमस छत की तरफ़ गया और उसने सात फ़ुट ऊपर लगी छड़ को पार कर लिया।"

सिर्फ़ सत्रह साल की उम्र में वह विश्व का चैंपियन इनडोर हाई जंपर बन गया था! जनता ख़ुशी से पागल हो गई। जॉन को तत्काल फ़ोटोग्राफ़र्स, रिपोर्टर्स और बाक़ी लोगों ने घेर लिया, जो उससे हाथ मिला रहे थे और गले लगा रहे थे। लेकिन उसने लोगों की तरफ़ ज़रा भी ध्यान नहीं दिया। दरअसल उसने उन्हें हाथ हिलाकर दूर रहने का इशारा किया। वह आगे भी कोशिश करने वाला था। उसने विश्व रिकॉर्ड बना लिया था। वह अपनी सफलता पर ख़ुश हो सकता था, लेकिन वह जानता था कि कोशिश करते रहने का क्या मतलब होता है। वह उस रात को एक और रिकॉर्ड बनाना चाहता था। वह अब आउटडोर रिकॉर्ड भी तोड़ना चाहता था। यह रिकॉर्ड 7 फ़ुट 1.2 इंच का था, जिसे एक रूसी खिलाड़ी ने बनाया था। जॉन ने अधिकारियों से कहा कि वे छड़ को 7 फ़ुट 1.25 इंच पर रखें। एक बार फिर 15,000 लोगों ने पूरी ख़ामोशी से उसे कोशिश करते देखा। एक बार जॉन असफल हुआ। दूसरी बार भी वह असफल हुआ। और तीसरी बार... वह एक बार फिर असफल हुआ।

यह देखने के बाद मेरी प्रतिक्रिया अजीब थी। पहले तो मैंने ख़ुद से कहा कि जॉन थॉमस ने ग़लती कर दी थी। उसने अपनी जीत की धार कुंद कर दी थी, लेकिन फिर मुझे ख़ुद पर शर्म आई। जब मैंने उस

लड़के के बारे में अच्छी तरह सोचा, तो मुझे यह साफ़ नज़र आया कि वह सिर्फ़ शोहरत का भूखा नहीं था। वह तो एक दैवी आवेग से भरा था कि अपनी पहुँच के थोड़ी बाहर वाली चीज़ के लिए हमेशा कोशिश करे, थोड़ा ज़्यादा महान बनने की कोशिश करे।

उस रात को वह आगे कोशिश नहीं कर सकता था, लेकिन लौटते समय मेरे मन में यही भावना थी कि मैंने दुनिया के महानतम खिलाड़ियों में से एक को देख लिया था, क्योंकि वह जानता था कि कोशिश करने का क्या मतलब होता है। जीतने के बाद भी वह ज़्यादा ऊँचे लक्ष्य तक पहुँचने की कोशिश कर रहा था। और यह भावना तीन सप्ताह बाद सही साबित हुई, जब उसी मैडिसन स्क्वेअर गार्डन में जॉन ने एक बार फिर छलाँग लगाई और इस बार 7 फ़ुट 1.25 इंच पर लगी छड़ को सफलतापूर्वक लाँघ लिया। इस तरह वह इनडोर और आउटडोर जंप का विश्व चैंपियन बन गया। उसने कोशिश की, सचमुच कोशिश की। और इसी कारण उसे सफलता मिली।

आपकी अपनी कोशिशों का क्या हाल है? क्या आप थोड़ी ज़्यादा कोशिश करने के लिए तैयार हैं? क्या आपने अपनी समस्या को सुलझाने के लिए ईमानदारी से पूरी कोशिश की है, बार-बार कोशिश की है? एक बार कोशिश करना ही काफ़ी नहीं होता। कई बार कोशिश करने की ज़रूरत पड़ती है। आप यह देखकर हैरान हो जाएँगे कि सचमुच कोशिश करने से आपके भीतर एक अनोखी शक्ति आ जाती है। बहुत से लोगों की असफलता का कारण यह होता है कि वे सफलता के लिए आवश्यक शारीरिक और मानसिक कोशिश नहीं करते हैं। अपनी असफलताओं की सूची पर नज़र डालें। क्या आप कह सकते हैं कि आपने ईमानदारी से पूरी कोशिश की है - उस तरह की कोशिश, जिससे खिलाड़ी चैंपियन बनते हैं। अगर ऐसा नहीं है, तो कोशिश के सिद्धांत की जाँच करें तथा थोड़ी और कोशिश करके देखें कि क्या होता है।

असफलता के जाल से बाहर निकलने के फ़ॉर्मूले का दूसरा हिस्सा है सोचना, सचमुच सोचना... सकारात्मक रूप से सोचना। मुझे पूरा विश्वास है कि सकारात्मक विचार की शक्ति इतनी महान है कि आप

इस तरह सोचकर किसी भी असफलता से उबर सकते हैं। आप सही तरीक़े से सोचकर किसी भी समस्या से उबर सकते हैं।

इसका उदाहरण एक चौदह साल का लड़का है, जिसने अख़बार में एक विज्ञापन देखा। उस विज्ञापन में उसकी उम्र के लड़के के लिए एक नौकरी का ज़िक्र था। अगली सुबह ऑफ़िस में पहुँचने पर उसने देखा कि वहाँ पर बीस लड़के पहले से ही खड़े थे।

उससे कम बुद्धिमान और चतुर लड़का निराश हो जाता, लेकिन उस लड़के में स्थिति का सामना करने की योग्यता थी। उसने सोचा। उसने अपने दिमाग़ का इस्तेमाल किया। देखिए, इंसान का दिमाग़ सोचने वाली ऐसी अद्‌भुत मशीन है, जिसे ईश्वर ने इस तरह बनाया है कि उसका इस्तेमाल करके इंसान अपनी समस्याओं को सुलझा सके। उसकी मानसिकता नकारात्मक नहीं थी। वह सोच सकता था, सचमुच सोच सकता था, इसलिए उसके दिमाग़ में एक विचार आया। अच्छी तरह सोचने के बाद आने वाला विचार एक अद्‌भुत चीज़ है। यह दमदार होता है।

उसने एक काग़ज़ पर कुछ पंक्तियाँ लिखीं। फिर वह लाइन से बाहर निकला और अपने पीछे खड़े लड़के से अपना स्थान सुरक्षित रखने का अनुरोध करने के बाद इंटरव्यू लेने वाले अफ़सर की सेक्रेटरी के पास गया। उसने विनम्रतापूर्वक सेक्रेटरी से कहा, "मिस, क्या आप अपने बॉस को यह पत्र दे देंगी? यह महत्वपूर्ण है। आपको बहुत-बहुत धन्यवाद।"

सेक्रेटरी उस लड़के से प्रभावित हुई। वह विनम्र, शालीन और सभ्य लग रहा था। किसी घटिया लड़के को उसने बेशक झिड़क दिया होता, लेकिन यह लड़का अलग था। उसमें शक्ति नामक आकर्षक, अबूझ गुण था। इसलिए सेक्रेटरी ने उसके आग्रह को मान लिया और उसके पत्र को अपने बॉस के पास ले गई।

बॉस पत्र पढ़कर हँसा और उसे अपनी सेक्रेटरी की तरफ़ बढ़ा दिया। वह भी इसे पढ़कर हँसने लगी। उस पत्र में यह लिखा था :

"महोदय, मैं लाइन में इक्कीसवाँ लड़का हूँ। जब तक आप मेरा इंटरव्यू न ले लें, तब तक कृपया कोई फ़ैसला न करें।"

क्या उसे नौकरी मिली? आपको क्या लगता है? इस तरह का लड़का निश्चित रूप से तरक्की करेगा और बड़े काम करेगा। हालाँकि उसकी उम्र कम थी, लेकिन वह जानता था कि कैसे सोचा जाता है, सचमुच कैसे सोचा जाता है। उसने समस्या का तत्काल आकलन करने, उस पर पूरी शक्ति से चोट करने और सर्वश्रेष्ठ कोशिश करने की योग्यता विकसित कर ली थी।

अगर समस्या का कारण आप ख़ुद हैं, जैसा कि ज़िंदगी के ज़्यादातर मामलों में होता है, तो सोचने पर, सचमुच सोचने पर समाधान निश्चित रूप से और ज़्यादा आसानी से सामने आ जाते हैं। *सैटरडे ईवनिंग पोस्ट* में टॉमी बोल्ट के बारे में एक रोचक लेख छपा था, जिन्होंने 1958 में नेशनल ओपन गोल्फ़ चैंपियनशिप जीती थी। इस लेख का उपशीर्षक था, "स्पष्ट सकारात्मक सोच ने मेरी ज़िंदगी बदल दी।" इसमें बताया गया था कि सकारात्मक सोच से चैंपियन कैसे बना जा सकता है।

मिस्टर बोल्ट को "भन्नाने वाला मिस्टर बोल्ट" कहा जाता था। अपने भयानक ग़ुस्से के कारण वे कई बार चैंपियन बनते-बनते रह गए। एक बार तो जब वे एक शॉट चूक गए, तो ग़ुस्से में उन्होंने अपने सारे क्लब्स तोड़ दिए। अक्सर वे अपने फ़ाइव आइरन को तोड़ देते थे। उनके अपने शब्दों में, वे "फ़ाइव आइरन को किसी पेड़ पर लपेट देते थे।" धीरे-धीरे दर्शक उनके ग़ुस्से को पसंद करने लगे। दर्शक टॉमी बोल्ट के पीछे-पीछे चलते थे और चिल्लाते थे, "चूक जाओ, चूक जाओ!" और वे चूककर उनकी मुराद पूरी कर देते थे। फिर उनका ग़ुस्सा भड़क जाता था और दर्शकों के पैसे वसूल हो जाते थे। मिस्टर बोल्ट यह नहीं जानते थे कि सही तरीक़े से कैसे सोचा जाता है, इसलिए उनमें भावनात्मक स्थिरता नहीं थी। उनकी ग़लत सोच ग़ुस्से में व्यक्त होती थी और इस कारण वे अपने लक्ष्यों तक नहीं पहुँच पाते थे।

आख़िरकार टॉमी बोल्ट ने कुछ पुस्तकें पढ़ीं, जिन्हें पढ़ने के बाद उनका सोचने का तरीक़ा सही हो गया। इनमें से एक बिशप फ़ुल्टन जे. शीन की थी। दूसरी, जैसा मुझे जानकर सुखद आश्चर्य हुआ, मेरी थी। अपने अनुभव के बारे में टॉमी बोल्ट का यह विचार था।

उन्होंने कहा, "मैंने अपने चिंतन को सुधार लिया। मैंने अपने नज़रिये को नए सिरे से बनाया, मैंने अपनी आस्था को दृढ़ किया। मैंने ख़ुद से बड़े विराट व्यक्तित्व में आस्था रखी और मुझे इसका परिणाम मिला। एक बार शुरू करने के बाद मेरा नया सकारात्मक नज़रिया कभी नहीं डगमगाया। सकारात्मक सोच ने मेरी ज़िंदगी बदल दी। मैं अपने चिंतन को स्पष्ट और सीधा रखना चाहता था। मैंने पुस्तकों में जो सिद्धांत पढ़े, उन्होंने मेरे ग़ुस्से पर सेफ़्टी वाल्व लगा दिया और बाहरी प्रभावों तथा विचलनों से रक्षा करने का कवच बना दिया।" यह आख़िरी वाक्य बहुत बढ़िया है, लेकिन उससे भी बढ़िया वाक्य यह है, "मैंने ईश्वर से वायदा किया कि मैं उन्हें अपनी मदद करने दूँगा।" यह एक ज़बर्दस्त विचार है, क्योंकि आपकी मदद करने के लिए ईश्वर को आपकी मदद चाहिए। टॉमी बोल्ट ने सफलता पाने के लिए अपनी असफलताओं से प्रेरणा ली। उनके लिए असफलता एक चुनौती बन गई और ज़ाहिर है असफलता को हमेशा चुनौती ही होना चाहिए।

अगर असफलता के जाल से उबरना है, तो सकारात्मक तरीक़े से सोचना सीखना बिलकुल अनिवार्य है। आपको अपने नज़रियों को नए सिरे से बनाना चाहिए, जब तक कि आप अपनी नकारात्मकता को सकारात्मकता में न बदल लें। मुझे हमेशा अपने एक बहुमुखी और अविस्मरणीय स्कूल टीचर की याद आ जाती है। अचानक बिना किसी कारण के वे क्लास में पढ़ाना बंद कर देते थे और ब्लैकबोर्ड के पास जाकर बड़े अक्षरों में **CAN'T (नहीं कर सकता हूँ)** शब्द लिख देते थे। फिर वे क्लास की तरफ़ देखते हुए मुस्कराकर पूछते थे,

"अब मैं क्या करूँ?"

यह सुनकर बच्चे हँसते थे और एक सुर में कहते थे, "इस शब्द में से T (नहीं) हटा दें!!!"

वे डस्टर से T मिटा देते थे और ऐसा करने पर यह शब्द **CAN (कर सकता हूँ)** बन जाता था। हमें ख़ुद को यही सिखाना चाहिए। "नहीं कर सकता हूँ" में से "नहीं" को हटा दें और इसे **"कर सकता हूँ"** में बदल दें। अपनी असफलताओं को दूर रखने के लिए यही सोचने का, सचमुच सोचने का तरीक़ा है। अगर "नहीं कर सकता हूँ"

आपके मस्तिष्क में दृढ़ता से जगह बना लेगा, तो इससे कई तरह की समस्याएँ पैदा हो जाएँगी।

आश्चर्यजनक बात यह है कि जब आपमें "नहीं कर सकता हूँ" का नज़रिया होता है, तो आसान कामों में भी असफलता हाथ लगती है। बरसों पहले एक बूढ़ा था, जो हाईवे पर लंच काउंटर चलाता था। उस समय बिज़नेस में मंदी का दौर चल रहा था। बूढ़ा व्यक्ति सौभाग्य से थोड़ा अंधा और बहरा था। मैं इसे सौभाग्य इसलिए कहता हूँ, क्योंकि वह मंदी के बारे में नहीं पढ़ सकता था और अपने मित्रों की नकारात्मक चर्चाओं को नहीं सुन सकता था। चूँकि उसे यह पता ही नहीं था कि मंदी का दौर चल रहा है, इसलिए उसका बिज़नेस बहुत सफल हुआ। उसने अपने स्टैंड को पेंट किया, अच्छा सामान दिया, सड़क पर चमकीले साइनबोर्ड में अपना विज्ञापन किया, जिसमें उसके सैंडविचों की ख़ुशबू तैर रही थी। उसके व्यंजन इतने स्वादिष्ट थे कि जिन लोगों के पास "पैसा नहीं था", वे भी वहाँ रुककर खाते-पीते थे।

बूढ़े आदमी ने कड़ी मेहनत की और अपने लड़के को कॉलेज भेजा। वहाँ पर लड़के ने अर्थशास्त्र पढ़ा और यह जाना कि स्थिति कितनी ख़राब थी। जब वह क्रिसमस पर घर आया और उसने अपने पिता के बिज़नेस को सफल होते देखा, तो उसने अपने पिता से कहा, "डैडी, यहाँ पर कुछ गड़बड़ है। आपको इतना सफल नहीं होना चाहिए। आप तो इस तरह से काम कर रहे हैं, जैसे आपको यह पता ही न हो कि मंदी का दौर चल रहा है!"

उसने अपने पिता को मंदी के बारे में सब कुछ बताया और यह भी बताया कि लोगों का बिज़नेस ठप्प हो रहा है और वे पाई-पाई बचा रहे हैं। इन नकारात्मक विचारों को सुनने के बाद बूढ़े आदमी ने सोचा, "शायद यही अच्छा होगा कि मैं इस साल अपने स्टैंड पर नया पेंट न करूँ। मुझे कंजूसी से ख़र्च करना चाहिए, क्योंकि मंदी का दौर चल रहा है। और बेहतर होगा कि मैं अपने सैंडविच में जितना सामान भरता हूँ, उसकी मात्रा भी कम कर दूँ। और जब लोगों के पास पैसा ही नहीं है, तो फिर साइनबोर्ड लगाने या विज्ञापन करने का क्या फ़ायदा है?" इस तरह से उसने सभी सकारात्मक कोशिशें बंद कर

दीं। परिणाम यह हुआ कि जल्दी ही उसका बिज़नेस ठप्प हो गया। जब उसका पुत्र ईस्टर की छुट्टियों में घर आया, तो पिता ने उससे कहा, “बेटे, मैं तुम्हें धन्यवाद देना चाहता हूँ कि तुमने मुझे मंदी के बारे में बता दिया। यह बिलकुल सच है। मैं अब इसे अपने बिज़नेस में महसूस कर सकता हूँ। बेटे, कॉलेज की शिक्षा बहुत बढ़िया चीज़ है।”

जब नकारात्मक सोच हमारे दिमाग़ में बैठ जाती है, तो यही होता है। इस तरह के विचारों को लगातार बाहर निकाला जाना चाहिए। बोस्टन के लेही क्लीनिक की सह-संस्थापक डॉ. सारा जॉर्डन ने इसे बहुत अच्छे तरीक़े से कहा है, “हर दिन अपने मस्तिष्क का शैंपू करो।” कितना बढ़िया विचार है! नकारात्मक सोच की धूल, गंदगी और कीचड़ को धो डालें। हर दिन की शुरुआत साफ़ चमकदार विचारों से करें, जिनमें ऐसा कुछ न हो, जिससे आपकी सफलता के प्रवाह में बाधा पड़े।

हर सुबह अपने मस्तिष्क का शैंपू करें। जब आप मानसिक रूप से अपने दिन की सही शुरुआत करेंगे, तो यह सही तरह से शुरू होगा। जाड़े की एक सुबह को मुझे बहुत जल्दी उठने का मौक़ा मिला। मैंने ड्रॉइंग रूम से सुबह के शानदार आसमान को देखा। अचानक मेरे मन में आया कि इमर्सन ने सही कहा था, “... आकाश आत्मा का नियमित आहार है।” हमारा मकान पश्चिममुखी है, जहाँ से चार मील लंबा और आधा मील चौड़ा सेन्ट्रल पार्क दिखता है, जो शहर के मध्य में है। उस सुबह आसमान एक बड़ी अँगीठी की तरह दिख रहा था और पूरे शहर पर लपटें फैला रहा था। ऊपर बिखरे बादलों का नर्म कंबल नज़र आ रहा था। पार्क के पार की खिड़कियाँ सुनहरी दिख रही थीं, क्योंकि वे उगते हुए सूरज को प्रतिबिंबित कर रही थीं। पूरा शहर किसी पेंटिंग की तरह शांत था। हवा बिलकुल साफ़ थी। बर्फ़ साफ़ और ताज़ी थी। अचानक मेरे मन में प्रार्थना करने की तीव्र इच्छा जागी और वह प्रार्थना ख़ुशी तथा आनंद की प्रार्थना बन गई। यह एक अविस्मरणीय अनुभव था।

वह दिन अद्भुत गुज़रा। उस दिन मैं एक बार भी असफल नहीं हुआ। मुझे विश्वास है इसका कारण यह था कि मैंने दिन शुरू होने

से पहले अपने मस्तिष्क को साफ़ कर लिया था। मैं पूरे दिन प्रेरित रहा और मेरी ऊर्जा का स्तर ऊँचा रहा। एक कविता की ये पंक्तियाँ इस तरह के अनुभव को बख़ूबी व्यक्त करती हैं :

हर सुबह आप अपनी बाँहों को
स्वर्ग की खिड़की की चौखट पर रख दें
और ईश्वर को देखें...
फिर उस दृश्य को अपने हृदय में रखकर
दिन का सामना करने के लिए सशक्त बनें।

मैंने इसे सुबह की आदत बना लिया है और मैं आपको विश्वास दिलाता हूँ कि दिन शुरू करने की यह तकनीक बहुत लाभदायक है - "अपनी बाँहों को स्वर्ग की खिड़की की चौखट पर रख दें।" अपनी मुश्किलों को देखना छोड़ दें और इसके बजाय "ईश्वर को देखें।" ऐसा करने से आपको शक्ति, शांति और दृढ़ता मिलेगी। इस आदत से आपका नवीनीकरण संभव हो जाएगा।

आपको हर दिन मानसिक और आध्यात्मिक शैंपू से किन चीज़ों को धो डालना चाहिए? ज़ाहिर है, द्वेष, डर और नफ़रत को। इसके अलावा व्यक्तित्व की शक्ति के प्रवाह में बाधा डालने वाले नकारात्मक और स्वार्थपूर्ण विचारों को भी धोकर बाहर निकाल देना चाहिए। मानसिक शैंपू द्वारा विचारों की रोज़ सफ़ाई करने से आपका नज़रिया बदल जाता है। आपमें एक ऐसा नज़रिया विकसित हो जाता है, जो सफल कोशिश की ओर ले जाता है।

कुछ साल पहले मैं हॉलीवुड में एक फ़िल्म "वन फ़ुट इन हैवन" का तकनीकी सलाहकार था। इस फ़िल्म में हैरी डेवनपोर्ट नामक एक चरित्र अभिनेता काम कर रहे थे। हैरी ने मुझे सही सोच के बारे में अपना एक अनुभव सुनाया, जब वे व्यावसायिक रूप से बहुत असफल थे।

हैरी ने कहा, "मैं सचमुच असफल हो गया था। जब मैंने विश्लेषण किया कि मेरे साथ क्या हुआ था, तो मैंने देखा कि मेरे उद्देश्य पूरी तरह ग़लत थे। दर्शकों के सामने अभिनय करते समय मैं सोचता था कि मैं कितना महान हूँ। दर्शकों में मेरी कोई ख़ास रुचि नहीं थी।

जल्दी ही दर्शकों को मेरी इस आत्म-केंद्रित सोच के बारे में पता चल गया और अंततः इससे मेरा पूरा कैरियर ख़तरे में पड़ गया। क्योंकि जब आप सिर्फ़ अपने बारे में सोचते हैं, तो लोग इस बात को भाँप लेते हैं और आपको पसंद नहीं करते हैं। मुझे अच्छी भूमिकाएँ नहीं मिल रही थीं। कुछ समय बाद मैं सचमुच परेशान हो गया और इस बारे में प्रार्थना करने लगा। मुझे अपनी प्रार्थना का यह जवाब मिला : अपने दर्शकों के प्रति प्रेम का नज़रिया प्रदर्शित करो और फिर देखो कि क्या होता है।

"मुझे यह विचार अजीब लगा। बहरहाल, उस समय मेरी हालत इतनी ख़राब थी कि मैं किसी भी चीज़ को आज़माने के लिए तैयार था। कुछ दिनों बाद मुझे एक पात्र का अभिनय करने का आमंत्रण मिला। वह भूमिका बहुत महत्वपूर्ण नहीं थी, लेकिन मैंने उसे स्वीकार कर लिया। नाटक शुरू होने से पहले मैंने स्टेज के पास बने विंग्स से दर्शकों की तरफ़ देखा। मैंने देखा कि सामने बैठा एक बिज़नेसमैन दुखी दिख रहा था। ऐसा लग रहा था कि उसकी पत्नी उसे वहाँ ज़बर्दस्ती खींचकर लाई थी, जबकि दरअसल वह कहीं और जाना चाहता था। मैंने कहा, 'मैं आज रात आपको ख़ुश करने की कोशिश करूँगा। मैं आपके प्रति प्रेम प्रदर्शित करूँगा और आपकी शाम को सुखद बना दूँगा।' और आप जानते हैं, उस रात को मेरा प्रदर्शन जितना बढ़िया रहा, उतना पहले कभी नहीं रहा था। मुझे उस रात को अपने काम में जितनी ख़ुशी मिली, उतनी पहले कभी नहीं मिली थी। यह मेरे कैरियर का टर्निंग पॉइंट था। आज मैं तब तक अभिनय करने का जोखिम नहीं लेता हूँ, जब तक कि मैं यह न देख लूँ कि मेरा चिंतन सही है।"

इस चर्चा से मेरी ज़िंदगी पर भी निर्णायक प्रभाव पड़ा। मैंने उसी समय यह फ़ैसला कर लिया कि मैं भी तब तक भाषण या प्रवचन नहीं दूँगा, जब तक कि मेरे मन में श्रोताओं के प्रति सच्चा प्रेम न हो और मैं उस प्रेम को व्यक्त न करूँ। मैं उपस्थित जनसमुदाय को देखता हूँ और प्रार्थना करता हूँ कि ईश्वर मुझे उनकी मदद करने का माध्यम बनाए। इस फ़ॉर्मूले पर अमल किए बिना मैं भाषण देने के बारे में सोच भी नहीं सकता हूँ।

यही सिद्धांत और तकनीक हर व्यक्ति पर लागू होती है, भले ही वह कुछ भी करता हो। मेरे मित्र जिम जॉनसन हैरिसबर्ग, पेनसिल्वेनिया में एक बड़ा होटल चलाते हैं। वे हर दिन अपने कर्मचारियों तक सद्‌भावना के संदेश पहुँचाते हैं। इस वजह से उनके कर्मचारियों का मनोबल ज़बर्दस्त रहता है। हर रात को घर लौटते समय जिम नदी के पास कार रोककर अपने होटल की तरफ़ देखते हैं। वहाँ से वे सभी मेहमानों और कर्मचारियों के लिए प्रार्थना तथा सद्‌भावना के संदेश भेजते हैं। जैसा आप समझ गए होंगे, इस तरह के चिंतन से सकारात्मक और बुद्धिमत्तापूर्ण नज़रिया उत्पन्न होता है। जिम ने एक बार एक ऐसी बात कही थी, जिसे मैं कभी नहीं भूला, "मैंने कभी कोई ऐसा तूफ़ान नहीं देखा, जो अपने आप ख़त्म न हुआ हो।"

और अंत में, विश्वास करें, सचमुच विश्वास करें। किसमें विश्वास करें? ईश्वर में, ईसा मसीह में और सच्ची विनम्रता के साथ, अपने आप में। विश्वास करें कि आप सफल होंगे। जब आपमें यह विश्वास होगा, तो आप विजय प्राप्त करने की दिशा में लगातार कोशिश करेंगे। बाइबल आस्था के बारे में इतनी बात क्यों करती है? क्योंकि अगर आपको सचमुच विश्वास हो, तो आप बहुत बड़े काम कर सकते हैं। अगर आपको यक़ीन है कि आप कर सकते हैं, तो आप सचमुच कर सकते हैं। विश्वास करने से रचनात्मक और प्रचुर अच्छाई के मार्ग खुल जाते हैं। विश्वास मुश्किल से मुश्किल परिस्थितियों में भी शक्ति प्रवाहित कर देता है।

न्यूयॉर्क यांकीज़ के पायलट केसी स्टेंगल विश्व के बेहतरीन सकारात्मक चिंतकों में से एक हैं। एक विश्व कप के दौरान जब यांकीज़ मिल्वाकी ब्रेव्ज़ के ख़िलाफ़ खेल रहे थे, तो सकारात्मक सोच की शक्ति के बहुत आश्चर्यजनक परिणाम मिले। यांकीज़ का वह साल अमेरिकन लीग में बहुत आसान रहा था। उन्हें किसी टीम ने सच्ची टक्कर नहीं दी थी और वे इतनी आसानी से जीते थे कि इससे उनकी स्थिति बिगड़ गई क्योंकि सीज़न के अंत तक वे बेजान खेल खेलने लगे। जब विश्व कप शुरू हुआ, तो यांकी खिलाड़ी पूरे फ़ॉर्म में नहीं थे। इसी कारण वे पहले चार मैचों में से तीन मैच हार गए। ऐसा लगा, जैसे विश्व कप में केसी

स्टेंगल और उनकी टीम की शर्मनाक हार होने वाली है। कप जीतने के लिए उन्हें लगातार तीन मैच जीतना थे।

और स्टेंगल ने यही किया। उन्होंने अपने खिलाड़ियों को इस हद तक प्रेरित कर दिया कि उन्होंने ऐसी बेसबॉल खेली, जिसे मानव की क्षमता से परे कहा जा सकता है। मैंने अब तक जितने भी उलटफेर देखे हैं, उनमें यह सबसे रोमांचक था और उस समय मैं यह सोच रहा था कि स्टेंगल ने स्पष्ट पराजय को विजय में बदलने के लिए कौन सी जादू की छड़ी घुमा दी थी। बाद में मुझे जवाब मिल गया। मैंने *स्पोर्ट्स इलस्ट्रेटेड* में मिस्टर स्टेंगल के बारे में एक लेख पढ़ा। उस लेख के दो वाक्यों में उनका आदर्श वर्णन था। मुझे वे वाक्य इतने अच्छे लगे कि मैंने उन्हें लिख लिया और याद कर लिया। उनमें से एक था, "पराजय से स्टेंगल को डर नहीं लगता है, आशा के साथ उनका अच्छा रिश्ता है।" दूसरा वाक्य यह था, "पराजय के सबसे बुरे क्षण में भी वे विजय को खोज रहे थे।"

यही इसका सार था। केसी स्टेंगल ने कभी पराजय में विश्वास नहीं किया। उन्होंने विजय में विश्वास किया। वे "जानते थे" कि वे विश्व कप जीतेंगे और उन्होंने जादू की छड़ी घुमाकर अपनी टीम में भी यह विश्वास फूँक दिया। और जब सबमें यह विश्वास भर गया, तो वे अजेय बन गए।

मैं इस अध्याय को एक युवा माँ के बहुत मर्मस्पर्शी पत्र से ख़त्म कर रहा हूँ। अगर आपको सकारात्मक सोच के अद्भुत परिणामों के बारे में ज़रा सी भी शंका हो, तो इस पत्र को पढ़ने के बाद आपकी शंका निश्चित रूप से दूर हो जाएगी। मेरे ऑफ़िस में हज़ारों पत्र आते हैं, जिनमें लोग सभी तरह की परिस्थितियों के बारे में लिखते हैं। कुछ तो इतनी दुखद होती हैं कि मेरा दिल रो पड़ता है। उनमें दर्द, दुख, निराशा और हताशा की कहानियाँ होती हैं। यह बहुत ही दुखद है कि लोग ज़िंदगी में इतनी सारी मुश्किलें झेलते हैं। लेकिन यह पढ़ना भी प्रेरक है कि जब लोग विश्वास के जादुई तत्व को विकसित कर लेते हैं, तो वे कितने ज़्यादा शक्तिशाली बन जाते हैं। आप विश्वास करके दुनिया की कठिन से कठिन बाधाओं पर भी विजय पा सकते हैं, जैसा

बेक्सले, ओहियो की मिसेज़ हैरी फ़ाइक ने किया, जिन्होंने लिखा है :

प्रिय डॉ. पीलः

पिछले साल मैं गर्भवती थी। 30 अक्टूबर को जब मेरा गर्भ साढ़े पाँच महीने का था, तो एक दुर्भाग्यपूर्ण घटना हुई - बच्चे को लपेटकर रखने वाली झिल्ली में छेद हो गया। यह मेरे पहले दो गर्भों में भी हुआ था, जिनमें बच्चे मर गए थे। उन दोनों अवसरों पर डॉक्टरों ने मुझसे कहा था कि इस तरह के मामले में बच्चे के बचने की ज़रा भी संभावना नहीं होती है और मैंने उनके निर्णय को स्वीकार कर लिया था। मुझे याद है कि दोनों बार अस्पताल में डिलिवरी टेबल पर मैंने यही कहा था, "यह निराशाजनक है। मेरा बच्चा बहुत छोटा है और वह मर जाएगा।" और हुआ भी यही था।

इस बार एक नया डॉक्टर मेरा इलाज कर रहा था। वह मुझसे बोला, "यह आप पर और ईश्वर पर है।" पहले तो मैं दहशत में आ गई, लेकिन फिर मैंने ख़ुद को सँभाला। मुझे यह निर्देश दिए गए थे कि मैं ज़रा भी न हिलूँ। इसलिए मैंने बिस्तर पर ख़ुद को सीधी स्थिति में रखा और यह संकल्प किया कि मैं कम से कम एक महीने तक ज़रा भी नहीं हिलूँगी - और मैंने ऐसा ही किया। मेरे दो बच्चे हैं, एक चार साल का और दूसरा दो साल का। इसलिए संकल्प करना जितना आसान था, उसे पूरा करना उतना आसान नहीं था। बहरहाल, मेरे पति ने मेरी काफ़ी मदद की और मैं एक महीने तक बिलकुल भी नहीं हिली। मैं न तो लेटी, न ही मैंने करवट बदली। जब भी मुझे जोखिम का अंदेशा होता था, तो मैं ईश्वर को धन्यवाद देती थी कि बच्चा सही-सलामत होगा। मैं लगातार ख़ुद के लिए प्रार्थना करती थी, लेकिन ज़्यादातर समय मैं ईश्वर को उसके वरदानों के लिए धन्यवाद देती थी।

जब भी कोई मुझसे निराशाजनक बातें करता था, तो मैं उससे कह देती थी कि सब कुछ ठीक होगा। एक महीने बाद मैं बच्चे को जन्म देने के लिए अस्पताल गई, लेकिन मेरे मन में डर नहीं था। प्रसव कक्ष में मौज़ूद डॉक्टर ने मुझसे कहा कि मेरा बच्चा बहुत छोटा होगा। मैंने सुना कि वह हॉल से मेरे डॉक्टर को फ़ोन करके यह बता

रहा था कि मेरे हिसाब से बच्चा पर्याप्त बड़ा होगा, लेकिन मैं ज़रूरत से ज़्यादा आशावान थी। पैदा होने के बाद जब मैंने बच्चे को देखा, तो वह बहुत छोटा था। मैं दहशत में आ गई। बहरहाल, संतोष की बात यह थी कि उसकी आँखें खुली थीं और वह साँस लेने की कोशिश कर रहा था। उसका रंग गहरा बैंगनी था और उसका वज़न 2 पौंड 9 औंस था।

मेरा डॉक्टर अस्पताल में आया और डिलिवरी कक्ष के बाहर मुझसे मिला। जब बाक़ी सब लोग अपने सिर हिला रहे थे, तो वह मुस्कराया और बोला, "यह संभव है कि वह बच जाए।" उसने मुझे वे निराशाजनक आँकड़े नहीं बताए, जो ज़्यादातर लोग बता रहे थे। चौथे दिन एक दूसरे डॉक्टर ने आकर मुझे बताया कि बच्चा मुश्किल से साँस ले रहा था, लेकिन मुझे याद है, मैंने उसे यह जवाब दिया था, "लेकिन वह साँस तो *ले रहा है।*" मैंने जब अपने डॉक्टर को फ़ोन पर यह बताया, तो उसने कहा कि अगली बार जब वह डॉक्टर इस तरह की बात बोले, तो मैं उसे बाहर का रास्ता दिखा दूँ। मैंने फ़ोन रखकर बार-बार ईश्वर को धन्यवाद दिया।

सात हफ़्ते बाद जब मैं बच्चे को अस्पताल से घर लाई, तो वह सवा पाँच पौंड का हो चुका था। वह एक सप्ताह तक घर पर रहा। उसकी भूख अच्छी थी और उसका वज़न 6 पौंड हो गया। चार दिन बाद वह दो महीने का हो जाएगा। कोई भी मुझे आस्था की शक्ति पर विश्वास करने से नहीं रोक सकता।

पराजय पर आस्था की विजय का यह कितना बढ़िया अनुभव है? उस महिला ने सिर्फ़ यह ठान लिया था कि ईश्वर की मदद से वह असफल नहीं होगी। मैंने वह पत्र उस माँ को वापस भेज दिया, ताकि वह उसे अपने बच्चे के लिए सँभाल कर रखे और बड़े होने पर उसे दे। उसके लिए यह कितना अनमोल और प्रेरक उपहार होगा!

इन तीन सिद्धांतों की रोशनी में एक बार फिर अपनी असफलताओं को देखें : *कोशिश करें, सचमुच कोशिश करें। सोचें, सचमुच सोचें। विश्वास करें, सचमुच विश्वास करें।* अगर आप इन सशक्त सिद्धांतों का प्रयोग करते हुए अपनी असफलताओं से उबरने के अभियान में जुट

जाएँगे, तो आप निश्चित रूप से उबर जाएँगे। जब आप सकारात्मक और रचनात्मक विचारों से काम करते हैं, तो आप अपना इतना विकास कर सकते हैं कि भविष्य में आप कभी असफल नहीं होंगे।

अध्याय 4

लोग ऐसे लोगों को पसंद करते हैं

आप चाहते हैं कि लोग आपको पसंद करें। मैं भी यही चाहता हूँ। पसंद किया जाना और सराहा जाना गहरी मानवीय इच्छा है। इसीलिए डेल कारनेगी की पुस्तक *हाऊ टु विन फ्रेंड्स एंड इंफ़्लुएंस पीपुल (लोक-व्यवहार : प्रभावित करने की कला)* की लाखों प्रतियाँ बिकी हैं। इसीलिए टूथपेस्ट, गार्गल्स और डीओडोरेन्ट्स करोड़ों की तादाद में बिकते हैं, जिनके विज्ञापन उनसठ सेंट में लोकप्रियता दिलाने का वायदा करते हैं। हर सर्वे में लोगों द्वारा पसंद किए जाने की व्यक्तिगत इच्छा सबसे ऊपर होती है।

इसलिए लोगों के साथ अच्छे संबंध बनाने की समस्या कोई छोटी बात नहीं है, यह तो एक महत्वपूर्ण योग्यता है। अगर हम प्रभावशाली और सुखी बनना चाहते हैं, तो हमें इसमें निपुण होना ही चाहिए। लेकिन यह किया कैसे जाता है?

इस सवाल का पहला जवाब आसान है, लेकिन विशेषज्ञों की राय में बहुत ही महत्वपूर्ण है। मैं अपने दो मित्रों के साथ लंच ले रहा था। उनमें से एक थे डिक्टाफ़ोन कॉरपोरेशन के चेयरमैन सी.के. वुडब्रिज और दूसरे थे उसी कंपनी के वाइस-प्रेसिडेंट कैरोल लिटिल। हम मुख्य रूप से प्रभावी जीवन की तकनीकों पर चर्चा कर रहे थे। चूँकि वे दोनों उत्कृष्ट सेल्समैन थे, इसलिए मैंने उनसे पूछा कि उनकी राय में सफल सेल्समैन का मूलभूत गुण क्या है। मिस्टर वुडब्रिज ने तत्काल जवाब दिया। "लोगों को पसंद करना। ज़ाहिर है सेल्समैन को अपने प्रॉडक्ट

की पूरी जानकारी होना चाहिए और उसे उस पर भरोसा भी होना चाहिए। उसे कड़ी मेहनत करना चाहिए और उसे सकारात्मक चिंतक भी होना चाहिए। लेकिन सबसे पहले उसे लोगों को पसंद करना चाहिए।"

मुझे लगता है कि यह लोकप्रियता का मूलभूत तत्व भी है। मूलभूत रूप से, लोकप्रियता एक तरह की सेल्समैनशिप है, जिसमें आप ख़ुद को "बेचते" हैं। जब कोई व्यक्ति दूसरों को सचमुच पसंद करता है, तो बदले में लोग उसे भी पसंद करते हैं। इसलिए लोकप्रिय होने का पहला क़दम दूसरों को पसंद करना हैः किसी उद्देश्य से नहीं, बल्कि सचमुच पसंद करना।

ज़ाहिर है, यह हमेशा आसान नहीं होता। कुछ लोगों को पसंद करना दूसरों को पसंद करने की तुलना में ज़्यादा मुश्किल होता है। लेकिन आप लोगों को पसंद करने का जितना ज़्यादा अभ्यास करते हैं, यह काम उतना ही आसान होता जाता है। इसका मतलब ख़ुश होकर यह कहना नहीं है कि मैं अब हर एक को पसंद करने जा रहा हूँ। जैसा मैंने कहा, यह आसान है, परंतु यह बहुत आसान नहीं है। दूसरों को पसंद करना जीवनशैली का परिणाम है। यह अनुशासित विचार प्रक्रिया का परिणाम है। और दूसरों को पसंद करने की प्रमुख विचार-प्रक्रिया है सकारात्मक सोच। इसका मतलब है सबके प्रति नकारात्मक नहीं, बल्कि सकारात्मक नज़रिया रखना।

जब लोग मुझे अपनी ज़िंदगी में सकारात्मक सोच के परिणामों के बारे में बताते हैं, तो वे इस वाक्य का अक्सर प्रयोग करते हैं, "मैं सबको पसंद करने लगा।" यहाँ पर ओशकोश, फ़ोर्ट वर्थ, सैन डिएगो और लुईविले से आए कुछ पत्रों की पंक्तियाँ दी जा रही हैं।

... और फिर मैं हर एक से प्रेम करने लगा।

... तो अब स्थिति यह है। मैं सबको पसंद करता हूँ और सबके साथ मेरे संबंध भी बहुत अच्छे हैं।

... फिर मेरे साथ एक अजीब चीज़ होने लगी। मैं हर एक को पसंद करने लगी।

... सच कहूँ तो *पॉज़िटिव थिंकिंग* पढ़ने से पहले मैं सिर्फ़ ख़ुद को ही

> पसंद करता था, लेकिन इसके बाद मैं ख़ुद से आगे गया। अब मैं सचमुच हर एक को पसंद करता हूँ। मैं पूरी ईमानदारी से यह बात कह सकता हूँ।

यह सच क्यों है, इसे समझना कठिन नहीं है। जब लोग डर, चिंता और आत्म-केंद्रीयता को छोड़ देते हैं, तो उनके जीवन में उल्लास और आनंद आ जाता है। दुनिया इतनी अलग और अद्भुत लगने लगती है कि वे हर एक से और हर चीज़ से प्रेम करने लगते हैं। और वे इतने ख़ुशमिज़ाज बन जाते हैं कि लोग भी उन्हें पसंद करने लगते हैं। वे संकोची और चिंतातुर व्यक्तियों के बजाय ख़ुशनुमा और आकर्षक व्यक्तियों में बदल जाते हैं। वे "बहिर्मुखी" व्यक्तित्व बन जाते हैं। उनके व्यक्तित्व अब बाहर की तरफ़ यानी दूसरों की तरफ़ दयालुता और मदद प्रवाहित करते हैं।

अगर आप मूलतः ख़ुद के बारे में चिंतित हैं, तो दरअसल इस बात की ज़्यादा संभावना नहीं है कि लोग आपको पसंद करेंगे। ऐसा बनने के लिए आपको ख़ुद पर नहीं, बल्कि दूसरों पर ध्यान देना होगा। विलियम जेम्स ने कहा था, "मानवीय स्वभाव की सबसे बड़ी प्रेरणा प्रशंसा पाने की इच्छा है।" यही सामने वाले व्यक्ति के बारे में भी सही है। वह भी आपसे प्रशंसा चाहता है। अगर आप ख़ुद के बारे में अस्वाभाविक रूप से चिंतित हैं, सबका ध्यान अपनी तरफ़ खींचना चाहते हैं, लेकिन सिर्फ़ अपने ही बारे में सोचते रहते हैं, तो आपके पास दूसरों की प्रशंसा करने का न तो समय होगा, न ही इच्छा। सामने वाला व्यक्ति भी आपका ध्यान और सम्मान पाना चाहता है। जब उसे आपसे ये चीज़ें नहीं मिलेंगी, तो वह आपके बारे में ज़्यादा उत्साही नहीं रहेगा।

मेरा एक मित्र है, जो जन्मजात सकारात्मक चिंतक है और यह एक वरदान है, क्योंकि अधिकांश लोगों को ऐसा बनना सीखना पड़ता है। उसका नाम चार्ल्स हेडट है। चार्ली इस दुनिया के सबसे बड़े "प्रशंसकों" में से एक है। इस कारण हर व्यक्ति उसे बहुत ज़्यादा पसंद करता है। जब मेरी सेक्रेटरी इंटरकॉम पर बताती है कि चार्ली हेडट का फ़ोन आया है, तो मेरे चेहरे पर हमेशा चमक आ जाती है। मुझे उससे बातें करने में मज़ा आता है, क्योंकि चार्ली प्रेरक-प्रशंसक है। अगर वह

किसी पत्रिका में मेरा लेख पढ़ता है, तो वह फ़ोन करने या पत्र लिखने का समय निकाल लेता है। "प्रिय नॉर्मन, कितना शानदार लेख था। इस मुद्दे पर लिखा ही जाना चाहिए था। आपने बहुत जानदार लेख लिखा है।"

ज़ाहिर है, इसमें हैरानी की कोई बात नहीं है कि लोग चार्ली हेडट को पसंद करते हैं। प्रेरक-प्रशंसक बनने का मतलब मूलतः दूसरों की ज़रूरतों की तरफ़ ध्यान देना है और इसका निश्चित परिणाम यह होता है कि प्रेरक-प्रशंसक सबका प्रिय बन जाता है।

अगर आप चाहते हैं कि लोग आपको पसंद करें और आपका सम्मान करें, तो लोगों से प्रेम करें। उनमें रुचि लें और ख़ुद को भूल जाएँ। उनके भीतर छुपे सर्वश्रेष्ठ स्वरूप को बाहर निकालने के लिए उन्हें प्रेरित करें। फिर पानी पर बहाई गई रोटी की तरह आपकी रुचि और प्रेम भी सौ गुना होकर आपके पास वापस लौटेंगे।

मेरे एक पाठक ने मुझे हेनरी फ़ोर्ड के बारे में एक कहानी बताई थी, जो मुझे बहुत पसंद आई। फ़ोर्ड और यह मित्र एक दिन लंच कर रहे थे, तभी फ़ोर्ड ने अचानक यह सवाल पूछा, "आपका सबसे अच्छा मित्र कौन है?"

उसके मित्र ने कई लोगों के नाम लिए, लेकिन फ़ोर्ड ने एक पेंसिल से टेबलक्लॉथ पर ये शब्द लिख दिए : "आपका सबसे अच्छा मित्र वह है, जो आपके भीतर छिपे सर्वश्रेष्ठ स्वरूप को बाहर निकालता है।"

कार्यों के पीछे छिपे सच्चे व्यक्ति को देखें। अगर आप उसके सच्चे स्वरूप को बाहर निकालकर उसकी मदद करने की सर्वश्रेष्ठ कोशिश करते हैं, तो आप उसका सम्मान और विश्वास जीत लेंगे। अगर मुश्किल स्थितियों में आप उसके प्रति गहरी समझ और धैर्य दिखाएँगे, तो वही नहीं, दूसरे लोग भी आपको बहुत पसंद करेंगे।

मुझे फ़िलाडेल्फ़िया की एक महिला का पत्र मिला, जो इसी सिद्धांत पर काम करती है। उसे एक मुश्किल ऑफ़िस मैनेजर से जूझना पड़ता था :

> ... जिस दिन ऑफ़िस मैनेजर ने मुझे बुरी तरह लताड़ा, उसी दिन मैं नौकरी छोड़ना चाहती थी। दरअसल मैं दूसरी नौकरी ढूँढ़ने भी

लगी थी। फिर मैंने सोचा कि मैं सकारात्मक सोच की जो पुस्तकें पढ़ रही हूँ, क्यों न उन्हें आज़माकर देखा जाए। अब उन सिद्धांतों पर अमल करने का समय आ गया था।

इसलिए मैंने एक जोखिम लिया। मैंने बॉस को एक पत्र लिखकर उन्हें बताया कि नौकरी देने और उनकी कंपनी में काम करने का अवसर देने के लिए मैं उनकी शुक्रगुज़ार हूँ, लेकिन मुझे लगता है कि अगर इस कंपनी का माहौल ज़्यादा सौहार्द्रपूर्ण बन जाए, तो उनका बिज़नेस दोगुना हो सकता है।

क्या वे जानते हैं कि जब भी वे ऑफ़िस मैनेजर को अपने कमरे में बुलाते हैं, तो उसे साँप सूँघ जाता है? उसका दिमाग़ चेतनाशून्य हो जाता है, उसके हाथ में जो भी होता है उसे वह सबसे पास वाली टेबल पर पटक देता है और जब बॉस ऑफ़िस मैनेजर को फटकारते हैं, तो बदले में वह ऑफ़िस के कर्मचारियों पर अपनी भड़ास निकालता है। मैंने उनसे कहा कि मैं एक सच्चे ईसाई की तरह का माहौल चाहती हूँ। क्यों न इस कंपनी के सब लोग एक-दूसरे से प्रेम करें?

यह कुछ हफ़्ते पहले की बात है और आज तक मुझे नौकरी से नहीं निकाला गया है। स्थितियाँ ९० प्रतिशत सुधर गई हैं और ऑफ़िस का हर कर्मचारी ख़ुश है। मैं जानती हूँ कि इसमें बॉस को कई तरह की मुश्किलों का सामना करना पड़ा है। मैं उनके लिए दुखी हूँ, इसलिए मैं उनकी मदद करने के लिए दोगुना प्रयास कर रही हूँ।

इस महिला ने सकारात्मक तरीक़े से सोचकर एक मुश्किल स्थिति पर भावनात्मक नहीं, बल्कि बुद्धिमत्तापूर्ण प्रतिक्रिया की। उसने आतंकित ऑफ़िस मैनेजर की "विकलांग स्थिति" के पीछे देखा। उसमें यह देखने की क्षमता थी कि वह असुरक्षा की वजह से इस तरह का व्यवहार करता था। इस महिला ने स्थिति को समझ के अधिक ऊँचे स्तर तक उठाया, क्योंकि वह लोगों के कार्यों के पीछे कारणों को देख सकती थी। ज़ाहिर है, ऑफ़िस के लोग उसे पसंद करते थे और उसका सम्मान करते थे। उसने दूसरों की मुश्किलों को समझना सीख लिया था, भले ही वे शब्दों में नहीं, बल्कि विचित्र व्यवहार में व्यक्त हो रही हों। वह जानती थी कि व्यवहार अक्सर शब्दों जितनी ही स्पष्टता से

बोलता है, और कई बार तो शब्दों से भी ज़्यादा स्पष्टता से बोलता है। हममें से ज़्यादातर लोग शब्दों को तो सुनते हैं, लेकिन व्यवहार की ज़्यादा स्पष्ट भाषा को नहीं सुनते हैं। यही कारण है कि हम मानवीय संबंधों में ग़लतियाँ कर बैठते हैं।

और हममें से कई दुर्भाग्य से यह भी नहीं जानते कि शब्दों को कैसे सुना जाता है। सुनने की कला निश्चित रूप से पसंद किए जाने का एक बहुत बड़ा रहस्य है। जब लोग कोई समस्या लेकर हमारे पास आते हैं, तो हममें से अधिकांश में बहुत ज़्यादा बोलने की प्रवृत्ति होती है। हम सलाह देने की कोशिश करते हैं, जबकि ज़्यादातर मामलों में सलाह की ज़रूरत ही नहीं होती है। सिर्फ़ ख़ामोशी से सुनने की ज़रूरत होती है। इसके अलावा धैर्य, समझ और प्रेम के एहसास को भी व्यक्त करने की ज़रूरत होती है।

मेरे मित्र आर्थर गॉर्डन लेखक हैं। उन्होंने एक छोटे शहर के एक अख़बार के संपादक के बारे में एक मर्मस्पर्शी कहानी बताई है। यह संपादक अक्सर देर रात तक बैठकर संपादकीय लिखता था और बाक़ी काम करता था। एक बार आधी रात को किसी ने उसके दरवाज़े पर दस्तक दी। उसने कहा, "अंदर आ जाओ।" दरवाज़ा खुलने पर उसके सामने उसका उदास पड़ोसी खड़ा था, जिसका छोटा बच्चा हाल ही में डूबकर मर गया था। संपादक यह बात जानता था। वह पड़ोसी अपनी पत्नी और बच्चे के साथ नौकाविहार करने गया था। नाव पलट गई। पत्नी को तो बचा लिया गया, लेकिन बच्चा डूब गया। इस दुर्घटना के बाद से पिता का मानसिक संतुलन डगमगा गया था। वह सड़कों पर बेहाल घूमता रहता था और रात को संपादक के कमरे में जल रही रोशनी से आकर्षित होकर वहाँ आया था - या शायद उसकी समझ और दयालुता के कारण।

संपादक बोला, "बिल, बैठ जाओ और कुछ देर आराम कर लो।"

दुखी पिता बैठ गया और फिर गहरी निराशा तथा ख़ामोशी में आगे की तरफ़ झुक गया। यहाँ पर संपादक ने एक रोचक काम किया। ख़ामोशी को तोड़ने के लिए बहुत सारे शब्द बोलने के बजाय वह दोबारा काम करने लगा। वह उस व्यक्ति की ख़ामोशी से विचलित

नहीं हुआ। कुछ समय बाद उसने पूछा, "कॉफी पिओगे, बिल?" उसने बिल को गर्म कॉफ़ी का कप दिया। "इसे पी लो। इसकी गर्मी से तुम्हें अच्छा लगेगा।" दोनों ने कॉफ़ी पी ली। इस दौरान भी उनमें कोई चर्चा नहीं हुई।

कुछ समय बाद पड़ोसी बोला, "मैं अभी बातचीत के लिए तैयार नहीं हूँ, जैक।"

"कोई बात नहीं। जब तक तुम्हारा जी चाहे, तुम यहाँ बैठ सकते हो। तब तक मैं अपना काम करता हूँ।"

बहुत देर बाद बिल बोला, "अब मैं बात करने के लिए तैयार हूँ।" फिर एक घंटे तक उसने अपने दर्द का ग़ुबार बाहर निकाला और जैक को अपना दुखड़ा सुनाया। बिल ने उस दुर्घटना का पूरे विस्तार से वर्णन किया, उसकी छोटी-छोटी बातों पर प्रकाश डाला। उसने यह भी कहा कि अगर उसने यह किया होता, तो क्या हुआ होता; अगर उसने वह किया होता, तो क्या नहीं हुआ होता। इस दौरान वह हर चीज़ के लिए ख़ुद को दोष देता रहा। आख़िरकार उसने बातें करना बंद कर दिया और बोला, "मैं आज रात को बस इतना ही कहना चाहता हूँ।"

संपादक ने आगे बढ़कर उसके कंधे पर हाथ रखा और बोला, "घर जाओ बिल और थोड़ा सो लो।"

"क्या मैं दोबारा आपसे बातें करने आ सकता हूँ?"

"किसी भी समय," संपादक ने उससे कहा। "जब भी तुम्हारी इच्छा हो, दिन हो या रात हो। ईश्वर तुम पर कृपा बनाए रखे।"

संपादक ने क्या किया था? उसने ख़ामोशी, सहानुभूति और प्रेम से सुना था। इसमें कोई हैरानी की बात नहीं है कि रचनात्मक रूप से सुनने की योग्यता के कारण उस शहर का हर व्यक्ति उस संपादक से प्रेम करता था। संपादक लोगों को प्रेरित करता था कि वे बातें करके अपनी समस्याओं के समाधान ख़ुद खोज लें। और सब लोग इस बात के लिए उसे पसंद करते थे।

ओटुम्वा, आयोवा में अल स्टीवन्स नाम का एक व्यक्ति रहता है। वह मेरा अच्छा मित्र है, जो रचनात्मक रूप से सुनने का तरीक़ा जानता

है। अल स्टीवन्स एक ऐसे बिज़नेस में है, जिसे लोग पसंद नहीं करते हैं। वह बिल कलेक्टर है, यानी वह उन लोगों से पैसे वसूल करता है, जिन्होंने अपना कर्ज़ समय पर नहीं चुकाया है। वह वैपेलो एडजस्टमेंट ब्यूरो का मालिक है। जब बिज़नेसमैन अपने कर्ज़ ख़ुद नहीं वसूल पाते हैं, तो वे वसूली के लिए अल की सेवाएँ लेते हैं। बरसों तक अल की एजेंसी भी बाक़ी कलेक्शन एजेंसियों की तरह काम करती थी। वह ग्राहकों से मिलता था, बिल चुकाने का आग्रह करता था और कई बार सख़्ती भी करता था। लेकिन एक दिन उसने सकारात्मक सोच के सिद्धांत पढ़े और उसने अपने बिज़नेस में इन सिद्धांतों पर अमल करने का फ़ैसला किया।

उसने ख़ुद से कहा, "क्यों न मैं ज़्यादा सकारात्मक नीति अपनाऊँ? क्यों न मैं हर कर्ज़दार को ऐसे व्यक्ति के रूप में देखूँ, जिसे गंभीर समस्याओं का सामना करना पड़ रहा है, इसीलिए वह कर्ज़ नहीं चुका पा रहा है? क्यों न मैं उनकी समस्याओं को सुलझाने में उनकी मदद करूँ..."

इसलिए अल स्टीवन्स ने अपनी कलेक्शन एजेंसी को मानवीय सेवा ब्यूरो में बदल दिया। अब उसका लक्ष्य दूसरों की मदद करना था। अपनी नीति बदलने के बाद वह पहली बार जिस कर्ज़दार से मिला, वह सत्ताईस साल की गृहिणी थी, जिसने स्थानीय व्यापारी का सात महीने पुराना बिल नहीं चुकाया था। अल ने सीधे पैसे नहीं माँगे। इसके बजाय उसने कहा, "मैं जानता हूँ कि आपके सामने कोई समस्या होगी, वरना आपने कर्ज़ चुका दिया होता। मुझे विश्वास है कि हम उस समस्या को सुलझाने का रास्ता खोज सकते हैं। आइए, हम देखते हैं कि इसका समाधान क्या हो सकता है।" उसके दयालुतापूर्ण और सकारात्मक लहज़े की वजह से महिला ने उस पर विश्वास कर लिया।

बातचीत में अल को यह पता चला कि बीमारियों के इलाज में परिवार की बचत ख़त्म हो गई थी। उन पर कर्ज़ का भारी बोझ आ गया था। इसके अलावा मंदी का दौर भी चल रहा था। उसका पति किसी नौकरी में टिक नहीं पा रहा था। समस्याएँ इतनी ज़्यादा थीं कि पति-पत्नी हर समय झगड़ते रहते थे। अल ने यह अनुमान लगाया कि

इन लोगों के सामने मूलभूत समस्या यह थी कि वे व्यवस्थित रूप से ख़र्च नहीं करते थे। इसीलिए तमाम कोशिशों के बाद भी वे अपने कर्ज़ से पीछा नहीं छुड़ा पा रहे थे। अल समझ गया कि उसे इन लोगों को अपनी मुश्किलों से बाहर निकलने का रास्ता दिखाना होगा। वह जानता था कि तभी उनका आत्मविश्वास दोबारा लौटेगा। उसने युवा गृहिणी से कहा कि वह अपने परिवार के सारे कर्ज़ एक कॉलम में लिख ले और अपनी सारी संपत्तियाँ दूसरे कॉलम में। फिर उन दोनों ने मिलकर रोटेटिंग पेमेंट का एक सिस्टम बनाया।

अल ने कहा, "अगर आप कर्ज़ चुकाने के लिए हर दिन 85 सेंट दें, तो आपका सारा कर्ज़ एक साल में उतर सकता है। क्या आप इतना बचा सकती हैं?" युवा महिला को विश्वास था कि वह यह काम कर सकती है और उसने यही किया। नौ महीने में ही कर्ज़ पूरी तरह से उतर गया, पति को अच्छी नौकरी मिल गई और उनका वैवाहिक संबंध भी मधुर हो गया।

अगर अल स्टीवन्स को ओटुम्वा के लोग कर्ज़ डॉक्टर के नाम से पुकारते हैं, तो इसमें हैरानी की क्या बात है? शहर के लोग उनसे इतना प्रेम करते हैं कि उनके कई ग्राहक तो उन्हें क्रिसमस पर कार्ड भेजते हैं। लोग नए साल की शुभकामनाएँ देने के लिए सड़क पार करके उनके पास जाते हैं। ज़रा कल्पना कीजिए - कर्ज़ वसूल करने वाले को लोग कार्ड भेज रहे हैं और शुभकामनाएँ दे रहे हैं! जब आप दूसरों के साथ अपने संबंधों के बारे में सकारात्मक तरीक़े से सोचते हैं, जब आप उनके व्यवहार को अनसुलझी समस्याओं का परिणाम मानते हैं, तो जल्दी ही आप लोकप्रिय बन जाते हैं और लोग आपको पसंद करने लगते हैं।

बेहद लोकप्रिय लोगों में एक और गुण पाया जाता है और वह गुण यह है : वे यह जानते हैं कि कि किस तरह अपने मित्रों की स्वयं को स्वीकार करने में मदद करें। जो भी यह कर सकता है, उसे हमेशा प्रेम मिलेगा। यह आश्चर्यजनक है कि लोग संकोची होने की वजह से दुखी हो जाते हैं।

अक्सर संकोची लोग कभी ख़ुद को स्वीकार करना नहीं सीख पाते

हैं। यह दुख पैदा करने वाली मानसिकता है और ख़ुद को पराजित करने वाली भी। चूँकि व्यक्ति आंतरिक कष्ट में है, इसलिए दूसरे लोग अचेतन रूप से उसके अंदर के तनाव और कठोरता को भाँप लेते हैं तथा वह उनके साथ कभी मधुर संबंध नहीं बना पाता है। उसे लगता है कि वह कभी लोगों से मधुर संबंध नहीं बना सकता। इस तरह से सोचकर वह इस काम को और मुश्किल बना देता है।

मेरे एक पाठक लोकप्रिय लेखक और वक्ता हैं। उनका क़द 5 फ़ुट 8 इंच है, जो औसत से थोड़ा सा ही कम है। बहरहाल, वे अपने क़द को लेकर बहुत संकोची हैं। वे कभी दूसरों के साथ तस्वीरें इस डर से नहीं खिंचवाते हैं कि कहीं वे उनके सामने बौने न लगें। वे एकाकी जीवन जीते हैं और सामाजिक संपर्कों से यथासंभव दूर रहते हैं। उन्होंने मेरी एक पुस्तक में मेरे एक पुराने मित्र के बारे में पढ़ा था। मेरा वह मित्र कष्ट में फँसे लोगों को एक फ़ॉर्मूला देता था, जो कारगर साबित होता था, चाहे वह कष्ट स्वयं के कारण हो या परिस्थिति के कारण। वह फ़ॉर्मूला यह था : बड़ा सोचो, बड़ी प्रार्थना करो, बड़ा विश्वास करो, बड़े काम करो और आप बड़े बन जाओगे।

इस फ़ॉर्मूले ने इस व्यक्ति को सम्मोहित कर लिया और वह इस पर अमल करने लगा। वह सकारात्मक सोच का अध्ययन और अभ्यास करने लगा। कुछ समय में ही उसका नज़रिया सामान्य हो गया। उसने ख़ुद को स्वीकार कर लिया। अब अपने क़द को लेकर उसे कोई संकोच नहीं है। मैंने उसे यह कहते सुना है कि क़द किसी इंसान के पैरों या उसके शरीर की ऊँचाई से नहीं नापा जाता, बल्कि इस बात से नापा जाता है कि अपने कानों से ऊपर वह कितना ऊँचा है। अब बड़े लोग सम्मान से उसकी तरफ़ देखते हैं। उसने स्वयं तथा अपने क़द को स्वीकार करना सीखा और ऐसा करके ख़ुद का सही क़द पा लिया - जो बहुत बड़ा है। वह अक्सर मुझे धन्यवाद देता है, क्योंकि उसे लगता है कि ख़ुद को स्वीकार करने में मैंने उसकी मदद की है। और मैं भी उन लोगों के प्रति ऐसा ही अनुभव करता हूँ, जिन्होंने इस काम में मेरी मदद की है।

मैं अपने बोलने के बारे में बहुत संकोची था, क्योंकि मुझे लगता था

कि मैं सही शब्दों का प्रयोग नहीं करता हूँ। ख़ास तौर पर व्यक्तिगत चर्चाओं और छोटे समूहों में मैं सटीक शब्दों का इस्तेमाल नहीं कर पाता था, इसलिए मैं अक्सर चिढ़ जाता था और मुझे शर्म आती थी। विचित्र बात यह थी कि श्रोताओं के बड़े समूह के सामने मुझे इस तरह की कोई दिक्क़त नहीं आती थी। अगर छोटे समूह में कोई उच्च-शिक्षित व्यक्ति मौज़ूद होता था, जिसके शब्दों का चयन बहुत ही सटीक और परिष्कृत होता था, तो इससे मुझमें ज़बर्दस्त हीन भावना आ जाती थी और मैं अपना मुँह बंद करके वहाँ से पीछे हट जाता था। यह हीनता की भावना मेरे संकोच की वजह से उत्पन्न हुई थी और इससे उबरने की कोशिश मेरे सबसे कष्टकारी संघर्षों में से एक थी।

मेरी माँ के अलावा जिस व्यक्ति ने इस संवेदनशीलता पर विजय पाने में मेरी मदद की, वे साइरैकस यूनिवर्सिटी के कॉलेज ऑफ़ पब्लिक स्पीकिंग के डीन प्रोफ़ेसर ह्यू एम. टिलरो थे। उन्होंने मुझे अपनी विशिष्ट शैली का महत्व सिखाया और बताया कि मुझे किसी दूसरे की तरह बनने की कोशिश नहीं करना चाहिए, न ही किसी ख़ास शैली का अनुसरण करना चाहिए। वे बोले, "हर दिन बोली जाने वाली आसान भाषा का इस्तेमाल करो। ऐसे शब्दों का इस्तेमाल करो, जिन्हें हर व्यक्ति समझ ले। अपनी शैली में ही बोलें! मेरे हिसाब से आप अच्छा बोलते हैं।"

प्रोफ़ेसर टिलरो मेरे चर्च के सदस्य थे और मैं बहुत युवा था। मैंने उनसे आग्रह किया कि क्या वे मेरे उपदेश की तकनीकी समीक्षा करेंगे। उन्होंने जवाब दिया, "बिलकुल नहीं। अगर आप सार्वजनिक संभाषण सीखना चाहते हैं, तो यूनिवर्सिटी में आएँ और फ़ीस भरें। मैं आपको क्लास में सिखाऊँगा। लेकिन जब मैं चर्च में आता हूँ, तो आप शिक्षक हैं और मैं ईसामसीह के विशाल स्कूल में आपका शिष्य हूँ। आप जैसा बोलते हैं, उसी तरह बोलें और दिल से बोलें।"

आज तक और आख़िरी दम तक मैं उनसे प्रेम करूँगा, क्योंकि उन्होंने ख़ुद को स्वीकार करने में मेरी मदद की और अपने असली स्वरूप में रहने की सलाह दी।

अगर आप हमेशा लोगों में सच्ची रुचि लेते हैं और उन्हें महत्वपूर्ण

मानते हैं, अगर आप उनकी सचमुच परवाह करते हैं, तो इससे आपकी सफलता तथा सुख में बहुत वृद्धि होगी और बदले में वे आपको पसंद भी करेंगे। इसके लिए यह आवश्यक है कि आपके पास दूसरों को देने के लिए कोई रचनात्मक चीज़ हो और आपमें इसे संप्रेषित करने की योग्यता भी हो। लोगों की मदद कैसे की जाती है, यह जानना एक कला है और जो ऐसा करने का तरीक़ा जानता है, उसे हमेशा लोगों का सच्चा प्रेम हासिल होगा।

मेरा एक पाठक न्यूयॉर्क में कपड़ों का स्टोर चलाता है। उसका बिज़नेस कुछ साल पहले बुरी हालत में था। स्टोर की हालत ख़स्ता थी, वहाँ अँधेरा रहता था और कुल मिलाकर वह क़तई आकर्षक नहीं दिखता था। सामान टेबलों पर बेतरतीब पड़ा रहता था। मालिक ख़ुद निराशा और नकारात्मकता की स्थिति में था, जो उसके स्टोर की हालत से मेल खाती थी।

एक दिन उसका एक पुराना मित्र उससे मिलने आया। उसने पूछा, "बिज़नेस कैसा चल रहा है?"

जवाब मिला, "बहुत बुरा। भयानक।"

मित्र ने स्थिति का मुआयना किया और कहा, "सच कहूँ तो मुझे यह सुनकर कोई हैरानी नहीं हुई। यहाँ की हालत तो देखो। फ्रेड, तुम्हें कौन सी चीज़ परेशान कर रही है। तुम्हारा स्टोर तो शहर का सबसे अच्छा स्टोर हुआ करता था।"

स्टोर के मालिक ने कहा, "दिक्क़त यह है कि मेरे पास चीज़ों को व्यवस्थित करने के लिए पैसे नहीं हैं। मैं जानता हूँ कि स्टोर की हालत बहुत बुरी है। अगर मेरी पुरानी उधारी वसूल हो जाए, तो मैं इस स्टोर का हुलिया बदलकर इसे एक बार फिर आकर्षक बना सकता हूँ।"

मित्र बोला, "बड़ी अजीब बात है कि तुम अपनी उधारी वसूल नहीं कर पा रहे हो। शायद मैं तुम्हारी मदद कर सकता हूँ। तुम मुझे उन लोगों के नाम बताओ, जिन्होंने तुम्हारा उधार नहीं चुकाया है।"

स्टोर के मालिक ने अपनी उधारी की सूची निकाली। लगभग 96 ग्राहकों ने उसका उधार नहीं चुकाया था। मित्र ने एक पेंसिल निकाली और उसे एक नाम पर रख दिया। फिर वह बोला, "मुझे इस व्यक्ति

के बारे में कुछ बताओ।"

स्टोर के मालिक ने उसकी तरफ़ हैरानी से देखा, "मैं कैसे बता सकता हूँ?"

"यानी आप इस ग्राहक के बारे में कुछ नहीं जानते - उसके बारे में, उसके परिवार के बारे में, उसकी समस्याओं के बारे में, उसकी ज़रूरतों के बारे में?"

स्टोर का मालिक आश्चर्यचकित था, "बिलकुल नहीं। मेरे पास इन सब बातों के लिए समय नहीं है। वह मेरे लिए सिर्फ़ एक उधार ख़ाता है, जिसने अपना उधार नहीं चुकाया है।"

मित्र ने एक और नाम चुना, "और इसके बारे में?" उसे एक बार फिर वही जवाब मिला। स्टोर के मालिक को यह मानना पड़ा कि उसे 96 उधार लेने वाले ग्राहकों में से सिर्फ़ 10 के बारे में ही व्यक्तिगत जानकारी थी।

मित्र बोला, "ठीक है। अब क्या आप एक प्रयोग करने के लिए तैयार हैं? इन सब लोगों को हमेशा की तरह बिल भेजें, लेकिन इस बार साथ में एक प्रार्थना भी भेजें। अपनी प्रार्थना में यह कहें कि आप चाहते हैं कि हर व्यक्ति आपसे ख़रीदे कपड़ों या सामान से सुख पाए। प्रार्थना करें कि उसके जीवन में सब कुछ अच्छा हो। फिर बिल के अंत में व्यक्तिगत रुचि की एक बात लिख दें। आप कुछ भी लिख सकते हैं, जैसे यह, 'मुझे आशा है कि आप स्वेटर का आनंद ले रहे होंगे,' या 'अगर आपके उस कपड़े में कोई ख़राबी आए, तो उसे हमारे पास ले आएँ और हम उसे ठीक कर देंगे।' फिर ख़ुशनुमा शब्द लिखें, जैसे 'आशा है कि परिवार अच्छा होगा,' या 'शुभकामनाएँ।'

"फिर पहला मौक़ा मिलते ही इनमें से हर व्यक्ति के बारे में व्यक्तिगत जानकारी हासिल करो। जब ग्राहक आपके पास आए, तो उसे सिर्फ़ एक ग्राहक न मानें, जिसे आपको सामान बेचना है, बल्कि एक ऐसा व्यक्ति मानें, जिसकी आपको मदद करना है। वे सिर्फ़ ख़ाते नहीं हैं, वे तो लोग हैं। आपका काम अपने स्टोर के माध्यम से इंसानों की सेवा करना है, अपनी सर्वश्रेष्ठ क्षमता के अनुसार उनकी मदद करना है।"

स्टोर के मालिक को यक़ीन नहीं हो रहा था कि बिज़नेस के हिसाब से यह अच्छी नीति होगी, लेकिन उसकी हालत इतनी ख़राब थी कि वह किसी भी योजना को आज़माने के लिए तैयार हो जाता। इसलिए अपने मित्र को ख़ुश करने के लिए और आस्था की एक नई भावना के साथ उसने यह प्रयोग करने का फ़ैसला किया। उसने हर ग्राहक को बिल भेजते समय उसमें प्रार्थना और एक व्यक्तिगत पंक्ति भी जोड़ दी।

और फिर उसके आश्चर्य का ठिकाना नहीं रहा। एक बहुत अद्‌भुत चीज़ हुई। 96 ग्राहकों में से आधे से ज़्यादा ने तत्काल पूरा या आंशिक भुगतान कर दिया। बाक़ी ने लिखा कि उन्हें अफ़सोस है कि वे समय पर उधार नहीं चुका पाए हैं, लेकिन वे अगले महीने में पूरा उधार चुका देंगे। कुछ तो व्यक्तिगत रूप से अपने बिल का भुगतान करने आए। स्टोर का मालिक इस प्रयोग की पहली सफलता से इतना प्रभावित हुआ कि उसने अपने प्रयासों को दोगुना करने का निश्चय किया। उस दिन से उसके बिज़नेस की फ़िलॉसफ़ी बदल गई और आज लोग उसे बहुत पसंद करते हैं। लोग उसे पहले अपना मित्र मानते हैं और बाद में बिज़नेसमैन, जिससे वे अपने कपड़े ख़रीदते हैं। लोगों द्वारा पसंद किया जाना इतना ही आसान है। सिर्फ़ लोगों की मदद करने की चिंता करें।

मैं आपको एक और गुण बताना चाहूँगा, जो लगभग सभी लोकप्रिय लोगों में होता है। यह है एक तरह की सौम्य शांति। उन्हें आसानी से उत्तेजित नहीं किया जा सकता या चिढ़ाया नहीं जा सकता। कुछ लोग अपनी उत्तेजनाओं से ऊपर उठने में समर्थ होते हैं और उनके सौम्य व्यवहार के कारण लोग उनके साथ रहना पसंद करते हैं। ऐसा लगता है कि वे भावनात्मक रूप से एक उच्च्य स्तर पर रहते हैं और उन्हें आसानी से ग़ुस्सा नहीं दिलाया जा सकता। वे हमेशा मनोबल और ख़ुशी के माहौल को बनाए रखते हैं।

कैलिफ़ोर्निया में मैं मिसेज़ सैडी बंकर से मिला, जो पैंसठ साल की अद्‌भुत महिला हैं। उन्हें "फ़्लाइंग ग्रांडमदर" कहा जाता है। तीन साल पहले उन्होंने लाइसेंस्ड पायलट बनने का फ़ैसला किया। उन्होंने पढ़ाई की, अभ्यास किया, लाइसेंस लिया और अब वे अपना ख़ुद का हवाई जहाज उड़ाती हैं। हाल ही में उन्होंने साउंड ब्रेकिंग फ़्लाइट की परीक्षा

भी पास कर ली है। उन्होंने मुझसे कहा कि उनके हिसाब से हर व्यक्ति के पास एक हवाई जहाज़ होना चाहिए। जब वे तनाव में होती हैं, तो वे हवाई अड्डे जाती हैं और अपने हवाई जहाज़ को हवा में सात हज़ार फ़ुट ऊपर ले जाती हैं। उन्हें तत्काल हर चीज़ अलग नज़र आने लगती है। "जब आप नीचे धरती को देखते हैं, तो यह बहुत अच्छी दिखती है। और उतने ऊपर से लोग भी अलग दिखते हैं।"

हालाँकि आप और मैं ग़ुस्सा होने पर हवाई जहाज़ नहीं उड़ा सकते और शारीरिक रूप से ऊँचाई पर नहीं पहुँच सकते, लेकिन सकारात्मक सोच के माध्यम से कोई भी अपने मस्तिष्क और आत्मा को ऊँचाई पर ले जा सकता है। आपकी आध्यात्मिक ऊँचाई जितनी ज़्यादा होगी, आपको उतना ही कम ग़ुस्सा आएगा और लोग साथी के रूप में आपको उतना ही ज़्यादा पसंद करेंगे। बस इतना सुनिश्चित कर लें कि आप स्थिति के नियंत्रण में रहें।

उदाहरण के लिए मान लें कि आपकी आलोचना हो रही है। क्या आलोचना आपकी चमड़ी के नीचे जाती है, आपको भावनात्मक चोट पहुँचाती है, आपको ग़ुस्सा दिलाती है, जिस वजह से आप अप्रिय बन जाते हैं? या आप आलोचना का सामना इस तरह से करते हैं कि अनजान व्यक्ति भी आपके मित्र बन जाएँ? कोशिश करने पर कोई भी आलोचना का रचनात्मक रूप से सामना कर सकता है। और इसका रहस्य है सकारात्मक सोच रखना। नीचे दिए गए पत्र को पढ़ें :

> मैं नगरपालिका का सदस्य हूँ। हाल ही में हमारी मीटिंग हुई। ज़्यादातर सदस्य एक क़ानून बनाना चाहते थे, लेकिन एक सदस्य उसका विरोध कर रहा था। जब हमने उसकी बात नहीं मानी, तो वह नाराज़ होकर बाहर चला गया और पत्रकारों के बीच पहुँच गया।
>
> अगले दिन अख़बारों में उसका बयान छपा, जिसमें उसने हम सबकी आलोचना की थी और कहा था कि हम शहर की प्रगति में बाधा डाल रहे हैं। ग़ुस्से में उसने सदस्यों में फूट डालने की कोशिश भी की।
>
> सौभाग्य से उन दिनों मैं सकारात्मक सोच संबंधी साहित्य पढ़ रहा

था, क्योंकि पत्रकारों ने इस बारे में मुझसे भी सवाल पूछे। मैं सकारात्मक विचारों का कृतज्ञ हूँ, जिन्होंने मुझे सही जवाब देने की शक्ति दी। मैंने रचनात्मक तरीक़े से जवाब दिए। इस बात को कई सप्ताह हो चुके हैं, लेकिन लोग अब भी इस बारे में बात करते हैं और क्रुद्ध सदस्य के प्रति मेरी दयालुतापूर्ण भावनाओं की तारीफ़ करते हैं।

आलोचना को सकारात्मक स्थिति में बदलने की शक्ति रखने वाले लोग मित्रों को आकर्षित करते हैं। आज देश की सबसे लोकप्रिय सार्वजनिक हस्तियों में से एक पूर्व राष्ट्रपति हरबर्ट हूवर हैं। कुछ समय पहले मैंने मिस्टर हूवर से यह सवाल पूछा, "एक समय ऐसा था, जब अमेरिका में आपकी सबसे ज़्यादा आलोचना होती थी। लगभग हर व्यक्ति आपके ख़िलाफ़ नज़र आता था। आपकी बुराई करना लोगों की प्रिय आदत थी। अब ज़ाहिर है, आप अमेरिका की सम्मानित हस्ती हैं और सभी राजनीतिक दल आपका सम्मान करते हैं। जब आपकी इतनी ज़्यादा आलोचना हो रही थी, तो क्या उससे आप आहत या परेशान नहीं हुए?"

हूवर ने अपनी पैनी आँखों से मुझे सच्चे आश्चर्य से देखा और कहा, "ज़ाहिर है नहीं।"

मैंने हैरानी से पूछा, "परंतु कैसे?"

उन्होंने कहा, "आपको बस अपने दिमाग़ का इस्तेमाल करना चाहिए। यह आपको इसीलिए दिया गया है। जब मैंने राजनीति में प्रवेश करने का फ़ैसला किया, तो मैंने बैठकर अनुमान लगाया कि इसके क्या परिणाम हो सकते हैं। मैंने इसकी हानियों और लाभों को तौला। मैं यह बात बहुत अच्छी तरह जानता था कि मुझे बहुत कठोर आलोचना का सामना करना पड़ेगा। लेकिन इसके बावज़ूद मैं राजनीति में गया। इसलिए जब मेरी आलोचना हुई, तो मुझे कोई आश्चर्य नहीं हुआ। मैं इसके लिए तैयार था, इसलिए मैं इसका सामना ज़्यादा अच्छी तरह से कर सकता था।" फिर उन्होंने मुस्कराकर कहा, "देखिए, मैं एक सकारात्मक चिंतक हूँ।"

उन्होंने एक पल के लिए मेरी तरफ़ देखा, "परंतु यही पूरा जवाब नहीं है। मैं क्वेकर भी हूँ।" उन्होंने इस बारे में विस्तार से नहीं बताया, क्योंकि वे जानते थे कि मैं समझ जाऊँगा। क्वेकर्स शांति की साधना करते हैं। मस्तिष्क और हृदय की गहरी आध्यात्मिक शांति चिढ़ तथा ग़ुस्से को सोख लेती है।

हूवर राजनीतिक जीवन की आलोचनाओं के बावज़ूद महानता तक पहुँचे और बाद में अमेरिका के सबसे लोकप्रिय व्यक्तियों में से एक बने। उनकी फ़िलॉसफ़ी का अनुसरण करने से हम सबको लाभ होगा, सार्वजनिक जीवन में भी और व्यक्तिगत जीवन में भी। हमें इस बात के लिए तैयार रहना चाहिए कि हमारी आलोचना होगी। यह ज़िंदगी की सच्चाई है। हमें इस सच्चाई को समझ लेना चाहिए और सही आध्यात्मिक नज़रिया अपनाकर आलोचना का रचनात्मक तरीक़े से सामना करना चाहिए। इसके बाद जब आपकी आलोचना होगी, तो आप ज़्यादा दुखी नहीं होंगे क्योंकि आप इसके लिए मानसिक और आध्यात्मिक रूप से तैयार होंगे।

इलिनॉय के सीनेटर पॉल डगलस ने एक क्वेकर मीटिंग का वर्णन किया है। उनका कहना है कि वहाँ उन्होंने आलोचना का सामना करने के बारे में एक महान सबक़ सीखा। जैसा मैंने आपको पहले बताया है, क्वेकर्स शांति की साधना करते हैं। कई बार तो वे बहुत देर तक चुपचाप बैठे रहते हैं और कोई भी कुछ नहीं बोलता है। इस ख़ास मीटिंग में सिर्फ़ एक व्यक्ति ने कुछ बोला था। वह एक बूढ़ा व्यक्ति था, जिसने उठकर यह कहा :

"जब भी कोई व्यक्ति आपसे मतभिन्नता रखे या आपकी आलोचना करे, तो उसे अपनी दृष्टि, अपने व्यवहार और अपने कार्यों द्वारा यह दिखाने की कोशिश करें कि आप उससे प्रेम करते हैं।"

वृद्ध व्यक्ति ने बस इतना ही कहा था, लेकिन सीनेटर डगलस तत्काल समझ गए कि क्वेकर्स की भाषा में इस व्यक्ति ने मुद्दे की बात कह दी थी।

सबसे व्यावहारिक आलोचना-विरोधी फ़ॉर्मूलों में से एक यह है : "अपने शत्रुओं से प्रेम करो; जो आपको शाप देते हैं, उन्हें वरदान दो;

जो आपसे नफ़रत करें, उनका भला करो; जो आपको नीचा दिखाएँ और सताएँ, उनके लिए प्रार्थना करो" (मैथ्यू 5:44)। अगर इस सिद्धांत पर अमल किया जाए, तो अद्‌भुत परिणाम मिलते हैं। दूसरों के शत्रुतापूर्ण शब्दों और कार्यों के बावज़ूद आप शांत और आत्मविश्वासी बने रहते हैं। और जब लोग आपको इस तरह से आलोचना का सामना करते देखेंगे, तो वे आपकी तरफ़ खिंचे चले आएँगे। लोग आपको पसंद करेंगे। सच तो यह है कि लोग उस व्यक्ति को पसंद करने लगते हैं, जिसकी आलोचना हो रही हो (बशर्ते बहुत सारे लोग उसकी बहुत ज़्यादा आलोचना कर रहे हों)। इसका आधार कुत्ते को लात मारने वाला मनोविज्ञान है। और जिस व्यक्ति की आलोचना हो रही है, अगर वह इसे चुपचाप बिना कटुता के झेल लेता है और पलटकर वार करने के बजाय लगातार प्रेम करता है, तो वह बहुत तेज़ी से मित्र बना सकता है।

शत्रुओं से प्रेम करने और लोगों से दयालुतापूर्ण व्यवहार करने के बारे में धर्मग्रंथ में जो कहा गया है, वह दरअसल सबका प्रेम पाने की सबसे सूक्ष्म तकनीक है। इससे एक बार फिर यह साबित होता है कि ईसा मसीह जीवन जीने की कला के सबसे समझदार शिक्षक हैं।

नफ़रत करना, नकारात्मक बनना, पराजय स्वीकार करना और निचले स्तर पर ज़िंदगी जीना बहुत आसान है। यह आसान है, लेकिन इसमें कुंठा और दुख भी है, क्योंकि जब तक हम अपने असली स्वरूप में नहीं रहेंगे, तब तक हम अपनी आत्मा की गहराई में कभी ख़ुश नहीं रह सकते। और हमारा असली स्वरूप यह है कि हम ईश्वर की संतान हैं और हमारे भीतर ईश्वर का साम्राज्य है।

जो लोग सकारात्मक सोच के सिद्धांतों पर काम कर रहे हैं, उनके साथ मेरा पत्र-व्यवहार हुआ है। इसमें मैंने पाया है कि एक और कारण से लोगों को पसंद किया जाता है। वह कारण यह है : उन लोगों की गहरी प्रशंसा होती है, जो दूसरों को प्रेरित करते हैं, उन्हें साहस, शक्ति और आशा देते हैं। हम सबको साहस, शक्ति और आशा की ज़रूरत होती है। कई बार तो हमें इन चीज़ों की बहुत ज़्यादा ज़रूरत होती है। इसलिए जब आप लोगों को ये चीज़ें देते हैं, तो स्वाभाविक

रूप से आप उनके लिए महत्वपूर्ण बन जाते हैं। आप उनके दिल में जगह बना लेते हैं।

मैं अच्छी तरह से जानता हूँ कि ऐसे लोगों का मुझ पर क्या प्रभाव पड़ता है। और कई अन्य लोग भी बताते हैं कि प्रेरक व्यक्तित्व का कितना ज़बर्दस्त प्रभाव पड़ता है। जिस व्यक्ति में आत्मविश्वास होता है और जो प्रबल आस्था के अनुरूप जीता है तथा इसे मुक्तता से बाँटता है, वह दूसरों के जीवन पर महत्वपूर्ण प्रभाव डालता है।

उदाहरण के लिए, मेरे सम्मानित मित्र जॉर्ज ई. सोकोल्स्की एक मशहूर अख़बार के कॉलमिस्ट हैं। वे प्रबल सकारात्मक चिंतक हैं और पराजय शब्द उनके शब्दकोश में नहीं है। उन्हें कई बीमारियाँ हुईं और उनकी गतिविधियों के सीमित हो जाने के कारण मैंने उन्हें कुछ समय तक नहीं देखा। लेकिन कुछ दिन पहले उन्होंने कुछ लोगों की मदद करने के सिलसिले में मुझे फ़ोन किया। मैंने पाया कि उनकी आवाज़ में पुराना उत्साह और शक्ति लौट आई थी।

मैंने कहा, "आप बेहतरीन लग रहे हैं, जॉर्ज।"

उनका जवाब था "बिलकुल। हमें बेहतरीन लगना ही चाहिए।"

"लेकिन आप इतने संकट के दौर से गुज़रे हैं, इसके बाद भी! आपका रहस्य क्या है?"

"रहस्य! इसमें कोई रहस्य नहीं है। हमारे साथ कोई विराट हस्ती है, है ना?"

फिर उन्होंने आगे बताया कि वे जाँच के लिए अस्पताल गए थे। वहाँ पर डॉक्टरों ने उनके एक्सरे को खिड़की पर लगाकर देखा और पूछा, "क्या आपको एक्सरे देखना आता है?"

जॉर्ज ने कुछ देर तक देखने के बाद कहा, "बिलकुल। मुझे कैंसर हो गया है... चलिए, इसे काटकर बाहर निकाल देते हैं।"

जॉर्ज ने बताया, "डॉक्टरों ने मुझे इसलिए बता दिया, क्योंकि वे जानते थे कि मैं इसे सहन कर सकता हूँ।"

हृदय का डॉक्टर उनके हृदय की जाँच करने आया। चूँकि उनके हृदय का ऑपरेशन हो चुका था, इसलिए यह पता लगाना ज़रूरी था

कि क्या उनका हृदय कैंसर के ऑपरेशन को झेल सकता है। सोकोल्स्की को शांत देखकर उसने हैरान होकर कहा, "तुम्हारी शांति देखकर मैं हैरान हूँ। अगर मेरा नज़रिया तुम्हारी तरह का हो जाए, तो मैं दस साल ज़्यादा जी सकता हूँ।"

जॉर्ज ने कहा, "मुझमें आस्था है, इसलिए मैं शांत हूँ। मैं ईश्वर के हाथों में हूँ।"

ऑपरेशन टेबल पर उनका ऑपरेशन लंबा चला। लगभग पाँच घंटे बाद जब सोकोल्स्की को होश आया, तो डॉक्टर ने कहा, "तुम ज़िंदा हो।"

उत्साही मरीज़ ने कहा, "आपको कैसे मालूम, मैं ज़िंदा हूँ? सिर्फ़ एक ही तरीक़ा है, जिससे मैं जान सकता हूँ कि मैं ज़िंदा हूँ या नहीं। क्या मैं अपना काम कर सकता हूँ? अगर मैं काम नहीं कर सकता हूँ, तो मैं मुर्दा हूँ। मुझे एक पैड और पेंसिल ला दें। मैं एक कॉलम लिखने की कोशिश करता हूँ। फिर मैं जान जाऊँगा कि मैं ज़िंदा हूँ या नहीं।"

उस दिन उन्होंने जो लेख लिखा, वह उनके कैरियर के सर्वश्रेष्ठ लेखों में से एक था।

एक और प्रेरक व्यक्तित्व कर्नल फ्रैंक मूर हैं, जो न्यूयॉर्क में मेरे चर्च में हेड अशर हैं। फ्रैंक एक सकारात्मक चिंतक हैं, जिन्होंने अपनी ईसाई आस्था को अपने व्यावसायिक तथा व्यक्तिगत जीवन में उतार लिया है।

उनके ऑफ़िस में एक बड़ी कॉन्फ्रेंस टेबल है, जिसके चारों तरफ़ उनके एक्ज़ीक्यूटिव स्टाफ़ के सात सदस्य नियमित रूप से महत्त्वपूर्ण चर्चाएँ करते हैं। इस मेज़ पर आठ कुर्सियाँ हैं। कर्नल मूर ने अपने स्टाफ़ के हर सदस्य को बता रखा है कि चूँकि ये चर्चाएँ बेहद महत्वपूर्ण हैं, इसलिए उन्हें दैवी मार्गदर्शन की ज़रूरत है। इसी कारण आम तौर पर एक कुर्सी ख़ाली रहती है, ताकि सबको याद रहे कि एक दैवी उपस्थिति है, जो निर्णय लेते समय उन्हें हमेशा सही राह दिखाएगी।

पहले तो लोगों ने इसे गंभीरता से नहीं लिया। लेकिन बाद में जब इसके लाभ नज़र आए, तो सबने इसके महत्व को स्वीकार किया। ख़ाली कुर्सी की कहानी दूसरे ऑफ़िसों में फैली और संयुक्त वार्ताओं में भी कोई उस कुर्सी पर नहीं बैठता है। यह ख़बर कंपनी के बाहर भी फैली और सब पर एक शांत लेकिन स्पष्ट प्रभाव नज़र आया।

टेबल के पीछे की दीवार पर एक प्रार्थना 18 X 24 इंच के फ्रेम में टँगी है। ख़रीदार और बाक़ी लोग इस प्रार्थना से इतने ज़्यादा प्रभावित हुए कि एक साल में ही दो हज़ार लोगों ने इसकी प्रतियाँ माँगी, जो उन्हें दे दी गईं। प्रार्थना यह है :

> हे ईश्वर, ऐसा कर दो कि आज मेरे संपर्क में आने वाला हर व्यक्ति मुझसे मिलने के बाद पहले से ज़्यादा ख़ुश हो। मुझे यह ज्ञान प्रदान करें कि मैं सही बात बोलूँ। मुझे प्रेमपूर्ण हृदय की बुद्धिमत्ता भी प्रदान करें, ताकि मैं सही बात को सही तरीक़े से बोल सकूँ। सामने वाले की तरह सोचने में मेरी मदद करें। सबका उत्साह बढ़ाने में मेरी मदद करें। मुझे वे छोटे-छोटे काम सुझाएँ, जिनसे मैं दूसरों की मदद कर सकता हूँ। मुझे दूसरों की भावनाओं और आवश्यकताओं को तुरंत समझने की शक्ति दें। और मुझे दूसरों की मदद करने के बारे में उत्साहित भी बनाए रखें। आमीन।

आप चाहते हैं कि लोग आपको पसंद करें? इसका उपाय आसान है। दूसरों का मनोबल बढ़ाएँ। उन्हें थोड़ी ज़्यादा प्रेरणा दें। सशक्त बनने में उनकी मदद करें। ऐसा करने पर वे आपको पसंद करेंगे। उनके दिल में आपके लिए हमेशा एक ख़ास जगह होगी।

इसलिए आइए हम उन कुछ बातों की समीक्षा कर लें, जिन पर हमने इस अध्याय में चर्चा की है। लोकप्रियता के रहस्य क्या हैं? हम लोकप्रिय कैसे बन सकते हैं?

1. पहली बात तो यह है कि दूसरे लोगों को पसंद करने से शुरुआत करें। आप ऐसा कैसे कर सकते हैं? सकारात्मक सोच को अपनाना एक बहुत सफल तरीक़ा है। सकारात्मक चिंतक बहिर्मुखी होते हैं, वे ख़ुद की ही चिंता नहीं करते हैं, बल्कि दूसरों की भी परवाह

करते हैं। वे "हर एक से प्रेम करते हैं," जिसका प्रमाण सकारात्मक लोगों के पत्रों में मिलता है। जब वे "हर एक से प्रेम करने" लगते हैं, तो लोग भी उनसे प्रेम करने लगते हैं। लोग उनके साथ रहना चाहते हैं और उन्हें पसंद करते हैं।

2. हमेशा लोगों के सर्वश्रेष्ठ स्वरूप को उभारने की कोशिश करें। आप जहाँ भी जाएँगे, इसकी वजह से आपका स्वागत होगा। न सिर्फ़ बोले गए शब्दों को सुनें, बल्कि व्यवहार को भी "सुनें।" चाहे अच्छी बात हो या बुरी, लोग अक्सर आपके साथ संप्रेषण करने की कोशिश करते हैं, लेकिन कई बार वे शब्दों के बजाय अपने व्यवहार से अपनी भावनाएँ व्यक्त करते हैं। जब आप लोगों की समस्याओं के बारे में सुनना सीख लेते हैं, तो आप उनके भीतर छुपे सर्वश्रेष्ठ स्वरूप को उभारने में मदद करने की स्थिति में आ जाते हैं।

3. अपने मित्रों को आरामदेह माहौल दें। संकोची लोगों को ख़ुद को स्वीकार करने में मुश्किल होती है। अगर आप ऐसा करने में उनकी मदद करेंगे, तो हर व्यक्ति आपके आसपास रहना चाहेगा।

4. शांत, शालीन और हँसमुख रहें। यह सीखें कि ज़िंदगी की चिढ़ और ग़ुस्से से ऊपर कैसे उठा जाता है। "आध्यात्मिक ऊँचाई" पर उड़ने की योग्यता विकसित करें, ताकि आलोचना और छोटी-छोटी बातें आपको ज़रा भी परेशान न करें। बाइबल की इस बात का पूरा अर्थ समझें, "अपने शत्रुओं से प्रेम करो; जो आपको शाप दें, उन्हें वरदान दो; जो आपसे नफ़रत करें, उनका भला करो; जो आपको नीचा दिखाएँ और सताएँ, उनके लिए प्रार्थना करो।"

5. प्रेरक व्यक्ति बनें, ताकि लोग आपसे प्रेरक सहारा पा सकें; आप उनकी ज़िंदगी में बहुत महत्वपूर्ण बन जाएँगे।

अगर आप अपने दैनिक जीवन में इन सिद्धांतों पर अमल करेंगे, तो आप ख़ुदबख़ुद लोकप्रिय बन जाएँगे।

अध्याय 5

ज़िंदगी बहुत सुखद हो सकती है

ज़िंदा रहना कितना सुखद है! सुबह कितनी भव्य होती है! मुझे आज जितना अच्छा लग रहा है, उतना पहले कभी नहीं लगा। आज का दिन एक अद्‌भुत दिन साबित होगा।

ये बातें ज़रूरत से ज़्यादा उत्साहपूर्ण लगती हैं, लेकिन आज की सुबह के बारे में मुझे ऐसा ही लगता है। मैं ख़ुश हूँ, मुझे अच्छा महसूस हो रहा है। मैं आज जी भरकर आनंद उठाने के लिए तैयार हूँ। जब मैं सड़क पर चलूँगा, तो मेरे सीटी बजाने पर हैरान न हों, जिस तरह मैं अपनी जवानी के दिनों में बजाया करता था।

वैसे इस बारे में मैं यह कह सकता हूँ कि काफ़ी समय से मैंने न्यूयॉर्क की सड़कों पर किसी को सीटी बजाते नहीं सुना। और यह सिर्फ़ मेरा ही निष्कर्ष नहीं है। मैं कुछ समय पहले बिल आर्थर से बातें कर रहा था। बिल लुक मैग्ज़ीन के मैनेजिंग डायरेक्टर हैं। उन्होंने पूछा, "क्या आपने कभी इस तरफ़ ध्यान दिया है कि मैडिसन एवेन्यू में चलते समय कोई भी आजकल सीटी नहीं बजाता है?" बिल का लालन-पालन लुईविले, केंटकी में हुआ था। वे अपने बचपन के दिनों को एक ऐसा समय मानते हैं, जब लोग ज़िंदगी का आनंद उठाना जानते थे, जो आजकल के लोग नहीं जानते।

ऐसा क्यों है? अगर यह आपके बारे में भी सच है, तो आप ऐसा क्या कर सकते हैं, जिससे आपका नज़रिया भी सीटी बजाने वाला हो जाए? आप उस स्वाभाविक, सच्चे सुख को हासिल करने के लिए क्या

कर सकते हैं, जो दिल की गहराई से आता है? मैंने हाल ही में एक विख्यात मनोविश्लेषक के बारे में सुना था, जो सकारात्मक मानसिक स्वास्थ्य के सिद्धांतों पर काम कर रहे थे। वे जिन परिणामों को पाने की आशा करते हैं, उनका वर्णन करते समय वे अपने कुत्ते के बारे में बात करते हैं। "मैं जब काम करके घर लौटता हूँ, तो मेरा कुत्ता उछलकर ख़ुशी से चिल्लाकर मेरा स्वागत करता है। वह उल्लास और उत्साह से मुझसे लिपट जाता है। इसके विपरीत दिन भर मैं इंसानों के चेहरे पर निराशा और तनाव देखता हूँ। इस जानवर को गहरे आनंद का रहस्य मालूम है। *यही* वह तरीक़ा है, जिससे हमें ज़िंदगी में होने वाली घटनाओं पर प्रतिक्रिया करना चाहिए।"

मैं यह सुझाव नहीं दे रहा हूँ कि हमें हमेशा उछलते रहना चाहिए। उत्साहपूर्ण ख़ुशी का इज़हार अगर ज़रूरत से ज़्यादा किया जाए, तो लोग आपको मूर्ख भी मान सकते हैं। मुझे अक्सर यह संदेह होता है कि ऐसे लोग सिर्फ़ ख़ुशी का नाटक कर रहे हैं। लेकिन हम सब ऐसे दुर्लभ और अद्‌भुत व्यक्तियों को भी जानते हैं, जो *गहरे* आनंद से भरे होते हैं। यही कुंजी है। यह हल्का या सतही आनंद नहीं है; यह आनंद तो ख़ुशी के गहरे एहसास से उत्पन्न होता है। आप हर बात पर ख़ुश होते हैं कि आप क्या हैं, कहाँ हैं और क्या कर रहे हैं। इस तरह के सुखी व्यक्ति को अगर आप छिपकर देखें, तो वह आपको गुनगुनाता या सीटी बजाता मिलेगा।

मैं एक बार फिर दोहरा दूँ। मैं आज सचमुच ख़ुश हूँ। और मैं सोचता हूँ कि मैं इस ख़ुशी का कारण भी जानता हूँ। कल रविवार था। मेरी पत्नी रूथ और मैं हमारी छोटी बेटी लिज़ी के साथ घूमने गए थे। (मैं उसे लिज़ी कहने की आदत नहीं छोड़ पा रहा हूँ, हालाँकि उसकी माँ कहती है कि एलिज़ाबेथ ज़्यादा अच्छा नाम है।) हमने बहुत मौज-मस्ती की। हम पार्क के किनारे फ़िफ़्थ एवेन्यू पर टहल रहे थे। हम तेज़ क़दमों से चल रहे थे, हमारे सिर तने हुए थे और हमारी भावनाएँ भी ऊँची थी। लिज़ी, रूथ और मैं सहमत थे, "ऊँचे होकर चलने में मज़ा आता है।"

हम एक मील या इससे कुछ ज़्यादा पैदल चले। हम सब ख़ुश थे और

जीवन का आनंद ले रहे थे। फ़िफ़्थ एवेन्यू में हम फ़्रैंक लॉयड राइट बिल्डिंग, द गगनहेम म्यूज़ियम के पास से गुज़रे। लिज़ी बोली, "कितनी सुंदर इमारत है!" मैंने कभी इस इमारत को ख़ास सुंदर नहीं माना था, लेकिन उसकी आँखों से मैंने इसे दोबारा देखा। (शायद मैं थोड़ा ज़्यादा ऊँचा सोच रहा था।) और जब मैंने इसे दोबारा देखा, तो मैंने यह महसूस किया कि महान आर्किटेक्ट ने इस इमारत को कितनी ख़ुशी से बनाया होगा। यह आसमान की तरफ़ ऊपर जा रही है। यह इमारत सचमुच उत्साह, ख़ुशी और भावना संप्रेषित करती है। पहली बार मुझे वह इमारत इतनी अच्छी लगी। शायद इसलिए, क्योंकि मैं ख़ुश था।

लेकिन यही तो मुद्दे की बात है। जब आप अच्छा महसूस करते हैं, जब आपकी प्रवृत्ति ख़ुश होने की होती है, तो आपको गहरे आनंद का एहसास होता है और आप हर चीज़ की सराहना करते हैं। मनोवैज्ञानिक डॉ. हेनरी सी. लिंक कभी डिप्रेशन के शिकार किसी मरीज़ को तब तक नहीं देखते हैं, जब तक कि वह मरीज़ ब्लॉक के चारों तरफ़ तेज़ी से चक्कर न लगा ले। डॉ. लिंक कहते हैं, "तेज़ी से इस इमारत के दस चक्कर लगाओ। इससे मस्तिष्क के मोटर सेंटर्स का व्यायाम होगा और रक्त भावनात्मक गतिविधियों के केंद्र से दूर प्रवाहित होगा। वापस लौटने पर आप ज़्यादा तार्किक होंगे और सकारात्मक विचारों को ग्रहण करने में ज़्यादा समर्थ होंगे।"

आपकी शारीरिक स्थिति का ज़िंदगी में आनंद लेने की क्षमता से गहरा संबंध है। जब आप स्वस्थ और तरोताज़ा होते हैं, तो ज़िंदगी नया अर्थ ले लेती है। सही व्यायाम और सही आराम सुखद भावनाओं के मूल तत्व हैं। कुछ वैज्ञानिकों ने हाल ही में एक प्रयोग किया, जिसमें उन्होंने "नींद के बड़े डोज़" दिए। थके हुए और बूढ़े हो रहे लोगों को नींद की दवाएँ दी गईं। इसका परिणाम यह हुआ कि उनके ऊतकों का नवीनीकरण हुआ, उनकी ज़िंदगी लंबी हो गई, बीमारी ग़ायब हो गई और ज़ाहिर है उनमें नया उत्साह और ज़िंदगी का आनंद लेने का नज़रिया भी आ गया।

इसलिए, ज़िंदगी में गहरे आनंद को महसूस करने का पहला क़दम यह है कि आप सही महसूस करें। और अगर आप सही भावनाएँ

चाहते हैं, तो अपने शरीर के साथ सही व्यवहार करें।

दूसरा क़दम है सही सोचना। अपने मस्तिष्क के साथ सही व्यवहार करें। सकारात्मक सोचें। सकारात्मक चिंतक ख़ुद को ख़ुशी के नज़रिये का प्रशिक्षण देता है। वह ख़ुशी की अपेक्षा रखता है और उसे पा लेता है। आप जिसकी तलाश करेंगे, आपको वह मिल जाएगा - यह ज़िंदगी का मूलभूत नियम है। ख़ुशी की तलाश शुरू करेंगे, तो आपको ख़ुशी मिलेगी। क्योंकि जब आप इसकी तलाश करते हैं, तो आप इसे देख और पहचान सकते हैं। ब्रुकलिन, न्यूयॉर्क में रहने वाले मेरे अच्छे मित्रों एल्सी और ओटो पामर ने इसकी तलाश की और इसे पा लिया। उन्होंने लिखा है :

> अपनी सबसे अंदरूनी भावनाओं का इज़हार करना बहुत मुश्किल होता है, लेकिन चूँकि हम सकारात्मक सोच के बारे में सीख रहे हैं, इसलिए हमें लगता है आपको यह जान लेना चाहिए कि हम अपने भीतर इतनी ज़्यादा ख़ुशी महसूस करते हैं कि हम ख़ुशी से गाना चाहते हैं और दुनिया को इसके बारे में बताना चाहते हैं।
>
> आपकी तकनीकों पर अमल करने से हमारे जीवन में क्रांति हो गई है। हालाँकि बचपन से ही हमारे घर का माहौल धार्मिक था, लेकिन हमें पहले यह पता ही नहीं था कि धर्म कितना मददगार तथा व्यावहारिक हो सकता है और होना चाहिए। इसने हमें ज़िंदगी का एक बिलकुल नया नज़रिया दिया है। अब हमारा हर दिन आशा और ख़ुशी से शुरू होता है।
>
> अब मैंने यह आदत डाल ली है कि मैं हर दिन एक सुखद आश्चर्य की आशा करता हूँ। और ऐसा हमेशा होता भी है। इसका सिर्फ़ एक अपवाद है। सुखद आश्चर्य की सीमा मेरी आस्था की सीमा पर निर्भर करती है। अगर मेरा विश्वास ज़्यादा होता है, तो सुखद आश्चर्य भी बड़ा होता है। अगर मेरा विश्वास सामान्य होता है, तो सुखद आश्चर्य भी सामान्य होता है। और अगर मुझे बिलकुल भी विश्वास नहीं होता है, तो मुझे सुखद आश्चर्य नहीं होता है।

मुझे इस पत्र का एक वाक्य ख़ास तौर पर पसंद आया, "मैं हर दिन एक सुखद आश्चर्य की आशा करता हूँ।" यह आला दर्जे का

सकारात्मक सोच है। जो लोग भविष्य में महान चीज़ों को देखते हैं और उनकी आशा करते हैं, वे हमेशा ख़ुश रहेंगे।

कुछ समय पहले एक रात को मैं पार्क एवेन्यू जा रहा था। मेरे साथ डॉ. आर्थर जूडसन ब्राउन नामक अद्भुत व्यक्ति थे। डॉ. ब्राउन 101 साल के हो चुके हैं, लेकिन अब भी उनमें किशोरों जैसा उत्साह और उमंग है। वे बोले, "ज़रा आसमान की तरफ़ देखो। हर तरफ़ नई इमारतें नज़र आती हैं। मुझे लगता है कि यह शहर बहुत बढ़िया तरीक़े से बदल रहा है, इसका हुलिया दिनोंदिन सुधरता जा रहा है।"

युवाओं के सोचने का तरीक़ा यही होता है। मैंने डॉ. ब्राउन से पूछा कि आधुनिक युवाओं के बारे में उनकी क्या राय है। वे बोले, "मैं ईश्वर को धन्यवाद देता हूँ कि हमारी युवा पीढ़ी इतनी बेहतरीन है। हमारे ज़माने के युवाओं से आज के युवा ज़्यादा बुद्धिमान और बेहतर हैं। वे हमारे लिए एक नया संसार बनाने जा रहे हैं। एक नया दिन आने वाला है और मैं उसका इंतज़ार कर रहा हूँ।"

101 साल की उम्र में भी वे एक महान नए दिन का इंतज़ार कर रहे थे! मैंने डॉ. ब्राउन से माफ़ी माँगी कि मेरी वजह से उन्हें इतनी रात हो गई। लगभग ग्यारह बज चुके थे और मुझे लगा कि वे आम तौर पर इस समय तक सो जाते होंगे। उन्होंने कहा, "अरे, बिलकुल नहीं। मैं अक्सर आधी रात तक जागता हूँ। लेकिन मैं कल आराम कर लूँगा। मैंने बहुत पहले यह सीख लिया है कि ख़ुद पर ज़्यादा दबाव नहीं डालना चाहिए। आप युवाओं को भी यह सीख लेना चाहिए। कल मैं उठूँगा, आराम से नाश्ता करूँगा, अख़बार पढ़ूँगा और अगर मेरा नाम श्रद्धांजलि वाले कॉलम में नहीं छपा होगा, तो मैं बिस्तर पर जाकर थोड़ा और सो लूँगा।"

आप ख़ुश हैं या नहीं, यह आपकी बाहरी स्थिति से नहीं, बल्कि आपकी *अंदरूनी* स्थिति से तय होता है। आपके मस्तिष्क का नज़रिया तय करता है कि आप ख़ुश और सकारात्मक हैं या फिर दुखी और नकारात्मक हैं। मार्कस ऑरेलियस एंटोनियस ने कहा था, "कोई भी व्यक्ति तब तक सुखी नहीं होता, जब तक कि वह ख़ुद को सुखी न मानता हो।" विलियम ल्यॉन फ़ेल्प्स ने कहा था, "सबसे सुखी व्यक्ति

वह है, जिसके मन में सबसे रोचक विचार हों।"

अगर आप सुखी नहीं हैं, तो आप सुखी बनने का संकल्प कर सकते हैं। आप अपने विचारों को रचनात्मक बनाकर जीवन के गहरे आनंद को महसूस कर सकते हैं। अगर आपके दिमाग़ में द्वेष, नफ़रत, स्वार्थ या बुरे विचार भरे हैं, तो ख़ुशी की साफ़ रोशनी उसमें से नहीं गुज़र पाएगी। अगर आप जीवन में ज़्यादा ख़ुशी चाहते हैं, तो आपको एक अलग मानसिकता रखना होगी और प्रेरक नज़रिया अपनाना पड़ेगा।

मैं एक पाठक को बहुत समय से जानता हूँ। पहले वह मेरे "दुखी" मित्रों में से एक था। दुखी मित्र वह होता है, जो ख़ुद भी दुखी होता है और अपने आस-पास के हर व्यक्ति को भी दुखी कर देता है। अगर आप ख़ुशी के मूड में भी उसके पास जाएँ, तो वह आपकी ख़ुशी चूस लेगा। उससे मिलने के बाद आपकी सारी ख़ुशी चली जाएगी।

कुछ समय बाद वह दूसरे शहर में रहने चला गया। बहरहाल, अब भी उसका नाम सकारात्मक सोच की मेरी मेलिंग लिस्ट में था। तीन-चार साल बाद वह मुझे दोबारा दिखा। वह इतना बदल गया था, जैसे उसका पुनर्जन्म हुआ हो। उसके हिसाब से यही हुआ था। उसने कहा कि मानसिक और आध्यात्मिक रूप से उसका पुनर्जन्म हुआ था। निश्चित रूप से वह पूरी तरह बदल गया था। मैं उसके परिवर्तन से इतना प्रभावित हुआ कि मैंने उससे पूछा कि ऐसा कैसे हुआ।

उसने जवाब दिया, "मैं सात दिन की मानसिक डाइट पर चला गया था।" उसने बताया कि वह एमेट फ़ॉक्स के एक पैम्फ़लेट "द सेवन डे मेंटल डाइट" से प्रभावित हुआ था, जिसे मैंने अपने पाठकों को पढ़ने की सलाह दी थी। अमेरिकावासी शारीरिक रूप से डाइट के प्रति जागरूक होते हैं, यह देखकर डॉ. फ़ॉक्स ने लोगों को मानसिक डाइट पर ध्यान देने की सलाह दी। उन्होंने इस बात पर ज़ोर दिया कि इंसान जो सोचता है, वही बन जाता है।

और सात दिन की मानसिक डाइट क्या है : आप यह संकल्प करें कि अगले सात दिन तक आप अपने हर शब्द पर नज़र रखेंगे। आप एक भी नकारात्मक, घटिया या झूठी बात नहीं बोलेंगे। आप सात दिनों

तक कोई भी निराशाजनक बात नहीं बोलेंगे।

ज़ाहिर है यह आसान काम नहीं है। मेरे मित्र ने कहा, "मैंने एक दिन कोशिश की और असफल हो गया। मैंने दोबारा कोशिश की और इस बार दो दिन बाद मुझसे चूक हो गई। मैंने फिर कोशिश की, लेकिन एक बार फिर असफल हुआ। मैं बार-बार असफल हुआ।" परंतु वह उस तरह का व्यक्ति है, जो जब किसी लक्ष्य का पीछा करता है, तो पूरी लगन से करता है। "मैंने ईश्वर से मदद माँगी, क्योंकि मैं जानता था कि मुझे ख़ुद को बदलना ही था! फिर आख़िरकार एक सप्ताह तक मुझे सफलता मिली। सात दिनों में मैं एक बार भी असफल नहीं हुआ। फिर मैंने सोचा कि मैं अब अपने नियम में थोड़ी ढील दे दूँगा और पुराने तरीक़े से थोड़ा-बहुत बोल लूँगा। लेकिन मैंने पाया कि अब मैं बदल गया था। दरअसल मैं पुराने तरीक़े की तरफ़ लौट ही नहीं पाया। मैं सचमुच बदल गया था। ज़ाहिर है, पूरी तरह नहीं, मगर मैं अब वही व्यक्ति नहीं रह गया हूँ। तब से ज़िंदगी भी बदल गई है। अब मेरा दिमाग़ नकारात्मक विचारों से मुक्त है और मैं ज़िंदगी का सच्चा आनंद उठाता हूँ।" सकारात्मक सोच का यह एक सशक्त नया पहलू है, जो पाठकों को पसंद आएगा।

दिन में दो सबसे महत्वपूर्ण क्षण वे होते हैं, जब आप सुबह अपनी आँखें खोलते हैं और जब आप सोने के लिए अपनी आँखें बंद करते हैं। ये आपके दिन के कोष्ठक (brackets) होते हैं। अगर आपके ये क्षण सकारात्मक और सुखद विचारों से भरे हैं, तो आपका पूरा दिन सकारात्मक और सुखद रहेगा। अल्बर्ट हबार्ड ने कहा था, "अगर आप सुबह दस बजे तक ख़ुश रह लें, तो बाक़ी का दिन अपनी परवाह ख़ुद कर लेगा।" हेनरी डेविड थोरो ने यह आदत डाल ली थी कि सुबह उठते ही वे ख़ुद को अच्छी ख़बर सुनाएँ। वे ख़ुद को बताते थे कि इस दुनिया में जन्म लेना कितनी बड़ी ख़ुशक़िस्मती थी। अगर वे पैदा नहीं हुए होते, तो वे कभी पैरों के नीचे बर्फ़ के चरमराने की आवाज़ नहीं सुन सकते थे, सितारों की रोशनी नहीं देख सकते थे, लकड़ी के जलने की गंध नहीं सूँघ सकते थे, न ही मानवीय आँखों में प्रेम की रोशनी देख सकते थे। वे अपना हर दिन धन्यवाद से शुरू करते थे।

कॉलेज के ज़माने के मेरे मित्र जूडसन एस. सेयर नोर्ज कॉरपोरेशन के प्रेसिडेंट हैं। वे हर सुबह उठते हैं और शीशे में देखकर कहते हैं, "मैं आज अच्छा काम करने जा रहा हूँ।" कई बार जब वे हताश होने लगते हैं, तो वे काम करना बंद कर देते हैं और अपनी ज़िंदगी के सबसे सुखद अनुभवों के बारे में सोचने लगते हैं। उनका मनोबल फिर से बढ़ जाता है। मैं उन्हें चालीस साल से जानता हूँ, लेकिन मैंने उन्हें हमेशा आशावादी और प्रसन्नचित्त ही देखा है।

नींद की एक उत्कृष्ट तकनीक का सुझाव जे. हार्वे हॉवेल्स ने *दिस वीक* मैग्ज़ीन में दिया है। "जब सबसे गुड नाइट करने के बाद सिर तकिए पर आ जाए, तो आत्मा अपने विचारों के साथ अकेली होती है। तब मैं ख़ुद से पूछता हूँ, 'आज सबसे सुखद चीज़ क्या हुई?'"

इससे न सिर्फ़ गहरी और शांत नींद आती है, बल्कि इससे अगले दिन के लिए आशा का माहौल भी बनता है।

हो सकता है यह सबसे सुखद चीज़ कोई छोटा सा अनुभव हो, जैसे किसी फूल की ख़ुशबू, काँच के नर्म पर्दे से छनकर आती सूरज की सुनहरी रोशनी, किसी मित्र का कोई वाक्य, कोई छोटी सी दयालुता, किसी गीत के शब्द। वह अनुभव चाहे जो हो, मानसिक रूप से नींद आने से ठीक पहले दिन की सबसे सुखद चीज़ की तलाश करने से बहुत फ़ायदा होता है।

इमर्सन अपने दिन को एक अद्‌भुत तरीक़े से ख़त्म करते थे। वे यह सुनिश्चित कर लेते थे कि वे इसे पूरी तरह से ख़त्म कर दें। वे सलाह देते थे, "हर दिन को ख़त्म करो और इसे पूरी तरह ख़त्म कर दो। आप जो कर सकते थे, वह आपने कर दिया है। निश्चित रूप से इसमें कुछ ग़लतियाँ और भूलें भी हुई होंगी। उन्हें जितनी जल्दी भूल सकते हो, भूल जाओ। कल एक नया दिन है। उसे अच्छी तरह और शांति से शुरू करो। पुरानी मूर्खता का बोझ लादे बिना उसे ऊँचे मनोबल से शुरू करो।"

वे जानते थे कि दिन का अंत पश्चाताप से नहीं करना चाहिए। इमर्सन दरवाज़े बंद करने वाले व्यक्ति थे। वे हर दिन अपने पीछे दरवाज़ा बंद कर देते थे और उसे भूल जाते थे। वे लॉयड जॉर्ज की

तरह थे, जो एक दिन एक मित्र के साथ घूमने जा रहे थे। बाहर निकलने से पहले वे सावधानी से अपने पीछे का हर दरवाज़ा बंद करते जा रहे थे। मित्र ने कहा, "आपको ये दरवाज़े बंद करने की ज़रूरत नहीं है।"

लॉयड जॉर्ज बोले, "बिलकुल है। मैंने ज़िंदगी में अपने पीछे का हर दरवाज़ा बंद किया है। यह ज़रूरी है। जब आप अपने पीछे का दरवाज़ा बंद कर देते हैं, तो आपका अतीत वहीं रह जाता है। फिर आप दोबारा नई शुरूआत कर सकते हैं।"

सुखी बनने के लिए अपनी ग़लतियों, पापों और भूलों की सफ़ाई करना बेहद महत्वपूर्ण है। इसके बाद उन्हें भूल जाएँ और आगे बढ़ें। "जो चीज़ें पीछे रह गई हैं, उन्हें भूलकर सामने खड़ी चीज़ों की तरफ़ आगे बढ़ो" (फ़िलिप्पियन्स, 3:13)। स्मार्ट और समझदार बनने का यही तरीक़ा है।

जो लोग ईसा मसीह के साथ व्यक्तिगत मित्रता के संबंध बना चुके हैं, उनके लिए धर्म का आनंद लेना बहुत ही स्वाभाविक है। मेरे मित्र लॉयड मैक्लेरॉय ऐसे ही इंसान हैं। उन्होंने और उनकी पत्नी एडिथ ने कुछ दोस्तों को अपने फ़िफ़्थ एवेन्यू के अपार्टमेंट में डिनर पर बुलाया, जहाँ से सेंट्रल पार्क नज़र आता है।

जब हम डिनर करने बैठे, तो लॉयड ने मुझे यानी अपने पादरी को ईश्वर को धन्यवाद देने के लिए आमंत्रित नहीं किया। उन्होंने जो किया, वह मुझे बहुत पसंद आया। उन्होंने ख़ुद ही ईश्वर को धन्यवाद दिया और मुझे लगा कि यह मेरे द्वारा सुने गए सबसे अच्छे धन्यवादों में से एक था। लॉयड ने अपने नम्र और सहज अंदाज़ में कहा, "ईश्वर, हम आपको अपने मित्रों के लिए धन्यवाद देते हैं और हम ख़ुश हैं कि वे आज रात को हमारे साथ हैं। आप हम सबके लिए इतने कृपालु हैं; हम आपके प्रति बहुत कृतज्ञ हैं। और अब हमें ईसा मसीह के नाम पर एक सुखद तथा आनंददायक शाम दें। आमीन।"

मुझे लगता है कि इस तरह का सहज धर्म ही ज़िंदगी की असली चीज़ है। लोग धर्म को उबाऊ और अस्वाभाविक बनाने पर ज़ोर क्यों देते हैं? इसका ज़िक्र सुनते ही उनके चेहरे पर दर्द का भाव क्यों आ

जाता है ? जब आपको सच्चा धर्म मिल जाता है, तो आप ख़ुद को रोक नहीं पाते हैं; आप बहुत ख़ुश हो जाते हैं। आप सूरज की तरफ़ चलने लगते हैं।

मैक्लेरॉय दंपति को मैं "छाया के पिछलग्गुओं" के बजाय "छाया का पथप्रदर्शक" कहता हूँ। और इसका क्या मतलब है ? एक उजले दिन की बात है। मैं अपने एक मित्र के साथ न्यूयॉर्क के ऑफ़िस की एक ऊँची इमारत की खिड़की से बाहर देख रहा था। वहाँ से पब्लिक लाइब्रेरी के पास 42वीं सड़क पर फ़िफ़्थ एवेन्यू दिख रहा था। मेरे मित्र एमॉस पैरिश देश के बहुत बड़े व्यापारिक विशेषज्ञ हैं और उनका मस्तिष्क बहुत कल्पनाशील है। मैं जानता था कि कोई विचार उन्हें परेशान कर रहा था, क्योंकि वे अपनी ठुड्डी खुजा रहे थे और उनके चेहरे पर चिंतन के भाव थे। अचानक लाइब्रेरी के सामने फ़ुटपाथ की तरफ़ इशारा करते हुए वे बोले, "नीचे जाने वाले ज़्यादातर लोग छाया के पिछलग्गू हैं।"

मैंने पूछा, "पिछलग्गू से आपका क्या मतलब है ?"

उन्होंने जवाब दिया, "क्या आपको नज़र नहीं आ रहा है ? वे सूरज की विपरीत दिशा में जा रहे हैं और उनकी छायाएँ उनसे आगे चल रही हैं। वे अपनी छायाओं का पीछा कर रहे हैं। उनकी विपरीत दिशा में जो लोग चल रहे हैं, वे छाया के पथप्रदर्शक हैं। वे सूरज की तरफ़ चल रहे हैं, इसलिए उनकी छायाएँ उनके पीछे चल रही हैं।"

यह फ़र्क़ बहुत महत्वपूर्ण है, क्योंकि अगर आप अपनी छाया के आगे चल रहे हैं, तो आप अपनी ज़िंदगी के मालिक हैं, लेकिन अगर आप अपनी छाया का पीछा कर रहे हैं, तो ज़िंदगी सचमुच कठिन हो सकती है। अगर आप हमेशा सूरज की तरफ़ पीठ करेंगे और छायाओं का पीछा करेंगे, तो आप ज़िंदगी का सच्चा आनंद कभी नहीं ले सकते।

सुखद जीवन जीने का एक और महत्वपूर्ण सिद्धांत लोगों के व्यक्तित्व में छिपे सर्वश्रेष्ठ पहलू को प्रेम करना और उसका सम्मान करना सीखना है। मेरे पिता ने मुझे यह महान सत्य सिखाया था कि आपके सुख के लिए यह बेहद महत्वपूर्ण है कि आप दूसरे लोगों के बारे में कैसा सोचते हैं, उनसे कैसा व्यवहार करते हैं और उनकी बातों पर

कैसी प्रतिक्रिया करते हैं। "हर व्यक्ति से इस तरह व्यवहार करो, जैसे वह ईश्वर का पुत्र हो। उसका सम्मान करो। इससे उसे भी सुख मिलेगा और आपको भी।"

जब मैं बहुत छोटा था, तो मैं अपने पिता के साथ सिनसिनाटी के अपने गृहनगर में क्रिसमस की अंतिम ख़रीदारी करने गया। मेरे पिता का दिल बड़ा था और प्रेम से भरा था। उन्हें इससे कोई फ़र्क़ नहीं पड़ता था कि सामने वाला व्यक्ति कौन है। वे सबसे प्रेम और बातचीत करते थे। और वे बहुत सुखी इंसान थे। उनके मन में हर व्यक्ति के लिए सम्मान था। वे उनके बाहरी आवरण के पीछे देख लेते थे। वे जान जाते थे कि सामने वाले के आवरण के पीछे की असलियत क्या थी। उनमें गहरी अंतर्दृष्टि भी थी। वे लोगों को जानते थे।

इस अवसर पर मुझ पर बहुत से पैकेटों का बोझ आ गया। मैं थका हुआ और चिड़चिड़ा महसूस कर रहा था। मैं सोच रहा था कि घर लौटना कितना अच्छा रहेगा, तभी एक भिखारी मेरे पास आया। गंदे से कपड़े पहने धुँधली आँखों और बढ़ी हुई दाढ़ी वाला यह बूढ़ा भिखारी मेरे पास आया, मेरे हाथ को अपने हाथ से छुआ और पैसे माँगने लगा। मैंने उसके गंदे हाथ को दूर झटक दिया और उसे दुत्कार दिया।

जब वह इतनी दूर चला गया कि हमारी बातें न सुन पाए, तो मेरे पिता ने कहा, "नॉर्मन, तुम्हें किसी भी इंसान के साथ इस तरह व्यवहार नहीं करना चाहिए।"

"लेकिन डैड, वह तो भिखारी है।"

वे बोले, "भिखारी जैसी कोई चीज़ नहीं होती। वह ईश्वर का पुत्र है। शायद उसने अपनी क्षमताओं का पूरा इस्तेमाल नहीं किया है, लेकिन इसके बावज़ूद वह ईश्वर का पुत्र है। हमें हर व्यक्ति को हमेशा सम्मान से देखना चाहिए। अब मैं चाहता हूँ कि तुम जाकर उसे यह दे दो।" मेरे पिता ने अपनी जेब से एक डॉलर निकालकर मुझे दे दिया। उनके संसाधनों के हिसाब से यह बहुत बड़ी रक़म थी। "और जिस तरह मैं बता रहा हूँ, ठीक उसी तरीक़े से यह काम करना। उसके पास जाओ, उसे यह डॉलर दो और उससे सम्मान से बोलो। उसे बताओ कि तुम यह डॉलर ईसा मसीह के नाम पर दे रहे हो।"

"परंतु," मैंने आपत्ति की, "मैं यह नहीं कहना चाहता।"

मेरे पिता ने ज़ोर दिया, "जाकर वही करो, जो मैंने कहा है।"

इसलिए मैं बूढ़े आदमी के पीछे भागा, उसके पास पहुँचा और बोला, "माफ़ कीजिए। मैं आपको ईसा मसीह के नाम पर यह डॉलर देता हूँ।"

बूढ़े आदमी ने मेरी तरफ़ हैरानी से देखा। फिर उसके चेहरे पर एक अद्‌भुत मुस्कराहट खिल गई। उस मुस्कराहट के बाद मैं यह भूल गया कि वह गंदा था और उसकी दाढ़ी बढ़ी थी। मुझे गंदगी के पीछे छिपा उसका असली चेहरा दिखाई दे रहा था। उसकी मूलभूत इंसानियत बाहर आ गई थी। शालीनता से उसने एक तरह से सिर झुकाते हुए कहा, "मैं आपको ईसा मसीह के नाम पर धन्यवाद देता हूँ।"

मेरी चिढ़ जैसे जादू से ग़ायब हो गई। और अचानक मैं बहुत ख़ुश महसूस करने लगा। पूरी सड़क सुंदर लग रही थी। दरअसल मुझे विश्वास है कि जिस पल मैंने उस व्यक्ति को पूरे सम्मान से देखा, मैं ईसा मसीह के क़रीब आ गया था। और ज़ाहिर है यह मेरे सबसे सुखद अनुभवों में से एक है। तब से मैंने लोगों को उसी तरह से देखने की कोशिश की है, जिस तरह से मेरे पिताजी देखते थे। इससे मुझे बेहद संतोष मिला। मैं अक्सर सिनसिनाटी की चौथी सड़क पर जाता हूँ, जहाँ यह घटना हुई थी।

देने से ख़ुशी मिलती है। इसका मतलब धन, समय, रुचि या सलाह देना है - कोई भी ऐसी चीज़, जिसके माध्यम से आप दूसरे लोगों की मदद करते हैं। आप दूसरों की मदद के लिए जो भी चीज़ देते हैं, वह दरअसल आपकी मदद करती है। यह एक अजीब सिद्धांत है, लेकिन यह सच है : जो लोग जिस चीज़ को सबसे ज़्यादा देते हैं, उनके पास वह चीज़ सबसे ज़्यादा मात्रा में रहती है।

मुझे एक महत्वाकांक्षी युवा बिज़नेसमैन याद है। वह ज़िंदगी में धन कमाना और तरक्की करना चाहता था। इसमें कुछ भी ग़लत नहीं है, बशर्ते आप साथ में बाँटते भी रहें। उसने ख़ुद को काम में पूरी तरह झोंक दिया। वह स्वभाव से स्वार्थी नहीं था, लेकिन चूँकि वह सफल होना चाहता था, इसलिए वह पूरी तरह से आत्म-केंद्रित बन गया।

उसने आत्म-सुधार संबंधी हर चीज़ पढ़ी। उसने द *पॉवर ऑफ़ पॉज़िटिव थिंकिंग* भी पढ़ी। उसने कहा कि इस पुस्तक ने उसे बहुत प्रभावित किया। उसने सकारात्मक सोच के सिद्धांतों पर अमल तो किया, लेकिन उसका लक्ष्य भौतिक सफलता पाना था! परिणाम यह हुआ कि वह सफलता की बुलंदियों पर पहुँच गया।

बहरहाल, जल्दी ही उसमें तनाव और चिंता के लक्षण उभरने लगे। वह बहुत ज़्यादा मेहनत कर रहा था और डर रहा था कि वह अपनी वर्तमान तीव्र गति को क़ायम नहीं रख पाएगा। फिर उसमें एक दुखद प्रतिक्रिया नज़र आने लगी, जिसका अनुभव अक्सर उन लोगों को होता है, जो "आगे पहुँच जाते हैं।" ऐसे लोगों को वहाँ तक पहुँचने में तो बहुत आनंद मिलता है, लेकिन वहाँ पहुँचने के बाद उन्हें उतना आनंद नहीं मिलता, जितने की उन्होंने उम्मीद की थी। अगर आपकी रुचि सिर्फ़ शिखर तक पहुँचने में ही हो, तो शिखर का मतलब चूहा दौड़ और अल्सर हो सकता है।

इस व्यक्ति ने मुझसे पूछा, "अब मुझे ज़िंदगी में मज़ा क्यों नहीं आता है? हालाँकि मैं अभी चालीस साल का भी नहीं हुआ हूँ, लेकिन सकारात्मक सोच का इस्तेमाल करके मैं शिखर पर पहुँच चुका हूँ। मेरे साथ क्या गड़बड़ है? क्या मैं नीरस हूँ या ऐसी ही कोई और बात है?"

हमने दुख के आम कारणों से उसकी जाँच शुरू की। सबसे पहले हमने यह जाँच की कि उन चीज़ों में उसकी सहभागिता कितनी है, जिनसे उसे "कुछ नहीं मिल सकता।"

मैंने कहा, "मुझे यक़ीन नहीं होता। आप अपने परिवार के अलावा किसी को कुछ भी नहीं दे रहे हैं, जबकि आप अपने परिवार को सब कुछ दे रहे हैं।"

जिस चर्च में वह नियमित रूप से जाता था, वहाँ वह हर हफ़्ते एक डॉलर दान देता था, जबकि उसे इसका बीस गुना दान देना चाहिए था। वह समाज को जितना कम दे सकता था, उतना कम देता था। ऐसा नहीं था कि वह कंजूस था। डॉलर बचाने की यह आदत उसकी असुरक्षा की पुरानी भावनाओं का परिणाम थी, जब वह ग़रीब था। जहाँ तक दूसरों को समय देने और दूसरों की मदद करने की बात थी,

तो ये चीज़ें उसकी व्यक्तिगत प्राथमिकता सूची में थीं ही नहीं।

मैंने कहा, "कोई हैरानी की बात नहीं है कि आपको ज़िंदगी में मज़ा नहीं आ रहा है। आपको ख़ुद के दायरे से बाहर निकलना होगा। आपने रचनात्मक प्रक्रिया को रोक दिया है। आप इसलिए थक चुके हैं, क्योंकि हर चीज़ अंदर आ रही है, जबकि बाहर कुछ भी नहीं जा रहा है। आप मृत सागर की तरह हैं, जिसमें हर चीज़ अंदर आती है, लेकिन बाहर कुछ भी नहीं निकलता। इसका मतलब है मानसिक और आध्यात्मिक ठहराव।"

वह व्यक्ति उतना बुरा नहीं था, जितना इस वर्णन से लगता है। वह इस बारे में चिंतित था। वह इस बारे में खुलकर बातचीत करना चाहता था और विनम्रता से मार्गदर्शन माँग रहा था। ये चीज़ें बताती हैं कि वह सच्चा और ईमानदार था। और सच्चे व्यक्ति को हमेशा इस तरह की समस्याओं के समाधान मिल सकते हैं।

इसलिए हमने उसे सकारात्मक सोच की एक योजना का सुझाव दिया। हमने उसे बताया कि वह सकारात्मक सोच को पूरी तरह इसलिए नहीं अपना पाया था, क्योंकि उसका ध्यान सिर्फ़ भौतिक लक्ष्यों पर केंद्रित था। निश्चित रूप से आप सकारात्मक सोच का इस्तेमाल पैसे कमाने के लिए कर सकते हैं, लेकिन अगर आप इसका इस्तेमाल सिर्फ़ इसीलिए करते हैं, तो आपकी हालत भी उस व्यक्ति जैसी ही होगी। हमने सकारात्मक सोच को एक ऊँचे स्तर पर पहुँचाया, जहाँ उस व्यक्ति ने इसे पहले नहीं देखा था। योजना इस तरह तैयार की गई, ताकि वह मुक्त हो सके और उसका नवनिर्माण हो सके। और योजना सफल हो गई।

1. वह परोपकार में 10 प्रतिशत आमदनी दान देगा। इसमें से कुछ दान चर्च को, कुछ ज़रूरतमंद लोगों को (जिसके लिए उसे टैक्स में छूट भी नहीं मिलेगी) और कुछ अन्य धर्मार्थ संस्थाओं को दिया जाएगा।

2. उसे अपने परिवार और मित्रों के दायरे के बाहर किसी ज़रूरतमंद व्यक्ति को खोजना था, जो बदले में उसकी ज़रा भी मदद न कर सके। यह मदद आर्थिक हो सकती थी, या सलाह के रूप में हो सकती थी, या सिर्फ़ दोस्ताना रुचि हो सकती थी। संभवतः वह

किसी योग्य लड़के को चुनकर उसकी शिक्षा का ख़र्च उठा सकता था या उसका बिज़नेस शुरू करने में उसकी मदद कर सकता था।

3. उसे अपनी भागदौड़ को रोककर लोगों के साथ प्रतिदान के संबंध बनाना था - जो लोग उसके दैनिक जीवन का हिस्सा थे, उनके साथ आराम से कुछ शब्द बोलना, जैसे वेटर, नुक्कड़ का पुलिस वाला, अख़बार वाला, लिफ़्टमैन, या उसकी पत्नी और बच्चे।

4. उसे अपने पादरी के पास जाकर चर्च की व्यावसायिक समस्याओं में मदद करने का प्रस्ताव रखना था। यही नहीं, उसे कुछ लोगों जैसे अस्पताल वालों से मिलकर चर्च के कार्य को आगे भी बढ़ाना था।

उसने शिकायत की, "ऐसा लगता है, जैसे इसमें बहुत समय लग जाएगा।"

मैंने कहा, "बिलकुल ठीक कहा। आपको देना सीखना होगा। आपको दूसरों की भलाई के लिए सिर्फ़ पैसा या सद्भावना ही नहीं, बल्कि समय भी देना होगा। लेकिन इसके बदले में आपको जो मिलेगा, उससे इसकी भरपाई हो जाएगी। अगर आप इस योजना पर अमल करेंगे, तो आप दोबारा सुखी हो जाएँगे। यह एक ऐसी योजना है, जिसे आप या तो स्वीकार कर लें या फिर रहने दें। इसमें से कुछ कम नहीं किया जा सकता।" मैं उसे जानता था! मैं जानता था कि वह इसे छोड़ने वाला नहीं है। जब उसे विश्वास हो जाएगा कि यह दमदार योजना है, तो वह सच्चे बिज़नेसमैन की तरह इस पर चलने लगेगा। और यही हुआ।

कई महीनों तक चली इस केस हिस्ट्री का सार यह है कि उसने योजना पर अमल किया और अपनी ज़िंदगी को सुखद बना लिया। वह समाज का सक्रिय सदस्य बन गया। इसके अलावा, उसका तनाव और चिंता भी कम हो गई। कौन जाने, शायद इससे उसका हार्ट अटैक भी बच गया!

ज़िंदगी में पूर्ण आनंद का एक और रहस्य यह जानना है कि आप इस दुनिया की कठोरताओं, दुखों तथा मुश्किल परिस्थितियों का सामना कर सकते हैं और उन पर विजय पा सकते हैं। इस तरह की

ख़ुशी अनमोल है। यह वह गहरा आनंद है, जिसके बारे में हमने पहले बातें की थीं।

एक के बाद एक होने वाली घटनाएँ दरअसल "आपकी जान निकाल सकती हैं।" यह कथन यथार्थवादी है, क्योंकि आप बेजान हो सकते हैं। एक के बाद एक झटके से आप काफ़ी हताश और कुंद हो सकते हैं। अंततः आप इतनी बुरी तरह आहत हो सकते हैं कि आप साहस के साथ खड़े होकर ज़िंदगी का सामना करने के बजाय रेंगने लगते हैं। आप परिस्थितियों का सामना नहीं करते हैं। आप उन्हें चतुराई और शक्ति से नहीं सुलझाते हैं। आप सिर्फ़ रेंगते हैं और रेंगने वाले को ज़िंदगी में क़तई आनंद नहीं आता है। पराजित लोग हमेशा दुखी होते हैं। लेकिन जो लोग अपने दिल में जानते हैं कि वे बड़ी या छोटी किसी भी चुनौती का सामना करने में सक्षम हैं, वे ज़िंदगी में बहुत ख़ुश रहते हैं।

हवाई जहाज़ में एक व्यक्ति मुझसे बोला, "मैं सकारात्मक सोच का बहुत बड़ा प्रमाण हूँ। मैं यह बात घमंड से नहीं कह रहा हूँ, बल्कि इसलिए कह रहा हूँ, क्योंकि इसने मेरे लिए बहुत कुछ किया है। मैं दुनिया का सबसे आत्म-पराजयी व्यक्ति था। मैं अपनी असफलताओं के लिए सबको दोष देता था - सरकार को भी। लेकिन मैं जानता था कि मेरा सबसे बड़ा दुश्मन कौन था। जैसा किसी ने कहा है, 'अगर मैं उस व्यक्ति के पुट्ठों पर लातें मार सकूँ, जिसकी वजह से मेरी सारी दिक्क़तें पैदा हुई हैं, तो मैं एक हफ़्ते तक बैठ नहीं पाऊँगा!'

"और मेरा विश्वास करें, यह बहुत आनंददायक नहीं था।" फिर उसने पराजयों और निराशाओं की एक श्रृंखला का वर्णन किया, जिन्हें सुनकर किसी भी व्यक्ति की करुणा जाग जाती। "सबसे पहले तो मैं सकारात्मक सोच से इसलिए दूर रहा, क्योंकि आप इसमें ईश्वर को ले आए थे, जबकि मैं धर्म से दूर रहना चाहता था। मैंने आपकी पुस्तक का सिर्फ़ मनोविज्ञान लिया और धर्म को रहने दिया। हालाँकि मैं मानसिक रूप से आपकी पुस्तक के मनोविज्ञान से सहमत था, लेकिन इससे मुझे कोई फ़ायदा नहीं हुआ। शायद मैं बहुत ज़्यादा नकारात्मक था। आप हमेशा अपने पाठकों को यह सलाह देते हैं कि समस्याएँ आने पर बाइबल पढ़ें और उसके सिद्धांतों पर अमल करें। सच कहूँ,

तो मैंने कई सालों से बाइबल नहीं खोली थी। लेकिन आख़िरकार मैं बाइबल पढ़ने लगा। पहले तो मुझे लगा कि इसमें कोई भी काम की चीज़ नहीं है। मैं यह सोचने लगा कि आप न जाने क्यों इसकी इतनी पैरवी करते हैं। इसके बाद मैंने आपके बताए हुए संदर्भ देखे। मैंने सचमुच आपके सुझावों पर अमल करने की कोशिश की।

"जब मैं 84वाँ भजन पढ़ रहा था, तो उसकी ग्यारहवीं पंक्ति ने मेरा ध्यान खींच लिया... 'हर अच्छी चीज़ उन्हें मिलेगी, जो सिर उठाकर चलते हैं' (भजन 84:11)। 'सिर उठाकर चलने' का क्या मतलब है? यह पता लगाना मुश्किल नहीं था, क्योंकि मैं किसी कीड़े-मकोड़े की तरह रेंग रहा था। मुझे मर्द की तरह सिर उठाकर खड़ा होना चाहिए और दुखी होना तथा शिकायतें करना बंद करना चाहिए। मैं आत्म-दया से भरा था। *सिर उठाकर चलो* - यही असली बात थी! परिस्थितियों का सिर उठाकर सामना करो - मुझे यही करना चाहिए था! और मुझे यह विचार मिला कि अगर मैं ऐसा करूँगा, तो ईश्वर मुझे हर अच्छी चीज़ देगा। इसलिए मैं जितना सिर उठाकर चल सकता था, चलने लगा। अब मैं पहले की तरह रेंग नहीं रहा था। मैंने यह भी देखा कि *सिर उठाकर चलने* का मतलब ईमानदारी से जीना भी है। मैंने यह फ़ैसला किया कि ईश्वर की मदद से मैं अपनी कुछ समस्याओं को सुलझा लूँगा।

"अब मैं समझ गया हूँ कि आप व्यावहारिक मनोविज्ञान के बीच में धर्म को क्यों लाते हैं? धर्म इसे सफल बनाता है और इसमें आनंद भरता है।"

सचमुच इस विचार पर अमल किया जाना चाहिए। या इससे भी बेहतर यह है कि यह विचार आप पर हावी हो जाए। "हर अच्छी चीज़ उन्हें मिलेगी, जो सिर उठाकर चलते हैं।" इस पर अमल करने से उस व्यक्ति को ज़िंदगी में नया और सच्चा आनंद मिला।

लेकिन दुख की स्थितियों में? दुख के बावजूद ज़िंदगी में शांतिपूर्ण आनंद पाने के लिए भी सकारात्मक सोच का इस्तेमाल किया जा सकता है। स्विट्ज़रलैंड की मिसेज़ एन शेरर इसका जीता-जागता उदाहरण हैं। मैं मिस्टर और मिसेज़ शेरर से कई साल पहले लॉसेन में

ब्यू रिवाज़ पैलेस होटल में मिला, जहाँ वे मैनेजर थे। कुछ महीने बाद मिस्टर शेरर की अचानक मृत्यु हो गई। नया मैनेजर नियुक्त कर दिया गया, लेकिन मिसेज़ शेरर होटल की होस्टेस के रूप में काम करती रहीं। हाल ही में जब मैं लॉसेन गया, तो मैंने देखा कि मिसेज़ शेरर ने दुख के साथ बहुत अच्छा तालमेल बैठा लिया है। उनके चेहरे पर शांति की झलक थी, जो शक्ति के गहरे स्रोत से उत्पन्न हुई थी।

मैंने कहा, "जिस तरीक़े से आप अपने दुख से इतनी अच्छी तरह उबरी हैं, उसकी मैं प्रशंसा करता हूँ। आपने यह अच्छा किया कि आप काम करती रहीं और ख़ुद को व्यस्त रखा।"

इस पर मिसेज़ शेरर ने दुख की असाधारण फ़िलॉसफ़ी के साथ जवाब दिया, "दरअसल काम करने से दुख दूर नहीं हुआ। काम इलाज नहीं, बल्कि नशा है। यह दर्द के एहसास को तो मिटा देता है, लेकिन उपचार नहीं करता है। उपचार सिर्फ़ आस्था से ही होता है।"

यह बहुत बढ़िया बात है। काम दर्द की संवेदना को तो मिटा देता है, लेकिन उपचार नहीं करता है। उपचार सिर्फ़ आस्था से ही होता है। जब हम गहरे भावनात्मक घावों से कष्ट उठाते हैं, तो हमें तब तक सच्चा सुख नहीं मिल सकता, जब तक कि घाव न भर जाएँ। हममें से कुछ लोग यह सोचने की ग़लती करते हैं कि हम काम से अपने दर्द का इलाज कर सकते हैं या शायद खेल से, या शराब से या भूलने की कोशिश करके। बहरहाल, जैसा मिसेज़ शेरर ने संकेत किया, ये कोशिशें सिर्फ़ कुछ समय के लिए घाव के एहसास को मिटा देती हैं। जब व्यक्ति गहराई से आस्था पर अमल करना सीखता है, तभी उपचार की सच्ची प्रक्रिया शुरू होती है।

पश्चिमी प्रांत से एक व्यक्ति बिज़नेस करने न्यूयॉर्क आता था और मुझे फ़ोन करता था। उसका भावनात्मक घाव गहरा था। वह हमेशा निराश और आलोचनात्मक रहता था। वह दुख पर नकारात्मक प्रतिक्रिया कर रहा था। उसकी यह प्रतिक्रिया कई साल तक चली। फिर अचानक उसने मुझे दस पेज का पत्र लिखा। मैंने इसे पढ़ने से पहले कुछ समय तक अपनी टेबल पर ही रखा छोड़ दिया। फिर जब मैंने इसे पढ़ा, तो मैं हैरान रह गया। पत्र ख़ुशी और आशा से भरा

था। यह उस व्यक्ति की आशा का प्रमाण था, जिसने आख़िरकार ख़ुद के अच्छे स्वरूप को खोज लिया था और जो अब मुझे बता रहा था कि वह कितना ख़ुश है।

क्या हुआ था? इस व्यक्ति ने आख़िरकार निर्णय लिया कि अपने निराशाजनक नज़रिये के कारण वह ग़लत राह पर चल रहा था। उसने सकारात्मक सोच की तकनीकों का अध्ययन किया, उन पर "अमल करने की कोशिश की," और अपने दुख की समस्या को सुलझा लिया। उसने कहा, "मैंने कुछ तकनीकें विकसित कीं, जो आपकी पुस्तक से भिन्न थीं और उनसे मुझे बहुत अच्छे परिणाम मिले। शायद आप उन्हें दूसरों को बताना चाहेंगे।" और मुझे ऐसा करते हुए ख़ुशी हो रही है, क्योंकि ये विचार दमदार हैं। मैं इन विचारों को उसी रूप में आपके सामने रख रहा हूँ, जिस रूप में ये मुझे मिले थे।

इस व्यक्ति की "आस्था की पाँच सूत्रीय योजना" इस प्रकार है :

सबसे पहले मैं हर दिन पच्चीस बार प्रार्थना करता हूँ। हाँ, यह सच है! लेकिन ये प्रार्थनाएँ बड़ी नहीं, बल्कि छोटी-छोटी होती हैं। जब मैं पैदल चलता हूँ या कार चलाता हूँ या अपनी मेज़ पर काम करता हूँ, तब मैं बीच-बीच में प्रार्थना कर लेता हूँ। मैं गारंटी देता हूँ कि अगर कोई एक दिन में पच्चीस बार प्रार्थना करेगा, तो इससे उसके विचारों का चरित्र बदल जाएगा और अंततः उसकी ज़िंदगी भी बदल जाएगी। शायद बाइबल के "बिना रुके प्रार्थना" करने के सुझाव का यही मतलब है।

दूसरी बात, मैं बाइबल के अंशों को अपने दिमाग़ में भर लेता हूँ। मुझे अब तक बाइबल के दो सौ वाक्य याद हो चुके होंगे। मैं उन्हें बार-बार दोहराता हूँ और अपने अवचेतन मन में भर लेता हूँ।

तीसरी बात, मैं एक काग़ज़ पर अपनी पहचान के लोगों और परिस्थितियों के बारे में अच्छे विचार लिख लेता हूँ। यह इस पूरी प्रक्रिया का सबसे मुश्किल काम था, क्योंकि मेरे मन में बहुत से लोगों के प्रति द्वेष था और परिस्थितियों के बारे में मैं हमेशा नकारात्मक तथा निराशावादी था। बहरहाल, मैंने पाया है कि अगर आप लोगों के बारे में ओछे विचार सोचते हैं, तो इससे आप दुखी होते हैं। लोगों के बारे

में सुखद विचार सोचने से आप सुखी होते हैं। अगर आप यह सोचते हैं कि स्थिति ठीक हो जाएगी, तो इससे आप ज़्यादा सुखी भी होते हैं और इस तरह सोचने से अक्सर स्थिति ठीक भी हो जाती हैं।

चौथी बात, मैं हर दिन ईश्वर के प्रति प्रेम का इज़हार करता हूँ। ईश्वर के प्रति प्रेम की भावना बहुत मदद करती है। एक समय था, जब मैं इस बात को मूर्खतापूर्ण कहता, लेकिन अब नहीं। मैं ईश्वर के प्रति अपने प्रेम का जितना ज़्यादा इज़हार करता हूँ, मैं उतना ही ज़्यादा सुखी होता हूँ।

पाँचवीं बात, मैं हर तरह के पाप से दूर रहने की कोशिश करता हूँ। यह बहुत बड़ा काम है, लेकिन सिर्फ़ इसकी कोशिश करने से ही मुझे साफ़-सुथरी और सुखद भावना मिल जाती है।

मैंने इस व्यक्ति की योजना को कुछ लोगों पर आज़माकर देखा और जब लोगों ने सचमुच इस पर अमल किया, तो यह योजना सफल साबित हुई। मुझे विश्वास है कि यह आध्यात्मिक फ़ॉर्मूला किसी भी व्यक्ति के दुख का उपचार करने में काफ़ी मदद कर सकता है।

कौन ख़ुश रहना चाहता है? कौन मैडिसन एवेन्यू या किसी और सड़क पर सीटी बजाने जैसा अनुभव करना चाहता है? हर दिन पच्चीस बार प्रार्थना करें। अपने दिमाग़ को बाइबल के अंशों से भर लें। लोगों के बारे में अच्छे विचार सोचें। ईश्वर को बताएँ कि आप उससे प्रेम करते हैं। अपनी ज़िंदगी से पाप को बाहर निकाल दें। यह आसान नहीं है। इसके लिए आत्म-अनुशासन की ज़रूरत होती है। इसके लिए आपको आत्म-सुधार की ज़रूरत होती है। लेकिन दरअसल आपको दुखी रहने की कोई ज़रूरत नहीं है। सिर्फ़ अपने विचारों को सुधारने के लिए मेहनत करें। आध्यात्मिक जीवन को आज़माकर देखें। सचमुच आज़माकर देखें। इसके बाद आप यह जान जाएँगे कि ज़िंदगी बहुत सुखद होती है।

अध्याय 6

समृद्धि का अद्‌भुत नियम

ज़िंदगी में समृद्धि (abundance) का नियम काम करता है... आपके लिए भी।

समृद्धि एक अद्‌भुत शब्द है, जो मुझे पसंद है। यह पूर्ण और समृद्ध है। इस शब्द की जड़ लेटिन भाषा में है, जिसका अर्थ है "लहरों में उठना।" जब आप समृद्धि के बारे में सोचते हैं और इसके नियम का पालन करते हैं, तो आप अच्छी चीज़ों को प्रेरित करते हैं कि वे लहरों में उठकर आपकी तरफ़ आएँ।

कुछ समय पहले वॉशिंगटन, डी.सी. के एक युवक ने मुझे पत्र लिखा। एक साल पहले लॉयड नाम का यह युवक बहुत मुश्किल में था। उसका वैवाहिक जीवन टूटने की कगार पर था, वह बहुत शराब पी रहा था और वह किसी नौकरी में लंबे समय तक नहीं टिक पा रहा था। उसे हॉट शॉप्स रेस्तराँ चेन में विभिन्न पदों से सात बार नौकरी से निकाला गया था। निश्चित रूप से लॉयड यह नहीं कह सकता था कि अच्छी चीज़ें लहरों में उठकर उसकी तरफ़ आ रही थीं।

फिर लॉयड ने सुना कि सकारात्मक सोच से लोगों की ज़िंदगी पर अद्‌भुत प्रभाव पड़ता है। उसने द *पॉवर ऑफ़ पॉज़िटिव थिंकिंग* सहित कई पुस्तकों और लेखों का अध्ययन किया। उसने ठान लिया कि वह इनमें दी हुई तकनीकों को आज़माकर देखेगा। सबसे पहले तो उसे अपने अतीत से निबटना था। उसके रिकॉर्ड को देखते हुए उसे कौन नौकरी देगा? लेकिन यह नकारात्मक सोच थी। निश्चित रूप से वह

अतीत में असफल हो चुका था, लेकिन उसने सोचा कि यह ज़रूरी नहीं है कि उसका अतीत उसके भविष्य को भी तय करे।

द पॉवर ऑफ़ पॉज़िटिव थिंकिंग में उसने बाइबल के ये शक्तिशाली शब्द पढ़े थे, "पीछे की चीज़ों को भूलकर और आगे की चीज़ों की ओर बढ़कर मैं अपनी मंज़िल की तरफ़ क़दम बढ़ाता हूँ..." (फ़िलिप्पियन्स 3:13)।

लॉयड ने एक बार फिर हॉट शॉप्स में नौकरी का आवेदन दिया, जहाँ से उसे सात बार नौकरी से निकाला जा चुका था। लॉयड डरा हुआ तो था, लेकिन वह फ़िलिप्पियन्स के शब्दों को बार-बार दोहराते हुए सिर उठाकर पर्सनेल डायरेक्टर के ऑफ़िस में गया। मन में पैदा हुई नई आस्था के कारण उसमें यह कहने की हिम्मत आई कि वह दोबारा वहीं नौकरी करना चाहता है। और एक आश्चर्यजनक बात हुई। पर्सनेल डायरेक्टर ने कहा कि अगर कोई मैनेजर लॉयड को अपने पास रखने को तैयार होगा, तो उसे वहाँ दोबारा नौकरी मिल जाएगी। मुझे बाद में पता चला कि यह फ़र्म सकारात्मक आध्यात्मिक सिद्धांतों से शुरू हुई थी और आज भी उन पर चलती है।

लॉयड ने कहा, "मैं यह कहते हुए कृतज्ञ हूँ कि मुझे एक मैनेजर मिल गया, जिसे मेरे बुरे गुणों के साथ-साथ अच्छे गुण भी याद थे, इसलिए वह मुझे एक और मौक़ा देने को तैयार हो गया।" उसे ड्राइव-इन रेस्तराँ में वेटर का काम मिल गया। तत्काल लॉयड ने एक नई जीवनशैली अपना ली। उसने पत्र में लिखा :

> मैंने ईश्वर से और ख़ुद से दो बहुत आसान वायदे किए। मैंने पहले कभी ऐसे वायदे करने की हिम्मत नहीं की थी। इसका कारण यह है कि मैं किसी से भी किए गए वायदे को गंभीरता से लेता था और ईश्वर के साथ वायदा करना तो और भी गंभीर बात थी।
>
> सबसे पहले तो मैंने हर दिन बाइबल पढ़ने और प्रार्थना करने - सचमुच प्रार्थना करने - का संकल्प किया। दूसरी बात, मैंने दान देने का संकल्प किया। मैंने ईश्वर से यह वादा किया कि मैं अपनी आमदनी का दसवाँ हिस्सा दान में दूँगा, भले ही मेरी आमदनी ज़्यादा हो या कम। मैंने बाइबल के इस वायदे पर अमल करने का फ़ैसला

किया, "ईश्वर ने कहा, तुम लोग अपने दान को स्टोरहाउस में लाओ – और इसके द्वारा मेरे सामने यह साबित करो कि अगर मैं तुम्हारे लिए स्वर्ग की खिड़कियाँ नहीं खोलूँगा और तुम्हें आशीर्वाद नहीं दूँगा, तो तुम्हारे पास इसे रखने के लिए भी पर्याप्त जगह नहीं होगी।" (मैलेची 3:10)

मैं कोई संत नहीं हूँ और मुझमें बहुत से दोष हैं। लेकिन ज़िंदगी में पहली बार ईश्वर के साथ मेरा सुखद, शांत और कारगर संबंध बना है। कई बार ऐसा भी होता है कि रेस्तराँ में कोई टिप नहीं देता है, जिस वजह से मेरा ब्लड प्रेशर बढ़ने लगता है। ऐसी स्थिति में मैं बाइबल या आपकी पुस्तकों का कोई वाक्य याद कर लेता हूँ और अगले ग्राहक को ज़्यादा अच्छी सेवा देने की कोशिश करता हूँ।

अपनी नौकरी से घर आने के बाद आज सुबह मैं पिछले साल के बारे में विचार कर रहा था। अचानक मुझे यह एहसास हुआ कि एक साल पहले मैं जिन समस्याओं का सामना कर रहा था, अब वे ग़ायब हो चुकी थीं।

और फिर लॉयड ने एक अद्भुत वाक्य कहा। मैं इसे सकारात्मक सोच का बहुत ही रचनात्मक परिणाम मानता हूँ। याद रखें, इसे एक ऐसे युवक ने कहा है, जिसकी ज़िंदगी नए सिरे से शुरू हुई है।

मैंने कभी नहीं सोचा था कि मैं कभी दान दे सकता हूँ। लेकिन अब मैं दान देने के अलावा किसी चीज़ के बारे में नहीं सोच सकता हूँ!

कितना ज़बर्दस्त चिंतन है! वाक्य के अंत में विस्मयादिबोधक चिन्ह लॉयड का है। उसे लगा कि दुनिया के सामने इस नए विचार की शक्ति को व्यक्त करने के लिए उसे विस्मयादिबोधक चिन्ह लगाना ही चाहिए। जब वह दान देने लगा, तो उसने ब्रह्मांड के एक बहुत सशक्त आध्यात्मिक सिद्धांत पर अमल किया। उसने सफल जीवन के इस मूलभूत तथ्य को खोजा : ज़िंदगी की अच्छी चीज़ों को पाने के लिए पहले आपको देना होगा।

यही समृद्धि के नियम का रहस्य है।

मैं इस बात को दोहरा दूँ, क्योंकि इस वाक्य में जो विचार छुपा है,

वह सचमुच ज़िंदगी बदल सकता है। यह आपके जीवन को इतना पूर्ण, समृद्ध और संतुष्टिदायक बना सकता है, जिसकी आपने कल्पना भी नहीं की होगी।

ज़िंदगी में अच्छी चीज़ों को पाने के लिए आपको पहले देना होगा।

इस विचार को अपने मन में अच्छे से बिठा लें। इसे बार-बार दोहराएँ। इस पर तब तक विचार करते रहें, जब तक कि यह आपकी विचार प्रक्रिया का मूलभूत हिस्सा न बन जाए। ज़िंदगी में अच्छी चीज़ों को पाने के लिए आपको पहले देना होगा। मैं इस विचार को बेहद महत्वपूर्ण और कारगर मानता हूँ, क्योंकि यह किसी की भी स्थिति को बदल सकता है।

सार्थक जीवन का यह रचनात्मक नियम इन शब्दों में व्यक्त किया गया है : "जो अपनी ज़िंदगी पा लेता है, वह इसे खो देगा : और जो मेरी ख़ातिर अपनी ज़िंदगी खो देता है, वह इसे पा लेगा" (मैथ्यू 10:39)। और यह नियम एक बार फिर एक ऐसे वाक्य में बताया गया है, जिसे मैं व्यक्तिगत रूप से बाइबल के सबसे महत्वपूर्ण वाक्यों में से एक मानता हूँ, "मैं इसलिए आया हूँ, ताकि उन्हें जीवन मिल सके और प्रचुरता से मिल सके" (जॉन 10:10)।

ईश्वर की योजना में ग़रीब और पराजित जीवन के लिए कोई जगह नहीं है, क्योंकि उसने तो इस दुनिया में समृद्धि का अपार भंडार भर दिया है। उसने तो इस दुनिया को प्रचुरता और वरदानों से भर दिया है। सारी गड़बड़ी इंसान की है, जो सबको समृद्धि का आनंद नहीं लेने देता है। दैवी समृद्धि के नियमों में इंसान अज्ञानवश व्यक्तिगत और सामाजिक दोनों रूपों में हस्तक्षेप करता है। वह जैसे-तैसे इस धरती पर अपने दिन काटता है, जबकि उसके चारों तरफ़ न सिर्फ़ समृद्धि है, बल्कि बहुत प्रचुर मात्रा में है। यह सब इंसान को मिल सकता है, बशर्ते वह दान करे; विचार, धन, समय या किसी और रूप में मदद दे।

इस तकनीक पर अमल करने से जो परिणाम मिलते हैं, वे कई बार चमत्कारी लगते हैं। मेरे पास इसके कई उदाहरण हैं, लेकिन मैं नीचे दिया गया उदाहरण सिर्फ़ इसलिए चुन रहा हूँ, क्योंकि यह ज़मीन से जुड़ा है और हममें से ज़्यादातर लोगों के बारे में है। और यह एक

"भयानक" स्थिति के बारे में है। बहरहाल, हमें दरअसल किसी भी स्थिति को भयानक मानने की ज़रूरत नहीं है, क्योंकि हम हमेशा समृद्धि के नियम का लाभ ले सकते हैं।

फ़्लोरिडा में एक महिला रहती थी। जब वह इलिनॉय से यहाँ रहने आई, तो उसके पास पर्याप्त धन था। उसे लग रहा था कि उसका भविष्य सुरक्षित है। उसने लोकप्रिय शेयरों में अपने धन का निवेश किया था, जिससे उसे पर्याप्त आमदनी हो जाती थी।

जैसा बहुत से लोगों के साथ होता है, उसकी भी योजनाएँ गड़बड़ा गईं। रॉबर्ट बर्न्स ने कहा है, "चूहों और मनुष्यों की सर्वश्रेष्ठ ढंग से बनाई गई योजनाएँ भी गड़बड़ा जाती हैं तथा चाहे गए सुख के बजाय दुख और दर्द ही मिलता है।" और उनकी यह बात बहुत हद तक सच है।

निश्चित रूप से इस महिला के साथ यही हुआ, क्योंकि जब 1929 में शेयर मार्केट गिरा, तो उसकी सारी जमापूँजी चली गई। सौभाग्य से, उसके पास अपना ख़ुद का घर था, इसलिए उसके सिर पर छत तो थी, लेकिन उसकी आमदनी ख़त्म हो गई। ज़ाहिर है, इससे वह बहुत चिंतित हो गई।

उसने पेनसिल्वेनिया में रहने वाली अपनी बूढ़ी और बीमार आंटी को पत्र में लिखा, "मैं क्या करूँ? हालत इतनी ख़राब है कि मुझे खाने के भी लाले पड़ रहे हैं। मेरे पास खाने-पीने का सामान ख़रीदने तक के पैसे नहीं हैं। आपको शायद यक़ीन नहीं होगा, इस समय मेरे पास किचन में ब्रेड का आख़िरी पैकेट बचा है और साथ में कुछ *चीज़* भी है। बहरहाल, जब तक मुझे आपका जवाब मिलेगा, तब तक यह सामान भी ख़त्म हो जाएगा। मेरी हालत बहुत ख़राब है।"

जब बीमार आंटी को पत्र मिला, तो उन्होंने तत्काल लौटती डाक से जवाब भिजवा दिया। उनके पास पैसा नहीं था, लेकिन उन्होंने अपनी भतीजी को पैसे से भी ज़्यादा अच्छी चीज़ भेजी। यह अच्छी चीज़ थी प्रेरणा, समृद्धि का विचार, प्रचुरता की अवधारणा। उन्होंने उसे बुरी स्थिति से बाहर निकलने का फ़ॉर्मूला लिखकर भेजा था।

आंटी ने लिखा, "तुम्हारे साथ दिक़्क़त यह है कि तुम भूखे मरने के बारे में सोच रही हो, जबकि ईश्वर ने हर चीज़ प्रचुरता में दी है।

तुम देने के बजाय लेने के बारे में सोच रही हो, जबकि तुम्हारी स्थिति से उबरने का तरीक़ा है देना, देना, देना!"

आप कह सकते हैं कि इस तरह की सलाह आरामकुर्सी में बैठी कोई बूढ़ी आंटी ही दे सकती है, लेकिन दरअसल इस अयथार्थवादी दिखने वाली सलाह में एक गहन और पैना ज्ञान छिपा था।

जब आंटी का पत्र मिला, तब तक भतीजी पूरी तरह से फक्कड़ हो चुकी थी। उसके पास ब्रेड के बस दो स्लाइस बचे थे। आपको शायद याद न हो, लेकिन मुझे अच्छी तरह याद है कि तीस के दशक में मंदी के दौरान कितनी अविश्वसनीय स्थितियाँ उत्पन्न हुई थीं। इस तरह की स्थिति तब आम थी।

जब डाकिया आया, तो भतीजी ने इस आशा से लिफ़ाफ़ा खोला कि शायद आंटी ने उसे पैसे भिजवाए हों। बहरहाल, उसमें पैसे नहीं थे। भतीजी ने लिफ़ाफ़े को उलट-पलटकर, अंदर-बाहर सब तरफ़ देखा, लेकिन पैसे कहीं नहीं निकले। और फिर उसने पत्र पढ़ा।

पत्र में दी गई सलाह से वह इतनी चिढ़ गई कि उसने पत्र को उठाकर दूर फेंक दिया। और जैसे ही उसने ऐसा किया, किसी ने दरवाज़ा खटखटाया। इससे वह और चिढ़ गई। दरवाज़े पर एक बूढ़ा पड़ोसी खड़ा था, जो सड़क पर आगे की तरफ़ रहता था। उसने कहा कि इस तरह आने के लिए वह बहुत शर्मिंदा है, लेकिन क्या उसके पास खाने के लिए कुछ होगा। दिन भर काम की तलाश में व्यर्थ भटकने के बाद अब वह घर जा रहा था। उसकी पत्नी की तबियत ठीक नहीं थी, इसलिए उसे खिलाने के लिए कुछ भोजन चाहिए। उसने दुख भरे स्वर में कहा कि उसे यक़ीन नहीं हो रहा है कि उसकी हालत इतनी बुरी भी हो सकती थी।

आंटी के पत्र के शब्द उसके दिमाग़ में आ गए। "तुम्हारी स्थिति से उबरने का तरीक़ा है देना, देना, देना!" भावावेग में यह महिला किचन में गई और उसने ब्रेड की एक स्लाइस उठा ली। उसने अपने भोजन का आधा हिस्सा दान करने का संकल्प किया। वह लौटने लगी, लेकिन तभी वह ठहर गई। "तुम्हारी स्थिति से उबरने का तरीक़ा है देना, देना, देना!" उसने एक पल सोचा और फिर किचन में लौटकर आख़िरी स्लाइस भी

उठा ली। फिर उसने दोनों स्लाइस काग़ज़ में लपेटकर बूढ़े आदमी को दे दीं और क्षमा माँगी कि उसके पास देने के लिए इससे ज़्यादा कुछ नहीं है। कृतज्ञ बूढ़े आदमी को यह पता भी नहीं चला कि इस महिला ने उसे अपनी घर की पूरी खाद्य सामग्री दे दी थी।

इसके बाद की घटनाएँ आपको थोड़ी अकल्पनीय या अतिशयोक्तिपूर्ण लग सकती हैं। लेकिन मैं आपको यह विश्वास दिलाता हूँ कि लोगों के साथ इससे भी ज़्यादा रोमांचक घटनाएँ हर दिन हो रही हैं। इस महिला के घर का दरवाज़ा अभी बंद हुआ ही था कि तभी फिर से दरवाज़े पर दस्तक हुई। एक पड़ोसन वहाँ पर खड़ी थी और उसके हाथ में ओवन से बनी ताज़ी ब्रेड का पैकेट था। यही नहीं, इस महिला को अगले दिन 10 डॉलर का डिविडेन्ड चेक मिला, जिसकी उसे क़तई आशा नहीं थी। उसने यह रक़म भी दूसरों के साथ बाँट ली। कुछ दिनों बाद उसे 50 डॉलर का एक चेक मिला। उसके एक भाई ने उसे "विलंब से जन्मदिन का यह तोहफ़ा" भेजा था। उसने लिखा था, "मुझे हाल ही में यह लगा कि तुम्हारी स्थिति थोड़ी गड़बड़ हो सकती है।" इस पैसे को भी उसने दूसरों के साथ बाँट लिया, क्योंकि अब यह महिला उसी निष्कर्ष पर पहुँच चुकी थी, जिस पर लॉयड हॉट शॉप्स में बरसों बाद पहुँचने वाला था। अब वह लोगों को दान दिए बिना नहीं रह सकती थी।

समृद्धि का नियम इसी तरह काम करता है। यह आप पर अच्छी चीज़ों की बारिश करने को तैयार है। आपको तो बस समृद्धि के प्रवाह को प्रेरित करने की ज़रूरत है। और यह कुछ निश्चित प्रेरक तत्वों को विकसित करके किया जा सकता है। कुछ निश्चित नज़रिये और आदतें समृद्धि के प्रवाह को प्रारंभ करती हैं और उसे बनाए रखती हैं।

एक आदत तो यह है कि समृद्धि के विचारों पर सचेतन रूप से काम किया जाए। हर तरह की कमी या ग़रीबी के विचारों को अपने मस्तिष्क से निकालने का संकल्प करें। समृद्धि की अवधारणा का तब तक अभ्यास करें, जब तक कि यह आदत न बन जाए। अपनी ज़िंदगी को इस तरह देखें या इसका ऐसा चित्र बनाएँ, जैसे यह समृद्धि से भरी हो। यह कल्पना करें कि आपकी स्थिति बुरी नहीं, बल्कि अच्छी है।

यह कल्पना करें कि आप ग़रीब नहीं, बल्कि समृद्ध हैं। इसी तरह सोचने और काम करने में दूसरों की मदद करें, क्योंकि किसी को भी तब तक स्थायी समृद्धि नहीं मिल सकती, जब तक कि वह उसे कई लोगों में न बाँट दे। जब अपनी समृद्धि का आनंद दूसरों के साथ मिलकर लिया जाता है, तो इससे हर एक की समृद्धि का स्तर ऊपर उठ जाता है।

यहाँ मैं एक और महत्वपूर्ण सच्चाई बताना चाहूँगा। जो लोग समृद्धि के नियम, सही चिंतन, सही कर्म और दूसरों की सेवा के सिद्धांत पर अमल करते हैं, वे मूल्यों के प्रवाह को गति देते हैं। कई बार तो दूसरे लोग ग़लत चिंतन के द्वारा ईश्वर के एक महान नियम यानी अर्थशास्त्र के नियम के सुचारु संचालन में बाधा डालते हैं। इसके बावजूद समृद्धि के नियम का पालन करने वाले लोग ईश्वर के सुंदर संसार की व्यापक समृद्धि का लाभ उठाने में समर्थ होते हैं।

कैथरीन थ्रोअर ने बिज़नेसमैनों की एक स्टडी क्लास के विद्यार्थियों के बारे में बताया है, जो चार्ल्स फ़िलमोर की पुस्तक *प्रॉस्पेरिटी* के सिद्धांतों के अनुरूप काम कर रहे थे। बिज़नेस में मंदी का दौर चल रहा था। हर विद्यार्थी से कहा गया कि वह "अपनी स्थिति में सच्चाई के जीवंत शब्द डाल दे" और यह विश्वास करे कि मंदी के बावज़ूद वह अपने काम में तरक्की करेगा। उस शहर में अभावों का हल्ला मचा हुआ था और लोगों की मानसिकता समृद्धि की नहीं, बल्कि अभाव की थी। हर क्लास का सत्र नीचे दिए गए कथन से शुरू होता था :

> मैं एक प्रेमपूर्ण पिता की समृद्ध संतान हूँ। जो कुछ पिता के पास है, वह सब मेरा है। दैवी प्रज्ञा अब मुझे दिखा रही है कि ईश्वर ने दौलत, सेहत और सुख के जो वरदान दिए हैं, उन पर मैं कैसे दावा कर सकता हूँ। दैवी विरासत में मुझे जो भी मिला है, वह अब मेरे पास बहुत ज़्यादा मात्रा में आ रहा है।

हर विद्यार्थी से यह अपेक्षा थी कि वह अपने ऑफ़िस, बिज़नेस या घर के माहौल में सकारात्मक सोच का इस्तेमाल करेगा। उसे "अभाव" के बजाय "समृद्धि" के बारे में सोचने पर ऊर्जा केंद्रित करना थी और इस तरह अपने चारों तरफ़ फैली नकारात्मकता को परास्त करना था।

इन बिज़नेसमैनों ने समृद्धि के नियम के आसान सिद्धांतों का अध्ययन किया, उन्हें सीखा और उन पर अमल किया। उन्होंने रचनात्मक तरीक़े से सोचा, एक-दूसरे की मदद की, ईश्वर तथा इंसानों के साथ बाँटा, रचनात्मक तरीक़े से काम किया और इस तरह सकारात्मक विचारों की प्रबल शक्ति उत्पन्न की, जबकि हर व्यक्ति निराशाजनक पराजयवाद की बातें कर रहा था।

परिणाम नज़र आने लगे। दो सेक्रेटरी अपनी कंपनियों के लिए इतनी मूल्यवान बन गईं कि उनके मालिकों ने ऐसे दौर में उनकी तनख़्वाहें बढ़ाईं, जब ज़्यादातर लोगों की तनख़्वाहें कम हो रही थीं। एक वकील अपने ग्राहकों के लिए इतना मददगार साबित हुआ कि उसकी आमदनी तेज़ी से बढ़ गई। आम तौर पर स्टीम कंपनियाँ मंदी से ख़ास तौर पर प्रभावित होती हैं, लेकिन एक स्टीम कंपनी के मालिक को अप्रत्याशित रूप से बहुत से बड़े ऑर्डर मिल गए। समृद्धि की एक विद्यार्थी एक डिपार्टमेंटल स्टोर में सेल्सगर्ल थी। समृद्धि के सिद्धांतों को अपनाने का परिणाम यह हुआ कि उसने नकारात्मक विचारों से भरे इस स्टोर में इतना ज़्यादा सामान बेचा कि वह एकमात्र ऐसी क्लर्क थी, जिसे अपने लक्ष्य से ज़्यादा सामान बेचने के लिए कमीशन मिला।

ऊपर बताए गए अनुभवों में सकारात्मक सोच ने नए और रचनात्मक विचारों को प्रेरित किया। समृद्धि आपके विचारों में शुरू होती है। समृद्धि समस्याओं से संबंधित नए ज्ञान और अंतर्दृष्टि के रूप में शुरू होती है। इससे बेहतर परिणाम मिलते हैं। आपको संपूर्ण जीवन जीने के लिए जिन जीवनमूल्यों की ज़रूरत है, वे सब आपके मस्तिष्क की गहराई में मौज़ूद हैं। बाइबल हमसे कहती है, "ईश्वर का साम्राज्य तुम्हारे भीतर है।" कितना बड़ा वादा है! ज़रा सोचें। ईश्वर के महान साम्राज्य की समूची समृद्धि आपके मस्तिष्क में मौज़ूद है। आपको तो सिर्फ़ उसे बाहर निकालकर समृद्धि में बदलने का तरीक़ा सीखना है। और समृद्धि का अर्थ है हर अच्छी चीज़ : सेहत, कल्याण, धन, उपयोगिता - जीवन का हर रचनात्मक मूल्य।

सेंट जोसफ़, मिसूरी में रहने वाले मेरे एक मित्र ने मुझे हाल ही में दिखाया कि सही सोच समृद्धि को किस तरह प्रेरित कर सकता है। इस

मित्र का नाम जैक स्प्रैट है। उसका पहला नाम दरअसल "जैक" नहीं, बल्कि इलियट है, लेकिन अगर स्प्रैट आख़िरी नाम हो, तो व्यक्ति जैक नाम के प्रलोभन से बच नहीं सकता है। और वह सकारात्मक सोच के अद्भुत परिणामों का जीता-जागता उदाहरण है।

एक दिन जब मैं मिस्टर स्प्रैट से मिलने गया, तो हम समृद्धि के नियम के बारे में बातें करने लगे। मिस्टर स्प्रैट ने कहा, "यह अद्भुत है कि चिंतन के एक छोटे परिवर्तन से इंसान का पूरा कैरियर प्रभावित हो सकता है।" और फिर उन्होंने मुझे बताया कि जब उनके किसी सेल्समैन की बिक्री कम हो जाती है, तो वे उसे अपने ऑफ़िस में बुलाते हैं।

वे कहते हैं, "जिम, मैं चाहता हूँ कि तुम मुझे अपनी ऑर्डर बुक दे दो। मैं इसे तुमसे ले रहा हूँ।"

इससे सेल्समैन बुरी तरह डर जाता है। उसे लगता है कि मिस्टर स्प्रैट उसे निकाल रहे हैं। लेकिन वे ऐसा नहीं करते हैं। दरअसल वे तो उसकी बैटरी को दोबारा रिचार्ज कर रहे हैं। वे ऑर्डर बुक ले लेते हैं, लेकिन वे सेल्समैन को ख़ुद को खोजने का अवसर देते हैं, ताकि समृद्धि का प्रवाह फिर से शुरू हो जाए।

मिस्टर स्प्रैट कहते हैं, "जिम, मैं चाहता हूँ कि तुम जाकर अपने ग्राहकों से मिलो।"

जिम जवाब देता है, "लेकिन आपने मेरी ऑर्डर बुक तो ले ली है।"

मिस्टर स्प्रैट कहते हैं, "मैंने ऐसा इसलिए किया, क्योंकि मैं यह नहीं चाहता हूँ कि तुम एक भी ऑर्डर लो। एक भी ऑर्डर लेने की कोशिश मत करना। तुम सेल्समैनशिप के एक नए अभियान पर जा रहे हो। तुम समृद्धि के नियम का पूरी तरह पालन करने जा रहे हो।"

"आप कर क्या रहे हैं? वैसे ही मुझे पर्याप्त ऑर्डर नहीं मिल रहे हैं और अब आप चाहते हैं कि मैं एक भी ऑर्डर न लूँ।"

और फिर मिस्टर स्प्रैट कहते थे, "तुम्हारे साथ दिक़्क़त यह है जिम कि तुम कंजूसी कर रहे हो, जबकि तुम्हें खुलकर दूसरों की मदद करना चाहिए। अब मैं चाहता हूँ कि तुम ऐसा करो। ग्राहकों के पास हमेशा जिस तरह जाते हो, उसी तरह जाओ। लेकिन इस बार सिर्फ़ एक

सप्ताह के लिए मैं यह चाहता हूँ कि तुम अपने ग्राहकों से लेने के बजाय उन्हें देने पर ध्यान केंद्रित करो। मेरा मतलब है, इस सप्ताह हर दिन कम से कम एक ग्राहक के लिए कोई अच्छा काम करो। उन्हें सचमुच जिस चीज़ की ज़रूरत हो, वह उन्हें दो, जैसे साहस, आस्था, आशा। उन्हें मित्रता दो। उनके बारे में ग्राहकों की तरह नहीं, बल्कि लोगों की तरह सोचो। एक सप्ताह तक ऐसा करने के बाद लौटकर मुझसे मिलो।"

मिस्टर स्प्रैट ने मुझे बताया कि आम तौर पर सप्ताह ख़त्म होने पर सेल्समैन बिलकुल बदल जाता है। उसकी आवाज़ में एक नया उत्साह झलकने लगता है और ग्राहकों के साथ उसके संबंधों में एक तरह का रोमांच नज़र आने लगता है। और फिर, ज़्यादातर मामलों में, उसके सेल्स रिकॉर्ड में चमत्कारी परिवर्तन होता है। ऑर्डर की नदियाँ बहने लगती हैं। और ऐसा कृतज्ञता की वजह से नहीं होता है। दरअसल लेने वाले नज़रिये के बजाय देने वाले नज़रिये पर पहुँचने के कारण सारी बाधाएँ दूर हो जाती हैं और उसके रचनात्मक गुण बाहर आ जाते हैं।

मिस्टर स्प्रैट कहते हैं, "ज़ाहिर है, मुख्य विचार है मदद करना या दान देना, जिसमें आपके धन और समय का दान शामिल है। ऐसा करने पर आपमें, आपकी नौकरी में, आपके पारिवारिक जीवन में, हर क्षेत्र में चमत्कारी चीज़ें होने लगती हैं। मैंने इसे सैकड़ों बार होते देखा है। आप जितना ज़्यादा बचाने की कोशिश करेंगे, आपके पास उतना ही कम रहेगा और आप जितना ज़्यादा देने की कोशिश करेंगे, आपके पास देने के लिए उतना ही ज़्यादा रहेगा।"

दान दें, अपने पास की चीज़ों को बाँटें, दूसरों को सहयोग दें। यह बहुत ही शक्तिशाली विचार है और यह समृद्धि के प्रवाह को प्रेरित करता है, भले ही आप कुछ भी चाहते हों - भौतिक वस्तुएँ, विचार या सुख। दान देने का मतलब है लोगों तथा ईश्वर को कुछ देना, अपने साथी इंसानों के लिए कुछ करना और इस दुनिया में ईश्वर के काम में हाथ बँटाना। जब आप विनम्रता और ईमानदारी से यह काम करते हैं, तो आपके पास अच्छी चीज़ें आने लगेंगी। इसे आज़माकर देख लें। आपको ख़ुद ही परिणाम दिख जाएँगे।

एक बार मुझे एक युवा माँ का पत्र मिला, जिसकी शिकायत थी कि उसकी ज़िंदगी की हालत बहुत ख़राब है।

> कुकिंग, प्रेस और झाड़ू का सारा काम यहाँ कौन करता है? मैं।
>
> जब बाक़ी लोग मज़े करते हैं, तो बर्तन कौन माँजता है? मैं।
>
> मैं बहुत दुखी हूँ और मुझे यह कहने में बिल्कुल भी संकोच नहीं होता है। इस घर में प्रेम नहीं है, डॉ. पील, इस घर में तो एक नौकरानी दिन-रात काम में जुटी रहती है। और वह नौकरानी मैं हूँ। और मुझे इसके बदले में क्या मिलता है? कुछ नहीं! उलटे मेरे सिर पर काम का और बोझ लाद दिया जाता है।

मैंने इस महिला के पत्र का जवाब दिया। उसमें मैंने लिखा कि मुझे अफ़सोस है कि अपने घर के बारे में उसकी ऐसी भावनाएँ हैं। जब कोई महिला पत्नी-माँ-गृहिणी की अपनी ज़िम्मेदारी को पसंद न करे, तो यह बहुत दुखद होता है। स्पष्ट रूप से उसके सोचने का तरीक़ा आत्म-केंद्रित है, जिस वजह से वह अपने परिवार के प्रेम को महसूस नहीं कर रही है और उसका आनंद नहीं ले पा रही है। वह अपने परिवार के प्रेम को ख़ुद ही रोक रही है। ऐसा करके वह ख़ुद को थका रही है और चिड़चिड़ी होती जा रही है।

मैंने इस महिला को सुझाव दिया कि वह एक नई फ़िलॉसफ़ी को अपनाकर देखे और फिर बताए कि क्या होता है। मैंने सुझाव दिया कि दूसरों के प्रेम और प्रशंसा का इंतज़ार करने के बजाय उसे दूसरों को प्रेम और प्रशंसा देना चाहिए, ताकि ये स्वस्थ भावनाएँ प्रवाहित हो सकें।

मैंने कहा, "जब आप खाना बनाती हैं, तो आप उसमें मसाले डालती हैं। आप सब्ज़ी बनाते समय नमक और मिर्च-मसालों का इस्तेमाल करती हैं। आप अपने घरेलू जीवन में मसाले क्यों नहीं डालती हैं? एक महीने तक सब्ज़ी बनाते समय आप उसमें एक बड़ा चम्मच भरकर प्रेम डाल दें। बाक़ी मसाले मिलाते समय ये शब्द सोचें, हो सके तो उन्हें ज़ोर से भी कहें : 'अब मैं प्रेम मिला रही हूँ। इससे खाने का स्वाद बढ़ जाएगा।' साफ़-सफ़ाई के बारे में भी यही करें। अपने पुराने, आहत विचारों को साफ़ कर दें और प्रेम के बारे में सोचें। जब आप

अपने परिवार के कपड़ों पर प्रेस करें, तो मन में प्रशंसा के विचार रखें। लेकिन महत्वपूर्ण बात यह है : किसी दूसरे के शुरू करने का इंतज़ार न करें। प्रेम के प्रवाह को आप ख़ुद शुरू करें और फिर दोबारा पत्र लिखकर मुझे बताएँ कि स्थिति कैसी है।"

मुझे इस प्रयोग का परिणाम जानने के लिए ज़्यादा समय तक इंतज़ार नहीं करना पड़ा। तीन सप्ताह बाद ही मुझे इस महिला का पत्र मिला, जिसमें यह लिखा था :

> मुझे यह स्वीकार करना पड़ेगा डॉ. पील कि शुरू में तो मुझे आपके विचार थोड़े अतिशयोक्तिपूर्ण लगे थे। कल्पना कीजिए कि सब्ज़ी में एक बड़ा चम्मच भरकर प्रेम मिलाया जाए, नकारात्मक विचारों को साफ़ किया जाए और प्रशंसा के साथ कपड़ों पर प्रेस की जाए! लेकिन सच कहूँ तो स्थिति इतनी ख़राब थी और मैं इतनी दुखी थी कि मैंने आपके अजीबोगरीब लगने वाले विचारों को आज़माने का फ़ैसला किया। मैं बस इतना ही कह सकती हूँ कि उनसे मुझे अद्भुत परिणाम मिले हैं!
>
> उदाहरण के लिए, पहली ही रात को मेरे पति ने मेरे भोजन की तारीफ़ की। काफ़ी समय बाद उन्होंने पहली बार तारीफ़ की थी और आप जानते हैं उन्होंने क्या कहा? "आख़िर इसमें कौन सी रहस्यमयी चीज़ डाली है? खाना सचमुच बहुत स्वादिष्ट बना है!"
>
> मैंने जवाब में कहा कि यह एक रहस्य था, लेकिन मेरे पास और भी रहस्य थे। और घर की बाक़ी चीज़ों के मामले में भी यही हुआ। हमेशा प्रशंसा नहीं मिली। कई बार तो प्रशंसा भरी निगाहों से मुझे देखा और कई बार तो मेरी मदद भी की। चाहे जो हो, अब मुझे अपने सामने एक बिलकुल नया संसार दिख रहा है।

ये समृद्धि के नियम के कुछ प्रेरक प्रसंग हैं। इन सबमें एक बात समान है। हर मामले में समृद्धि तब प्रवाहित हुई, जब किसी व्यक्ति ने अपने डर को छोड़कर पहल करने की हिम्मत की। समृद्धि का प्रवाह तब शुरू हुआ, जब उसने विश्वास किया कि उसे अच्छी चीज़ें मिलेंगी और फिर अपने विश्वास के अनुरूप चलते हुए उसने दान दिया। यह सच है कि नकारात्मक विचार की तरफ़ नकारात्मक विचार आकर्षित

होंगे और सकारात्मक विचार की तरफ़ सकारात्मक विचार। अगर आप दुखी, ग़रीब और छोटे विचारों के आधार पर जीते हैं, तो आप इसी नज़रिये वाले विचारों को आकर्षित करेंगे। लेकिन अगर आप अपने फटेहाल विचारों से छुटकारा पाकर उनकी जगह पर ताज़े, स्वस्थ, समृद्ध विचार भर लेते हैं, तो आप इसी तरह के विचारों को अपनी ओर आकर्षित करेंगे।

वस्तुओं या धन-संपत्ति को पाने की प्रार्थना करने से समृद्धि नहीं मिलती है। इसके बजाय ज्ञान और विचारों को पाने की प्रार्थना करें। इनकी मदद से आप अपने जीवन को समृद्ध बना सकते हैं।

दरअसल सब कुछ मस्तिष्क में होता है। रचनात्मक उपलब्धि मस्तिष्क में होती है। समृद्धि आपके भीतर है। अगर आप सिर्फ़ सोच सकें - नए विचार *सोच सकें* - तो आप अच्छी चीज़ों तक पहुँचने का रास्ता *सोच सकते हैं*।

इस बात की कोई संभावना नहीं है कि समृद्धि कभी "संकीर्ण सोच" वाले व्यक्ति के पास आएगी। इस वाक्यांश का इस्तेमाल अक्सर महान वैज्ञानिक चार्ल्स एफ़. "बॉस" केटरिंग करते थे, जिन्होंने ऑटोमैटिक सेल्फ़-स्टार्टर का आविष्कार किया था।

वे कहते थे कि कुछ लोग मानसिक चक्रव्यूह में फँस जाते हैं और वहीं बने रहते हैं। सफल लोगों की तरह ही उनमें भी क्षमताएँ होती हैं, लेकिन वे सवाल नहीं पूछते हैं, सोचते नहीं हैं या फिर नकारात्मक सोच में ही डूबे रहते हैं। वे अपनी असफलताओं का बचाव भी करते हैं और कई बार तो वे इसे ईश्वर की इच्छा भी कहते हैं। बहुत बीमार और बहुत वृद्ध व्यक्तियों को छोड़ दिया जाए, तो शायद हर व्यक्ति इस समृद्ध ब्रह्मांड में समृद्धि तक पहुँचने का रास्ता सोच सकता है। दरअसल मैं ऐसे बहुत से लोगों के उदाहरण दे सकता हूँ, जो बिस्तर पर पड़े रहने के बावज़ूद महत्वपूर्ण काम करते रहे, यहाँ तक कि बिज़नेस भी चलाते रहे।

केटरिंग के अनुसार नकारात्मक या संकीर्ण सोच वाला चिंतक समृद्धि के दरवाज़े को बंद कर देता है, जबकि सकारात्मक चिंतक इसे पूरा खोल देता है। ऑटोमोबाइल उद्योग के अपने शुरुआती अनुभव

सुनाते समय उन्होंने यह प्रसंग बताया।

कारों के शुरुआती दिनों में हम उन पर पियानो की तरह वार्निश करते थे। सस्ती कारों पर यह काम करने में सत्रह दिन लगते थे, जबकि महँगी कारों पर यह काम करने में पैंतीस दिन लगते थे। एक दिन मैंने अपने पेंट विशेषज्ञों को बुलाकर पूछा कि क्या हम इसमें लगने वाले समय को कम कर सकते हैं। उन्होंने कहा कि शायद इसमें दो दिन कम किए जा सकते हैं।

मैंने पूछा, "आप एक कार को एक घंटे में पेंट क्यों नहीं कर सकते ?"

उनका जवाब था, "इतनी जल्दी पेंट नहीं सूखेगा।"

यह विशेषज्ञों की सर्वश्रेष्ठ सलाह थी, इसलिए अपने सवाल को दिमाग़ में रखकर मैं जवाब की तलाश करने लगा। एक दिन मैंने न्यूयॉर्क में फ़िफ़्थ एवेन्यू में एक ज्वेलरी स्टोर में लेकर्ड पिन ट्रे देखी। मैंने एक पिन 11.5 डॉलर में ख़रीद ली। दुकानदार ने मुझे बताया कि उसने यह ट्रे न्यू जर्सी की एक छोटी सी प्रयोगशाला से ख़रीदी थी। मैं तत्काल न्यू जर्सी पहुँच गया।

जब मैंने *लेकर* का एक क्वार्ट माँगा, तो वह आदमी चौंक गया। उसने कभी एक क्वार्ट *लेकर* नहीं बनाया था। जब मैंने उससे कहा कि मैं कार पर पेंट करने के लिए इसका इस्तेमाल करना चाहता था, तो उसने अपना सिर हिलाते हुए कहा, "यह आपके काम नहीं आ सकता। जब आप इसे स्प्रे गन में भरेंगे, तो बाहर निकलने से पहले ही यह सूख जाएगा।"

"क्या आप सूखने की प्रक्रिया को थोड़ा धीमा नहीं कर सकते ?"

"नहीं, यह असंभव है!"

ज़ाहिर है, यह असंभव नहीं था। एक सवाल से दूसरे सवाल तक और फिर तीसरे सवाल तक सिलसिला बढ़ता गया। आख़िरकार, एक पेंट निर्माता के क़रीबी सहयोग से हमने एक ऐसा *लेकर* बना लिया, जिसे स्प्रे करके कुछ ही घंटों में कार पर पेंट किया जा सकता था। संकीर्ण चिंतन से हम वहीं पर बने रहते और घोड़ागाड़ी से आगे नहीं बढ़ पाए होते।

फिर जब हमने कार में सबसे पहले सेल्फ़-स्टार्टर लगाया, तो अमेरिकन इंस्टीट्यूट ऑफ़ इलेक्ट्रिकल इंजीनियर्स के साथ डेट्रॉइट एडिसन के लोगों की एक विशेष मीटिंग हुई। वे चाहते थे कि मैं सेल्फ़-स्टार्टर की अवधारणा को स्पष्ट करूँ। जब मैं इसे स्पष्ट करने लगा, तो बीच में ही एक गरिमामय दिखने वाले सज्जन ने हस्तक्षेप किया।

उन्होंने कहा, "मेरा सुझाव यह है कि यह बैठक ख़त्म कर दी जाए। इस आदमी को यह पता ही नहीं है कि यह क्या बोल रहा है। इसने इलेक्ट्रिकल इंजीनियरिंग के हर मूलभूत नियम की अवहेलना की है!"

वह संकीर्ण सोच का शिकार था!

तो समृद्धि को प्रेरित करने का तरीक़ा यह है : *सोचें।* सचमुच सोचें कि क्या स्थिति को बेहतर बनाने का कोई रास्ता है। और अगर आप अपने मन में इसे सोच सकते हैं, तो आप इसे हक़ीक़त में भी बदल सकते हैं। विश्वास करें, प्रार्थना करें, सोचें, दान दें – ये समृद्धि के रथ के चार घोड़े हैं। संकीर्ण चिंतक न बनें!

हाँगकाँग में मैं एक बहुत ही उल्लेखनीय व्यक्ति से मिला। मिस्टर चाऊ साम्यवादी चीन से आए शरणार्थी थे। वे चीन के समृद्ध व्यापारी थे, लेकिन वे स्वतंत्रता से इतना प्रेम करते थे कि वे अपने परिवार सहित साम्यवादी चीन से बिना कुछ लिए हाँगकाँग आ गए। उनके पास साहस, आस्था और प्रेम के सिवाय कुछ नहीं था। उनके पास सकारात्मक सोच के सिवाय कुछ नहीं था। वे जानते थे कि भौतिक समृद्धि का जीवन कैसा होता है, लेकिन हाँगकाँग में उन्होंने यह भी जाना कि बहुत ग़रीबी में कैसे जिया जाता है। सच तो यह है कि वे बहुत ही ज़्यादा ग़रीब थे।

उनके पास न तो धन था, न ही आमदनी का कोई साधन था। उन्होंने पैकिंग बॉक्स और बरलैप बैग के सहारे एक झोंपड़ी बनाई। अपनी झोंपड़ी के सामने वे आग जलाकर खाना बनाते थे। मिस्टर चाऊ कुछ सप्ताह तक हाँगकाँग में इसी तरह रहे। फिर उन्हें एक छोटा सा काम मिल गया। इसके बदले में उन्हें दस हाँगकाँग डॉलर यानी लगभग

1.6 अमेरिकी डॉलर का वेतन मिलता था!

और उल्लेखनीय बात यह है कि इसके बावज़ूद मिस्टर चाऊ कटु या द्वेषपूर्ण नहीं थे। उन्होंने अपनी स्थिति को सुधारने की हरसंभव कोशिश की, लेकिन जब उनकी कोशिशें नाकाम रहीं, तो भी वे निराश नहीं हुए। वे जानते थे कि मानसिक गियर कैसे बदले जाते हैं और संकटों के बावज़ूद समृद्ध मानसिकता कैसे रखी जाती है। उन्होंने वेस्ली ग्राम की मेथोडिस्ट हाउसिंग प्रोजेक्ट में अपने परिवार के रहने के लिए मकान की व्यवस्था करने की कोशिश की। मिस्टर चाऊ मेथोडिस्ट थे और वेस्ली ग्राम ख़ास तौर पर शरणार्थियों के रहने के लिए ही बनाया गया था। एक पहाड़ी पर दो कमरों के साफ़, गर्म और आकर्षक मकान बने थे, लेकिन उनका किराया 50 सेंट प्रति दिन था (अमेरिका के 8 सेंट)। यह मिस्टर चाऊ के लिए बहुत ज़्यादा था, इसलिए उनका सपना पूरा नहीं हो पाया।

बहरहाल, जब मिस्टर चाऊ के मित्र और पड़ोसी वहाँ रहने आते थे, तो उन्हें अपने भारी सामान को वेस्ली ग्राम की पहाड़ी पर चढ़ाने में दिक्क़त होती थी। उस समय मिस्टर चाऊ उनकी मदद करने में सबसे आगे रहते थे। वे सबसे भारी संदूक उठाते थे। वे हँसते और गुनगुनाते हुए उन सौभाग्यशाली लोगों का सामान अंदर ले जाते थे। वे उनकी ख़ुशी देखकर ख़ुश होते थे। वे बूढ़ी दादियों और बहुत छोटे बच्चों की मदद करते थे। वे भी अपने परिवार के साथ वहाँ रहना चाहते थे, लेकिन चूँकि वे ऐसा नहीं कर पा रहे थे, इसलिए वे सौभाग्यशाली लोगों की ख़ुशी को देखकर ख़ुश हुए। मिस्टर चाऊ जानते थे कि समृद्ध मानसिकता से कैसे सोचा जाता है। वे ईसा मसीह के सच्चे समर्थक थे, जिन्होंने वायदा किया है : "मैं इसलिए आया हूँ ताकि तुम्हें जीवन मिल सके, और प्रचुरता से मिल सके" (जॉन 10:10)।

मेरे हिसाब से इस कहानी का अद्भुत संदेश यह है कि ग़रीबी के बावज़ूद मिस्टर चाऊ बहुत सुखी और निस्वार्थ थे, उनमें सद्भावना और ख़ुशी थी। इस तरह के व्यक्तित्व में ऐसा कुछ होता है, जो दूसरों की सद्भावना को प्रेरित करता है। आपको मिस्टर चाऊ का ख़ुशनुमा चेहरा देखना चाहिए - उनकी तरफ़ देखकर ही आपका दिल ख़ुश हो जाता है।

कुछ समय बाद किसी ने मिस्टर चाऊ को ऐसा काम दिलवा दिया, जिससे उन्हें 35 हाँगकाँग डॉलर मिलने लगे। उनकी तनख़्वाह तीन गुना से भी ज़्यादा बढ़ गई थी। समृद्धि का नियम काम कर रहा था। और उसके कुछ समय बाद ही वेस्ली कॉटेज समुदाय में एक जगह ख़ाली हुई। क्या इसमें कोई हैरानी की बात है कि मिस्टर चाऊ और उनके परिवार को वहाँ रहने के लिए आमंत्रित किया गया? यह चीनी व्यक्ति मुझे एक सच्ची महान आत्मा के रूप में हमेशा याद रहेगा।

उनके अनुभव से यह साफ़ नज़र आता है कि समृद्धि का नियम सबसे एकाकी और मुश्किल परिस्थितियों में भी काम करता है। यह ऐसी शक्तियों को प्रेरित करता है, जिनके परिणामस्वरूप परिस्थितियाँ आश्चर्यजनक रूप से बदल जाती हैं। और शायद इससे भी ज़्यादा महत्वपूर्ण यह है कि इससे परिस्थितियों के प्रति सकारात्मक नज़रिया बनता है। मिस्टर चाऊ ने खुलकर दिया (उस समय दिया, जब बहुत से लोग यह कह सकते थे कि उनके पास देने के लिए कुछ नहीं है), इसलिए उन्हें प्रचुरता से मिला। चिंतन और जीवन के इस नियम पर चलकर इंसान मुश्किल से मुश्किल परिस्थितियों में भी रचनात्मक काम कर सकता है।

जब आप समृद्धि के नियम का पालन करते हैं, तो ज़िंदगी की अच्छी चीज़ें लहरों में उठकर आपकी तरफ़ आती हैं। आप इतनी भावनात्मक तथा शारीरिक (शायद भौतिक भी) संपत्ति प्राप्त करेंगे, जो आपके वर्तमान सपनों से ज़्यादा होगी। अगर आज आप समृद्ध जीवन नहीं जी रहे हैं, तो इस अध्याय की समीक्षा करें और समृद्धि के किसी एक प्रेरक तत्व को चुनें, जो आपकी परिस्थिति पर लागू होता है। इस पर पूरी तरह अमल करें। इसके साथ जिएँ, इस पर विश्वास करें, इसे अपनी अवचेतन विचार प्रक्रिया का हिस्सा बनाएँ। जब आप बिना कोशिश किए ही ऐसा करने लगें, तो समझ लें कि काम हो गया है। मुझे विश्वास है कि छह महीने बाद आपकी ज़िंदगी में इतनी समृद्धि आ जाएगी, जिसकी कोई सीमा नहीं होगी।

अध्याय 7

अपने डर का सामना कैसे करें

आप अपने डर का सामना कर सकते हैं। आप उस पर विजय पा सकते हैं। ऐसा करने के लिए बस आस्था विकसित करें, जैसा इस युवा नौसैनिक अफ़सर ने किया था।

उसने मुझे अपनी इस विजय के बारे में उसी तथ्यात्मक तरीक़े से लिखा, जैसे वह किसी दुश्मन के साथ युद्ध का ज़िक्र कर रहा हो।

मैं इस जहाज़ का कमांडिंग ऑफ़िसर हूँ। यह एक ऐसा काम है, जिसमें आनंद भी बहुत है और ज़िम्मेदारी भी। किसी भी युवा अफ़सर के लिए यह बहुत ही बढ़िया काम है और मैं इस अवसर के लिए कृतज्ञ हूँ।

मेरी समस्याएँ असफलता के डर, चिंता की आदत और आत्मविश्वास की कमी से उत्पन्न हुई हैं। मैं जानता हूँ कि ये बहुत बड़ी कमज़ोरियाँ हैं। मैंने इन कमज़ोरियों से उबरने या इन्हें दूर करने के जितने भी तरीक़े आज़माए, उनमें से सिर्फ़ एक ही सफल हुआ है और वह है आस्था।

मैं आपका कृतज्ञ हूँ, क्योंकि आपने ही मुझे आसान व्यावहारिक तरीक़े से और सबसे बढ़कर विश्वसनीय तरीक़े से ईश्वर पर निर्भरता की शक्ति को बताया है। मैं अतीत में संदेहवादी था, लेकिन आपने यह साबित कर दिया कि इस बारे में संदेह की कोई संभावना ही नहीं है। आपसे मुझे जो शक्ति मिली, उसने मेरी ज़िंदगी को समृद्ध कर दिया है और मुझे उस सुख से परिचित करवाया है, जिससे

मैं अब तक अनजान था।

डर की वजह से आपका कितना समय बर्बाद होता है, आपकी कितनी ऊर्जा ख़र्च होती है?

बिलकुल भी नहीं? आख़िरी बार आपने कब लकड़ी को छूकर कहा था या आप सीढ़ी के चारों तरफ़ घूमे थे या अपने कंधे के पीछे चुटकी भर नमक फेंका था? कब आपने अचानक यह महसूस किया था कि बिना किसी स्पष्ट कारण के आपका दिल तेज़ी से धड़क रहा है? क्या ऐसा तब हुआ था, जब आप रात को तनाव में जागे थे और आपका मुँह सूखा हुआ था? शायद आपने ऐसा तब महसूस किया हो, जब आप किसी संभावित ग्राहक से मिलने गए हों?

कई बार सोचने पर लगता है कि हमारी पीढ़ी भी अजीब है। हमने दुनिया भर के संसाधन विकसित कर लिए हैं और अपने वैज्ञानिक ज्ञान को बहुत बढ़ा लिया है। हम बहुत से क्षेत्रों में महारत हासिल कर चुके हैं। इसके बावज़ूद हम अपनी चिंताओं पर महारत हासिल नहीं कर पाए हैं। हम अब भी डर-डरकर जीते हैं।

दरअसल हमारी पीढ़ी डर में जीने वाली पीढ़ी है। फ्रांसीसी लेखक आल्बेयर कामू ने बीसवीं सदी को "डर की सदी" कहा है। एक आधुनिक सिंफ़नी का शीर्षक है "तनाव का युग।" हम डर पर आधारित संगीत की रचना करने लगे हैं।

न सिर्फ़ हममें सामान्य और पुराने डर हैं, बल्कि हमारे पास परमाणु बम का एक नया डर है, जो दुनिया भर में फैला हुआ है। अगर बम नहीं गिरता है, तो भी हमें इस बात की चिंता तो होती ही है कि एक दुष्ट अदृश्य हत्यारा मौज़ूद है, जो हमें और भावी पीढ़ियों को तबाह कर सकता है। एक वैज्ञानिक ने हाल ही में कहा है, "अणु बमों, अंतरिक्ष मिसाइलों और विध्वंसक हथियारों ने हवा में तैरती चिंता को जन्म दिया है।"

"हवा में तैरती चिंता!" यह हमारे युग के डर का वर्णन करने का बहुत ही सटीक तरीक़ा है। यह उस तरह का डर नहीं है, जो गुफा मानव को शेर की दहाड़ सुनकर महसूस होता था। उस डर से गुफा

मानव या तो भाग जाता था, या फिर अगर वह चतुर होता था, तो चट्टान को लकड़ी से बाँधकर शेर की खाल उतारकर उसका कोट बना लेता था। ज़ाहिर है, यही डर का मूलभूत उद्देश्य है : अपनी जान बचाने हेतु कर्म के लिए प्रेरित करना। और डर का यह प्रयोग आज भी उतना ही तर्कसंगत है, जितना यह पहले था। जब हम अपनी कार के टायरों की जाँच करते हैं कि कहीं वे कटे-फटे तो नहीं हैं, तो यह डर का स्वस्थ प्रयोग है।

बहरहाल, ज़्यादातर लोग इस तरह के डर में अपना समय और शक्ति नहीं गँवाते हैं। आज हममें से ज़्यादातर लोग एक अजीब से तनाव से भरे हैं, जिसे कोई स्पष्ट नाम देना मुश्किल है। हम इस डर का मुक़ाबला नहीं कर सकते, क्योंकि हम दरअसल यह जानते ही नहीं हैं कि हम किस चीज़ से डरते हैं। या शायद हम इतनी सारी चीज़ों से डरते हैं कि किसी एक चीज़ का मुक़ाबला करना निरर्थक लगता है। हमारे लिए डर कोई स्पष्ट ख़तरा नहीं होता है, जिसके बारे में हम कुछ ठोस कर सकें, बल्कि यह तो एक बादल की तरह हम पर मँडराता है, हमारी पहुँच से बाहर रहता है और हमारे हर काम पर अपनी काली छाया डालता है।

यह डर धुँधला और सर्वव्यापी होता है। कुछ समय पहले मैं विशिटा, कांसस में भाषण दे रहा था और मुझे सिनसिनाटी तक की हवाई यात्रा करना थी। बीच एयरक्राफ़्ट कॉरपोरेशन की मिसेज़ ओलिव एन बीच ने मुझे दयालुतापूर्वक हवाई जहाज़ उधार दे दिया और सात सौ मील की यात्रा के लिए पायलट भी दे दिया। जब हम मिसिसिपी के ऊपर से उड़ रहे थे, तो साफ़ मौसम की जगह हमारे सामने धुँध आ गई।

पाइलट ने कहा, "हमें धुंध से ऊपर जाना होगा। ज़मीन की गर्मी, धूल और धुएँ की वजह से अक्सर निचले स्तर पर धुंध हो जाती है। अगर हम एक हज़ार फुट और ऊपर चले जाएँगे, तो इस धुंध से ऊपर उठ जाएँगे।"

जब हम ऊपर पहुँचे, तो हमारे सामने एक बिलकुल ही अलग आसमान था, जो दूर-दूर तक साफ़ दिख रहा था। यही हमें अपनी

सोच के बारे में भी करना चाहिए। हमें अपने विचारों को डर और दुविधा की धुँध के ऊपर उठाना चाहिए। हमें डर, चिंता और तनाव के बादल के ऊपर उठकर एक ऊँचे स्तर पर पहुँचना चाहिए, जहाँ हम स्पष्टता और तार्किकता से सोच सकें।

डर के बारे में कुछ करना बहुत महत्वपूर्ण है। डर आपकी ख़ुशी का दुश्मन है। यह आपके सोचने की क्षमता पर बुरा असर डालता है, आपकी कार्यकुशलता में बाधा डालता है और आपकी सेहत के लिए ख़तरा बन जाता है।

मेरे हृदयरोग विशेषज्ञ और मित्र डॉ. लुई एफ़. बिशप कहते हैं, "लोगों को इस बात का एहसास ही नहीं है कि तनाव और चिंता के कारण कितने ज़्यादा लोग हृदय रोग के शिकार होते हैं। तनाव की स्थितियाँ बहुत ही आम हैं। हालाँकि यह कहा जा सकता है कि कुछ हद तक तनाव अच्छा होता है, क्योंकि इससे आप काम करने के लिए प्रेरित होते हैं, लेकिन यह बहुत नुक़सानदेह भी हो सकता है। यह आपको बीमार कर सकता है और आपके शरीर के किसी भी अंग को प्रभावित कर सकता है।

"हृदय तनाव पर कई तरीक़ों से प्रतिक्रिया व्यक्त कर सकता है। आपकी हृदय-गति बहुत बढ़ सकती है या इसकी धड़कन प्रभावित हो सकती है। तनाव या चिंता से हृदय में गंभीर अनियमितता भी उत्पन्न हो सकती है। जैसा सब जानते हैं, चिंता ख़ास तौर पर अधेड़ावस्था में प्रि-कॉर्डियल पेन (हृदयाघात से पूर्व का दर्द) भी उत्पन्न कर सकती है, जिसे एन्जाइना पेक्टोरिस कहते हैं। तनाव भी अपनी सक्रिय भूमिका निभाकर हृदय को रक्त पहुँचाने वाली धमनी को बंद कर सकता है, जिसे हम दिल का दौरा कहते हैं।"

यू.सी.एल.ए. में मनोविश्लेषण के प्रोफ़ेसर डॉ. लियो रेंजेल ने *लॉस एंजेलिस टाइम्स* में लिखा था, "बैक्टीरिया और अन्य सूक्ष्म विषाणु चिंतित व तनावग्रस्त लोगों को ज़्यादा आसानी से रोगी बना सकते हैं।"

लेकिन इससे दहशत में न आएँ। आपमें डर पर विजय पाने की शक्ति है। आप ऐसा उपाय कर सकते हैं कि डर आपको ज़रा भी

नुक़सान न पहुँचा पाए। बड़ी बात यह है कि आप अपने डर के बारे में सृजनात्मक क़दम उठा सकते हैं। ऐसा करने की क्षमता सकारात्मक सोच के सबसे बड़े परिणामों में से एक है। सकारात्मक सोच से आप अपने विचारों को नियंत्रित कर सकते हैं। विचारों को नियंत्रित करने पर आप अपनी भावनाओं को भी नियंत्रित कर सकते हैं, जिनमें डर और चिंता शामिल हैं।

मुझे फ़िलाडेल्फ़िया की एक महिला का पत्र मिला, जिसका छोटा लड़का कार्ल बहुत डरता था। उसे बुरे सपने आते थे। वह अपने साथ खेलने वालों से डरता था। वह दुबला था और हमेशा थकान की शिकायत करता था। यह महिला जानना चाहती थी कि क्या वह मुझसे मिलने आ सकती है। ज़ाहिर है, भयभीत बच्चे से ज़्यादा दुखद बात कोई नहीं हो सकती है और मैं हरसंभव मदद करना चाहता था, इसलिए मैंने मुलाक़ात के लिए हाँ कह दिया।

अपॉइंटमेंट वाला दिन वसंत जैसा सुहावना दिन था, जो पंद्रह जनवरी के हिसाब से थोड़ा असामान्य था। जब वह माँ अंदर आई (वह कार्ल को नहीं लाई थी), तो मैंने बातचीत शुरू करते हुए कहा कि मौसम बहुत शानदार है।

"बीमारी का मौसम है," वह महिला बोली। "इस समय इतनी गर्मी सेहत के लिए अच्छी नहीं है। जब भी जनवरी में गर्मी पड़े, तो इंफ़्लुएंजा से सतर्क हो जाएँ।"

यह शुरुआत थी। कुछ ही समय में मुझे यह पता चल गया कि वह महिला हर बात से डरती थी। हमारी चर्चा के पाँच मिनट में ही उसने मुझे यह बता दिया कि वह अपने बेटे को अपने साथ होटल से इसलिए नहीं लाई थी, क्योंकि वह सड़कों की "गंदी" हवा से डरती थी। वह सड़कों पर घूम रहे "विदेशियों" से भी डरती थी। वह एंपायर स्टेट बिल्डिंग के ऊपर जाने से भी डरती थी कि कहीं उसके कानों पर ज़्यादा दबाव न पड़े। यह उसकी बातचीत का सामान्य अंदाज़ था। जब कुछ समय तक चर्चा इसी तरह चलती रही, तो मैं कार्ल के बारे में बातचीत करने लगा। मैंने उसे बताया कि उस बच्चे की समस्या बहुत असामान्य नहीं है।

मैंने कहा, "बहुत से बच्चे डरते हैं। वैसे आपके ख़्याल से ये डर उसके दिमाग़ में कहाँ से आए हैं?"

उस महिला को पता नहीं था। उसके ख़्याल से सभी बच्चों में पैदाइशी डर होते हैं।

मैंने कहा, "बिलकुल नहीं। बच्चे ज़्यादातर डर अपने आसपास के लोगों से सीखते हैं, ख़ास तौर पर अपने माता-पिता से।"

"आप यह कह रहे हैं कि कार्ल ने ये डर मुझसे विरासत में पाए हैं?"

मैंने कहा, "मैं आपको यह विश्वास दिलाना चाहता हूँ कि इसमें शर्म की कोई बात नहीं है। यह तो मानवीय स्वभाव है। आपने शायद अपने माता-पिता से डर के ये विचार सीखे होंगे और उन्होंने अपने माता-पिता से और यह सिलसिला यूँ ही चलता रहा होगा। महत्वपूर्ण बात इस जंज़ीर को तोड़ना है।"

"मैं यह कैसे कर सकती हूँ?"

"सकारात्मक सोच से। डर एक नकारात्मक विचार है और इससे छुटकारा पाने का एक तरीक़ा यह है कि आप अपने दिमाग़ को एक तराज़ू मानें। तराज़ू के एक पलड़े पर आपके सभी नकारात्मक विचार रखे होते हैं। तराज़ू के दूसरे पलड़े पर आपके सभी सकारात्मक विचार रखे होते हैं। हाल-फ़िलहाल आपका तराज़ू बहुत असंतुलित है। आपके नकारात्मक विचार आपके सकारात्मक विचारों से बहुत भारी हैं... और ज़ाहिर है, ये आपके पुत्र में प्रतिबिंबित हो रहे हैं। समाधान यह है कि आप अपने डरों का वज़न कम कर दें।

"इस तरीक़े को आज़माकर देखें। अगली बार जब भी आपके मन में कोई नकारात्मक विचार आए, तो दूसरे पलड़े में एक सकारात्मक विचार रख दें। उदाहरण के तौर पर मौसम को लें। आज का दिन बहुत सुहावना है। यहाँ से जाते समय आप ख़ुद से कहें, 'कितना स्वास्थ्यवर्धक दिन है! दरअसल मौसम इतना साफ़ है कि आज मैं कार्ल को एंपायर स्टेट बिल्डिंग ले जाऊँगी और उसे वहाँ से नज़ारा दिखाऊँगी।'"

वह महिला संदेह से हँसी, "क्या आपको लगता है इससे सचमुच

कोई फ़ायदा होगा?" मैंने जवाब दिया, "इससे सचमुच फ़ायदा होगा, बशर्ते आप इस काम में तब तक जुटी रहें, जब तक कि भावनात्मक तराज़ू पूरी तरह संतुलित न हो जाए। और फिर इसमें थोड़े समय तक और जुटी रहें, जब तक कि आपके सकारात्मक विचारों वाला पलड़ा आपके नकारात्मक विचारों वाले पलड़े से ज़्यादा भारी न हो जाए। तीन महीने तक ऐसा करने के बाद मुझे बताएँ कि कार्ल के डर का क्या हाल है।"

तीन महीने के काफ़ी बाद मुझे उस महिला का पत्र मिला। शायद छह महीने गुज़र चुके थे। लेकिन उसने सचमुच मेरे सुझाव पर अमल किया। उसके पत्र में स्वस्थ और सुखद रोमांच की झलक साफ़ दिख रही थी। उसने लिखा था :

> आप अंदाज़ा भी नहीं लगा सकते हैं कि अपने डरों का पलड़ा हल्का करने की इस आसान योजना का हमारी ज़िंदगी पर कितना अद्‌भुत प्रभाव पड़ा है। हमें इस काम में बहुत संघर्ष करना पड़ा, लेकिन अब मुझे यक़ीन है कि हमने अपने डरों पर क़ाबू पा लिया है। कार्ल अब बहुत शांत है और अपने साथियों के साथ मज़े से खेलता है। वह अब भयभीत या तनावग्रस्त नज़र नहीं आता है। मैं यह महसूस करना चाहती हूँ कि आख़िरकार मैंने विरासत में मिले डरों की जंज़ीर तोड़ दी है। मैं किसी दिन यह कहना चाहती हूँ कि मैंने अपने सभी डरों पर विजय पा ली है।

यहाँ पर आज़माया गया मूलभूत विचार डर से निबटने की अप्रत्यक्ष नीति है। चिंता और डर से सीधे मुक़ाबला करने से ज़्यादा फ़ायदा नहीं होता है, क्योंकि सीधे मुक़ाबले से वे अक्सर टस से मस नहीं होते हैं। यही वजह है कि हमने डर बाहर निकालने के अप्रत्यक्ष तरीक़े को आज़माया।

डर से मुक्ति पाने की यह बहुत बढ़िया नीति है। अपनी इच्छाशक्ति से डर को ज़बर्दस्ती बाहर धकेलने की कोशिश से उतना फ़ायदा नहीं होता है, क्योंकि इच्छाशक्ति कमज़ोर हो सकती है। इसके बजाय आस्था के ज्वार को अपना काम करने दें। अपने मस्तिष्क में इतनी ज़्यादा आस्था भर लें कि उसके तेज़ बहाव में आपके डर बह जाएँ। इस

तरीक़े से ईश्वर की शक्ति आपके लिए वह काम करेगी, जो आप अपने लिए नहीं कर सकते। आपका काम तो सिर्फ़ उसकी शक्ति में विश्वास करना है और उसके प्रति समर्पण करना है। उसकी ज़बर्दस्त शक्ति के सहारे आप अपने डर से ऊपर उठ जाएँगे।

जिन लोगों ने डर से मुक़ाबला करने में सकारात्मक सोच के इस सिद्धांत का प्रयोग किया है, उन्हें अद्भुत परिणाम मिले हैं। लेकिन सवाल यह है कि अपने मस्तिष्क में इतनी आस्था कैसे भरी जाए? एक तरीक़ा तो वह है, जिसे हम ईश्वर की उपस्थिति का अभ्यास कहते हैं।

उदाहरण के लिए, मुझे ओकलैंड, कैलिफ़ोर्निया की मिसेज़ ग्रेस लिकटेन्स्टीन का पत्र मिला, जिसमें उन्होंने मुझे एक महिला की कहानी बताई। उन्होंने पत्र में लिखा था कि एक महिला ने इस सकारात्मक तकनीक का इस्तेमाल एक ऐसी स्थिति से निबटने में किया, जिससे आम तौर पर डर और दहशत उत्पन्न होती है।

> एक महिला लिफ़्ट में फँस गई थी। वह लिफ़्ट ख़राब होकर मंज़िलों के बीच में रुक गई थी। इमारत के मैनेजर ने उससे चिल्लाकर पूछा कि क्या वह अकेली है। उसने जवाब दिया, "नहीं, मैं अकेली नहीं हूँ।" मैनेजर ने उसे आश्वस्त करते हुए कहा कि चिंता करने की कोई बात नहीं है, लिफ़्ट जल्दी ही ठीक हो जाएगी।
>
> आख़िरकार जब लिफ़्ट ठीक हुई और दरवाज़ा खुला, तो महिला बिलकुल अकेली थी। मैनेजर ने हैरानी से उसकी तरफ़ देखकर कहा, "आपने तो कहा था कि आप अकेली नहीं हैं।"
>
> उस महिला ने शांति से जवाब दिया, "मैं अकेली कहाँ थी? मेरे साथ ईश्वर था।"

डर के विचारों से घिरे रहने वाले कितने लोग इतनी शांति से यह जवाब दे सकते हैं? ईश्वर आपके साथ है, यह विश्वास आपको सुरक्षा और शांति देता है। शायद इस दुनिया की सबसे बड़ी सुरक्षात्मक संतुष्टि हमें इस बात से मिलती है, "मैं अकेला नहीं हूँ।" जब आपके मन में यह विश्वास होगा, तो डर की पकड़ कमज़ोर हो जाएगी।

अगली बार जब आप डरें, अगली बार जब आपका दिल दहशत की

वजह से तेज़ी से धड़के या चिंता आपके मस्तिष्क पर हावी हो, तो इसाइया 41:10 के विश्वास बढ़ाने वाले ये छह शब्द याद कर लें: "डरो मत, मैं तुम्हारे साथ हूँ।" इन शब्दों को बार-बार दोहराएँ। इन शब्दों को ध्यानपूर्वक सुनें, जैसे ईश्वर सचमुच आपके साथ हो और आपसे बातचीत कर रहा हो। ज़ाहिर है, वह सचमुच आपके साथ है, इसलिए उसकी उपस्थिति को महसूस करने की कोशिश करें। जब आप विश्वास के साथ ऐसा करेंगे, तो आपको अपने डरों से छुटकारा मिल जाएगा।

जीवन के बड़े संकटों को झेलने के लिए लोगों को ईश्वर की उपस्थिति को महसूस करने की सचमुच ज़रूरत होती है और ऐसा कर सकते हैं। जब मैं बेल्जियम गया, तो मैंने कुख्यात नाज़ी जेल भी देखी। एंटीवर्प और ब्रसेल्स के बीच में स्थित इस जेल को ब्रीनडोंक के नाम से जाना जाता है। बेल्जियम सरकार ने अब वहाँ एक स्मारक बना दिया है और उस पर झंडा गर्व से फहराता है।

नाज़ियों ने ब्रीनडोंक में उन देशभक्त बेल्जियमवासियों को क़ैद कर रखा था, जिन्होंने उनकी तानाशाही का विरोध करने की गुस्ताख़ी की थी। उन्होंने उन्हें जानवरों की तरह छोटी-छोटी कोठरियों में ठूँस दिया था। उनका मनोबल तोड़ने के लिए उनके साथ बहुत बुरा व्यवहार किया जाता था तथा बहुत यातनाएँ दी जाती थीं, लेकिन क़ैदियों ने यह सब झेल लिया। आज भी उन अँधेरे, नम, स्याह गलियारों से गुज़रते समय (जिन्हें वैसा ही छोड़ दिया गया है, जैसे वे तब थे) किसी को भी यह एहसास हो जाएगा कि इंसान कितना नीचे गिर सकता है और यह भी कि इंसान कितना महान बन सकता है।

मैंने अपने गाइड से पूछा, "लोग इतनी भयानक यातनाएँ कैसे सहन कर पाए?"

उसने कहा, "मैं आपको जवाब दिखाता हूँ।" और फिर वह हमें एक बहुत अँधेरी कोठरी में ले गया। वहाँ पर कोने में अनगढ़ पत्थर से एक चेहरे की आकृति बनी थी और वह चेहरा ईसा मसीह का था। गाइड ने कहा, "जब उन लोगों को लगता था कि वे अब और यातनाएँ नहीं झेल पाएँगे, तो वे एक-एक करके यहाँ आते थे और ईसा मसीह के चेहरे पर अपनी उँगलियाँ फिराते थे। इस तरह वे ख़ुद को यह याद

दिलाते थे कि वे अकेले नहीं हैं।

"एक रात को नाज़ी हमारे घर आए और मेरे पिता को ले गए। हमने उन्हें दोबारा कभी नहीं देखा। युद्ध के बाद हमने सुना कि उनकी मृत्यु शायद यहीं हुई थी। हमें कोई पक्की जानकारी नहीं मिली, अलबत्ता हमें यह मालूम चला कि वे उन लोगों में से एक थे, जो इस कोठरी में ईसा मसीह का चेहरा छूने आए थे। मैं जानता हूँ कि उन्होंने ऐसा ज़रूर किया होगा, क्योंकि वे आस्थावान ईसाई थे। मुझे इस विचार से सांत्वना मिलती है कि ईश्वर मेरे पिता के साथ था और उसने उन्हें कष्टों के डर से मुक्ति दिलाई।"

डर का कितना बढ़िया जवाब है : *हम अकेले नहीं हैं!* इस ज़बर्दस्त सत्य पर तब तक अमल करें, जब तक कि यह सकारात्मक विश्वास में न बदल जाए। **मैं अकेला नहीं हूँ।** इसे व्यक्तिगत विश्वास बना लें। दुनिया का कोई भी डर इस विचार से ज़्यादा बड़ा नहीं है।

इस सत्य से हमें यह भी पता चलता है कि डर को दूर भगाने का एक महत्वपूर्ण तरीक़ा यह है कि हम अपने दिमाग़ी संतुलन को बनाए रखें और दहशत में न आएँ। जब तक आप शांति से सोच सकते हैं, तब तक आप तार्किक रूप से सोच सकते हैं। जब आप ऐसा करेंगे, तो आप ठीक तरह से चलेंगे। ईश्वर आपका मार्गदर्शन सिर्फ़ आपके विचारों के माध्यम से ही कर सकता है। वह भी आपके दहशत भरे विचारों के बीच में आपको मार्गदर्शन या सुझाव नहीं दे सकता। बहरहाल, जब आप सकारात्मक सोच का अभ्यास करेंगे, तो ईश्वर शांति बनाए रखने में आपकी मदद करेगा। रेडियो पर सकारात्मक सोच के कुछ पहलुओं का वर्णन करते समय मैंने कहा था, "बाइबल में ल्यूक के नवें अध्याय, पहले छंद में कहा गया है कि ईसा मसीह ने अपने शिष्यों को बुलाकर 'उन्हें सभी शैतानों पर शक्ति और अधिकार दिया था।'"

क्या आपको कभी ऐसा लगा है कि आपके भीतर भी कोई शैतान हो सकता है? शैतान से मेरा मतलब है नफ़रत का शैतान, वासना का शैतान, बेईमानी का शैतान, डर का शैतान। जब बाइबल कहती है कि लोगों पर शैतान हावी हो सकता है, तो ज़ाहिर है यह सच है। और

आधुनिक मनोविज्ञान इस बात की पुष्टि करता है। मैं ऐसे लोगों को जानता हूँ, जिनके भीतर शैतान हैं। दरअसल मैंने इन शैतानों को अपने भीतर भी महसूस किया है : ओछापन, नफ़रत, डर, द्वेष, ईर्ष्या। ये चीज़ें शैतान से कम नहीं हैं, क्योंकि उनके कारण बहुत दुख उत्पन्न होता है। लेकिन हम इस बात से आश्वस्त रह सकते हैं कि ईसा मसीह ने अपने शिष्यों को शैतानों पर शक्ति तथा अधिकार दिया था, ताकि वे शक्तिशाली होकर उन्हें दूर भगा सकें।

टेनेसी के एक बिज़नेसमैन ने इस सत्य के बारे में मुझे अपना एक अनुभव लिखकर भेजा।

प्रिय डॉ. पील,

लगभग तीन साल पहले मैं शंका और डर में डूबा था। जब शंका ओर डर अंदर आए, तो मेरी मानसिक शांति बाहर चली गई। महीनों तक मैं यातनामय विषाद में रहा। मैंने महसूस किया, जैसे मैं भटक गया था और ईश्वर का अस्तित्व ही नहीं था। मैंने प्रार्थना की और मैंने हर वह काम किया, जिसके बारे में मैं सोच सकता था।

एक दिन मैं ग़ुस्सा तो नहीं, अधीर ज़रूर हो गया कि ईश्वर मुझे इस हाल में क्यों रखे हुए है। मैंने उससे कहा कि मैं ग़ुस्सा हूँ और मैंने उससे आग्रह किया कि वह मुझे माफ़ कर दे।

मैंने आस्था का विचार क्रिश्चियन एंड मिशनरी एलायंस के जे.ए. मैकमिलन के लेख से पाया। उसे पढ़ने के बाद मैंने जाना कि मैं शंका और डर का शिकार था, जो सचमुच बुरे शैतान हैं। मैंने इसे स्वीकार किया। मैंने ईश्वर से चीख़कर आग्रह किया कि वह इन शैतानों से मेरा पीछा छुड़ाए।

फिर मुझे ईश्वर की निकटता का एहसास हुआ और मैंने अपनी शंका तथा डर से कहा कि वे ईसा मसीह के नाम पर मुझे छोड़कर चले जाएँ। एक चमत्कार हो गया। जैसे बिजली जल जाती है, उसी तरह से शंका और डर तत्काल ग़ायब हो गए। मेरी आत्मा को इतनी ख़ुशी और शांति मिली कि उसका वर्णन करना मुश्किल है।

पाँच महीने से मैं हर दिन सुबह पाँच बजे उठकर बाइबल पढ़ता

हूँ और प्रार्थना करता हूँ। मेरी आत्मा में इतनी ज़्यादा शांति प्रवाहित होती है, जैसे वह ख़ुशी बनकर तैर रही हो।

इस व्यक्ति ने सीखा कि धर्म कोई मामूली अच्छी चीज़ नहीं है, यह तो विचार का विशुद्ध बौद्धिक तंत्र है। यह तो एक बहुत सशक्त शक्ति है, जो आस्थावान लोगों को दी गई है। यह ईश्वर की वह शक्ति है, जो सभी आस्थावान लोगों को मुक्ति देती है। अगर आप सचमुच मुक्त होना चाहते हैं, तो ईसा मसीह आपको डर, नफ़रत, कामवासना या अन्य किसी शैतान से यह कहने की शक्ति और अधिकार देंगे : मैं तुम्हें आदेश देता हूँ कि तुम मुझे छोड़कर चले जाओ।

धर्म के ये वरदान आपको भी मिल सकते हैं, बशर्ते आप उन्हें प्रबलता से पाना चाहें। बहरहाल, आपको सच्ची और प्रबल आस्था विकसित करना होगी। ईश्वर से कहें, "मैं इस डर का मुक़ाबला करते-करते थक चुका हूँ। मैं शांति और राहत पाना चाहता हूँ।" ज़िंदगी के सामने घुटने टेककर न रेंगें। हमें आस्थावान और सशक्त बनना चाहिए। बाइबल को पढ़ें, इसे गहराई से आत्मसात करें और इसे अपने मस्तिष्क में अंकित कर लें। फिर आपको अपने डर पर शक्ति और अधिकार मिल जाएगा। अपने डर का सामना करें और ईश्वर तथा उसके पुत्र ईसा मसीह के नाम पर उसे आदेश दें कि वह आपको छोड़कर चला जाए। फिर विश्वास करें कि वह चला गया है। इस प्रक्रिया को तब तक दोहराएँ, जब तक कि आपको विजय का गहरा एहसास न होने लगे।

आपको एक चीज़ पर ख़ास ध्यान देना चाहिए। डर का विचार आपके मस्तिष्क में तब उठ खड़ा होता है, जब आपको इसकी सबसे कम उम्मीद होती है और जब यह सबसे ज़्यादा नुक़सान कर सकता है। जैसा मैंने पहले कहा है, ऐसे मौक़ों पर यह बहुत महत्वपूर्ण है कि डर पर सामने से सीधा हमला न किया जाए, बल्कि इसे जड़ से उखाड़ने के लिए अप्रत्यक्ष तरीक़ों का प्रयोग किया जाए और नकारात्मक विचारों की जगह पर सकारात्मक विचारों को स्थापित किया जाए। अगर आप लगातार अपने मस्तिष्क में आस्था के विचार भरते हैं, तो डर के विचार समय के साथ निश्चित रूप से ग़ायब हो जाएँगे। ज़ाहिर

है, इस स्तर का कोई परिवर्तन बिना कोशिश के नहीं हो सकता है। लेकिन यह हो सकता है, इसमें कोई संदेह नहीं है।

एक महिला ने मुझे स्विट्ज़रलैंड से फ्रांसीसी भाषा में पत्र लिखा। उसने यह बताया कि इस तरह के विचार परिवर्तन से और नकारात्मक विचार की जगह पर सकारात्मक विचार स्थापित करने से उसे कितने उल्लेखनीय परिणाम मिले थे।

प्रिय मित्र,

मुझे यह कहने की अनुमति दें। आप मुझे नहीं जानते, लेकिन आपकी पुस्तक पढ़ने के बाद मैं आपको अच्छी तरह से जान गई हूँ।

मैं एक फ्रेंच प्रेसबाइटेरियन पादरी की बेटी हूँ। मेरे माता-पिता सच्चे ईसाई थे, लेकिन दो विश्वयुद्धों के बाद मैं भविष्य को लेकर दहशत में आ गई। मैं सोचने लगी, अगर मेरे पति की मृत्यु हो जाए, तो मैं क्या करूँगी? मैं इतने कम पैसों में अपने तीन बच्चों को कैसे पालूँगी? और भी इसी तरह की चिंताएँ।

फिर मैं बुरी तरह बीमार पड़ गई। मुझे एक्ज़ीमा हो गया, जो बहुत कष्टकारी था। यह कष्ट सात साल तक चला। डॉक्टर इसके कारण को नहीं खोज पा रहे थे, लेकिन आपकी पुस्तक पढ़ने के बाद मुझे इसका कारण पता चल गया। दरअसल डर ने मेरे ख़ून में ज़हर भर दिया था और मेरा प्रबल मानसिक कष्ट शारीरिक कष्ट में बदल गया था। यक़ीन मानिए, मैं बहुत परेशान थी।

आपकी पुस्तक पढ़ने के बाद मैंने आपकी सलाह पर अमल किया। मैं भजन पढ़ने लगी। मैंने सारी ऐसी पंक्तियाँ उतार लीं, जो मेरी मदद कर सकती थीं। मैं आपके बताए तरीक़े पर चली, यानी मैंने अपने मस्तिष्क में इन पंक्तियों को भर लिया। आख़िरकार मैं चौथे भजन के आख़िरी छंद पर आ पहुँची : "मैं ख़ुद को शांति से बिस्तर तक ले जाऊँगी और सो जाऊँगी : क्योंकि हे ईश्वर, आपकी वजह से मैं सुरक्षित हूँ" (भजन 4:8)। मुझे सुरक्षा की ही तो ज़रूरत थी। मैं इसे ईश्वर में पा सकती थी। मैंने इसे ईश्वर में पा लिया था।

और जहाँ तक धन संबंधी चिंताओं का सवाल था, जॉब की इन

पंक्तियों ने मुझे उनसे मुक्ति दिलाई : "फिर तुम स्वर्ण को धूल की तरह ढेर में रखोगे... हाँ, सर्वशक्तिमान आपकी रक्षा करेगा..." (जॉब 22:24-25)।

अब पचास साल से ज़्यादा उम्र होने के बाद आख़िरकार मैं समझ गई हूँ कि मेरे भीतर असीमित आध्यात्मिक शक्ति है और मैं ईश्वर के सहारे सुखद जीवन जी सकती हूँ।

इस महिला ने अपने भीतर आस्था भरकर अपने डर को बाहर निकाल दिया। उसने आस्था को महान आध्यात्मिक सच्चाई के रूप में ग्रहण किया, जो उसके दिमाग़ में गहराई तक बैठ गई।

आपको याद होगा, हैरॉल्ड मेडिना वही मशहूर न्यायाधीश थे, जिनकी अदालत में ग्यारह शीर्षस्थ अमेरिकी साम्यवादियों पर लंबा मुकदमा चला था। इन साम्यवादियों पर अमेरिकी सरकार को हिंसा से उखाड़ने का षड़यंत्र रचने का आरोप लगा था। यह मुकदमा तनावपूर्ण था। भावनाएँ भड़की हुई थीं। हर तरफ़ उत्तेजना फैली थी। और बहुत सी भावनाएँ तथा उत्तेजनाएँ व्यक्तिगत रूप से न्यायाधीश पर केंद्रित थीं।

मेडिना को जल्दी ही यह एहसास हो गया कि यह संयोगवश नहीं हो रहा था। कोई असामान्य चीज़ हो रही थी। ऐसा लग रहा था, जैसे बचाव पक्ष के वकील आरोपियों को दोषमुक्त साबित करने की कोशिश करने के बजाय मुकदमे में बाधा डालने में ज़्यादा रुचि ले रहे थे। वे इस लक्ष्य को दो तरीक़ों से प्राप्त कर सकते थे : या तो बहुत ज़्यादा दुविधा फैला दी जाए या फिर न्यायाधीश मेडिना को इतना तनावग्रस्त कर दिया जाए कि वे टूट जाएँ।

बचाव पक्ष ने एक साथ दोनों योजनाओं पर काम किया। पूरे मुकदमे के दौरान कानून व्यवस्था बनाए रखने में बहुत मुश्किल आई। गवाह दंभी और वकील चालाक थे। बहरहाल, पूरे मुकदमे को सबसे ज़्यादा नुक़सान पहुँचाने वाला हमला न्यायाधीश पर केंद्रित था। किसी न किसी तरह बचाव पक्ष के योजनाकारों ने यह जान लिया कि न्यायाधीश को ऊँची जगहों से डर लगता था। उन्हें एक्रोफोबिया था यानी उन्हें ऊँचाई से डर लगता था।

जब हैरॉल्ड मेडिना छोटे थे, तो उनके पिता उन्हें नियाग्रा फ़ॉल्स दिखाने के लिए ले गए। हैरॉल्ड ने वहाँ पर देखा कि भीड़ एक रेलिंग के पास खड़ी होकर प्रपात को देख रही थी, लेकिन वे रेलिंग के पास नहीं जा सके। उन्हें डर था कि वे वहाँ से कूद जाएँगे। बचपन और किशोरावस्था में बार-बार मेडिना को ऊँचाई के डर का सामना करना पड़ा। इस डर से बचने का उपाय आसान था : वे ऊँची जगहों से बचकर स्थिति सँभाल लेते थे।

लेकिन अब वे इससे नहीं बच सकते थे। न्यायाधीश मेडिना की अदालत न्यूयॉर्क सिटी की संघीय अदालत वाली बहुमंज़िली इमारत में बाईसवीं मंज़िल पर थी, जहाँ से फ़ोली स्क्वेअर दिखता है। एक दिन न्यायाधीश को नीचे भीड़ की आवाज़ें सुनाई दीं, "मेडिना भी फ़ोरेस्टाल की तरह गिर जाएगा।" कुछ दिन पहले ही रक्षा सचिव जेम्स फ़ोरेस्टाल अस्पताल की खिड़की से गिरकर मर गए थे। न्यायाधीश मेडिना ने सोचा कि क्या यह उनकी कल्पना थी या फिर ये लोग "गिरने" शब्द पर कुछ ज़्यादा ही ज़ोर दे रहे थे। वे तत्काल खिड़की से पीछे हट गए।

धीरे-धीरे मेडिना को यह समझ में आ गया कि यह अभियान एक सोची-समझी चाल है। उनके चारों तरफ़ "गिरने" शब्द पर ज़ोर दिया जा रहा था। उन्होंने पाया कि पत्रों में इसे अंडरलाइन किया जा रहा है, अख़बार की कटिंग में इस पर गोले बनाए जा रहे हैं, चर्चाओं में इस पर ज़ोर दिया जा रहा है। वे अपना काम करते रहे, लेकिन उन पर तनाव हावी होने लगा। एक शाम को जब वे बिस्तर पर जाने की तैयारी कर रहे थे, तो उनकी पत्नी ने उनके अपार्टमेंट की खिड़की खोल दी, ताकि हवा अंदर आ सके। अंदर का माहौल दमघोंटू था, लेकिन न्यायाधीश मेडिना बोले,

"ईथेल, कृपया उस खिड़की को बंद कर दो।"

उनकी पत्नी ने उन्हें हैरानी से देखा। उन्होंने पहले कभी अपनी पत्नी से अपने बचपन के गिरने के डर का ज़िक्र नहीं किया था। उन्होंने कहा, "मैं मज़ाक़ नहीं कर रहा हूँ।" इसके बाद उन्होंने अपनी पत्नी को कानाफूसियों, चर्चाओं और रेखांकित शब्दों के बारे में बताया। मिसेज़ मेडिना को विश्वास हो गया। उसके बाद दोनों सो गए

और खिड़की के नीचे के छोटे छेद से ही हवा अंदर आती रही।

न्यायाधीश मेडिना ने इस अनुभव के बारे में बाद में कहा, "अब समस्या यह थी कि जब डर से बचा ही न जा सके, तो क्या किया जाए? बचपन में समाधान आसान था। मैं उन चीज़ों से बचता था, जिनसे मुझे डर लगता था। अब मैं ऐसा नहीं कर सकता था। अब मैं क्या कर सकता था? कोई इंसान उस डर का सामना कैसे करे, जिससे वह बच नहीं सकता? मैं आपको जवाब बताता हूँ ...प्रार्थना।

"मेरा मतलब यह नहीं है कि गिरने के डर से संबंधित प्रार्थना। मैंने सीधे-सीधे यह नहीं कहा, 'हे ईश्वर, आप ऊँचाई के मेरे डर को ख़त्म कर दें।' मेरा मतलब है प्रार्थना का एक पूरा तंत्र, जो हर काम में ईश्वर से शक्ति और मार्गदर्शन माँगे। यह वह प्रार्थना थी, जिसे मेरी माँ सोते समय *एपिस्कोपल बुक ऑफ़ कॉमन प्रेयर* से पढ़ती थीं और मेरे साथ घुटने टेकती थीं। मुझे विरासत में सिर्फ़ रविवार की प्रार्थना ही नहीं मिली थी, बल्कि दैनिक और हर घंटे की प्रार्थना भी मिली थी। मैंने लगातार प्रार्थना की, पूरे दिन प्रार्थना की। जब भी मैं कृतज्ञ या तनावग्रस्त या किसी तरह की मुश्किल में होता था, मैं प्रार्थना करने लगता था।

"सिर्फ़ प्रार्थना की बदौलत ही मैं उस मुकदमे के छठवें और सातवें महीने को झेल पाया। मुझे ईश्वर का कोई प्रत्यक्ष दर्शन या आभास नहीं हुआ। अचानक धुँध से कोई आकृति मेरे सामने नहीं उभरी। इसके बजाय मेरे अंदर धीरे-धीरे नई शक्ति का संचार हुआ। इसके साथ ही मुझे यह दृढ़ विश्वास भी हो गया कि मैं अपने सामने मौज़ूद डर से निबटने में सक्षम हूँ। मैं जान गया कि मैंने अपने पुराने डर से मुक्ति पा ली थी।"

क्या आप देख सकते हैं कि न्यायाधीश मेडिना क्या कर रहे थे? उन्होंने सिर्फ़ एक डर से मुक़ाबला करने की कोशिश नहीं की। उन्होंने सिर्फ़ अपनी ऊँचाई के डर से जूझने और उससे मुक्ति पाने की जी-तोड़ कोशिश नहीं की। उन्होंने पूर्ण प्रार्थना कार्यक्रम पर चलकर डर को दूर भगा दिया, ठीक उसी तरह जिस तरह ज्वार में चीज़ें बह जाती हैं। उन्होंने आस्था के विचारों से अपने मस्तिष्क को पूरी तरह भर लिया।

नतीजा यह हुआ कि मस्तिष्क में डर के विचारों के लिए जगह ही नहीं बची तथा इन विचारों को सख़्ती से बाहर निकाल दिया गया।

न्यायाधीश मेडिना ने यह कहानी हमारी मासिक प्रेरणादायक पत्रिका *गाइडपोस्ट्स* को लिखकर भेजी थी। यह कहानी बताती है कि इंसान किस तरह प्रार्थना का प्रयोग करके अपने डरों से मुक्ति पा सकता है, चाहे वे डर कितने ही पुराने और गहरे क्यों न हों। बहरहाल, चिंता को जीतने के लिए प्रार्थना के प्रयोग का यह इकलौता तरीक़ा नहीं है। एक अन्य प्रकार की प्रार्थना भी होती है, जिसमें लोग किसी निश्चित लक्ष्य के लिए प्रार्थना करते हैं।

जॉन शेरिल *गाइडपोस्ट्स* के एक संपादक हैं। सितंबर 1957 में जॉन को एक ऐसा अनुभव हुआ, जिससे उन्हें यह विश्वास हो गया कि प्रार्थना में डर को भगाने की शक्ति होती है। 20 सितंबर की सुबह तक जॉन की ज़िंदगी बहुत सामान्य थी। बैंक से लोन लेकर उन्होंने न्यूयॉर्क के उपनगर में एक मकान ख़रीद लिया था। वे विवाहित थे, उनके तीन बच्चे थे और उनके पास चार साल पुरानी फ़ोर्ड कार थी। उनकी ज़िंदगी सुखी और रचनात्मक थी।

फिर एक सुबह जॉन के डॉक्टर ने उन्हें फ़ोन किया। डॉक्टर उनसे तत्काल मिलना चाहता था। कुछ दिन पहले जॉन ने अपने बाएँ कान से एक मस्सा निकलवाया था। अब उन्हें यह सदमे भरी ख़बर सुनाई गई कि उसमें कैंसर निकला था। डॉक्टर ने कहा कि अगर ऑपरेशन नहीं हुआ, तो एक साल बाद उनके ज़िंदा बचने की संभावना 10 प्रतिशत है। ऑपरेशन के बाद उनके बचने की संभावना 33 प्रतिशत हो जाएगी। मेमोरियल सेंटर और प्रेसबाइटेरियन हॉस्पिटल के विशेषज्ञों ने आगे की जाँच करके कैंसर की पुष्टि की। हर डॉक्टर ने तत्काल ऑपरेशन करवाने की सलाह दी।

ऑपरेशन के कुछ दिन बाद मुझे जॉन का पत्र मिला, जिसका कुछ हिस्सा मैं आपको बताना चाहता हूँ। यह उस डर के बारे में है, जिसने उन्हें अपनी गिरफ़्त में ले लिया था, जब उन्हें कैंसर के बारे में पता चला :

... डॉ. पील, डर बहुत ही विनाशकारी भावना है... यह हमें

दिन-रात सताता था। मैं रात को जाग जाता था और मैं जानता था कि मैं डरा हुआ था। मैं बिना सोचे-समझे बच्चों के सवालों के जवाब दे देता था, जबकि मेरा दिमाग़ कहीं और रहता था। मैंने घंटों तक अपनी पत्नी टिबी के साथ बीमे, वसीयत और पैसे के बारे में चर्चा की। जब मैंने अपने दिमाग़ को अधिक सार्थक मामलों में लगाने की कोशिश की, तो मैं ऐसा नहीं कर पाया। मैं बहुत डरा हुआ था।

और फिर, डॉ. पील, एक उल्लेखनीय बात हुई। जब हमारे दोस्तों को मेरे कैंसर का पता चला, तो उन्होंने मेरी मदद करने का फ़ैसला किया। उन्होंने तत्काल मेरे लिए प्रार्थना की। पहली प्रार्थना आपने उस रविवार को चर्च में की थी। उसके बाद तो प्रार्थना बाढ़ की तरह हमें ऊपर उठा कर ले गई।

गाइडपोस्ट्स के न्यूयॉर्क और कार्मेल ऑफ़िसों में प्रार्थना हुई। क्या आप जानते हैं डॉ. पील कि आपकी मित्र टेसी डरलैक ने अपने सिनागॉग से हमारे लिए प्रार्थना करने को कहा और उन्होंने यूनिटी के प्रेयर टॉवर में फ़ोन भी किया? हमारे सहयोगी आर्ट डायरेक्टर सैल लैज़ारोट्टी ने मुझे बताया कि यह ख़बर सुनने के बाद जब वह शुक्रवार को घर लौट रहा था, तो वह अपनी माला जपते समय लगभग सड़क से उतर गया था, "मैं नियमित रूप से माला नहीं जप रहा हूँ ईश्वर, लेकिन आज रात से मैं हर रोज़ यह काम करूँगा।"

जिस हवा में हम साँस ले रहे थे, उसमें प्रार्थना घुली हुई थी। यह हमारे चारों तरफ़ थी, हम इसमें डूबे हुए थे। अगले सप्ताह मुझे अस्पताल में भर्ती कर दिया गया। मुझे हैरानी हुई कि वहाँ के माहौल में भी प्रार्थना थी। जैसे ही मैं कमरा नंबर 609 में पहुँचा, मुझे गलियारे में एक अजीब सी आवाज़ गूँजती सुनाई दी, जैसे कोई चीख़ रहा हो। मेरे पास वाले कमरे में एक आस्थावान यहूदी मरीज़ भर्ती था, जो यहूदियों का नया साल रोश हशाना मना रहा था। नर्स ने मुझे बताया कि यह रैम के हॉर्न की चीख़ थी, जो सदियों से व्यक्तियों को प्रार्थना का आमंत्रण देती है।

अस्पताल में भी मैं प्रार्थना कर रहा था। लेकिन मेरी प्रार्थना में अजीब बात यह थी कि मैं अपने लिए नहीं, बल्कि दूसरों के लिए

प्रार्थना कर रहा था। डॉ. पील, मैं ज़ोर देकर यह कहना चाहूँगा कि मैं सिर्फ़ सच्चाई बता रहा हूँ। मैंने स्वार्थवश दूसरों के लिए प्रार्थना नहीं की, बल्कि इसलिए की, क्योंकि मुझे अपने लिए प्रार्थना करने की ज़रूरत ही महसूस नहीं हुई। यह मुझे अजीब लगा, जब तक कि मुझे कारण का एहसास नहीं हो गया। *अचानक ऑपरेशन से पहले वाली रात को मुझे यह एहसास हुआ कि मैं अब भयभीत नहीं था!*

क्या यह उन सब प्रार्थनाओं का परिणाम था? मुझे लगता है कि ऐसा ही था। ऑपरेशन से पहले वाली रात को मुझे सेहत का इतना ज़बर्दस्त एहसास हुआ कि मुझे लग ही नहीं रहा था कि मैं अस्पताल में भर्ती था। अगले दिन सुबह छह बजे एक नर्स ने मुझे उठाकर इंजेक्शन लगाया।

उसने कहा, "यह नींद का इंजेक्शन है।"

मैंने हँसकर कहा, "आप मुझे नींद से उठाकर नींद का इंजेक्शन लगा रही हैं?"

फिर मुझे ऑपरेशन रूम में ले जाया गया। ऐसा लग रहा था जैसे मैं, सफ़ेद मास्क पहने नर्स और डॉक्टर किसी ऐसी शक्ति के बीच में थे, जो डर को दूर भगा रही थी। मैं इसका वर्णन नहीं कर सकता। मैं तो बस इतना ही कह सकता हूँ कि मुझे ऐसा लगा, जैसे सब लोग मुझसे गहरा और व्यक्तिगत प्रेम करते हैं।

और ज़ाहिर है, यह स्वास्थ्य-सुधार के लिए आदर्श स्थिति है।

ऑपरेशन ख़त्म हो गया। फिर हमें एक सप्ताह तक इंतज़ार की यातना झेलना पड़ी। इसके बाद डॉक्टर अपनी रिपोर्ट लेकर आया। उसने मुझे तत्काल ऑपरेशन का परिणाम नहीं बताया। उसने मेरी आँखों में रोशनी डालकर उनकी जाँच की और फिर सपाट आवाज़ में कहा, "आपकी रिपोर्ट बहुत अच्छी है। आपके शरीर में कैंसर का कोई अवशेष नहीं है।"

क्या इसका मतलब यह था कि कैंसर पूरी तरह ठीक हो गया है? मैं डॉक्टर नहीं हूँ और मैं कैंसर की कार्यशैली को समझने का दावा भी नहीं करता हूँ। क्या यह पूरी तरह हट चुका था? क्या यह वापस

> लौटेगा? कोई भी सचमुच यह नहीं जानता। लेकिन मैं एक और तरह के उपचार के बारे में जानता हूँ, जो ज़्यादा महत्वपूर्ण हो सकता है।
>
> मैं पूरी ईमानदारी से यह कहना चाहूँगा कि मैंने व्यक्तिगत रूप से महसूस किया है कि प्रार्थना में ख़तरनाक से ख़तरनाक बीमारी का उपचार करने की शक्ति होती है - डर का उपचार करने की भी।

जॉन शेरिल के डर का उपचार हो गया। और ज़ाहिर है इस अनुभव का यह मतलब भी है कि आपके डर का भी उपचार हो सकता है, चाहे वह डर किसी भी चीज़ का हो। शर्त सिर्फ़ यह है कि आप प्रार्थना करके आस्था के संसार के द्वार खोल दें। ईश्वर ने हमसे यह वायदा किया है कि हम अपने डरों पर विजय पा सकते हैं, "क्योंकि मैं तुम्हारा ईश्वर तुम्हारा दायाँ हाथ थामकर तुमसे कहता हूँ, डरो नहीं, मैं तुम्हारी मदद करूँगा" (इसाइया 41:13)।

और वह करेगा। अपने डर को ईश्वर के हाथों में छोड़ दें और उसे वहीं रहने दें।

और अब हम सारांश में बताते हैं कि अगर आप किसी चीज़ से डरते हों, तो आपको उसके बारे में क्या करना चाहिए :

1. यह पता लगाएँ कि आप किस चीज़ से डरते हैं। इसे स्पष्ट कर लें। इसे अच्छी तरह पहचान लें और परिभाषित कर लें। यह देखें कि यह कौन सी चीज़ है। ठीक-ठीक जानें कि आपको किससे निबटना है।

2. अपने डर के स्रोत और कारणों का अध्ययन करें। अगर आपको पक्का यक़ीन न हो कि आप सही कारण जानते हैं, तो बेहतर होगा कि आप किसी विशेषज्ञ से परामर्श लें।

3. डर को निकालकर खुले में लाएँ। इसके रहस्य को दूर कर दें। इसे बाहर लाएँ, ताकि आप इस पर सचमुच आक्रमण कर सकें। अक्सर आपको बाद में हैरानी होगी कि आप इतने लंबे समय से एक छोटी सी चीज़ से डर रहे थे।

4. अपने मस्तिष्क में आस्था के विचार भर लें, क्योंकि आस्था से भरे मस्तिष्क में डर नहीं रह सकता। हमेशा याद रखें कि आस्था डर से ज़्यादा शक्तिशाली होती है। इसलिए आपमें जितनी ज़्यादा आस्था

होगी, डर उतना ही कम होगा। यह इतना ही आसान है, हालाँकि इस प्रक्रिया में कठोर अनुशासन की ज़रूरत होती है।

5. अपना सर्वश्रेष्ठ प्रयास करें, पूरी क्षमता से कोशिश करें। फिर तब तक अभ्यास करें, जब तक कि आप इसे दृढ़ता से विकसित न कर लें। फिर शांति से परिणामों को ईश्वर पर छोड़ दें।

6. अपने डर का सामना करें और इसे बुरे से बुरा करने की चुनौती दें। आम तौर पर इससे बुरा कुछ नहीं होगा, क्योंकि दरअसल ज़्यादातर डर कल्पना की उड़ान होते हैं।

7. जो डर असली होते हैं, जिनका सचमुच कोई आधार होता है, आपमें उनका सामना करने की सामर्थ्य है। ईश्वर आपको आवश्यक मानसिक और आध्यात्मिक शक्ति प्रदान करेगा। प्रार्थना करें।

8. हमेशा अपने आप से कहें कि ईश्वर की कृपा से आप किसी भी डरावनी स्थिति का सामना कर सकते हैं।

9. इस सबसे शक्तिशाली विचार और सच्चाई को अपने दिमाग़ में सबसे ऊपर रखें, "*मैं अकेला नहीं हूँ।* ईश्वर मेरा मित्र है, मेरा *सहारा* है। वह हमेशा मेरे साथ है।"

10. अंत में, अगर आपको ज़्यादा मदद की ज़रूरत हो, तो मैं आपको अपनी चौबीस पृष्ठ की बुकलेट *क्विट वरीइंग* मुफ़्त में भेज सकता हूँ। इसे मँगवाने के लिए इस पते पर लिखें : फ़ाउंडेशन फ़ॉर क्रिश्चियन लिविंग, पॉलिंग, न्यूयॉर्क।

अध्याय 8

सच्ची सुरक्षा कैसे महसूस करें

सुरक्षा का एहसास सबसे अनमोल संपत्तियों में से एक है। सुरक्षा महसूस हो, तो आप कार्यकुशल और संतुष्ट हो सकते हैं। सुरक्षा महसूस न हो, तो आप प्रभावी ढंग से काम नहीं कर सकते।

मुझे हाल ही में एक उल्लेखनीय पत्र मिला। इसमें एक महिला ने बताया कि उसने सुरक्षा के उन सभी साधनों को खो दिया, जिन पर इंसान आम तौर पर निर्भर रहता है। जब उसके पति ने अचानक उससे तलाक़ माँगा, तो वह 54 साल की थी और उसकी शादी को 31 साल हो चुके थे। इस तरह उसने अपना पति गँवा दिया। साथ में ही उसने अपना "घर" भी खो दिया, क्योंकि उसके लिए घर का मतलब वह जगह थी, जहाँ वह और उसका परिवार रहता हो। उसने अपना पुत्र भी खो दिया, क्योंकि कार दुर्घटना में उसकी मृत्यु हो गई। और फिर उसकी पुत्री ने विवाह कर लिया और दरअसल यह भी एक तरह का विछोह था - जैसा कि अपनी पुत्री के विवाह पर रोने वाली हर माँ जानती है।

तो फिर मदद के लिए वह कहाँ मुड़ी? यहाँ पर उस महिला के पत्र का अंश दिया गया है :

> मेरे लिए अपने पुत्र को खोना या अपनी पुत्री से विवाह के बाद दूर होना या अपने पति, घर या मित्रों से दूर होना आसान नहीं था, लेकिन मैंने पाया कि सुरक्षा इंसान के अपने भीतर होती है। सच्ची सुरक्षा व्यक्तियों, स्थानों या वस्तुओं में नहीं होती है। सही मायने में

हम किसी चीज़ के भी स्वामी नहीं होते हैं, हम तो सिर्फ़ अपनी चेतना में ऐसा मानते हैं।

यह दार्शनिक बात है और बहुत बढ़िया बात है। उसने तीन पारंपरिक तरीक़ों से सुरक्षा पाने की कोशिश की थी : व्यक्तियों, स्थानों और वस्तुओं द्वारा। अंततः वह इस नतीजे पर पहुँची कि वह वास्तविकता में नहीं, बल्कि सिर्फ़ चेतना में इन चीज़ों की स्वामी थी।

उसका मतलब यह है कि सुरक्षा भौतिक नहीं, बल्कि आध्यात्मिक मामला है। सच तो यह है कि सिर्फ़ आध्यात्मिकता द्वारा ही हमें सच्ची सुरक्षा मिल सकती है। आत्मविश्वासी और सुरक्षित अनुभव करने के लिए हमारे पास एक सुरक्षित आध्यात्मिक जीवन होना चाहिए, यानी हमें ईश्वर के क़रीब होना चाहिए।

यह विचार मनोविज्ञान के हिसाब से भी बहुत अच्छा है। विश्वप्रसिद्ध मनोविश्लेषक और वियेना यूनिवर्सिटी के प्रोफ़ेसर विक्टर फ्रैंकल *लोगो थेरेपी* यानी गॉड थेरेपी पर अमल करते हैं। उनका मानना है कि लोगों के ज़्यादातर मानसिक कष्टों का कारण यह है कि "हमने ख़ुद को ईश्वर की वास्तविकता के एहसास से दूर कर लिया है।" इसके साथ ही ज़िंदगी के अर्थ का एहसास भी चला जाता है। हम अच्छी भावनाएँ महसूस नहीं कर पाते हैं। हम निराशा और असुरक्षा महसूस करते हैं। लेकिन जब कोई व्यक्ति ईश्वर के क़रीब पहुँच जाता है, तो डॉ. फ्रैंकल के अनुसार उसे बहुत सुरक्षा मिलती है।

ईश्वर की उपस्थिति का एहसास कितना व्यावहारिक हो सकता है, यह इस पत्र में बताया गया है, जिसे मिडवेस्ट की एक महत्वपूर्ण कंपनी के वाइस-प्रेसिडेंट ने लिखा है :

> आपने मुझे सलाह दी थी कि मैं ईश्वर से उसी तरह बातें करूँ, जिस तरह अपनी कंपनी के प्रेसिडेंट से करता हूँ। मैं इसे प्रार्थना का नाम नहीं दूँगा, क्योंकि यह पारंपरिक प्रार्थना से अलग है। लेकिन पिछले कुछ सालों में पुस्तकें पढ़कर और आपकी सलाह पर चलकर मैं सचमुच यह महसूस करने लगा हूँ कि ईश्वर मेरे साथ मेरे ऑफ़िस में है, यात्रा में है, पैदल चलने में है या कॉन्फ्रेंस रूम में है। मैं सचमुच

यह महसूस करता हूँ कि वह मेरे क़रीब है और मैं उसके साथ अक्सर उसी तरह सहज ढंग से बातचीत करता हूँ, जिस तरह अपने किसी मित्र के साथ करता हूँ। आपने मुझे सिखाया है कि ईश्वर हमारा स्थायी मित्र है।

मैं आपको बता सकता हूँ कि मैं यह काम पिछले छह सालों से कर रहा हूँ। इस दौरान मुझे इस बात से कोई फ़र्क़ नहीं पड़ा कि बिज़नेस में मेरे सामने कौन सी समस्या आई। मुझे चिंता नहीं होती है, क्योंकि मैं जानता हूँ कि ईश्वर मेरे साथ है और मेरी मदद कर रहा है। मैं शायद ईश्वर से उस तरह से बात नहीं करता हूँ, जिस तरह से आप करते हैं। आप धार्मिक मोर्चे पर काम कर रहे हैं और मैं सांसारिक मोर्चे पर, लेकिन हमारा सोच दरअसल एक सा है। आप और मैं दोनों ही जानते हैं कि ईश्वर हमारे साथ है।

अपने दैनिक जीवन में धर्म के अद्भुत और व्यावहारिक महत्त्व का पता मुझे साठ साल का होने पर क्यों चला! जब से मैंने यह अद्भुत सच्चाई जानी है कि ईश्वर मेरा स्थायी मित्र हो सकता है, तब से हर चीज़ बदल गई है।

यह एक बिज़नेसमैन का पत्र है। उसकी ज़िंदगी बदल गई। उसका नज़रिया बदल गया, उसका ख़ुद पर नियंत्रण मज़बूत हो गया। उसकी उपलब्धियों का रिकॉर्ड बढ़ गया। और इस सबका कारण यह था कि उसने ईश्वर में सुरक्षा पा ली थी।

ईश्वर के क़रीब पहुँचने और उससे सुरक्षा पाने के बारे में बातें करते समय हम बहुत ही यथार्थवादी धरातल पर हैं। लेकिन असली सवाल यह है कि ईश्वर के क़रीब कैसे पहुँचा जाए? चूँकि बहुत से लोग मुझसे यह सवाल पूछते हैं, इसलिए मैंने एक ऐसा फ़ॉर्मूला खोज निकाला है, जिसे मैंने कई बार आज़माकर देखा है और बहुत उपयोगी पाया है।

1. ईश्वर की गहरी आवश्यकता महसूस करें।
2. ईश्वर की प्रबल इच्छा रखें।
3. गहरी प्रार्थना करें।
4. ईश्वर के पार्टनर बन जाएँ।

मेरे हिसाब से इस फ़ॉर्मूले का सबसे मुश्किल हिस्सा गहरी प्रार्थना करना सीखना है। यह सीखने के बाद ज़िंदगी सचमुच बदल जाती है। यह सीखने के बाद आप तत्काल ईश्वर की अपार शक्ति को महसूस करने लगते हैं। आप ज़िंदगी बदलने वाली सभी शक्तियों को अपनी आत्मा पर केंद्रित करने में समर्थ बन जाते हैं। ईश्वर की शक्ति हर समय हमारे चारों तरफ़ मौज़ूद होती है। प्रायः हम इसे सामान्य शक्ति के साथ अपनी समस्याओं पर केंद्रित करने में सक्षम होते हैं। लेकिन कई बार हम बहुत ज़्यादा शक्ति के साथ यह काम करने में समर्थ बन जाते हैं। यह शक्ति इतनी तीव्र होती है कि यह हमें हमारे अस्तित्व की गहराइयों तक हिला देती है।

ऐसा लगता है, जैसे ईश्वर की शक्ति सूर्य की रोशनी की तरह होती है। सूर्य की रोशनी हर दिन हमारे चारों तरफ़ होती है और हमारी ज़िंदगी को प्रभावित करती है। बचपन में हमने यह सीखा था कि सूर्य की रोशनी को काँच से केंद्रित करके इतनी ऊर्जा उत्पन्न कैसे की जाए कि काग़ज़ में आग लग जाए। हाल ही में, सेना के इंजीनियरों ने ऐसे लेंस और शीशे बनाए हैं, जो सूर्य की किरणों को इस तरह से बार-बार केंद्रित करते हैं कि अंततः एक परमाणु बम जितनी आणविक शक्ति विकसित हो सकती है! यह शक्ति इतनी प्रबल होती है कि चार इंच मोटे स्टील को उतनी ही आसानी से काट सकती है, जैसे वह बर्फ़ का टुकड़ा हो। और यह आश्चर्यजनक शक्ति सूर्य की केंद्रित या एकाग्र किरणों में छुपी होती है। इसी तरह केंद्रित या एकाग्र सकारात्मक आस्था के द्वारा ईश्वर की शक्ति भी हमारी समस्याओं को बड़ी आसानी से काटकर ज़बर्दस्त परिणाम दे सकती है।

गहरी प्रार्थना करने का यही मतलब है।

क्या आपको कभी ऐसा अनुभव हुआ है? आपको यह अनुभव हो सकता है, बशर्ते आप इसकी कोशिश करें और पूरे दिल, आत्मा तथा मन से प्रार्थना करें। जब आप सचमुच विश्वास और ईमानदारी से गहरी प्रार्थना करते हैं, तो आप अपनी असुरक्षा को जला सकते हैं और अपने मन तथा जीवन में एक नया विश्वास हासिल कर सकते हैं।

मुझे पच्चीस साल पहले एक ऐसा ही अनुभव हुआ था। वह अनुभव

आज भी मेरी आँखों के सामने उसी तरह आ जाता है, जैसे वह कल ही की बात हो। मिसेज़ पील और मैं इंग्लैंड के इंग्लिश लेक डिस्ट्रिक्ट में केसविक नामक छोटे शहर में ठहरे थे। वहाँ पर मुझे प्रार्थना का एक बहुत गहरा और अविस्मरणीय अनुभव हुआ। स्थिति यह थी।

मैं बुरी तरह असुरक्षित महसूस कर रहा था और मुझमें आत्मविश्वास की भारी कमी थी। कुछ समय पहले ही मैं मार्बल कॉलेजिएट चर्च का पास्टर बना था, जो न्यूयॉर्क शहर में फिफ़्थ एवेन्यू का एक मशहूर चर्च है। मैं युवा था, छोटी जगह से बड़े शहर में आया था और कुछ लोगों का कहना था कि मैं इस काम को नहीं सँभाल सकता। मुझे भी उनकी बात पर यक़ीन होने लगा। मैं अजीब तरीक़े से व्यवहार करने लगा, मैं बुरी तरह डर गया और मैं बस इतना जानता था कि मैं असफल हो जाऊँगा। इस मानसिक स्थिति में मैं और मेरी पत्नी इंग्लैंड की यात्रा पर निकले तथा केस्विक पहुँचे।

हम केस्विक होटल के सुंदर बगीचे में एक बेंच पर बैठे थे। हमारी शादी को सिर्फ़ दो साल हुए थे और मेरी पत्नी की उम्र हालाँकि कम थी, लेकिन उसमें दृढ़ता बहुत थी और वह आध्यात्मिक थी। उसने मुझसे साफ़-साफ़ शब्दों में कहा, "नॉर्मन, मैं तुम्हें समझ नहीं पा रही हूँ। मैं तुम्हारे धार्मिक उपदेश सुनती हूँ और जानती हूँ कि तुम सच्चे हो, लेकिन मैं यह भी जानती हूँ कि तुम अपने बारे में ज़रूरत से ज़्यादा ही सोच रहे हो। तुममें योग्यता तो है, लेकिन यह पूरी तरह तभी बाहर आ पाएगी, जब तुम अपने संकोच और असुरक्षा को ईश्वर को समर्पित कर दोगे।"

उसने मेरे हाथ पर अपना हाथ रखा। उसका हाथ कोमल, परंतु संकल्प से भरा था। उसने कहा, "हम यहाँ बैठते हैं और प्रार्थना करके इस समस्या को सुलझा लेते हैं। हम इस बेंच या बगीचे से तब तक बाहर नहीं जाएँगे, जब तक कि तुम अपनी ज़िंदगी को सचमुच ईश्वर के हवाले नहीं कर दोगे।" मैंने उसकी आँखों में झाँककर देखा और पाया कि उसकी बातों में सच्चाई थी।

हम वहाँ बहुत देर तक बैठे रहे। फिर मैं प्रार्थना करने लगा। मैंने सचमुच मुक्त होकर प्रार्थना की। इसमें मुझे बहुत कष्ट हुआ, क्योंकि

मैं ख़ुद से मुक्ति पाने की कोशिश कर रहा था। आख़िरकार उस प्रार्थना की गहराई में मैंने महसूस किया, जैसे कोई मुझे मुक्त कर रहा था। मुझे मुक्ति का अद्भुत एहसास हुआ। उसी पल से मेरी असुरक्षा तथा आत्मविश्वास की कमी की भावनाएँ कमज़ोर हो गईं। अंततः ईश्वर की मदद से मैंने ख़ुद को उनके जाल से बाहर निकाल लिया। बरसों बाद जब रैल्फ़ एडवर्ड्स ने अपने कार्यक्रम "दिस इज़ युअर लाइफ़" में अचानक मुझसे पूछा कि मेरा सबसे बड़ा आध्यात्मिक अनुभव कौन सा था, तो मैंने बिना झिझके उन्हें और लाखों दर्शकों को बता दिया कि केस्विक का अनुभव ही मेरा सबसे बड़ा आध्यात्मिक अनुभव था।

कोई भी अपनी असुरक्षा का जवाब खोज सकता है, बशर्ते वह पूरी शक्ति से प्रार्थना करे और तब तक करे, जब तक कि उसे ईश्वर की उपस्थिति का सचमुच एहसास न हो जाए। यह आसान या सतही काम नहीं है। यह तो गहराई में ड्रिलिंग करने की तरह है। पाइप को पानी के सामान्य स्तर से नीचे डालना पड़ता है। लेकिन एक बार जब आपूर्ति के इन गहरे स्रोतों का दोहन हो जाता है, तो वे छुटपुट सूखे में नहीं सूखते।

द *पॉवर ऑफ़ पॉज़िटिव थिंकिंग* की बदौलत मेरे कई अच्छे मित्र बने हैं। उनमें से एक हैं एल्मर कैरी। उन्होंने ईश्वर के क़रीब रहने और असुरक्षा पर विजय पाने की एक बहुत ही कारगर तकनीक विकसित की है।

एल्मर का काम असामान्य है। वे क़ब्रिस्तान के प्लॉट बेचते हैं। दरअसल क़ब्रिस्तान के प्लॉट बेचने के क्षेत्र में वे दुनिया के सबसे बड़े सेल्समैन हैं और उन्होंने एक अंतर्राष्ट्रीय प्रतियोगिता में इसका रिकॉर्ड भी बनाया है। आप सोच रहे होंगे कि वे ग़मगीन चेहरे वाले उदास व्यक्ति होंगे, लेकिन ऐसा नहीं है। वे प्रेम, सहजता और समर्पित सेवाभाव से अपना काम करते हैं। एल्मर लोगों से अपनी बात मनवाने में माहिर हैं। वे इस काम में इतने निपुण हैं कि हालाँकि वे ह्यूस्टन में क़ब्रिस्तान के प्लॉट बेचते हैं और मैं न्यूयॉर्क सिटी में रहता हूँ, लेकिन जब वे अपनी सेल्समैनशिप का जाल बिछाते हैं, तो मुझे उनसे

प्लॉट ख़रीदने के प्रलोभन से बचने के लिए अपनी पूरी ताक़त लगाना पड़ती है।

एक बार हम *एस.एस. कांस्टिट्यूशन* नामक जहाज़ में समुद्री यात्रा कर रहे थे। एल्मर पहली बार समुद्री यात्रा कर रहे थे, लेकिन इसके बावज़ूद उनकी हालत मुझसे अच्छी थी। दरअसल मौसम ख़राब था और दो-तीन दिन तक समुद्र के थपेड़े खाने के बाद मेरा जी घबराने लगा। मैं बिस्तर पर लेट गया।

बिस्तर पर लेटे हुए मुझे कुछ समय ही हुआ था कि तभी एल्मर ने दरवाज़े पर दस्तक दी और ख़ुशी से उछलते हुए अंदर आए। जब समुद्री यात्रा में आपका जी मचला रहा हो, तो अपने किसी साथी को ख़ुश देखने से बुरा अनुभव कोई दूसरा नहीं है।

उन्होंने पूछा, "आपको क्या हो गया?" मुझे लेटा देखकर वे सचमुच हैरान लगे।

उनसे असलियत छुपाने की कोशिश करते हुए मैंने मायूसी से कहा, "यूँ ही मैंने सोचा कि थोड़ा लेट लूँ।"

"आप बीमार तो नहीं हैं?"

"मैं इसे इस तरह से कहूँगा कि ज़िंदगी में मुझे हमेशा इससे बेहतर अनुभव ही हुए हैं। दरअसल, मुझे थोड़े चक्कर आ रहे हैं।"

वे बोले, "आपका सकारात्मक सोच कहाँ गया? मैं आपको सही चिंतन का एक सबक़ सिखाना चाहूँगा। आपके साथ समस्या यह है कि आप ईश्वर और उसकी अद्भुत सृष्टि के सामंजस्य में नहीं हैं। समुद्र ईश्वर का है - उसने इसे बनाया है। ईश्वर ने इंसानों के माध्यम से यह जहाज़ बनाया है। समुद्र में जहाज़ अपने स्वाभाविक माहौल में है और किसी जीवित वस्तु की तरह लहरों पर चल रहा है। यह बहुत ही आकर्षक और सुंदर तरीक़े से समुद्र में चल रहा है। आपको डेक पर आकर देखना चाहिए कि यह लहरों को कैसे उछाल रहा है। आपको आसमान में रुई की तरह तैरते बादलों को देखना चाहिए और हवा की सीटी सुनना चाहिए। बहुत ही बेहतरीन दृश्य है! वहाँ आप ईश्वर और उसकी बनाई सृष्टि के सौंदर्य के ज़्यादा क़रीब होंगे।"

मैंने प्रशंसा के भाव से कहा, "आपने बहुत अच्छी बात कही है। वैसे आपको यह विचार कहाँ से मिला?"

एल्मर ने हँसते हुए जवाब दिया, "आपके एक भाषण से।"

मैंने कपड़े पहने और एल्मर के साथ डेक पर पहुँच गया। लहरें हमारे सामने थीं, जिनका वर्णन उसने इतने प्रभावी ढंग से किया था। कुछ शुरुआती पलों के बाद मुझे अच्छा महसूस होने लगा। हम जहाज़ की गति के साथ लहराने लगे। हम ख़ुद को ईश्वर के समुद्र और उसकी लहरों के तालमेल में ले आए। फिर मुझे भी जहाज़ द्वारा समुद्र पर विजय पाने की लय का रोमांचक एहसास होने लगा। इसके बाद उस यात्रा में मेरा जी कभी नहीं घबराया।

एल्मर ने मुझे बताया कि उनके आत्मविश्वास और सुरक्षा का राज़ यह है कि वे ईश्वर के क़रीब रहते हैं। पहले वे काफ़ी असुरक्षित महसूस करते थे। इसका एक कारण उनका नाटापन था, जिससे वे काफ़ी चिंतित रहते थे, ख़ास तौर पर इसलिए क्योंकि वे दुबले भी थे। इसके अलावा, एल्मर ने मुझे एक बार बताया था कि उन्हें अपना नाम पसंद नहीं था। उन्होंने कहा, "मुझे 'एल्मर' नाम पसंद नहीं है। मैं यह कभी नहीं समझ पाऊँगा कि मेरे माता-पिता ने मेरा नाम एल्मर क्यों रखा! लेकिन मैंने बहुत समय पहले यह जान लिया था कि आत्मविश्वास आपके हुलिए या नाम से नहीं मिलता है। आत्मविश्वास तो ईश्वर के क़रीब ज़िंदगी गुज़ारने से मिलता है। ईश्वर के क़रीब रहकर आप असुरक्षित महसूस नहीं कर सकते हैं।"

मैंने जवाब दिया, "सच है, किसी मनुष्य का क़द उसके पैरों की लंबाई से नहीं, बल्कि उसके मस्तिष्क की ऊँचाई से तय होता है।"

मैं सोचता हूँ कि एल्मर का एक वाक्य याद रखने लायक है, "ईश्वर के क़रीब रहकर आप असुरक्षित महसूस नहीं कर सकते हैं।" एल्मर कैरी ईश्वर के क़रीब ज़िंदगी बिताने में काफ़ी समय लगाते हैं। एक बार उन्होंने मुझे बताया था कि हर सुबह वे तीस मिनट तक ईश्वर का सुरक्षा कवच पहनते हैं।

उन्होंने अपनी आँखों में चमक के साथ कहा, "मैं अपने सिर की रक्षा के लिए 'मुक्ति का हेलमेट' पहनता हूँ। यह मेरे मस्तिष्क और

विचारों की रक्षा करता है। फिर अपने हृदय को सुरक्षित और मज़बूत रखने के लिए मैं 'आस्था की ढाल' पहनता हूँ। लेकिन डर अब भी मौज़ूद रहते हैं, इसलिए मैं 'आत्मा की तलवार' लेकर उन चीज़ों से मुक़ाबला करने निकल पड़ता हूँ, जिनसे मैं डरता हूँ।" (एफिसियन्स 6:13-17)

क्या इसमें कोई हैरानी की बात है कि एल्मर कैरी आत्मविश्वास से भरपूर हैं? वे कहते हैं, "ईश्वर के क़रीब रहकर आप असुरक्षित महसूस नहीं कर सकते हैं।" मित्रो, यही मुख्य बात है। बाइबल में इसे दूसरे तरीक़े से कहा गया है, "ईश्वर के भय में प्रबल आत्मविश्वास है" (प्रोवर्ब्स, 14:26)। "ईश्वर के भय" का क्या मतलब है? मुझे कभी यह वाक्य बहुत पसंद नहीं आया, क्योंकि मैं महसूस करता हूँ कि "भय" शब्द का ग़लत अर्थ निकलता है। मुझे लगता है, इस अवधारणा में "भय" की जगह "श्रद्धा" या "सम्मान" शब्द का प्रयोग किया जाना चाहिए। ईश्वर के प्रति सम्मान में प्रबल आत्मविश्वास है। जब कोई व्यक्ति ईश्वर के क़रीब होता है और उनकी योजना के तालमेल में जीता है, तो उसकी कमज़ोरियाँ, उसकी आत्म-शंकाएँ, उसका शर्मीलापन, उसका संकोच सब कुछ विखंडित हो जाता है।

मैं एक और व्यक्ति को जानता हूँ, जो ईश्वर के क़रीब पहुँचने के लिए हर दिन एक निश्चित समय देता है और इस तरीक़े से प्रबल आत्मविश्वास हासिल करता है। वे रॉय एल. स्मिथ नामक प्रख्यात लेखक हैं। कुछ समय पहले उन्होंने सुझाव दिया कि आम तौर पर लिए जाने वाले "कॉफ़ी ब्रेक" की जगह हमें "बाइबल ब्रेक" लेना चाहिए। उन्होंने कहा, "यह अच्छा विचार है। दरअसल हम कॉफ़ी ब्रेक के साथ-साथ बाइबल ब्रेक भी ले सकते हैं।"

यह विचार मुझे अद्‌भुत और दमदार लगा। मैंने अपने लेखन और भाषणों में लोगों को ऐसा करने की सलाह दी। एक पाठक को यह विचार बहुत पसंद आया और उसने इसे आज़माने का फ़ैसला किया। हफ़्ते में पाँच दिन अपने ऑफ़िस में कॉफ़ी पीते समय वह बाइबल पढ़ने लगा। उसने न्यू टेस्टामेंट से बाइबल शुरू की। एक बार पूरी बाइबल पढ़ने के बाद उसने इसे दोबारा पढ़ा, क्योंकि वह इससे बहुत प्रभावित

हुआ था। फिर उसके साथ ऐसी घटनाएँ होने लगीं, जिनमें ज़िंदगी बदलने की क्षमता थी। "मैंने पाया कि मेरे साथ घटनाएँ होने लगी थीं। हैरानी की बात यह है कि अब मुझे पहले जितनी घबराहट नहीं हो रही थी। मैं स्थिति को लेकर पहले की तरह नकारात्मक महसूस नहीं कर रहा था। फिर मैंने पाया कि लोग ज़्यादा दोस्ताना हो गए हैं। ऐसी कुछ विचित्र स्थितियाँ उत्पन्न हुईं, जिनका श्रेय सिर्फ़ ईश्वर के मार्गदर्शन को दिया जा सकता है। कुल मिलाकर, बाइबल ने मुझे सुरक्षा और आत्मविश्वास का एक नया एहसास दिया।"

आत्मविश्वास उत्पन्न करने की यह एक अद्‌भुत तकनीक है। मुझे पूरा विश्वास है कि अगर कोई इंसान सप्ताह में पाँच दिन तक पूरे साल इस योजना पर निष्ठा से चले, तो वह पूरी तरह बदल जाएगा। फिर उसे कोई भी चीज़ गिरा या डिगा नहीं पाएगी। मैं यह बात इतने विश्वास से इसलिए कह सकता हूँ, क्योंकि मैंने इसे कई बार होते देखा है। बाइबल ब्रेक की अवधारणा से मिलती-जुलती एक अवधारणा ने इसका प्रमाण दिया है। हमने 1951 में एक छोटी सी पुस्तक *थॉट कंडीशनर्स* लिखी और प्रकाशित की थी। *द पॉवर ऑफ़ पॉज़िटिव थिंकिंग* के पृष्ठ 109 के फ़ुटनोट में मैंने लोगों से यह आग्रह किया था कि वे *थॉट कंडीशनर्स* की मुफ़्त प्रति मँगवा लें। इसका परिणाम यह हुआ कि अब तक हम उस चालीस पेज की पुस्तक की दस लाख से ज़्यादा प्रतियाँ बाँट चुके हैं।

थॉट कंडीशनर्स में दिए गए विचारों का लोगों पर सकारात्मक प्रभाव पड़ा है। बहुत से लोगों ने मुझे बार-बार बताया है कि बाइबल के इन सशक्त विचारों के कारण उनकी ज़िंदगी बदल गई है। चूँकि आप जो पुस्तक पढ़ रहे हैं, वह सकारात्मक सोच के अद्‌भुत परिणामों के बारे में है, इसलिए मैं *थॉट कंडीशनर्स* के दो विचार बताना चाहूँगा।

थॉट कंडीशनर्स एक पॉकेट साइज़ की पुस्तिका है, जिसमें बाइबल के चालीस रचनात्मक और सशक्त अंश हैं। विचार यह है : जिस तरह आप किसी कमरे को एयर-कंडीशन करते हैं, उसी तरह आप अपने मस्तिष्क को विचारों से कंडीशन कर सकते हैं। ऐसा करते समय सबसे पहले तो आपको यह सोचना चाहिए कि आप अपने विचारों का बड़ा

ऑपरेशन करने वाले हैं। आप निश्चित रूप से असुरक्षा के पुराने विचारों से मुक्ति पाने वाले हैं। उनकी जगह पर आप सच्ची आस्था और सुरक्षा के विचारों को स्थापित करने वाले हैं। यह विस्थापन का ऑपरेशन होगा। इसे करने का एक तरीक़ा तो यह है कि आप *थॉट कंडीशनर्स* में दिए गए हर अंश को याद कर लें। इसका एक उदाहरण देखें :

> "आप कुछ भी चाहते हों, जब आप प्रार्थना करते हैं और आपको यह विश्वास होता है कि वे चीज़ें आपको मिल जाएँगी, तो अंततः वे आपको मिल जाती हैं" (मार्क 11:24)।

फिर इस थॉट कंडीशनर का प्रयोग करने की तकनीक के बारे में सारांश में समझाया गया है। इस थॉट कंडीशनर का स्पष्टीकरण यह है:

> सफलतापूर्वक प्रार्थना करने के लिए आपको वाक्यों और चित्रों का प्रयोग करना चाहिए। अपने मस्तिष्क में कमी, अस्वीकृति, कुंठा या बीमारी की तस्वीर न देखें। इसके बजाय समृद्धि, प्रचुरता, उपलब्धि और सेहत की तस्वीर देखें। हमेशा याद रखें कि प्रार्थना का परिणाम आपको शब्दों के अनुसार नहीं, बल्कि विचारों के अनुसार मिलेगा। अगर आप विजय की प्रार्थना करते हैं, लेकिन पराजय के बारे में सोचते हैं, तो आपके शब्द बेकार चले जाएँगे, क्योंकि आपके हृदय ने पराजय को पहले से ही स्वीकार कर लिया है।
>
> इसलिए प्रार्थना करते समय यह विश्वास करें कि आपको ईश्वर के असीम वरदान मिल रहे हैं। कुछ समय बाद वे आपको सचमुच मिल जाएँगे।

दिन भर बाइबल के उस वाक्य को याद करें और उसे दोहराते रहें, जब तक कि वह आपको अच्छी तरह याद न हो जाए। फिर दूसरे दिन दूसरे *थॉट कंडीशनर* को चुनें और *उसे पहले के साथ जोड़ दें।* थॉट कंडीशनिंग इसी तरीक़े से काम करती है। जब आप एक थॉट कंडीशनर के बाद दूसरे थॉट कंडीशनर को याद करेंगे, तो इससे पहला आपके मस्तिष्क में ज़्यादा गहराई तक पहुँच जाएगा। अगले दिन

तीसरा जुड़ जाता है और फिर हर दिन एक नया थॉट कंडीशनर जुड़ता चला जाता है। इससे मस्तिष्क के नकारात्मक विचार बाहर निकल जाते हैं। इस प्रक्रिया को चालीस दिन तक लगातार जारी रखें। हर दिन पहले सीखे गए वाक्यों को दोहराएँ, जब तक कि आपको सभी चालीस अंश याद न हो जाएँ और इतनी अच्छी तरह याद न हो जाएँ कि आप उन्हें नींद में भी दोहरा सकें। इसके प्रभाव को देखकर आप ख़ुद हैरान रह जाएँगे। हज़ारों लोग इसके सशक्त परिणामों के प्रत्यक्ष प्रमाण हैं।

मैं किसी को भी यह चुनौती देता हूँ कि इन रचनात्मक विचारों से अपने दिमाग़ को गहराई तक सराबोर करने के बाद वह असुरक्षित रहकर या आत्मविश्वास की कमी से ग्रस्त होकर दिखा दे। थॉट कंडीशनिंग कितनी अच्छी तरह काम करती है, इसका उदाहरण मुझे स्टेट एसोसिएशन ऑफ़ बिज़नेसमेन की लंच मीटिंग में मिले एक व्यक्ति ने बताया। अनगढ़ हीरे जैसा वह व्यक्ति मेरी टेबल के पास आकर मुझसे बोला, "डॉक्टर, मैं आपको सिर्फ़ यह बताना चाहता हूँ कि आज मैं राज्य विधानसभा में सिर्फ़ इसलिए हूँ क्योंकि मैंने *द पॉवर ऑफ़ पॉज़िटिव थिंकिंग* पढ़ी थी और आपकी *थॉट कंडीशनर्स* पुस्तिका मँगाई थी। वे मेरे लिए इतनी महत्वपूर्ण हैं कि मैं उनके बिना आगे नहीं बढ़ सकता हूँ। उन्होंने मुझे असुरक्षा के जाल से बाहर निकाला और सच्चे आत्मविश्वास से पूर्ण व्यक्ति में बदल दिया। मैंने बाइबल के अंशों का प्रयोग करने की आपकी योजना पर अमल किया। कुछ ही समय में मैं डर और हीन भावना से उबर गया। तभी जाकर मैं राजनीति में क़दम रख पाया, जहाँ लोगों को पसंद करना और उनके साथ काम करना बहुत महत्वपूर्ण होता है। अपने मस्तिष्क की थॉट-कंडीशनिंग करके मैंने अपनी असुरक्षा को ख़त्म कर लिया। नहीं, यह मैंने नहीं," उसने ख़ुद को सुधारते हुए कहा, "ईश्वर ने किया था। अब मैं अपने देश और ईश्वर के लिए कुछ करने की कोशिश कर रहा हूँ।" मेरे पास वाली कुर्सी पर बैठे व्यक्ति ने यह चर्चा सुनकर कहा, "मैंने जैक में जितना बड़ा परिवर्तन देखा, उतना शायद ही कभी किसी दूसरे व्यक्ति में देखा होगा। अब मुझे पता चला कि यह परिवर्तन थॉट कंडीशनिंग की बदौलत हुआ था!" उसने भी पुस्तिका माँगी, ताकि वह भी उस योजना को आज़मा सके।

कुछ महीने बाद मैं एक पश्चिमी शहर में एक होटल में ठहरा। मैनेजर मेरे पास आया और मुझे *थॉट कंडीशनर्स* की एक पुरानी, गंदी, ख़स्ताहाल प्रति दिखाई। "डॉ. पील, मैं आपको सिर्फ़ यह बताना चाहता हूँ कि इस पुस्तक के कारण ही मैं आज इस बिज़नेस में सफल हूँ। मैं इसके सहारे कर्ज़ की कई बुरी स्थितियों से बाहर निकला हूँ और इसी की बदौलत आज मेरी हालत इतनी अच्छी है।"

चूँकि उसकी पुस्तिका की हालत काफ़ी ख़स्ता थी, इसलिए मैंने उसे नई प्रति मँगाने की सलाह दी। मैंने कहा, "जब मैं न्यूयॉर्क लौटूँगा, तो आपको नई प्रति भिजवा दूँगा।"

उसने कहा, "नहीं सर। पुस्तिका की इसी प्रति ने यह काम किया था। मुझे इसी विशेष पुस्तिका से प्रेम है और इसे मैं किसी भी क़ीमत पर नहीं बदलूँगा। पहले तो मुझे लगा कि बाइबल की कुछ पंक्तियाँ याद करने का विचार बहुत आसान था। मुझे यह भी लगा कि विचारों को दोबारा कंडीशन करने का आपका विचार अजीब है। मैंने इसके बारे में पहले कभी नहीं सुना था। लेकिन फिर मेरी इच्छा जाग गई। मैंने यह काम किया और मैं इतना ही कहना चाहता हूँ कि इस आसान आदत ने मेरी ज़िंदगी बदल दी है। इसने मेरे सभी पुराने नकारात्मक तथा पराजयवादी विचारों को जला दिया है और मुझमें इतना ज़्यादा आत्मविश्वास भर दिया है, जितना पहले कभी नहीं था।"

कनेक्टिकट के एक व्यक्ति ने बुरे समय का सामना किया था। नीचे दिए गए पत्र में उसने बताया है कि उसने सुरक्षा का एहसास कैसे पाया और एक नया बिज़नेस कैरियर कैसे बनाया। यह सकारात्मक सोच की अद्‌भुत शक्ति का एक और उदाहरण है :

> लगभग पाँच साल पहले मेरा बिज़नेस ठप्प हो गया था। मैं बहुत ही मुश्किल दौर से गुज़र रहा था। तभी मेरे एक मित्र ने मुझे *द पॉवर ऑफ़ पॉज़िटिव थिंकिंग* पढ़ने की सलाह दी। पहला अध्याय पढ़ते ही मैं आपका शिष्य बन गया। मैंने *थॉट कंडीशनर्स* की एक प्रति भी मँगवाई और उसके निर्देशों का पूरी तरह पालन किया। मैंने अपनी मुश्किल को दूर करने के लिए इस पर अमल किया, अध्ययन किया और प्रार्थना की। मैं जानता हूँ कि आपको यह सुनकर हैरानी नहीं

होगी कि *थॉट कंडीशनर्स* के सभी अंशों को याद करने से पहले ही रास्ता निकल आया। मैंने बिज़नेस बंद कर दिया और हर कर्ज़दाता से मिलने गया। मैं इस बात से हैरान था कि उनका सामना करने में मुझे ज़रा भी डर नहीं लगा। मैंने पाया कि वे लोग मुझे एक और मौक़ा देने के लिए तैयार थे, ताकि मैं दिवालिया हुए बिना इस स्थिति को सुलझा सकूँ। मैंने अपने बैंकर से बात की और अपने मकान को गिरवी रखकर 3,500 डॉलर का लोन ले लिया। फिर मैंने अपने सारे कर्ज़ चुका दिए। मैं बता नहीं सकता कि निराशा के इस पहाड़ को इतने कम समय में पार करने से मुझे कितनी राहत मिली! इससे यह सचमुच साबित हो गया कि "जो चीज़ें इंसान के लिए असंभव होती हैं, वे ईश्वर के साथ होने पर संभव हैं।" और *थॉट कंडीशनर्स* का आपका यह अंश भी सही साबित हुआ : "तनावमुक्त रहें। चिंता न करें। दहशत में आने से बचें..."

अगले ही दिन प्रार्थना की बदौलत मुझे एक एयरक्राफ़्ट कंपनी में एयरक्राफ़्ट मैकेनिक की नौकरी मिल गई, हालाँकि मैं दस साल से भी ज़्यादा समय से इस क्षेत्र से दूर रहा था। मैं तेज़ी से अपने वर्तमान पद तक पहुँचा हूँ, जहाँ मुझे फ़ैक्ट्री के सबसे मुश्किल रिपेयर जॉब दिए जाते हैं। यह ईश्वर की **शक्ति** का एक और सबूत है।

कुछ महीने बाद मैंने समर्पित संगीतकारों के एक समूह के साथ मिलकर अपना ख़ुद का बैंड बना लिया। पंद्रह साल में पहली बार मैं किसी बैंड का लीडर बना हूँ। हमें पहले दिन से ही सफलता मिलने लगी और हमारे सामने हर दिन सफलता के नए क्षेत्र खुल रहे हैं।

अपने भीतर आत्मविश्वास विकसित करने के लिए *थॉट कंडीशनर्स* को आज़माकर देखें। इसके अंशों से अपने दिमाग़ को भर लें। इन सशक्त सिद्धांतों का लाभ उठाएँ। मुझे विश्वास है कि ऐसा करने पर आपको सुरक्षा का इतना गहरा एहसास होगा, जितना आज तक नहीं हुआ होगा। हालाँकि इस पुस्तिका की प्रति आपको देने में मुझे ख़ुशी होगी, लेकिन सच कहा जाए, तो आपको इस पुस्तिका की ज़रूरत ही नहीं है। आप बाइबल पढ़कर ख़ुद ही आस्था, शक्ति और शांति से संबंधित वाक्य खोज सकते हैं। हर दिन कम से कम एक वाक्य को

अपने दिमाग़ में इतनी गहराई तक बैठा लें कि वह आपके दिलोदिमाग़ पर छा जाए।

आत्मविश्वास से जीने के बारे में एक और महत्वपूर्ण बात है। और यह है चर्च का महत्व। चर्च सुरक्षा का अद्भुत स्रोत है, क्योंकि यहाँ पर लोग सदियों से ईश्वर के जीवन बदलने वाले सकारात्मक नियमों का अनुभव करने की कोशिश में इकट्ठे हो रहे हैं। चर्च की आराधना सिर्फ़ एक औपचारिक कर्तव्य ही नहीं है, जिसे करना ज़रूरी है। यह सबसे बड़ी शक्ति का साक्षात्कार है। दरअसल चर्च शक्ति का सर्वश्रेष्ठ प्रसारण केंद्र है। इसके द्वारा सर्वशक्तिमान ईश्वर की दैदीप्यमान और ज़िंदगी बदलने वाली ऊर्जा प्रवाहित होती है।

चर्च ने जितने सच्चे, समझदार और प्रभावशाली सकारात्मक चिंतक उत्पन्न किए हैं, उतने शायद दुनिया की किसी भी अन्य संस्था ने नहीं किए हैं। और ऐसा इसलिए है, क्योंकि यह आस्था की शक्ति सिखाता है। यह मानसिक शांति प्रदान करता है और ये गुण प्रभावी मानसिक प्रक्रियाओं के लिए अनिवार्य हैं। चर्च मनुष्य को आशा, प्रेम और आत्मविश्वास देता है। वैसे आपको चर्च में भी कुछ उदास, तनावग्रस्त, नकारात्मक, यहाँ तक कि घटिया लोग मिल सकते हैं। इस बारे में दो बातें कही जा सकती हैं : पहली तो यह कि उन्होंने चर्च की शिक्षा को ग्रहण नहीं किया है, और दूसरी यह कि ऐसे लोगों का चर्च में आना अच्छी बात है। इसका यह मतलब है कि उनके कल्याण की कुछ उम्मीद अब भी बाक़ी है। ज़ाहिर है, चर्च सकारात्मक चिंतकों को इसलिए उत्पन्न करता है, क्योंकि इसके पीछे ईसाई धर्म की जीवन बदलने वाली शक्ति है। जब इस शक्ति को ज़िंदगी में लाया जाता है, तो कमज़ोरियाँ नाटकीय रूप से ख़त्म हो जाती हैं और शक्ति में आशातीत वृद्धि होती है। ईसाई धर्म सचमुच किसी भी व्यक्ति को बदल सकता है, बशर्ते वह बदलना चाहे।

द *पॉवर ऑफ़ पॉज़िटिव थिंकिंग* में मैंने पाठक को यह सलाह दी थी कि वह ईसा मसीह के सिखाए सिद्धांतों पर लगातार अमल करे। मैंने यह भी कहा था कि अगर पाठक ईसाई धर्म का न हो, तो वह अपने ईश्वर के सिखाए सिद्धांतों पर अमल करे। चर्च की आराधना की

सलाह मैं इसलिए देता हूँ, क्योंकि यह व्यक्तिगत समस्याओं को सुलझाती है, मानवीय कल्याण में योगदान देती है और ईश्वर को जानने में मदद करती है।

मेरे एक पाठक का चर्च से कभी संपर्क नहीं रहा था। उसने मेरे धार्मिक सुझाव का विरोध किया। उसने कहा, "मैंने पुस्तक का ज्ञान ले लिया, लेकिन धर्म को छोड़ दिया। दरअसल, मुझे लगा कि आप धर्म को सिर्फ़ इसलिए बीच में लाए थे, क्योंकि आप पादरी हैं।" बहरहाल, मेरे ज़ोर देने पर उसे विश्वास हो गया कि धर्म महत्वपूर्ण है। इसलिए एक रविवार को वह पड़ोस के एक चर्च में गया। दुर्भाग्य से उस दिन पादरी ने अपने भाषण में बिज़नेसमैनों की आलोचना की और कहा कि उनका समाज पर बुरा प्रभाव पड़ता है। चर्च में ज़्यादा लोग नहीं थे। कुल मिलाकर, वहाँ पर उसे न तो प्रेरणा मिली, न ही उत्साह से भरा माहौल। इस व्यक्ति को किसी आध्यात्मिक शक्ति का एहसास भी नहीं हुआ, जैसा मैंने उससे वायदा किया था।

मेरा यह पाठक इतना ग़ुस्सा हुआ कि उसने मुझे एक तीखा पत्र लिखा, जिसके अंत में उसने लिखा कि चर्च से अब उसका रिश्ता हमेशा के लिए ख़त्म हो चुका है। बहरहाल, उसने यह स्वीकार किया कि उसे सचमुच बदलने की ज़रूरत है, इसलिए वह पुस्तक के सिद्धांतों का पालन तो करेगा, लेकिन चर्च से किसी तरह का संबंध नहीं रखेगा।

मैंने जवाब में यह सुझाव दिया कि सिर्फ़ एक प्रवचन से किसी उपदेशक का मूल्यांकन करना उचित नहीं है। सिर्फ़ एक दुर्भाग्यपूर्ण संपर्क के कारण चर्च जैसी बड़ी और विशाल संस्था को छोड़ना उचित नहीं है। मैंने उसे एक और चर्च का नाम सुझाया, जो उसके घर से ज़्यादा दूर नहीं था। मैं जानता था कि वहाँ के पादरी में संक्रामक आस्था और उत्साह है।

थोड़ा ठंडा होने पर मेरा मित्र उस चर्च में गया। वहाँ उसे बहुत से उत्साही लोग नज़र आए।

> वे सब मुझे ख़ुश दिखे। हर व्यक्ति बहुत दोस्ताना था। पादरी बहुत ही विश्वासपूर्ण लग रहा था। वह इतना सच्चा, दयालु और

ज़मीन से जुड़ा हुआ था कि वह मुझे पसंद आया। मैं वहाँ जाता रहा।

एक दिन पादरी ने मुझसे उन लोगों के समूह में शामिल होने का अनुरोध किया, जो सप्ताह में एक बार लंच पर मिलते थे। मुझे हैरानी हुई कि वे लोग धर्म संबंधी बातें करने में आनंदित होते थे और वे अपनी व्यक्तिगत तथा व्यावसायिक समस्याओं को सुलझाने के लिए इसका प्रयोग भी करते थे। मैं यह देखकर हैरान हो गया। बहरहाल मैं इन बैठकों में जाता रहा। जल्दी ही मुझे यह एहसास हो गया कि आपने अपनी पुस्तक में सही कहा था : ईसाई धर्म दरअसल एक जीवनशैली है। कम से कम इन लोगों के बारे में यह सही था। एक दिन एक व्यक्ति बोला कि वह पहले बहुत असुरक्षित था और अपूर्णता तथा हीनता की भावनाओं के कारण उसने ज़िंदगी में बहुत कष्ट उठाया था।

यह तो मेरा ही वर्णन था। मैंने उसकी बातें ध्यान से सुनीं। उसने बाद में बताया कि उसने आध्यात्मिक मानसिकता वाले लोगों के साथ रहकर अपनी समस्याओं को सुलझा लिया है और शांति तथा नई शक्ति प्राप्त कर ली है। यह सुनकर मैंने फ़ैसला कर लिया कि अगर मैं भी ऐसा ही करूँ, तो मुझे भी ये चीज़ें मिल सकती हैं।

रविवार को चर्च में हम शांत रहते हैं। विशाल समुदाय मौन प्रार्थना करता है। इसमें कोई शक नहीं है कि ऐसा करने पर सच्ची शक्ति उत्पन्न होती है। अचानक एक रविवार को मुझे शांति का अद्‌भुत एहसास हुआ। मैं भावुक नहीं हूँ या कम से कम मुझे ऐसा नहीं लगता है, लेकिन उस दिन मेरी आँखों में आँसू आ गए। मैंने सचमुच ईश्वर की उपस्थिति महसूस की। यह निश्चित रूप से हुआ होगा, क्योंकि इसके बाद मेरी सारी पुरानी असुरक्षाएँ जा चुकी थीं। यह बहुत अद्‌भुत था! यह मेरी ज़िंदगी की सबसे बड़ी घटना थी।

और इस तरह उस आदमी का पत्र समाप्त होता है, जिसने आध्यात्मिक साहचर्य द्वारा सुरक्षा प्राप्त की।

अंत में सारांश में मैं आपको सुरक्षा और आत्मविश्वास हासिल करने के लिए नीचे दिए फ़ॉर्मूले का प्रयोग करने का सुझाव देता हूँः

1. यह जानने के लिए ख़ुद का अध्ययन करें कि *आपको* असली सुरक्षा कहाँ से मिलती है। उन चीज़ों की जाँच करें, जिन पर आप इस समय सुरक्षा के लिए निर्भर हैं। व्यक्ति? स्थान? वस्तुएँ? क्या उनसे सचमुच सुख मिलता है? या फिर आपको ईश्वर के क़रीब जाकर आध्यात्मिक क्षेत्र में अधिक मूलभूत सुरक्षा की तलाश करने की ज़रूरत है?

2. ईश्वर के क़रीब पहुँचने के लिए नीचे दी गई बातों का अभ्यास करें:

ईश्वर की गहरी आवश्यकता महसूस करें।
ईश्वर की प्रबल इच्छा रखें।
गहरी प्रार्थना करें।
ईश्वर के पार्टनर बन जाएँ।

3. ईश्वर को अपना वास्तविक पार्टनर बना लें। अपने विचारों और कार्यों में ईश्वर को मार्गदर्शन करने दें।

4. अपनी असुरक्षा के विचारों को दूर हटाने के लिए सुनियोजित विचार-विस्थापन की योजना पर चलें और उनकी जगह पर आत्मविश्वास के विचार स्थापित कर लें।

5. आत्मविश्वास से भरे और सुरक्षित मानसिकता वाले लोगों के संपर्क में रहें। ये भावनाएँ संक्रामक होती हैं।

6. सकारात्मक विचार पढ़ें और उन पर अमल करें।

7. सकारात्मक सशक्त चर्च खोजें, जहाँ विजयी जीवन जीने का तरीक़ा सिखाया जाता है और उस पर अमल किया जाता है। ऐसे रचनात्मक आध्यात्मिक समुदाय का अनिवार्य हिस्सा बनें। इसे कुछ दें। इससे कुछ लें। विश्वास करें, बाँटें और शक्ति से भरी आस्था का अभ्यास करें।

अगर आप ऊपर दिए गए क़दम उठाते हैं, तो आपको प्रबल आत्मविश्वास मिलेगा, जो आपकी असुरक्षा को दूर कर देगा।

अध्याय 9

अपनी मुश्किलों से कैसे निबटें

मुश्किलें आपको मिटा भी सकती हैं और आपको बना भी सकती हैं। सब कुछ इस बात पर निर्भर करता है कि आप उन्हें किस तरह से देखते हैं और उनके साथ क्या करते हैं। जेम्स रसेल लॉवेल ने कहा था, "दुर्घटनाएँ चाकुओं की तरह हैं, जो या तो हमारी सेवा कर सकते हैं या फिर हमें चोट पहुँचा सकते हैं, जो इस बात पर निर्भर करता है कि हम उन्हें धार वाले सिरे से पकड़ते हैं या मूठ वाले सिरे से।"

अगर आप अपनी मुश्किल को धार वाले सिरे से पकड़ेंगे, तो आपको चोट लगेगी। लेकिन अगर आप उसे मूठ वाले सिरे से पकड़ेंगे, तो आप उसका रचनात्मक प्रयोग कर सकते हैं। मूठ वाले सिरे से मुश्किल को पकड़ना कठिन हो सकता है, लेकिन ऐसा किया जा सकता है - यह बात तय है। और ऐसा करने की कुछ व्यावहारिक तकनीकें हैं, जिन्हें आज़माया तथा परखा जा चुका है।

वैसे मैं आपको यह बता दूँ कि अगर आपके सामने मुश्किलें हैं, तो दरअसल आपको ख़ुश होना चाहिए। मुश्किलों के बिना ज़िंदगी जीने लायक नहीं है। हालाँकि जीवन में इसके कुछ अप्रिय परिणाम भी मिल सकते हैं, लेकिन विकास करने और दिशा पाने के लिए मुश्किलें अनिवार्य हैं।

हाल में मैं बोइंग जेट 707 हवाई जहाज़ में बैठकर न्यूयॉर्क से लॉस एंजेलिस तक गया। मैंने देखा कि इसके पंख की सतह के बीच में और इसकी पूँछ पर छोटे-छोटे ब्लेड थे। पूछने पर मुझे पता चला कि इन

ब्लेडों को वोर्टेक्स जेनरेटर कहते हैं। वे हवा के प्रवाह को इस तरह से काटते हैं, ताकि हवा पीछे के पंख वाले हिस्से के ऊपर से गुज़रे। इंजीनियरों ने मुझे बताया कि अगर हवा की स्थिति बहुत अच्छी हो, तो इन बड़े हवाई जहाज़ों का पिछला हिस्सा अच्छी तरह काम नहीं करता है, इसलिए कृत्रिम बवंडर उत्पन्न किया जाता है। यह बवंडर बाधा डालता है, जो सटीक दिशा के लिए ज़रूरी है। इसी तरह ईश्वर ने बुद्धिमत्तापूर्वक इंसानों की ज़िंदगी में वोर्टेक्स जेनरेटर लगा रखे हैं।

कई लोग मुझे पत्र लिखकर यह शिकायत करते हैं कि उनके सामने बहुत सी समस्याएँ हैं। वे पूछते हैं, "क्या किसी के सामने इतनी सारी समस्याएँ होना चाहिए ?"

वास्तविकता तो यह है कि समस्याएँ ज़िंदगी की निशानी हैं! दरअसल समस्याएँ जितनी ज़्यादा होंगी, आप उतने ही ज़्यादा जीवंत होंगे। मैंने सिर्फ़ एक ही जगह देखी है, जहाँ लोगों के पास समस्याएँ नहीं हैं। वह जगह है क़ब्रिस्तान और वहाँ के सारे लोग मर चुके हैं। अगर आपके सामने समस्याएँ हैं, तो ख़ुश हों। ईश्वर को आपकी क्षमता पर विश्वास है, इसीलिए उसने आपको समस्याएँ दी हैं। इस विश्वास के लिए उसे धन्यवाद दें। उसे विश्वास है कि आपके पास उनसे निबटने की क्षमता है।

इस अध्याय में हम मुश्किलों से निबटने की एक तकनीक बताएँगे। यह तकनीक आपके लिए बहुत महत्वपूर्ण हो सकती है, क्योंकि जैसा कनफ़्यूशियस ने कहा है, "अगर आप एक मुश्किल सुलझा देंगे, तो आप सौ मुश्किलों से बच जाएँगे।"

मुश्किलों से निबटने के लिए सबसे पहले तो ख़ुद को जितना शांत कर सकते हों, कर लें। आप जब तक मानसिक रूप से शांत नहीं होंगे, तब तक आप कभी अपनी मुश्किल को अच्छी तरह से नहीं सुलझा सकते। इसलिए शांति से सोचना बहुत ही महत्वपूर्ण है। जब भी हम पर कोई मुश्किल या मुसीबत आती है, तो हमारी पहली प्रवृत्ति यह होती है कि हम विचलित हो जाते हैं, यहाँ तक कि दहशत में आ जाते हैं। घबराकर हम यह मान लेते हैं कि समस्या को तत्काल और जल्दी से सुलझाने की ज़रूरत है, इसलिए तत्काल कुछ किया जाना चाहिए।

मानसिक हड़बड़ी में आपको मुश्किलों को सुलझाने के तार्किक जवाब नहीं सूझते हैं। सिर्फ़ शांत रहने पर ही आपका मस्तिष्क अपना असली काम कर सकता है यानी तार्किक रूप से सोच सकता है।

मैं इस बात पर ज़ोर देना चाहता हूँ कि ज़िंदगी की कठिन समस्याओं का सामना करते समय आप मौन का प्रयोग करना सीखें। कार्लायल ने कहा था, "मौन वह तत्व है, जिसमें बड़ी चीज़ें आकार लेती हैं।" यह मस्तिष्क को उन तीक्ष्ण अंतर्दृष्टियों के लिए तैयार करता है, जो ईश्वर की ओर से हमारे विचारों में आती हैं। दैवी मार्गदर्शन हमेशा शांत और धीमी आवाज़ में मिलता है। यह दुविधा में सुनाई नहीं देता है। निश्चित रूप से आप इसे दहशत में तो सुन ही नहीं सकते हैं, जब आपका मस्तिष्क चिंता से भरा हो। आप शोर-शराबे की स्थिति में, ख़ास तौर पर आंतरिक शोर-शराबे की स्थिति में, ईश्वर की इच्छा को नहीं पहचान सकते या उसका मार्गदर्शन नहीं पा सकते। इसलिए तकनीक यह है कि आप अपने भीतर आस्था और आत्मविश्वास की गहरी शांति भर लें, जिसमें स्पष्ट चिंतन संभव है। तब आपको यह पता चल जाएगा कि अपनी मुश्किलों से निबटने के लिए आपको किस दिशा में जाना चाहिए।

जापानियों ने शांति के अभ्यास पर बहुत ध्यान दिया है। मैं उनकी इस बात के लिए बहुत प्रशंसा करता हूँ कि मुश्किलों के सामने आने पर वे शांत और अविचलित रह सकते हैं। हाल ही में जब मैं जापान गया था, तो वहाँ पर मैंने शांति की तकनीकों का अध्ययन किया। शांति का अभ्यास जापान में दरअसल एक महत्वपूर्ण परंपरा है, जिसे *रयोमी* (Ryomi) कहा जाता है। अँग्रेजी में शायद इसका सबसे क़रीबी अर्थ होगा, "ठंडेपन का स्वाद" या "दोबारा ताज़ा होना।" कितना अद्‌भुत विचार है! जब आपके सामने समस्या आए, तो "ठंडेपन का स्वाद" लें। दूसरे तरीक़े से कहा जाए, तो ठंडे बने रहें। लेकिन ठंडे बने रहने के लिए आपमें पहले से ठंडापन होना चाहिए। जापान में इसे असामान्य परंतु प्रभावी तरीक़े से किया जाता है।

हम मान लेते हैं कि आज गर्मी की सुहानी शाम है। सबसे पहले तो हम गर्म जापानी हमाम में बैठेंगे और अपने चिंतन को डुबा लेंगे।

हमाम स्विमिंग पूल की तरह होता है, जिसमें गर्म पानी भरा होता है। जापान में सब लोग हमाम में एक साथ नहाते हैं। ज़्यादातर पश्चिमी लोग परिवार के सदस्यों के अलावा दूसरे लोगों के साथ इस तरह नहाना पसंद नहीं करते हैं। लेकिन जापान में यह आम परंपरा है। हमाम में जाने के बाद आप आराम करते हैं, शांत होते हैं और कुछ समय बाद आप दार्शनिकता के मूड में आ जाते हैं।

फिर आप हमाम से बाहर आते हैं और *युकाता* नाम का सूती किमोनो पहन लेते हैं। आप बिना फ़र्नीचर वाले एक ठंडे कमरे में जाते हैं और वहाँ आप फ़र्श पर भूसे की एक नर्म चटाई पर बैठ जाते हैं, जिसे *टाटामी* कहते हैं। आप शांति से बैठते हैं, हलकी हवा में हवाघंटियों का बजता संगीत सुनते हैं और ऊपर *गीफ़ू* लालटेनों को हिलते देखते हैं।

फिर आपको *कहरुबा* चाय का एक छोटा प्याला दिया जाता है। आप अमेरिकी शैली में तेज़ी से चाय नहीं गुटकते हैं। इसके बजाय आप सोचते हुए इसका स्वाद लेते हैं। जापानी लोग काफ़ी आराम से चाय पीते हैं। वे इस काम को शांति से करते हैं। इस तरह के माहौल में विचार करना शांति के केंद्र में प्रवेश करना है। आप कम से कम बोलते हैं और मौन के रचनात्मक लाभ पाने के लिए साधना करते हैं। इस तरीक़े से आपका मस्तिष्क ज़िंदगी के बिखरे टुकड़ों को इकट्ठा कर लेता है, आपके चिंतन की गर्मी निकल जाती है और आपको ठंडेपन का स्वाद मिल जाता है। समस्या को सुलझाने में इस अभ्यास का अद्भुत प्रभाव पड़ता है। समस्याएँ ज़्यादा आसानी से घुल जाती हैं। और वे सुलझ भी जाती हैं। मुश्किलों को उनके गहरे परिणामों के संदर्भ में देखने का यह बहुत ही प्रभावकारी तरीक़ा है। इससे दमदार समाधानों तक पहुँचने में बहुत मदद मिलती है।

चूँकि आप और मैं जापान में नहीं रहते हैं, इसलिए हमें अपने क़िस्म का *रयोमी* विकसित करना होगा। दरअसल एक तो हमारी धार्मिक परंपरा में मौज़ूद है। ईसाई धर्म और जूडाइज़्म मूलतः पूर्वी धर्म हैं। बाइबल में शांति तथा साधना के महत्व पर ज़ोर दिया गया है। "तुम अकेले रेगिस्तानी जगह पर आओ और कुछ देर आराम कर लो"

(मार्क 6:31)।

चर्च सच्ची शांति पाने के सर्वश्रेष्ठ स्थानों में से एक है। अगर आपके पास कोई समस्या है, जिसे सुलझाने में आपको मुश्किल आ रही है और आप साधना के लिए कोई शांत जगह खोजना चाहते हैं, तो मैं यह सुझाव देता हूँ कि आप किसी ख़ाली चर्च में जाएँ, जहाँ प्रार्थना नहीं हो रही हो। वहाँ शांति से बैठें और यह कल्पना करें कि आपके मस्तिष्क और मांसपेशियों से तनाव बाहर निकल रहा है। अपने दिमाग़ को ढीला छोड़ दें, जब तक कि आप आराम की अवस्था में न आ जाएँ।

फिर चेतन मन से ईश्वर की उपस्थिति महसूस करने की कोशिश करें। नीचे दी गई प्रार्थना को कई बार धीमे से दोहराएँ : "ईश्वर, आप यहाँ हैं... आप अपनी उपचारक शांति से मुझे छू रहे हैं... मेरा मस्तिष्क शांत हो रहा है। आप इस समय मुझे मेरे सवालों का सही जवाब बता रहे हैं... आपका जवाब... मेरी समस्या का सही जवाब।" फिर हर ग़लत चिंतन को बाहर निकाल दें। सब लोगों को माफ़ कर दें। धीमे से कहें, "मैं ——— (नाम लें) को माफ़ करता हूँ।" कुछ चीज़ें गिनाएँ, जिनके लिए आप कृतज्ञ हैं और कुछ लोगों के नाम भी गिनाएँ, जिनके प्रति आपको कृतज्ञ होना चाहिए। जल्दबाज़ी न करें, बल्कि ईश्वर की शांति में विश्राम करें। इस प्रयोग को रचनात्मक शांति में करें। मुश्किलों से निबटने का दरअसल यह एक अद्‌भुत तरीक़ा है।

एक और तरीक़ा यह है कि आप आध्यात्मिक मानसिकता वाले लोगों के साथ जुड़ जाएँ, जो रचनात्मक शांति के प्रयोग में निपुण हों। मुझे एक बार बहुत उलझन भरी व्यक्तिगत मुश्किल आई थी और मुझे कोई जवाब नहीं सूझ रहा था। उसी समय मैं एक क्वेकर मीटिंग में गया। क्वेकर मीटिंग में मौन का अभ्यास एक उत्कृष्ट आध्यात्मिक परंपरा है। यह उस सिद्धांत का व्यावहारिक प्रदर्शन है, जिसका सुझाव बाइबल के दो अंशों में दिया गया है : "शांत रहो और यह जान लो कि मैं ईश्वर हूँ" (भजन संहिता 46:10)। तथा "शांति और विश्वास में मैं तुम्हारी शक्ति बन जाऊँगा" (इसाइया, 30:15)। आम व्यक्ति को भी क्वेकर मीटिंग में शांति की गहरी और जीवंत शक्ति का एहसास हो जाएगा।

मौन का काल शुरू होने से पहले एक व्यक्ति ने बहुत ज्ञानवर्धक बात कही, "अगर यहाँ पर किसी के पास कोई समस्या है, तो उसे आध्यात्मिक शांति के इस गहरे तालाब में अभी डाल दें।"

यह बहुत सटीक वर्णन था, क्योंकि इसके बाद का मौन सचमुच किसी गहरे तालाब की तरह था। मैंने अपनी समस्या को लिया और कहा, "ठीक है। अब हम देखेंगे कि क्या होता है।" और फिर मैंने उस समस्या को आध्यात्मिक शांति के गहरे तालाब में डाल दिया। हम बैठे रहे, इंतज़ार करते रहे, प्रार्थना करते रहे, और मौन के भीतर के यथार्थ को महसूस करते रहे। मैं नहीं जानता कि हम वहाँ पर कितनी देर तक बैठे, क्योंकि समय का गुज़रना महत्वपूर्ण नहीं था, बहरहाल अचानक बहुत ही स्पष्टता से मेरी समस्या का जवाब मेरे सामने आ गया। और यह बहुत ही सही जवाब साबित हुआ। मैंने पाया कि इससे पहले मैं ग़लत दिशा में सोच रहा था और भटक रहा था। बहरहाल, मैं तत्काल अपने मन में समझ गया कि यह समाधान दरअसल ईश्वर का जवाब था।

ईश्वर का जवाब पाना और फिर उसका अनुसरण करना हमेशा बहुत महत्वपूर्ण है। मेन्सियस (जो चीन के विद्वानों में कनफ़्यूशियस के बाद दूसरे स्थान पर आते हैं) कहते हैं, "ईश्वर की इच्छा का अनुसरण करना समृद्ध होना है; ईश्वर की इच्छा का विरोध करना नष्ट होना है।"

मैं ऐसे कई लोगों को जानता हूँ, जो मानसिक शक्ति और दैवी मार्गदर्शन द्वारा समस्याओं से निबटते हैं। ऐसे ही एक अद्‌भुत वृद्ध व्यक्ति का नाम हार्लो बी. एंड्रयूज़ था और वे सिरेकस, न्यूयॉर्क में रहते थे। हम सब उन्हें "ब्रदर" एंड्रयूज़ कहते थे। कहा जाता है कि ब्रदर एंड्रयूज़ ने अमेरिका का पहला सुपरमार्केट खोला था। बरसों पहले वे कैलिफ़ोर्निया से जल्दी ख़राब होने वाला सामान एक्सप्रेस ट्रेन से लाते थे और उस सामान को अपने बड़े एंड्रयूज़ ब्रदर्स स्टोर में बेचते थे। उन्हें पहला डिशवॉशर बनाने का श्रेय भी दिया जाता है। वे बहुत प्रभावशाली बिज़नेसमैन थे।

ब्रदर एंड्रयूज़ सिर्फ़ तीन साल तक स्कूल में पढ़े थे, लेकिन उनका दिमाग़ बहुत तेज़ था और वे उसका अधिकतम प्रयोग करते थे।

समस्या के बारे में सोचने का उनका तरीक़ा कॉमन सेंस, वैज्ञानिक विश्लेषण, अंतःज्ञान और प्रार्थना का अद्‌भुत समन्वय था। एक बार मैंने उनसे अपनी एक मुश्किल समस्या को सुलझाने का आग्रह किया। उस समय मुझे उनके मस्तिष्क की कार्यविधि देखने का मौक़ा मिला। समस्या बताने के बाद मैं उनकी टेबल के सामने घबराहट में चहलक़दमी कर रहा था।

ब्रदर एंड्रयूज़ बोले, "एक पल ठहरो। अपने घोड़ों पर लगाम कसो। इतना ज़्यादा मत चलो। आराम से बैठ जाओ। अब हम आपके दिमाग़ को तनावमुक्त करते हैं। अगर आपका मस्तिष्क तनावग्रस्त हो, तो आप इससे सोचने की उम्मीद कैसे कर सकते हैं?"

इसके बाद उन्होंने मुझसे आराम से बैठने को कहा और मेरे साथ हँसी-मज़ाक़ करने लगे। फिर वे बोले, "अब हम इस मुश्किल समस्या की जाँच करते हैं।" इसके बाद उन्होंने समस्या के बारे में बोलना शुरू किया। उन्होंने इसके हर क़दम का विस्तार और सटीकता से विश्लेषण किया। उन्होंने दरअसल इसके पुर्ज़े-पुर्ज़े अलग कर दिए और इसके हर पहलू का अध्ययन किया। उन्हें देखकर मुझे ऐसा लगा कि वे उस मुश्किल के चारों तरफ़ घूमकर उसमें अपनी उँगली यहाँ-वहाँ चुभाकर टटोल रहे हैं, "आइए देखते हैं, इसकी कमज़ोर जगह कहाँ है?" या, "हम इसे थोड़ा यहाँ से, थोड़ा वहाँ से काटकर छोटा कर देते हैं, ताकि आप इससे निबट सकें।"

वे मानसिक रूप से इसके चारों तरफ़ घूमे। मैं भी उनके साथ था। उन्होंने कहा, "हर समस्या का एक कमज़ोर स्थान होता है, लेकिन हमें उसके बारे में पर्याप्त जानकारी नहीं होती है। ईश्वर के विशाल मस्तिष्क के सामने हमारे छोटे से मस्तिष्क की क्या बिसात है? हम इस समस्या को ईश्वर के सामने रखते हैं।" इसके बाद उन्होंने प्रार्थना की, जिसमें विस्तार से समस्या की रूपरेखा बताई गई थी। प्रार्थना समस्या के बारे में सोचने और उसका विश्लेषण करने की प्रक्रिया थी। वे ईश्वर को इतनी अच्छी तरह से जानते थे कि उन्होंने ईश्वर से इस तरह बातें कीं, जैसे वे वहाँ पर हमारे साथ ही हों (मेरा मानना है कि ईश्वर वहाँ पर थे भी)। और जब ब्रदर एंड्रयूज़ मेरी समस्या के बारे में

ईश्वर से बातें कर रहे थे, तो मेरे चिंतन में समस्या स्पष्ट होने लगी। उल्लेखनीय रूप से मेरी घबराहट ग़ायब हो गई और मैं तत्काल जान गया कि समस्या सुलझ जाएगी।

ब्रदर एंड्र्यूज़ की सलाह हाल ही में मेरे दिमाग़ में आई, जब मेरे पास बेसबॉल के एक मशहूर खिलाड़ी का फ़ोन आया। उन्होंने मुझे बताया कि उन्हें एक मुश्किल निर्णय लेना था। "मैं चाहता हूँ कि आप इस बारे में मेरे साथ प्रार्थना करें। क्या आप ऐसा करेंगे?"

मैंने उनसे हाँ कह दिया और फिर मैंने सलाह दी, "चिंता मत करो। आपको सही जवाब मिल जाएगा। दिमाग़ पर दबाव मत डालो।"

उन्होंने जवाब दिया, "मैं चिंता नहीं कर रहा हूँ, न ही मैं तनाव में हूँ। बात सिर्फ़ यह है कि मुझे कल तक जवाब चाहिए। और मैं जानता हूँ कि मुझे वह जवाब मिल जाएगा, जो ईश्वर मुझे देना चाहता है।" फिर उन्होंने एक ऐसे वाक्य का प्रयोग किया, जो मुझे बहुत पसंद आया। उन्होंने कहा, "मैं प्रार्थनापूर्ण विचार के साथ इस समस्या के चारों तरफ़ घूम रहा हूँ।" यह सचमुच एक रोचक विचार है, "मैं प्रार्थनापूर्ण विचार के साथ इस समस्या के चारों तरफ़ घूम रहा हूँ।"

बाद में मैंने जाना कि मेरे मित्र ने वह विकल्प चुना था, जो दोनों विकल्पों में ज़्यादा कठिन लग रहा था। बातचीत में उन्होंने मुझे दोनों विकल्पों के बारे में बता दिया था। अपने निर्णय के बारे में स्पष्ट करते हुए उन्होंने कहा, "मैंने उस काम को चुन लिया, जो मेरे हिसाब से ईश्वर मुझसे करवाना चाहता था।" यह प्रार्थनापूर्ण विचार के साथ समस्या के चारों तरफ घूमने का परिणाम था। बाद में वह निर्णय बहुत अच्छा और सही निर्णय साबित हुआ।

किसी समस्या पर आक्रमण करते समय अपने मानवीय मस्तिष्क की शक्ति का दोहन करें और दैवी मार्गदर्शन लें। चाहे आपकी स्थिति कैसी भी हो, चाहे आपकी समस्या कितनी ही मुश्किल क़िस्म की हो, चाहे आपकी हालत कितनी ही निराशाजनक हो, इस तरीक़े से समस्या पर सुव्यवस्थित, विश्लेषणात्मक तथा आध्यात्मिक आक्रमण करने से आपको परिणाम मिलेंगे और सही परिणाम मिलेंगे।

समस्या से निबटने की एक और अच्छी तकनीक यह है कि आप

इस पर जुटे रहें। दूसरे शब्दों में, हार न मानें। जब आप अपनी मुश्किलों का *लगन* से सामना करते हैं, तो आपको बहुत अद्‌भुत परिणाम मिलते हैं।

जब हर चीज़ गड़बड़ हो रही हो और आप इससे निबटने में ख़ुद को अक्षम पाते हों, तब क्या करें? कोशिश करते रहें। हमेशा अपने सामने परिणाम की सकारात्मक तस्वीर रखें। ईश्वर में आस्था रखें... पूरी आस्था। अगर आप लगन से जुटे रहेंगे, तो आप अपनी मंज़िल तक पहुँच जाएँगे।

इसी तरीक़े से इतिहास के महान व्यक्तियों ने अपनी समस्याओं को हराया है। इन महान व्यक्तियों के बारे में पढ़ना एक अच्छा विचार है, ताकि आप उन प्रेरक व्यक्तियों से परिचित हो जाएँ, जिन्होंने कभी हार नहीं मानी।

विजय पाने का एक और तत्व है... विश्वास। "अगर आपको विश्वास है कि आप कोई काम कर सकते हैं, तो आप उस काम को कर लेंगे।" विश्वास समस्या को सुलझाने वाले सबसे सशक्त तत्वों में से एक है। जब आपको विश्वास होता है कि आप किसी मुश्किल पर विजय पा सकते हैं, तो आप आधी जीत तो पहले ही हासिल कर लेते हैं। यह बहुत बड़ा सिद्धांत है कि इंसान वह कर सकता है, जो वह सोचता है कि वह कर सकता है।

उदाहरण के लिए, बरसों तक सब लोग यह मानते थे कि चार मिनट से कम समय में एक मील दौड़ना असंभव है। लेकिन तभी रॉजर बैनिस्टर नाम का एक दुबला अँग्रेज डॉक्टर आया। उसे देखकर ऐसा नहीं लगता था कि उसमें एक मील दौड़ने की भी शक्ति होगी। बहरहाल, 1954 में एक दिन रॉजर बैनिस्टर ने चार मिनट में एक मील दौड़कर दिखा दिया।

इससे पहले कोई और व्यक्ति इतना तेज़ क्यों नहीं दौड़ पाया था? बैनिस्टर के हिसाब से ऐसा इसलिए था, क्योंकि लोग यह मानते थे कि ऐसा नहीं किया जा सकता। यह बहुत ही तर्कपूर्ण निष्कर्ष लगता है। 1886 में वॉकर नामक धावक ने चार मिनट पौने तेरह सेकंड में एक मील दौड़ने का विश्व कीर्तिमान बनाया था। इसके सैंतीस साल बाद

पावो नूर्मी ने चार मिनट पौने ग्यारह सेकंड में एक मील दौड़कर पहले वाले रिकॉर्ड में से दो सेकंड कम कर दिए। यह एक अद्भुत उपलब्धि थी। मुझे याद है कि उस समय मैं बोस्टन में रहता था और मैंने यह ख़बर अख़बारों में पढ़ी थी। इसमें लिखा था कि नूर्मी दुनिया का सबसे तेज़ धावक है और कोई भी उसके रिकॉर्ड को नहीं तोड़ पाएगा!

लेकिन इकतीस साल बाद रॉजर बैनिस्टर ने उस रिकॉर्ड को तोड़ दिया। इतिहास में पहली बार कोई व्यक्ति चार मिनट में एक मील दौड़ा था।

और इसके बाद क्या हुआ? बैनिस्टर के बाद तेईस अन्य धावकों ने कुछ समय में ही चार मिनट से कम समय में एक मील की दूरी तय कर ली। बैनिस्टर से पूछा गया कि क्या दौड़ने की शैली में वैज्ञानिक सुधारों के कारण ऐसा हुआ था। इस पर बैनिस्टर का जवाब था कि ऐसा कुछ नहीं हुआ था। असली कारण तो यह था कि धावकों के मनोविज्ञान में परिवर्तन हो गया था। एक बार जब किसी ने एक मील की दूरी चार मिनट में पूरी कर ली, तो लोगों ने यह मान लिया कि ऐसा किया जा सकता है। इस मानसिक विश्वास के कारण ही बाद में धावक चार मिनट से कम समय में एक मील दौड़ पाए।

यह सच्चा सकारात्मक सोच है। आजकल मुश्किलों पर विजय पाने के लिए सकारात्मक सोच का प्रयोग लोकप्रिय होता जा रहा है। मेरे पत्र इसका प्रमाण दे सकते हैं। मुझे सैकड़ों, यहाँ तक कि हज़ारों, पत्रों में बताया जाता है कि आस्था के विचार और सकारात्मक सोच के नज़रिये के कारण लोगों ने मुश्किलों पर विजय कैसे पाई।

उदाहरण के लिए, एक व्यक्ति आस्था से संबंधित बाइबल के हर अंश को एक कार्ड पर लिख लेता है। फिर वह इन अंशों को याद कर लेता है। उसने इस तरह के सैकड़ों अंश एकत्रित कर लिए हैं, जिनमें से एक है: "मैं ईसा मसीह के द्वारा सारे काम कर सकता हूँ, जिनसे मुझे शक्ति मिलती है" (फिलिप्पियन्स 4:13)। एक और कथन है: "अगर ईश्वर हमारे साथ है, तो हमारे ख़िलाफ़ कौन टिका रह सकता है?" (रोमन्स 8:31)। यह व्यक्ति "हमारे" की जगह पर "मेरे" का प्रयोग करता है।

बाइबल को नियमित रूप से पढ़ें और जब आपको कोई ऐसा प्रसंग दिखे, जो सकारात्मक सोच को किसी नए तरीक़े से व्यक्त करता हो और आपको आकर्षित करता हो, तो उसे आस्था के अपने विचार-संग्रह में रख लें। जब आप अपने मस्तिष्क में ये महान विचार भरेंगे, तो आपका नज़रिया ज़्यादा सकारात्मक और सशक्त बन जाएगा।

बाइबल के सशक्त विचार याद करें। इससे भी ज़्यादा अच्छी बात यह होगी कि आप उन्हें हर दिन, हर समय अपने दिमाग़ में रखें। ये सशक्त विचार मुश्किलों का सामना करने में आपकी मदद करेंगे। यह तरीक़ा व्यावहारिक है और हम ऐसा करने की सलाह देते हैं।

इस संदर्भ में मुझे डेटन, ओहियो के अपने मित्र आर्थर डी. रोडनबेक की याद आ जाती है। जब मैंने शिकागो में नेशनल होम बिल्डर्स के सम्मेलन में भाषण दिया, तो मेरा बहुत अद्‌भुत और नाटकीय परिचय दिया गया। मंच सजा हुआ था, रंगीन प्रकाश व्यवस्था थी और संवाद तैयार थे। प्रमुख वक्ता आर्ट रोडनबेक थे, जो एक सफल होम बिल्डर थे। उन्होंने बताया कि सकारात्मक सोच ने उन्हें मुश्किलों से बाहर कैसे निकाला।

विशाल जनसमूह के सामने आर्ट रोडनबेक ने प्रमाणित किया कि बाइबल के अंशों में शक्ति है और उनके प्रयोग से व्यावहारिक मानवीय समस्याएँ सुलझ सकती हैं। उन्होंने कहा :

> मेरे सामने बहुत सी समस्याएँ थीं। ये समस्याएँ आर्थिक नहीं, बल्कि लोगों से संबंधित थीं। ऑफ़िस के लोग, सेल्समैन, फ़ोरमैन, मैकेनिक - बहुत से लोग काम छोड़कर जा रहे थे - और हर चीज़ गड़बड़ लग रही थी। मैं परेशान और चिड़चिड़ा हो गया। इसका मेरे स्वास्थ्य पर विपरीत प्रभाव पड़ा। मेरा हुलिया भी बुरा हो गया। दरअसल मैं टूटने की कगार पर था। उसी समय मैंने डॉ. पील की *द पॉवर ऑफ़ पॉज़िटिव थिंकिंग* पढ़ी, जिससे मुझे काफ़ी मदद मिली। इसके बाद मैंने उनका एक पैम्फ़लेट *स्पिरिट लिफ़्टर्स* भी पढ़ा और बाइबल के बत्तीस अंश याद कर लिए। जब भी मेरे सामने बुरी स्थिति आती थी, मैं मन ही मन उनमें से एक अंश दोहरा लेता था। इससे काम बन गया। इससे मेरा दिमाग़ी संतुलन बरकरार रहा और

शायद मेरी ज़िंदगी भी।

बाद में मैं न्यूयॉर्क गया, जहाँ मुझे पता चला कि डॉ. पील का द अमेरिकन फ़ाउंडेशन ऑफ़ रिलीजन एंड साइकेट्री समस्याग्रस्त लोगों के लिए विशेष रूप से बनाया गया है। यहाँ पर लोगों की मदद के लिए विशेष रूप से प्रशिक्षित धर्मगुरुओं, मनोवैज्ञानिकों और शीर्ष मनोविश्लेषकों का स्थायी स्टाफ़ है।

एक साल पहले मेरे सामने फिर समस्या आई और एक बार फिर *स्पिरिट लिफ़्टर्स* ने मुझे उससे बाहर निकाला। मैं गंभीर मुश्किल में था, जो इस बार आर्थिक थी। मुझे इससे बाहर निकलने का कोई रास्ता नहीं दिख रहा था। लेकिन मुझे जितनी शक्ति की ज़रूरत थी, वह मैंने बाइबल के अंशों से उसी तरह निकाल ली, जिस तरह आप बैंक से पैसा निकालते हैं। और इसने एक बार फिर सुखद परिणाम दिए। इन दिनों मेरी लंबर कंपनी अच्छी तरह चल रही है। और मैं जानता हूँ कि कोई भी चीज़ मुझे परास्त नहीं कर सकती।

और यह पत्र मैसेश्यूसेट्स के एक परिवार का है, जिसने सकारात्मक सोच के एक अन्य सुखद अनुभव का वर्णन किया है :

आपको जितने पत्र मिलते होंगे, उनमें से किसी में भी इतनी गहरी कृतज्ञता नहीं होगी, जितनी कि हमारे हृदय में है। मेरे पति इंजीनियर हैं। मुझे सचमुच लगता है कि हमारे सत्रह साल के बेटे ने ज़िंदगी में मिलने वाले एक दुर्लभ अवसर को गँवा दिया होता, अगर हमने आपकी पुस्तक द *पॉवर ऑफ़ पॉज़िटिव थिंकिंग फ़ॉर यंग पीपुल* के आधार पर उसे नियमित पत्र नहीं लिखे होते।

इस वसंत में हाई स्कूल पूरा करने के बाद हमारे पुत्र को न्यूयॉर्क के एक मशहूर कॉलेज में स्कॉलरशिप मिल गई। यह एक बहुत बढ़िया कॉलेज था, जो आवश्यक रूप से बहुत छोटा था। विद्यार्थियों का चयन बहुत सावधानी से किया जाता था और उन्हें बोर्ड की परीक्षा के परिणाम के आधार पर प्रवेश दिया जाता था। पूरे अमेरिका से हर साल सिर्फ़ बीस विद्यार्थियों को चुना जाता था। यहाँ का पाठ्यक्रम बहुत कठिन है और बुद्धि के साथ-साथ चरित्र का

इम्तहान भी होता है।

हमारे पुत्र के लिए शुरुआती छह सप्ताह तो बहुत तनावपूर्ण रहे। कुल मिलाकर वह इस नतीजे पर पहुँचा कि वह इस कोर्स को छोड़ देगा। यह उसकी ज़िंदगी की पहली असफलता होती। हमें डर लग रहा था कि उसकी विचलित मनोदशा के कारण कहीं उसे नर्वस ब्रेकडाउन न हो जाए।

मैं उसे हर दिन पत्र लिखती थी। उसके पिता भी उसे समय-समय पर पत्र लिखते थे। हम दोनों ही के पत्रों का सारांश यह था कि उसे सकारात्मक तरीक़े से सोचना चाहिए। हमारे बेटे ने सकारात्मक तरीक़े से सोचना शुरू किया और ज़िंदगी में पहली बार वह पूरे दिल से प्रार्थना करने लगा।

इसका परिणाम यह हुआ कि हार मानने के बजाय वह संघर्ष करने लगा। इस महीने अर्धवार्षिक परीक्षा में उसे 84 प्रतिशत अंक मिले और वह अपनी कक्षा में सातवें स्थान पर रहा। अब सिर्फ़ सत्रह विद्यार्थी बचे हैं, क्योंकि तीन विद्यार्थी कोर्स छोड़कर चले गए हैं। अपने बेटे से बातचीत करने के बाद हम इस नतीजे पर पहुँचे कि उन विद्यार्थियों की असफलता का कारण योग्यता या बुद्धि की नहीं, बल्कि सही नज़रिये की कमी थी। मैं महसूस करती हूँ कि मुझे आपको यह कहानी बताना चाहिए।

मुश्किलें सामने आने पर लोग हार जाते हैं, इसका एक प्रमुख कारण यह है कि वे यह सोचने लग जाते हैं कि वे हार सकते हैं। और मुश्किलों पर विजय पाने की एक महान तकनीक हमने पहले ही बताई है। आपमें यह विश्वास होना चाहिए कि मुश्किलों पर विजय पाई जा सकती है और ईश्वर की मदद से आप उन पर विजय पा सकते हैं। इस मानसिक स्थिति तक पहुँचने के लिए आपको काफ़ी कोशिश करने की ज़रूरत हो सकती है। आपको मानसिक और आध्यात्मिक दोनों स्तरों पर विकास करना होगा और ऐसा किया जा सकता है। यह संभव है कि आप मस्तिष्क में अपने क़द को इतना ऊँचा कर लें कि वह किसी भी समस्या से ज़्यादा ऊँचा हो जाए। इस तरह से आप यह साबित कर देते हैं कि आप मुश्किलों से ज़्यादा बड़े और महान हैं।

हाल ही में मैंने अपने मित्र जॉन पॉवर्स के साथ लंच किया, जो मेरे प्रकाशक प्रेंटिस हॉल के प्रेसिडेंट हैं। वे अपने विचार व्यक्त करने के लिए चित्रों का रोचक प्रयोग करते हैं। वे न सिर्फ़ पास में पड़े काग़ज़ों पर चित्र बनाते हैं, बल्कि ज़रूरत पड़ने पर टेबल क्लॉथ पर भी बना देते हैं। उस दिन उन्होंने एक बड़े पहाड़ की तस्वीर खींची, जिसके पास एक छोटा आदमी खड़ा था। जॉन ने कहा, "यह पहाड़ मुश्किल का प्रतीक है। अब यह छोटा आदमी दूसरी तरफ़ कैसे पहुँचेगा?"

मैंने कहा, "बहुत आसान तरीक़ा है। वह इसके किनारे से गोल घूमकर चला जाएगा।"

"पहाड़ बहुत चौड़ा है। वह ऐसा नहीं कर सकता।"

मैंने कहा, "तो फिर वह दूसरी तरफ़ से जाएगा।"

लेकिन जॉन ने अपना सिर हिलाया, "उस तरफ़ भी वह उतना ही चौड़ा है।"

"वह धीरे-धीरे चढ़कर शिखर तक पहुँच जाएगा।"

जॉन ने जवाब दिया, "इससे भी सफलता नहीं मिलेगी, क्योंकि पहाड़ बहुत ऊँचा है।"

मैंने सोचकर कहा, "वह इसके नीचे सेंध लगाकर चला जाएगा।"

उनका जवाब था, "पहाड़ की नींव बहुत गहराई तक है।"

मैंने कहा, "अच्छा, तो फिर वह कुदाली उठाएगा और इसके बीच से रास्ता बनाकर निकल जाएगा।"

जॉन ने कहा, "यह भी संभव नहीं है। पहाड़ इतना कठोर है कि पहाड़ को कुछ नहीं होगा, अलबत्ता उस व्यक्ति के हाथों में छाले पड़ जाएँगे।"

मैंने कहा, "तब तो इस पहाड़ को पार करना बहुत मुश्किल लगता है, हालाँकि मुझे विश्वास है कि कोई न कोई रास्ता ज़रूर होगा।"

जॉन पॉवर्स ने कहा, "रास्ता तो है। जवाब आपके सकारात्मक सोच की शक्ति में है। अपने विचारों को बड़ा बनाकर मुश्किल से बड़े बन जाओ। यह व्यक्ति अपने विचारों में अपने क़द को तब तक बढ़ाएगा,

जब तक कि वह मुश्किल से ज़्यादा ऊँचा न हो जाए।"

ज़ाहिर है यही मुश्किलों को जीतने का मंत्र है। मानवीय मस्तिष्क में विस्तार की असीमित क्षमता है। शारीरिक रूप से इंसान का क़द सीमित है। मैंने एक बार साढ़े सात फ़ुट लंबे व्यक्ति को देखा था, लेकिन मेरे हिसाब से इंसान का औसत क़द 5 फ़ुट 8 इंच से लेकर 5 फ़ुट 10 इंच तक होता है। बहरहाल इंसान में इस सीमा के बहुत आगे तक जाने की अद्‌भुत मानसिक क्षमता है। अपने दिमाग़ का इस्तेमाल करके उसने सीढ़ी बनाई, जिससे वह बीस फ़ुट ऊपर पहुँच गया। अपने दिमाग़ का इस्तेमाल करके उसने लिफ़्ट बनाई, जिसके सहारे वह दो सौ से तीन सौ फ़ुट ऊँचा हो गया। और फिर उसने जेट हवाई जहाज़ बनाया, जिसने उसकी ऊँचाई को तीस हज़ार फ़ुट कर दिया। आपके भीतर विस्तार की ज़बर्दस्त शक्ति है।

जॉन ने कहा, "आप सकारात्मक सोच में इस तथ्य को ज़रूर सिखाना।"

इस उदाहरण में, एक नाटा व्यक्ति परेशान है, क्योंकि बड़े पहाड़ जैसी मुश्किल उसका रास्ता रोके खड़ी है। अब वह इस असंभव से दिख रहे काम को कैसे करेगा? वह सकारात्मक तरीक़े से सोचना शुरू करता है। वह समस्या को हर कोण से देखता है। वह विश्वास करता है कि ईश्वर की मदद और अपनी रचनात्मक शक्तियों के इस्तेमाल से उसे जवाब मिल जाएगा। फिर वह प्रार्थना करता है। उसकी प्रार्थना में यह विश्वास प्रकट होता है कि वह इस बड़ी कठिनाई से ऊपर उठ सकता है। प्रार्थना में उसे मार्गदर्शन मिलता है कि वह यह काम कैसे करे। प्रार्थना से उसे प्रेरणा मिलती है, जो उसे ऊपर उठने की शक्ति देती है। इसके परिणामस्वरूप अपने मस्तिष्क और आत्मा में वह तब तक अपना विस्तार करता रहता है, जब तक कि वह समस्या से ज़्यादा ऊँचा नहीं हो जाता और समस्या छोटी नहीं दिखने लगती।

यह बात हमेशा याद रखें कि आप दरअसल किसी भी मुश्किल से ज़्यादा बड़े हैं। तब तक अपना विकास करें, जब तक कि आप अपनी मुश्किल से ज़्यादा बड़े न हो जाएँ। यह सचमुच सशक्त विचार है। बहरहाल आप यह विकास तभी कर पाएँगे, जब आप ख़ुद को समझ

लेंगे और इसके साथ ही प्रार्थना तथा आध्यात्मिक विकास का सहारा लेंगे। आप चाहे किसी भी मुश्किल का सामना कर रहे हों, आप उससे बड़े बन सकते हैं।

सकारात्मक सोच लोगों के लिए एक बड़ा काम यह करती है कि यह लोगों को सिखाती है कि वे अपने ही ख़िलाफ़ काम करना बंद कर दें। बहुत से लोग दरअसल आत्म-पराजय के अभियान में जुटे रहते हैं। अपने विचारों द्वारा वे दरअसल ख़ुद को यह विश्वास दिला देते हैं कि वे अपनी समस्याओं पर विजय नहीं पा सकते। वे अपने मस्तिष्क में ही परास्त हो जाते हैं। और चूँकि ईश्वर ने मनुष्य को विचारों का स्वामी बनाया है, इसलिए अगर आप अपने चिंतन का नकारात्मक प्रयोग करते हैं, तो आप ख़ुद ही अपनी मुश्किल समस्याओं से हारने के लिए ज़िम्मेदार हैं।

मेरी ज़िंदगी का एक बड़ा वरदान यह है कि वर्षों तक चर्च में आने वाले आम लोगों के साथ मेरा संपर्क रहा है। पादरी के रूप में मुझे उनका मार्गदर्शक तथा शिक्षक माना जाता है, लेकिन यह दोतरफ़ा रास्ता है और मैं कभी उनसे मिले मार्गदर्शन तथा प्रेरणा का ऋण नहीं चुका सकता।

बर्कले, रोड आईलैंड के मेरे पहले चर्च से मैंने रॉब रोबॉटम के साथ ज़िंदगी भर की मित्रता शुरू की। जब मैं हाल ही में उस चर्च की नई इमारत के लोकार्पण के अवसर पर बोलने गया, तो पॉटकेट, प्रॉविडेंस और वूनसॉकेट अख़बारों के पत्रकारों ने मेरा इंटरव्यू लिया। उन्होंने मुझसे पूछा कि क्या मैंने सकारात्मक सोच का विचार मिस्टर रोबॉटम से सीखा था।

मैंने जवाब दिया कि मैंने बहुत से लोगों से सीखा है। रॉब ने मुझे यह सिखाया कि दमदार चिंतन और ईश्वर की प्रार्थना आपको सफलतापूर्वक किसी भी मुश्किल के पार ले जा सकती है। जब मैं युवा था और आसानी से प्रभावित होने वाली उम्र में था, तो मैंने उन्हें कई बहुत मुश्किल समस्याओं पर विजय पाते देखा। कोई भी चीज़ उन्हें पराजित नहीं कर पाई। वे कहते थे, "आओ, अब हम देखते हैं, प्रार्थना करते हैं, सोचते हैं और इसके बाद हम इसे सुलझा लेंगे।" फिर वे

हँसते थे और पूरे मनोबल तथा विश्वास के साथ मुश्किलों पर आक्रमण करने लगते थे। इससे उन्हें अद्‌भुत सकारात्मक परिणाम मिलते थे। यह शांत लेकिन दृढ़ संकल्पित व्यक्ति सचमुच अजेय था।

रिपोर्टर के सवाल पर हमने सकारात्मक सोच के सिद्धांत पर चर्चा की। मैंने पूछा, "मुझे अपनी सफलता का रहस्य बताएँ, रॉब।"

उनका जवाब अनमोल था और मेरे द्वारा सुने गए सबसे समझदारीपूर्ण कथनों में से एक था। "जब कोई समस्या उत्पन्न होती है, तो मैं इसके बारे में धैर्य और सावधानी से सोचता हूँ। मैं इसका विश्लेषण करता हूँ और बहुत ज़्यादा विश्लेषण करता हूँ। कई बार, ऐसा करते समय मैं अकेले में चला जाता हूँ, जहाँ मैं ख़ुद से बातें कर सकूँ। ज़ोर से बोलने के बाद मैं ज़्यादा अच्छी तरह समझ पाता हूँ।" फिर उन्होंने एक ऐसी बात कही, जिसे आप कभी नहीं भूलेंगे, *"मैं कभी अपने ख़िलाफ़ मुकदमा तैयार नहीं करता हूँ।"*

यह बहुत ही महत्वपूर्ण है। ख़ुद के ख़िलाफ़ काम करना बंद कर दें। आपको बनाने वाला ईश्वर कोई ख़राब शिल्पी नहीं है। उसने आपको बनाया है और उसका इरादा यह कभी नहीं रहा होगा कि ज़िंदगी आपको पराजित कर दे। निश्चित रूप से उसने ज़िंदगी को मुश्किल बनाया है, लेकिन उसने आपको यह आश्वासन भी दिया है कि वह आपकी मदद करेगा। "आप ईश्वर से अपेक्षा रखें, क्योंकि मैं अब भी उनकी प्रशंसा करूँगा..." (भजन 42:11) बहुत ही बढ़िया वाक्य है। ऐसा ही एक और वाक्य है, "ईश्वर ही हमारा आश्रयस्थल और शक्ति है, वह हमारी मुश्किलों में हमारा बहुत बड़ा सहायक है" (भजन 46:1)।

ईश्वर में पूरी आस्था रखें और मेरे मित्र रॉब रोबॉटम के शब्दों को अपने दिमाग़ में हमेशा के लिए बैठा लें : *मैं कभी अपने ख़िलाफ़ मुकदमा तैयार नहीं करता हूँ।*

जो लोग सकारात्मक सोच के इन सिद्धांतों का पालन करते हैं, उन्हें अंततः रोमांचक विजय मिलती है। मेरे सामने एक ऐसे व्यक्ति का पत्र है, जिसने बहुत मुश्किल समस्याओं का सामना किया। अपनी मुश्किलों के बारे में उसने कहा है :

पच्चीस साल के अंतराल में मैं पक्के शराबी से निराशाजनक एल्कोहलिक में बदल गया। मेरी एक के बाद एक नौकरियाँ छूटती रहीं, मुझे शराब पीने के कारण जेल में बंद कर दिया गया, मुझे अस्पताल में रखा गया, कई हफ़्तों तक मानसिक चिकित्सालयों में शराबियों के वार्ड में रखकर मेरा इलाज किया गया। मैंने फ़िलाडेल्फ़िया के स्किड रो में डेढ़ साल लाइलाज शराबी की तरह गुज़ारे।

बरसों तक मैं अपने परिवार से दूर रहा। मेरा वैवाहिक जीवन पहले ही तनावपूर्ण था और इस कारण तो वह टूट ही गया। मैं पेशे से फ़ोटोग्राफ़र हूँ और एक वक़्त मेरे पास दो पोर्ट्रेट स्टूडियो थे। शराब के कारण वे भी चले गए। 1950 में मैंने एल्कोहलिक्स एनॉनिमस के बारे में सुना और इसकी कुछ बैठकों में भाग लिया। मैंने उनकी नीतियों पर चलने की कोशिश की, लेकिन मेरे मन में बहुत शंकाएँ थीं। फिर जैकसनविले, फ़्लोरिडा ए. ए. में मैं एक अच्छी महिला से मिला और एक साल बाद हमने शादी कर ली। बहरहाल, कुछ समय बाद ही हम दोनों दोबारा शराब पीने लगे और हालत पहले से भी ज़्यादा ख़राब हो गई। हम एक के बाद एक अस्पताल बदलते रहे।

एक दिन मैं बोतल के साथ ही बिस्तर पर गया, जो मुश्किल समस्या सामने आने पर मैं हमेशा करता था। मेरे नशे में लुढ़क जाने के बाद मेरी पत्नी समय काटने के लिए लाइब्रेरी में गई। उसे वहाँ आपकी पुस्तक द *पॉवर ऑफ़ पॉज़िटिव थिंकिंग* दिखी। उसने इसे उलट-पलटकर देखा और जैसा उसने मुझे बाद में बताया, वह भागकर घर आई और उस पुस्तक को मेरी नाइट टेबल पर रख दिया। जब मैं नशे की हालत से जागता हूँ, तो मैं आम तौर पर कुछ पढ़ना पसंद करता हूँ, क्योंकि इससे मैं शांत हो जाता हूँ।

इसलिए मैं वह पुस्तक उठाकर पढ़ने लगा। ज़ाहिर है, पहले तो मुझे उसका गहरा अर्थ समझ में नहीं आया। मुझे याद है, मैंने उसे बंद करके मेज़ पर रख दिया। लेकिन एक पढ़ा हुआ वाक्य मेरे उलझे हुए विचारों में बैठ गया, "अगर ईश्वर हमारे साथ है, तो हमारे ख़िलाफ़ कौन टिक सकता है?" मैंने कल्पना करने की कोशिश की

कि ईश्वर मेरे पास है। इस कल्पना से मुझे तत्काल शांति तथा शक्ति मिली। फिर मैंने दोबारा पुस्तक उठाई और शुरू से पढ़ी। जैसे-जैसे मैं आगे पढ़ता गया, मुझे अच्छा लगने लगा। अगले कुछ दिनों तक मैंने हर दिन थोड़ी-थोड़ी पुस्तक पढ़ी। धीरे-धीरे मेरे अंदर यह संकल्प दृढ़ होने लगा कि मैं नशे की लत से छुटकारा पा जाऊँगा।

मेरी पत्नी और मैंने कुछ समय पहले चौथी सालगिरह मनाई है। हम चार साल से बिना नशे के रह रहे हैं। हमारे पास सांसारिक वस्तुओं के नाम पर तो ज़्यादा कुछ नहीं है, लेकिन हम सुखी हैं। मैं मैसेश्यूसेट्स के एक छोटे क़स्बे में एक पोर्ट्रेट स्टूडियो सँभालता हूँ। हमारे पास अच्छे कपड़े हैं, ख़ुद की कार है, हम एपिस्कोपल चर्च में जाते हैं और अगले साल हम अपना मकान बनाना चाहते हैं।

इस व्यक्ति ने अपना विकास किया। सिर्फ़ एक वाक्य की शक्ति से वह अपनी मुश्किलों से ज़्यादा बड़ा बन गया, "अगर ईश्वर हमारे साथ है, तो हमारे ख़िलाफ़ कौन टिक सकता है?" वह हारा हुआ था, लेकिन इसके बावज़ूद उसने सर्वशक्तिमान ईश्वर की ज़बर्दस्त शक्ति का सहारा लिया और उसके माध्यम से विकास करने लगा। उसने अपने ख़िलाफ़ नहीं, बल्कि अपने पक्ष में मुकदमा तैयार किया!

इस विचार के साथ एक और विचार भी जुड़ा है। अगर यह सच है कि अपना विकास करके आप अपनी मुश्किलों को हरा सकते हैं, तो यह भी सच है कि मुश्किलें आपके विकास में मदद कर सकती हैं। मुश्किलें विकास की प्रेरणा देती हैं। रूस की एक कहावत है, जिसे मैंने इस संदर्भ में रोचक पाया है, "हथौड़ा काँच को चकनाचूर कर देता है, लेकिन लोहे को आकार देता है।" अगर आप लोहे की तरह हैं, अगर आप ठोस हैं, तो ज़िंदगी की मुश्किलें आपको ज़्यादा शक्तिशाली बना देंगी।

हमारे बहुत से लीडर्स इसी फ़िलॉसफ़ी पर चले हैं। राष्ट्रपति आइज़नहॉवर ने मुझे एक दिन बताया कि बचपन में उन्होंने अपनी माँ को दुनिया के सबसे समझदार व्यक्तियों में से एक मान लिया था। उनकी समझदारी उनके धर्म से उत्पन्न हुई थी। माँ ने घर में एक बहुत

बढ़िया माहौल बनाया था और वे इसके केंद्र में थीं।

आइज़नहॉवर को याद है कि एक दिन ताश खेलते समय वे शिकायत कर रहे थे कि उनके पास बहुत ख़राब पत्ते आ रहे हैं। अचानक उनकी माँ ने खेल रोककर आइज़नहॉवर से कहा कि ताश के खेल में जो पत्ते मिलते हैं, उन्हें स्वीकार करना चाहिए और उन्हीं से अपना सर्वश्रेष्ठ खेल खेलना चाहिए! उन्होंने आइज़नहॉवर को याद दिलाया कि ज़िंदगी भी इसी तरह की होती है। ईश्वर ज़िंदगी में पत्ते देता है और आपको अपनी सर्वश्रेष्ठ क्षमता के हिसाब से उनसे खेलना होता है।

राष्ट्रपति ने कहा कि वे उस सलाह को कभी नहीं भूले और वे ज़िंदगी भर उसका अनुसरण करते रहे।

थॉमस ए. एडिसन ने भी ज़िंदगी को इसी तरह से लिया। वे दृढ़ सकारात्मक चिंतक थे। उनके पुत्र चार्ल्स एडिसन न्यू जर्सी के पूर्व गवर्नर थे। उन्होंने मुझे अपने पिता के बारे में यह रोचक कहानी सुनाई। 9 दिसंबर 1914 की रात को वेस्ट ऑरेंज में विशाल एडिसन इंडस्ट्रीज़ आग से जलकर राख हो गई। एडिसन को उस रात बीस लाख डॉलर का नुक़सान हुआ और उनकी ज़िंदगी का अधिकांश काम जलकर राख हो गया। उन्होंने सिर्फ़ दस प्रतिशत का बीमा करवाया था, क्योंकि इमारतें कंक्रीट की बनी थीं और उस समय कंक्रीट को फ़ायरप्रूफ़ या अग्निरोधी माना जाता था।

चार्ल्स एडिसन उस वक़्त 24 साल के थे और उनके पिता थॉमस एडिसन 67 साल के। चार्ल्स इधर-उधर हड़बड़ी में भाग रहा था और अपने पिता को खोजने की कोशिश कर रहा था। आख़िरकार वे उसे मिल गए। वे आग के पास खड़े थे। उनका चेहरा लाल रोशनी में चमक रहा था। उनके सफ़ेद बाल जाड़े की हवा में लहरा रहे थे। चार्ल्स एडिसन ने मुझे बताया, "मेरा दिल उनके बारे में सोचकर दुखी हो रहा था। वे अब युवा नहीं थे और उन्होंने जितना भी बनाया था, वह सब कुछ जल गया था। उन्होंने मुझे देखते ही चिल्लाकर पूछा, "चार्ल्स, तुम्हारी माँ कहाँ हैं?"

मैंने जवाब दिया, "मुझे नहीं मालूम, डैडी।"

डैडी ने मुझसे कहा, "उन्हें यहाँ बुलाकर लाओ। वे जीवन में इस तरह का दृश्य दोबारा कभी नहीं देख पाएँगी।"

अगली सुबह अपनी सारी आशाओं और सपनों की राख पर चलते हुए थॉमस एडिसन ने कहा, "विध्वंस से बहुत लाभ होता है। हमारी सारी ग़लतियाँ जलकर राख हो गई हैं! ईश्वर को धन्यवाद कि हम दोबारा नई शुरुआत कर सकते हैं।" और उस विध्वंसक आग के ठीक इक्कीस दिन बाद उनकी कंपनी ने पहला फ़ोनोग्राफ़ तैयार कर लिया।

सारांश में, मैं इन बातों की अनुशंसा करता हूँ :

1. ईश्वर को धन्यवाद दें कि आपके सामने मुश्किलें हैं। यह इस बात का सबूत है कि आप ज़िंदा हैं।
2. अपनी मुश्किलों से पीछे हटकर उनका शांति से विश्लेषण करें। ऐसा करने का सबसे अच्छा तरीक़ा है मौन का अभ्यास। शांति और मौन की स्थिती में अपनी समस्या पर गहरी नज़र डालें।
3. अपनी मुश्किल का विश्लेषण करने में अपनी पूरी मानसिक शक्ति का इस्तेमाल करें। फिर सुनियोजित करके मुश्किल को थोड़ा-थोड़ा काटकर छोटा बनाएँ।
4. अपनी मुश्किल के बारे में सकारात्मक तरीक़े से सोचें। यह विश्वास करें कि आप इसे हरा सकते हैं। ऐसा करने पर आप विजय की राह पर चल देंगे।
5. मुश्किल से निबटने के लिए आध्यात्मिक विधि सीखें, जो व्यावहारिक भी है।
6. लगन का सहारा लें। अगर आप लगातार जुटे रहेंगे, तो अंततः जीत आप ही की होगी।
7. अपना क़द इतना बड़ा कर लें कि आप अपनी समस्या से बड़े बन जाएँ। फिर अपनी समस्या के माध्यम से अपना विकास करें।
8. ज़िंदगी जैसी है, उसे शांति से वैसा ही स्वीकार करें। अपनी मुश्किलों का सामना संयम से करें और लगातार जीतने की कोशिश करते रहें।
9. कभी अपने ख़िलाफ़ मुकदमा तैयार न करें।

10. सर्वशक्तिमान ईश्वर की शक्ति का प्रयोग करें। ईश्वर अगर आपके साथ नहीं है, तो मुश्किलें आपको हरा देंगी, लेकिन उसकी मदद से आप किसी भी मुश्किल से निबट सकते हैं।

अध्याय 10

तनाव को हावी न होने दें

हम जिस दुनिया में रहते हैं, वह तनाव से भरी है। तनाव हमारे चारों तरफ़ है। यह हमारे शहरों और मशीनों की लय में भी है। यह हमारी बातचीत में है, हमारे चेहरों पर है, हमारे उठने-बैठने के अंदाज़ में है। यह हमारे समाज में कूट-कूट कर भरा है। निश्चित रूप से यह हमारे काम में भी नज़र आता है। आप मानें या न मानें, न्यूयॉर्क शहर में आप "नर्वस" (N-E-R-V-O-U-S) शब्द डायल करके सही समय मालूम कर सकते हैं!

जो लोग तनाव या दबाव में नहीं आते हैं, वे सचमुच सौभाग्यशाली हैं। कुछ समय पहले एक रात को जब मैं वेस्ट कोस्ट पर था, तो तनाव के विषय पर डेसी आर्नेज के साथ मेरी बहुत रोचक बातचीत हुई। उस सप्ताह डेसी और लूसी स्टूडियो में एक नए शो की शूटिंग कर रहे थे। लेकिन सप्ताह के अंत में वे देहात में बने अपने घर में छुट्टियाँ मनाने आए। वहाँ ड्रॉइंग रूम में वे दोनों इतने शांत लग रहे थे, जैसे अभी-अभी छुट्टियों भरा स्फूर्तिदायक सप्ताह मनाकर आ रहे हों।

डेसी ने अचानक कहा, "मैंने सकारात्मक सोच के बारे में आपकी पुस्तक पढ़ी है।" बोलते समय डेसी अपनी बड़ी, गहरी भूरी आँखें सामने वाले पर पूरी तरह केंद्रित कर लेता है। उसने कहा, "उसमें कुछ अच्छी बातें हैं।"

लूसी हँसी, "सिर्फ़ कुछ अच्छी बातें?"

डेसी ने आगे कहा, "ख़ास तौर पर वह हिस्सा, जिसमें आपने तनाव

के बारे में बातें की हैं। मुझे वह हिस्सा इसलिए ख़ास पसंद है, क्योंकि लूसी और मैं तनाव भरे व्यवसाय में हैं।"

डेसी ने पूछा, "आप जानते हैं, आपकी पुस्तक पढ़ने के बाद मैंने क्या किया?" और फिर उसने मुझे सकारात्मक सोच का एक अनूठा परिणाम बताया। वह आगे झुका और उसने अपनी आस्तीन ऊपर करके खुली कलाई दिखाई। "मैंने अपनी कलाई घड़ी उतारकर फेंक दी।"

मैं थोड़ा चौंक गया। जब मैंने *द पॉवर ऑफ़ पॉज़िटिव थिंकिंग* लिखी थी, तो मुझे निश्चित रूप से इस तरह का प्रभाव छोड़ने की उम्मीद नहीं थी। बहरहाल, जब मुझे पूरी बात पता चली, तो मुझे संतोष मिला। हालाँकि डेसी अपनी घड़ी उतारकर फेंक देता है, लेकिन वह सिर्फ़ कुछ घंटों के लिए ही ऐसा करता है।

इस सप्ताह के दौरान डेसी की दिनचर्या बहुत व्यस्त थी। सुबह 8:05 पर उसे यह करना था, 11:40 पर उसे वह करना था। टेलीविज़न कार्यक्रम की योजना के अनुसार सुचारु रूप से काम करना था और हर सेकंड महत्वपूर्ण था। ज़ाहिर है, अक्सर विलंब से या आख़िरी मिनट पर काम होने के कारण योजनाएँ गड़बड़ा जाती थीं और तनाव पैदा हो जाता था।

लेकिन कुछ समय बाद हमेशा राहत भी मिल जाती थी। कभी कार्यक्रम बनने की प्रक्रिया में विराम आ जाता था या वीकएंड या फिर छुट्टियाँ। ऐसे मौक़ों पर ठंड के मौसम में डेसी और लूसी पाम स्प्रिंग्स के अपने घर में रहने जाते थे। गर्मियों के मौसम में वे समुद्र किनारे वाले घर में रहने चले जाते थे। दोनों ही घर सुंदर जगहों पर हैं। रेगिस्तान वाले घर के चारों तरफ़ पहाड़ों का सुंदर नज़ारा है। समुद्र किनारे वाला घर प्रशांत महासागर के किनारे पर है। रेगिस्तानी पहाड़ों या समुद्री लहरों के बीच वे डेडलाइनों और अपॉइंटमेंट डायरियों से बहुत दूर होते हैं। लेकिन यही काफ़ी नहीं होता। समय उन्हें परेशान न करे, यह सुनिश्चित करने के लिए डेसी अपनी घड़ी दूर फेंक देता है।

घर में घुसते ही वह अपनी घड़ी उतारकर ड्रेसिंग ड्रॉअर में रख देता है और ज़ोर से ड्रॉअर बंद कर देता है।

इसके बाद उसने एक बहुत बढ़िया वाक्य कहा, "उसके बाद मैं

तनाव से छुट्‌टी ले लेता हूँ।"

यह कितना बढ़िया विचार है! तनाव से छुट्‌टी ले लें। डेसी समय को नज़रअंदाज़ करके ऐसा करता है। वह कहता है, "मैं समुद्र किनारे लेटकर अपने मस्तिष्क और शरीर को आराम करने देता हूँ। अगर कोई मुझे बुलाने आता है और कहता है कि खाने का समय हो गया है, तो मैं उसे बता देता हूँ कि अभी मुझे भूख नहीं लग रही है, इसलिए खाने का समय नहीं हुआ है। अगर वह आकर यह कहता है कि सोने का समय हो गया है, तो मैं उससे कह देता हूँ कि सितारे आसमान में चमक रहे हैं और चंद्रमा अभी-अभी ऊपर आया है। जब मुझे नींद आएगी, तभी सोने का समय होगा।"

बाद में, ज़ाहिर है, जब तनाव से छुट्‌टी का यह छोटा सा दौर पूरा हो जाता है, तो डेसी ड्रेसिंग ड्रॉअर में से अपनी घड़ी निकालकर दोबारा पहन लेता है। वह एक नई स्फूर्ति के एहसास के साथ ऐसा करता है। अब वह तरोताज़ा हो चुका है और काम पर वापस लौटने के लिए तैयार है।

ऐसा नहीं है कि इस दुनिया में सिर्फ़ डेसी आर्नेंज जैसे लोगों को ही तनाव का मुक़ाबला करना सीखने की ज़रूरत है। आजकल लगभग हर इंसान इसी समस्या से जूझ रहा है। हज़ारों बच्चे घर से स्कूल तक आराम से पैदल नहीं जाते हैं, बागड़ को नहीं छूते हैं, रास्ते में पड़ी बर्फ़ को नहीं तोड़ते हैं। उन्हें तो नुक्कड़ पर आने वाली बस को पकड़ने की जल्दी रहती है, जो ठीक 8 बजकर 12 मिनट पर चली जाती है।

ऑफ़िस जाने का रोज़मर्रा का काम भी समय के तनाव से भरा मामला है। मैं एक ऐसे व्यक्ति को जानता हूँ, जिसे सुबह ऑफ़िस पहुँचने के लिए तीन डेडलाइनों को पूरा करना पड़ता है। उसे सुबह जल्दी उठकर 7 बजकर 28 मिनट वाली बस पकड़ना होती है, जो उसे रेलवे स्टेशन तक ले जाए। वहाँ उसे न्यूयॉर्क जाने वाली 7 बजकर 43 मिनट की ट्रेन पकड़ना होती है। न्यूयॉर्क पहुँचने के बाद उसे एक कार पकड़ना होती है, जो उसे उसके ऑफ़िस तक ले जाती है। उसका टाइम टेबल इतना टाइट है कि हर लाल बत्ती पर वह सोचता है कि क्या वह सुबह 9 बजे की "शुरुआती घंटी" बजने तक ऑफ़िस पहुँच पाएगा?

मैंने एक बार इस व्यक्ति से पूछा कि इतनी सारी डेडलाइनों को पूरा करने के लिए वह कितने बजे का अलार्म लगाता है। उसका जवाब बहुत शानदार था। जब भी मैं सोचता हूँ कि बीसवीं सदी का इंसान समय के कितने दबाव में है, तो मुझे उसका जवाब याद आ जाता है।

उसने कहा, "मैं आम तौर पर लगभग 6 बजकर 32 मिनट का अलार्म लगाता हूँ।"

लगभग 6 बजकर 32 मिनट!

यह उस समस्या का प्रतीक है, जिसका सामना हज़ारों लोग हर दिन करते हैं। अवांछित तनाव का सामना कैसे किया जाए!

"अवांछित" शब्द पर ग़ौर करें। कुछ हद तक तनाव एक अच्छी चीज़ है। सामान्य तनाव आपको जाग्रत रखता है, प्रेरित करता है और रचनात्मक प्रक्रियाओं को पूरी कार्यकुशलता तक ले जाता है। लेकिन अगर हम इच्छानुसार तनावयुक्त और तनावमुक्त होने के तरीक़े सीख लें, तो बहुत अच्छा रहेगा। ठीक उसी तरह, जिस तरह हम बिजली के बल्ब को जलाते या बुझाते हैं। तब हम अपने उस तनाव का सदुपयोग कर सकेंगे, जो हमारे लक्ष्यों की पूर्ति में सहयोग देता है और उस तनाव से दूर रह सकेंगे, जो अनावश्यक दबाव डालता है। जब विश्राम करने का समय आएगा, तो हम तनाव से छुट्टी लेकर सभी दबावों से छुटकारा पा सकते हैं।

सच्चाई यह है कि तनाव से मुक्ति पाई जा सकती है। इसका एक तरीक़ा यह है। सबसे पहले, सचेतन रूप से अपने पूरे शरीर को तनावपूर्ण बना लें। अपनी भौंह से शुरू करें। त्योरियाँ चढ़ा लें। फिर अपने जबड़े, होंठ और गले की मांसपेशियों पर आएँ। उन्हें कसकर भींच लें। इन सभी मांसपेशियों में तनाव भरने के बाद अपने कंधों पर आएँ और उनकी मांसपेशियों को भी तान लें। फिर अपनी मुट्ठी भींच लें। अपने पेट की मांसपेशियों को भी सिकोड़ लें और अपने दोनों घुटनों को चिपकाकर तनावयुक्त कर लें। अंत में अपने पैरों को कसकर फ़र्श पर रख लें।

अगर आपने ऊपर बताए तरीक़े से काम किया है, तो आपके शरीर की लगभग हर मांसपेशी इस समय तनाव में है। एक मिनट तक इसी

अवस्था में रहें। इस बात पर ध्यान दें कि तनाव की अवस्था में रहने में कितनी ऊर्जा लग रही है!

मैं इस प्रयोग का सुझाव इसलिए दे रहा हूँ, ताकि हम यह जान लें कि हम अपने साथ क्या कर रहे हैं, क्योंकि हममें से बहुत से लोग हर दिन हर समय इसी तरह तनाव में रहते हैं। हो सकता है हमारे शरीर की सभी मांसपेशियाँ एक साथ तनाव में नहीं रहती हों। कभी गले की मांसपेशी तनाव में रहती है, तो कभी कंधे की। बहुत से लोगों के मामले में यह पेट की मांसपेशी होती है। लेकिन मूल बात यह है कि इस तनाव के कारण बहुत सी ऊर्जा बर्बाद होती है। यह उस कोशिश में बर्बाद होती है, जिसका परिणाम थकान तथा चिड़चिड़ेपन के सिवाय और कुछ नहीं है।

अब अपने प्रयोग को आगे बढ़ाएँ। तनाव को शिथिल करें। ऊपर बताई गई प्रक्रिया को उलट दें। इस बार सचेतन रूप से हर मांसपेशी को आराम की अवस्था में लाएँ। अपनी भौंह, जबड़े, होंठ, गले की मांसपेशियों को शिथिल कर लें। अब अपने कंधों, मुट्ठियों, पेट, पैरों को भी शिथिल कर लें। कल्पना करें कि आप ख़ुद को ढीला छोड़ रहे हैं। सभी मांसपेशियों को शिथिल कर लें और अपनी कुर्सी पर निढाल हो जाएँ, जब तक कि आप पूरे ढीले न हो जाएँ। कल्पना करें कि कुर्सी आपका पूरा वज़न उठा रही है। आपकी मांसपेशियों को करने के लिए कोई काम नहीं है - आप विश्राम की अवस्था में हैं, पूरी तरह से विश्राम की अवस्था में हैं।

मेरा मित्र जॉर्ज एक बड़े शहर में एक हेल्थ क्लब में काम करता है। जॉर्ज अपने ग्राहकों से शरीर की सभी मांसपेशियों को तनावयुक्त करने और फिर उन्हें तनावमुक्त करने का प्रयोग करवाता है। कई बार वह किसी अतिरिक्त शिथिलीकरण तकनीक का भी प्रयोग करता है। जब मांसपेशियों का तनाव शिथिल हो जाता है, तो जॉर्ज उनसे कहता है कि वे मन ही मन ईश्वर के बारे में सोचें।

जॉर्ज कहता है, "अब आप पूरी तरह विश्राम की अवस्था में हैं। तनाव आपके शरीर से बाहर निकल रहा है। तनाव के स्थान पर अच्छे विचार आपके मस्तिष्क और शरीर में अंदर आ रहे हैं। अब थोड़ी

गहराई में चलें। ख़ुद से कहें, 'ईश्वर मुझमें है। ईश्वर मेरे समूचे अस्तित्व में है। एक मिनट पहले तक मैं हड़बड़ी और चिंता में था। मैं तनाव में था, लेकिन अब मैं तनाव से मुक्त हो रहा हूँ। मेरी ऊर्जा अब सामान्य और रचनात्मक तरीक़े से काम कर रही है।'"

और फिर जॉर्ज पूछता है, "क्या आपको कुछ फ़र्क़ महसूस हो रहा है?"

और फ़र्क़ महसूस होता है। मैंने कई बार इस अभ्यास को आज़मा कर देखा है और मैं जानता हूँ कि इससे बहुत फ़र्क़ पड़ता है। मैं तरोताज़ा हो जाता हूँ, मुझमें स्फूर्ति आ जाती है और मुझे नियंत्रण का नया एहसास होता है, जैसे मुझमें मुश्किल से मुश्किल समस्या से निबटने की शक्ति आ चुकी है।

जॉर्ज कहता है, "यह विश्राम की शक्ति है। अब आप इस शक्ति को अपने ऑफ़िस या घर में लेकर जा सकते हैं। आप विश्राम की शक्ति को किसी भी तनावपूर्ण स्थिति में आज़मा सकते हैं। इसके बाद तनाव आपको बिलकुल भी परेशान नहीं करेगा।"

उन शारीरिक तनावों से निबटने के लिए यह एक उत्कृष्ट तकनीक है, जो हम पर हावी हो जाते हैं और फिर हमारा पीछा नहीं छोड़ते हैं। लेकिन मेरा विचार यह है कि ज़्यादातर शारीरिक तनाव दरअसल मानसिक तनाव होते हैं, जो एक नए आयाम में रूपांतरित हो जाते हैं। हमारा दिमाग़ किसी समस्या को सुलझाने के लिए दौड़ता है और जल्दी ही हमारा शरीर भी दौड़ने लग जाता है। कुर्सी पर बैठे-बैठे भी हमारा शरीर भाग सकता है। मांसपेशियाँ इतने तनाव में आ जाती हैं, जैसे वे गति में हों और जल्दी ही हम थक जाते हैं। हमें इस तनाव को नियंत्रण में रखने के तरीक़े खोजना चाहिए, ताकि हम शांत और विश्राम की अवस्था में रह सकें।

कुछ साल पहले मैंने और मेरी पत्नी ने न्यूयॉर्क शहर से 75 मील दूर एक फ़ार्म हाउस ख़रीदा। हालाँकि उसे ख़रीदने का मुख्य उद्‌देश्य बच्चों को प्राकृतिक जीवन का लाभ पहुँचाना था, लेकिन मैं भी उस फ़ार्म पर एक प्रयोग करना चाहता था। मैं इस सिद्धांत में विश्वास करता हूँ कि हर इंसान के पास एक व्यक्तिगत विश्राम-स्थल होना

चाहिए, जहाँ वह भागमभाग, हड़बड़ी और तनाव भरे संसार से दूर जाकर अपने मस्तिष्क का नवीनीकरण कर सके। मेरा सिद्धांत इन शब्दों पर आधारित था : "शांति और विश्वास में आपकी शक्ति होगी।" (इसाइया 30:15)

मैं देहात में पैदा हुआ था। आपने यह कहावत सुनी होगी कि आप देहाती लड़के को देहात से बाहर तो ले जा सकते हैं, लेकिन आप देहात को उस लड़के के मन से बाहर नहीं निकाल सकते। चाहे जो हो, मैं शहर से दूर एक ऐसी जगह चाहता था, जहाँ मैं समय-समय पर विश्राम कर सकूँ और ईश्वर को मानसिक शांति के सृजन का अवसर दे सकूँ। मैं यह देखना चाहता था कि प्रकृति की गोद में पहुँचने के बाद मेरे मानसिक और मांसपेशीय तनावों पर कितना प्रभाव पड़ेगा।

हमने एक पुराना फ़ार्म हाउस ख़रीद लिया। उसके पीछे एक बगीचा था। वहाँ तक पहुँचने के लिए खलिहान के पास से पैदल चलना पड़ता था और एक छोटी सी जलधारा के ऊपर एक पगडंडी पर चलना पड़ता था। फिर मकई के खेत आ जाते थे और फिर पत्थरों से बनी एक पुरानी दीवार। अंत में एक छोटी सी पहाड़ी आ जाती थी, जहाँ पेड़ ही पेड़ थे। वहाँ पूर्ण एकांत रहता था। ध्यान से सुनने पर वहाँ पेड़ों के बीच से गुज़रने वाली सरसराती हवा की आवाज़ सुनाई दे जाती थी। कभी-कभार न्यूयॉर्क सेंट्रल ट्रेन की सीटी भी दूर कहीं सुनाई दे जाती थी। कई बार किसी कुत्ते के भौंकने की आवाज़ भी आती थी।

उस हवादार पहाड़ी की चोटी पर एकदम से शांति का एहसास नहीं होता है। हमें ईश्वर को अवसर देना होता है कि वह हमारी आत्मा तक अपनी उपचारक शक्ति पहुँचाए। इसके लिए वहाँ आराम से बैठने की ज़रूरत होती है। कुछ समय बाद आप जागरूक हो जाते हैं कि प्रकृति में एक लय है, एक ऐसी लय जिसके बारे में आपको पहले कोई आभास नहीं हुआ था। आप अपने चारों तरफ़ देखते हैं। मान लें कि इस समय शिशिर ऋतु चल रही है। संसार धीरे-धीरे सोने जा रहा है। जाड़े के लिए भोजन इकट्ठा करने वाली गिलहरी बोल रही है। पत्तियाँ गिर रही हैं। इनके गिरने में भी एक तरह का अलसाया अंदाज़ है, जो विश्राम से भरा है। नीचे घाटी में मकई के पौधे लगे हैं। खेत सोए हैं

और महीनों तक नहीं जागेंगे। इस पहाड़ी की चोटी से आपको जो संसार दिख रहा है, उसकी अपनी लय है।

और यह एक धीमी, शांत लय है। यह वह तेज़रफ़्तार लय नहीं है, जिसे आप अपने साथ शहर से लाए हैं। आप पहाड़ी पर भागते हुए आए थे और आपका मस्तिष्क भी आपके शरीर के साथ-साथ भाग रहा था। लेकिन अगर आप पहाड़ी पर बैठकर ब्रह्मांड की लय को अपनी हड्डियों में प्रविष्ट होने दें या इससे भी ज़्यादा महत्वपूर्ण बात यह है कि अपनी विचार प्रक्रियाओं में प्रविष्ट होने दें, तो आप पाएँगे कि आपका मस्तिष्क धीमा हो गया है। आप पहले जितनी जल्दबाज़ी में नहीं हैं। आप पाएँगे कि आप एक नए अर्थ के एहसास के साथ ये शब्द दोहरा रहे हैं : "शांति और विश्वास में आपकी शक्ति होगी।" ईश्वर ने आपकी प्रार्थना सुन ली है। आप महसूस करते हैं कि आपका तनाव कम हो गया और अब आपमें ज़्यादा शांति तथा शक्ति है।

हाल ही में एक थका और परेशान बिज़नेस एक्ज़ीक्यूटिव मुझसे मदद माँगने आया। मैंने उसे यह कहानी सुनाई। इस पर वह बोला कि हर आदमी इतना अमीर नहीं होता कि वह एकांत में किसी पहाड़ी पर विश्रामस्थल ख़रीदकर वहाँ शांति से बैठ सके। इस पर मैंने कहा, "आपकी बात सच है! लेकिन अगर इंसान सचमुच शांतिपूर्ण जगह चाहता हो, तो उसे शांत जगह मिल सकती है।"

मैंने देखा है कि जापानी शहरों में बहुत से सुंदर और छोटे बगीचे हैं। इससे फ़र्क़ नहीं पड़ता कि ये बगीचे पत्थर, रेत या काई के हैं। वहाँ के निवासी इन बगीचों में शांतिपूर्ण चिंतन कर सकते हैं। मैंने पाया कि यह एक बहुत प्रभावी अभ्यास है।

जापान में मैं कुछ सप्ताह तक रहा और इस दौरान मैंने उन अनूठे जापानी बगीचों के शांति तथा विश्राम देने वाले गुणों का अच्छा लाभ उठाया। ख़ास तौर पर दो अनुभव अविस्मरणीय थे। उनकी उपचारक शक्ति को दोबारा महसूस करने के लिए मैं अक्सर उन्हें याद करता हूँ।

क्योटो में एक मॉस गार्डन है, जो विश्रामपूर्ण चिंतन का लोकप्रिय स्थल है। यहाँ सूर्य की किरणें पत्तेदार पेड़ों के बीच से हौले से गुज़रती हैं और काई की नर्म फ़र्श पर गिरती हैं और नन्ही लिली को छोटे

तालाबों में चमकाती हैं। इस माहौल में शांति ही शांति है। दुविधा से भरी दुनिया पीछे छूट जाती है। यहाँ आप यथासंभव स्थिर बैठें, अपनी आँखों को इस सुंदरता पर आराम से पड़ने दें और अपने मस्तिष्क को ज़्यादा से ज़्यादा खुला रखें, ताकि आप इन शांत छवियों को ग्रहण कर सकें। इसका आप पर अद्‌भुत प्रभाव पड़ता है और आपका पूरा तनाव काफ़ूर हो जाता है।

तनाव कम करने की तकनीकों के मेरे लंबे अध्ययन में क्योटो के स्टोन गार्डन का महत्वपूर्ण स्थान है। एक बौद्ध मंदिर की सीमा में बना यह उद्यान शायद 75 x 40 फ़ुट का है। यहाँ रेत में विभिन्न आकारों के पंद्रह पत्थर लगे हैं। रेत और पत्थर के सिवाय यहाँ कुछ भी नहीं है। ऐसा माना जाता है कि ये पत्थर इंसान की ज़िंदगी की पंद्रह मूलभूत समस्याओं के प्रतीक हैं। उन्हें इस तरह से रखा गया है, ताकि एक समय में आपको उनमें से सिर्फ़ कुछ ही नज़र आते हैं। इसकी व्याख्या में यह कहा जाता है कि इंसान का दिमाग़ एक साथ सभी समस्याओं को नहीं सुलझा सकता है।

जीवन के सबसे गहरे अर्थ पर विचार करने के लिए इंसान को शारीरिक और मानसिक रूप से शांत रहना चाहिए तथा समय को भूल जाना चाहिए।

जब मैं स्टोन गार्डन में जा रहा था, तो मेरे जापानी टैक्सी ड्राइवर ने मुझसे कहा, "स्टोन गार्डन से जल्दबाज़ी में बाहर मत आना। मैं इंतज़ार करूँगा। मैं इस बात के लिए अलग से पैसे नहीं लूँगा। अगर आप समय की चिंता करेंगे, तो आप वह नहीं सुन पाएँगे, जो गार्डन आपसे कह रहा है।" मैं उस समय स्टोन गार्डन में इकलौता पश्चिमी व्यक्ति था। वहाँ पर मेरे अलावा किमोनो पहने हुए दो सम्मानित व्यक्ति थे। जापानी वेशभूषा में एक जापानी महिला भी वहाँ मौज़ूद थी। इनके अलावा वहाँ पाश्चात्य वेशभूषा में एक युवा दंपति हाथों में हाथ डाले ख़ामोशी से बैठे थे। यही लोग चिंतन में मेरे साथी थे।

हम सब चुपचाप बैठे रहे। हर व्यक्ति चिंतन में डूबा था। गहरी शांति का माहौल था। यह एक जाग्रत शांति थी, जिसमें तनाव के बजाय प्रबल शक्ति थी। अचानक एक वाक्यांश मेरे दिमाग़ में आया,

"शांति में गति।" मुझे एक बार फिर यह एहसास हुआ कि शांति से जीवंतता और शक्ति मिलती है। तनाव इंसान को बिखरा देता है, लेकिन शांति इंसान को दोबारा एक सूत्र में बाँध देती है। शांति प्रेरणा को कम नहीं करती, बल्कि जगाती है। बहरहाल यह एक ऐसी प्रेरणा है, जो सुव्यवस्थित और नियंत्रित होती है।

उस अनुभव ने मुझे ईश्वर का असाधारण गहन एहसास कराया। "उसमें हम जीते हैं, चलते हैं और उसी में हमारा अस्तित्व है," (एक्ट्स 17:28)। मैं बाइबल के इस वाक्य को बार-बार दोहराता रहा।

बाद में मैंने क्योटो रोटरी क्लब में भाषण दिया। इसका विषय था, "चिंता तथा तनाव के बिना कैसे काम करें और जिएँ।" मेरे भाषण के बाद क्लब के प्रेसिडेंट ने कहा कि यह विषय "बहुत ही उचित था, क्योंकि जापानी बिज़नेसमैन भी अमेरिकियों की तरह ही तनाव से भरे हैं।" मैंने उन्हें उपचारक मौन के जापानी स्मारकों में जाने की सलाह दी। यह सलाह मैं अमेरिकियों को भी देता हूँ कि वे भी ईश्वर की शांति खोजें, "जो समझ से परे है" (फ़िलिप्पियन्स 4:7)। साधना, चिंतन और प्रार्थना के लिए मौन की तलाश करें। यह तनाव का असरदार तोड़ है।

मेरे एक अच्छे मित्र जेस एल. लास्की हॉलीवुड के फ़िल्म केंद्र के संस्थापकों में से एक हैं। वे मौन की तलाश बहुत अच्छे ढंग से करते थे। अपने घर में मिस्टर लास्की का एक विशेष कक्ष था, जिसे वे मौन कक्ष कहते थे। उसमें सिर्फ़ एक टेबल थी, एक सादा कुर्सी थी और दीवार पर मैटरहॉर्न की तस्वीर लगी थी। टेबल पर एक बाइबल भी रखी थी।

जब भी जेस पर तनाव हावी होने लगता था, तो वे अपने मौन कक्ष में चले जाते थे, दरवाज़ा बंद कर लेते थे और वहाँ बैठकर मैटरहॉर्न की तस्वीर की तरफ़ देखते रहते थे। वे इस वाक्य को दोहराते थे, "मैं अपनी आँखें उठाकर पहाड़ियों को देखूँगा" (भजन 121:1)। फिर वे बाइबल को कहीं से भी खोलकर पढ़ने लगते थे।

जेस लास्की ने मुझे बताया कि मौन कक्ष से वे हर बार तरोताज़ा होकर निकलते थे और उनके मन में स्फूर्ति का एहसास होता था।

सचमुच इच्छा हो, तो हर व्यक्ति अपने लिए शांत जगह खोज सकता है। यह अच्छी बात है कि बहुत से लोग आजकल घर में आध्यात्मिक साधना के लिए स्थान बनवा रहे हैं। आप इसे आध्यात्मिक शांति के टापू की संज्ञा दे सकते हैं।

दरअसल यह ज़रूरी नहीं है कि शांत जगह भौतिक ही हो। यह विचारों में भी हो सकती है। बरसों पहले मैंने शांत अनुभवों को अपने मस्तिष्क में इकट्ठा करने की तकनीक विकसित की थी। मैंने इस तकनीक का प्रयोग सैकड़ों बार किया है और मैं इसकी सफलता की पूरी गारंटी देता हूँ। इसने तनाव पर विजय पाने में मेरी काफ़ी मदद की है।

आप यह काम इस तरह से कर सकते हैं। कल्पना करें कि आप समुद्र तट पर अकेले खड़े हैं। पूरी दुनिया सो रही है, लेकिन आपको नींद नहीं आ रही थी, इसलिए आप उठे, कपड़े पहने और समुद्र तट पर टहलने आ गए। अचानक आप पाते हैं कि आपकी आँखें आसमान पर टिकी हैं। एक पल के लिए आपकी और ब्रह्मांड की आत्मा एक हो जाती है। आप सचेतन रूप से महान ईश्वर और उसकी विशाल सृष्टि के तादात्म्य में आ जाते हैं। आप वहाँ गरजती लहरों तथा अनंत आकाश के साथ एक हो जाते हैं।

फिर आप उस अनुभव को याद कर लें। यह कविता याद करने की तरह है। सबसे पहले तो आप उन चीज़ों से शुरू करें, जिन्हें आप सुन सकते हैं : समुद्र, हवा और समुद्र तट की घास के सरसराने की आवाज़ें। फिर आप उन चीज़ों को याद करें, जिन्हें आप महसूस कर सकते हैं : चेहरे पर पड़ती पानी की फुहार, रात की ठंडी हवा का स्पर्श। और स्वाद? हवा में नमक तैर रहा है। अगर आप अपने होंठों पर जीभ फेरें, तो आप सचमुच समुद्र का स्वाद ले सकते हैं। आप अपनी पाँचों इंद्रियों के अनुभव याद कर लें, ताकि आप कभी भी उन्हें इच्छानुसार याद कर सकें।

फिर अगली बार जब आप ख़ुद को तनाव में पाएँ, तो अपनी आँखें बंद कर लें और उस दृश्य को दोबारा याद करें। हर इंद्रिय से संबंधित जानकारी को एकत्रित करके पूरे शांतिदायक अनुभव की दोबारा रचना

कर लें। कुछ ही पलों में आपका मस्तिष्क वही एकरूपता और विश्राम की भावना को महसूस करने लगेगा, जो उस रात आपको विशाल और नीरव समुद्र तट पर हुई थी।

पेन्साकोला में एक रात को एक उच्च पदस्थ नौसैनिक अधिकारी ने हमें एक अद्‌भुत कहानी सुनाई। इस कहानी से हमें यह पता चलता है कि किसी अत्यावश्यक काम के दौरान शांतिपूर्ण भावनात्मक नियंत्रण रखना कितना महत्वपूर्ण होता है।

> एयरक्राफ़्ट कैरियर *एसेक्स* पर्ल हार्बर में आ रहा था। उसमें हवाई जहाज़ लदे थे। उसमें सैन फ्रांसिस्को से आने वाले पाँच हज़ार नौसैनिक भी थे। पर्ल हार्बर के सभी अफ़सर और कर्मचारी उसे देखने के लिए उत्सुक थे और जहाज़ का आना युद्ध की एक महत्वपूर्ण घटना थी।
>
> जब जहाज़ चैनल में दाख़िल हुआ, तो हैंगर के डेक पर आग लग गई। इसके साथ ही एक व्यापारिक जहाज़ भी आता दिखा। पर्ल हार्बर की चैनल इतनी चौड़ी नहीं थी कि दो जहाज़ सामान्य स्थितियों में भी एक साथ गुज़र सकें और इस समय आग लगने की वजह से स्थिति बहुत ही तनावपूर्ण और ख़तरनाक हो गई थी। आग लगने की ख़बर ब्रिज तक पहुँची और डेक पर मौज़ूद अफ़सर ने कप्तान से कहा, "हैंगर डेक पर आग लग गई है!"
>
> हैंगर डेक पर आग लगने की ख़बर सुनकर कोई भी कप्तान चिंतित हो जाएगा, क्योंकि डेक पर पेट्रोल से भरे हवाई जहाज़ तो रहते ही हैं, साथ ही ईंधन और हथियार भी समीप ही होते हैं।
>
> कप्तान आने वाले जहाज़ को ग़ौर से देख रहा था और डेक के अफ़सर को लगा कि कप्तान ने उसकी बात नहीं सुनी थी। इसलिए उसने दोबारा वही बात ज़्यादा ज़ोर से कही। वह कप्तान अपनी अविचलित मानसिकता के लिए मशहूर था। सिर घुमाए बिना उसने शांति से कहा, "तो आग को बुझा दो।"
>
> दोनों जहाज़ सुरक्षित गुज़र गए, आग को भी बुझा दिया गया और कोई ख़ास नुक़सान नहीं हुआ।

कुछ लोग कहते हैं कि वर्तमान दौर तनाव का दौर है! वे शिकायत करते हैं कि जब तनाव चारों तरफ़ है, तो फिर आप तनाव में आए बिना कैसे रह सकते हैं। मैं दोहराता हूँ - तनाव माहौल में नहीं, आपके मस्तिष्क में होता है। तनाव दुविधा, शोर और समस्याओं के प्रति आपके नज़रिये में होता है।

सफल सकारात्मक चिंतक अपने जीवन को शांत और तनावमुक्त कैसे रखते हैं? वे एक निश्चित तकनीक का अनुसरण करते हैं। इस बारे में बर्नार्ड हाल्डेन एक महत्वपूर्ण सुझाव देते हैं। वे "अपनी सफलताओं का अध्ययन" करते हैं। कुछ लोग ज्ञान पाने के लिए अपनी असफलताओं को ही याद करते रहते हैं। जबकि सच तो यह है कि असफलता में बहुत ज़्यादा ज्ञान नहीं होता है, वरना आप असफल ही नहीं होते। असफलता से तो आपको सिर्फ़ यह सीखना चाहिए कि कोई काम कैसे नहीं किया जाए।

लेकिन सफलता मिलने के बाद इस बात का विश्लेषण करें कि आपने उस काम को कैसे किया था, जिस वजह से आप सफल हुए। फिर आप यह भी देखें कि क्या आप अगले काम में भी उसी तकनीक का इस्तेमाल कर सकते हैं। इससे आप यह जान जाते हैं कि आप सफल होने का तरीक़ा जानते हैं और सफलतापूर्वक काम कर सकते हैं। इससे आपका तनाव और घबराहट दूर हो जाएगी और आपको शांति मिलेगी। आपको शांति इसलिए मिलेगी क्योंकि आप जानते हैं कि आप सफल हो सकते हैं।

सफल व्यक्ति को यह सीखना होता है कि वह अपने जीवन को तनावपूर्ण भावनाओं से मुक्त कैसे रखे।

मेरे पास अनेक सकारात्मक चिंतकों के पत्र आते हैं और उनसे मेरी बातचीत भी होती है। उनमें से ज़्यादातर सफल सकारात्मक चिंतकों को यह एहसास था कि वे सब कुछ अकेले नहीं सँभाल सकते। इसलिए उन्होंने एक टीम बनाई, जिसमें बहुत से लोग महत्वपूर्ण भूमिका निभाते थे। उन्होंने दूसरों को प्रशिक्षित तथा प्रोत्साहित किया और उन पर विश्वास किया कि वे अपना काम करेंगे।

ये लोग शक्ति और शांति के असली रहस्य को जानते हैं। चूँकि

उनके पास बड़ा दिमाग़ होता है, इसलिए वे जीवन में आध्यात्मिक मूल्यों के महत्व को समझ लेते हैं। वे जितने ज़्यादा बड़े होते हैं, उतने ही ज़्यादा विनम्र रहते हैं।

लेकिन उस समय क्या करें, जब तनाव के साथ जीना ज़रूरी हो जाए। मुझे लगता है कि ग्रांड सेंट्रल स्टेशन, न्यूयॉर्क की पूछताछ खिड़की पर बैठने से ज़्यादा दुविधापूर्ण और तनावपूर्ण काम कोई दूसरा नहीं होगा। मैं एक दिन वहाँ पूछताछ करने गया। वहाँ पर पूछताछ करने वालों की भारी भीड़ थी। हर व्यक्ति के पास एक सुलगता हुआ सवाल था, जिसका वह तत्काल जवाब चाहता था।

मैंने खिड़की के पीछे बैठे आदमी को लोगों से निबटते देखा। आश्चर्य की बात यह थी कि उसके चेहरे पर तनाव का नामोनिशान नहीं था। बहुत अद्‌भुत दृश्य था। एक छोटा सा आदमी चश्मा पहने कुर्सी पर बैठा था, बहुत तनावपूर्ण स्थिति का सामना कर रहा था और अधीर यात्रियों के सवालों के जवाब दे रहा था। इसके बावज़ूद वह बहुत शांत था।

एक छोटी और मोटी महिला उसके सामने आई। उसके सिर पर शॉल था। और मुझे याद है कि उसकी ठुड्डी पर बाल भी थे।

जानकारी देने वाला व्यक्ति आगे झुका, ताकि वह चारों तरफ़ के शोर-शराबे के बीच उस महिला का सवाल सुन सके। "हाँ, मैडम?"

पूछताछ खिड़की के आदमी ने अपनी आँखें उस महिला पर केंद्रित कीं और पूछा, "आप कहाँ जा रही हैं?"

एक व्यक्ति बीच में सवाल पूछने की कोशिश कर रहा था। उसके कपड़े शानदार थे और उसके एक हाथ में ब्रीफ़केस तथा दूसरे में महँगा हैट था। लेकिन जानकारी देने वाले ने उसकी तरफ़ ध्यान नहीं दिया और सामने खड़ी महिला से ही बातें करता रहा, "आप कहाँ जा रही हैं?"

"स्प्रिंगफ़ील्ड।"

"कौन सा स्प्रिंगफ़ील्ड, ओहियो वाला?"

"नहीं, मैसेश्यूसेट्स वाला।"

टाइमटेबल की तरफ़ देखे बिना ही उसने जवाब दे दिया, "ट्रेन दस मिनट बाद ट्रैक 25 से छूटेगी। आपको दौड़ने की ज़रूरत नहीं है, आपके पास पर्याप्त समय है।"

"कौन सा ट्रैक, 25 ?"

"जी, मैडम।"

"पच्चीस ?"

"हाँ, पच्चीस।"

महिला चलने के लिए मुड़ी। जानकारी देने वाले व्यक्ति ने तत्काल अपना ध्यान महँगे हैट वाले व्यक्ति पर केंद्रित कर लिया। लेकिन तभी एक बार फिर महिला ने उससे ट्रैक का नंबर पूछा, "कौन सा ट्रैक ? 25।" परंतु अब खिड़की के पीछे बैठा व्यक्ति नए यात्री पर ध्यान दे रहा था और उसने उस शॉल वाली महिला की बात नहीं सुनी।

आख़िरकार, एक क्षणिक विराम हुआ और मुझे उस जानकारी देने वाले व्यक्ति से एक सवाल पूछने का मौक़ा मिला। "भीड़ से निबटने का आपका तरीक़ा बहुत प्रशंसनीय है। मुझे यह बताएँ कि आप ऐसा कैसे कर लेते हैं और इसके बावज़ूद इतने शांत कैसे रहते हैं ?"

उस आदमी ने अपना सिर उठाकर चश्मे के पीछे से मुझे देखा और बोला, "मैं भीड़ से नहीं निबटता हूँ। मैं एक समय में एक ही यात्री से निबटता हूँ। उसके बाद दूसरे यात्री से। पूरे दिन मैं एक बार में एक यात्री से ही निबटता हूँ। आप कहाँ जा रहे हैं ?"

मैं उस वाक्य को कभी नहीं भूला, एक बार में एक यात्री, एक समय में एक काम। मैं भी कभी इससे ज़्यादा करने के बारे में नहीं सोचूँगा, क्योंकि तनावपूर्ण स्थितियों से बचने का यह बहुत महत्वपूर्ण नियम है। जब बहुत सी समस्याएँ एक साथ मेरे सामने खड़ी होती हैं, तो यह नियम मेरी बहुत मदद करता है। जब बहुत से काम हर दिशा से मेरे सामने आ जाते हैं, तो मैं ख़ुद को याद दिलाता हूँ, "एक बार में एक काम।" यही सबसे बढ़िया तरीक़ा है। इससे तनाव भी कम होता है और आपकी भावनाएँ भी नियंत्रण में रहती हैं।

सेंट पॉल ने कहा है, "मैं यह एक काम करता हूँ" (फ़िलिप्पियन्स

3:13)। इस वाक्य में जादू है। अगर ज़िंदगी आप पर हावी हो रही है, अगर दबाव बढ़ रहे हैं और तनाव की वजह से आप बहुत परेशान तथा चिड़चिड़े हो रहे हैं, तो इस वाक्य को याद कर लें : "मैं यह एक काम करता हूँ।" काम शुरू करने से पहले इस वाक्य को याद करें और फिर इसके अनुरूप जीने का संकल्प करें। बाधाएँ चाहे लोगों, विचारों या शोर के रूप में आएँ, उनके सामने आने पर यह कहने की आदत डाल लें, "कृपया एक मिनट ठहरें।" एक समय में एक काम करने की तकनीक में निपुण होने के बाद आप पाएँगे कि आपका ज़्यादातर तनाव ख़त्म हो गया है और उसकी जगह पर एक सुचारु शक्ति-प्रवाह आ गया है।

अगर आप शांति के संदर्भ में सोचना सीख लेते हैं, तो चाहे आपकी परिस्थितियाँ कितनी ही भागमभाग भरी हों, आप आराम और मानसिक शांति के साथ ज़िंदगी बिता सकते हैं।

मुझे उस व्यक्ति की याद आ जाती है, जिससे मैं एक सर्द सुबह मिला था। मेरी आदत है कि हर सुबह प्रार्थना करते समय मैं ईश्वर से मार्गदर्शन माँगता हूँ कि वे मेरे माध्यम से किसकी मदद करवाना चाहते हैं। मैं आपको भी यह आदत डालने की सलाह देता हूँ। इससे आपको कई रोमांचक अनुभव होंगे।

मेरे टेलीफ़ोन की घंटी बजी और एक तनावपूर्ण आवाज़ ने मुझे याद दिलाया कि उस दिन मुझे मिडटाउन मैनहटन में एक मीटिंग में पहुँचना था। उस तनावग्रस्त व्यक्ति की बातों से मुझे ऐसा लगा कि अगर मैं वहाँ नहीं पहुँचा या मुझे पहुँचने में देर हो गई, तो दुनिया ख़त्म हो जाएगी। मैं तत्काल अपने अपार्टमेंट की इमारत से बाहर भागा और हमारे मधुरभाषी गेटकीपर माइक से टैक्सी बुलवाने का आग्रह किया। लेकिन सुबह भागमभाग का समय रहता है, इसलिए कोई टैक्सी उपलब्ध नहीं थी। मैं फ़िफ़्थ एवेन्यू में रहता हूँ और जब मुझे कोई टैक्सी नज़र नहीं आई, तो मैं तेज़ क़दमों से मेडिसन एवेन्यू की तरफ़ चल दिया, जो एक ब्लॉक दूर था। वहाँ पर टैक्सी मिलने की ज़्यादा संभावना थी।

फिर मैंने उस तनावमुक्त नियंत्रण का अभ्यास करने का फ़ैसला

किया, जिसकी सलाह मैं दूसरों को देता हूँ। मैंने अपनी चाल धीमी की और विनम्रता से ईश्वर से कहा कि अगर उनकी इच्छा है कि मैं मीटिंग में पहुँचूँ, तो मुझे टैक्सी मिल जाएगी। और बिलकुल यही हुआ; मोड़ पर एक ख़ाली टैक्सी खड़ी थी। और जल्दी ही मुझे पता चला कि मेरी सुबह वाली प्रार्थना का जवाब भी मुझे मिल गया था, क्योंकि इस ड्राइवर को मदद की ज़रूरत थी।

वह असाधारण तनाव में था। उसने इतनी ज़ोर से स्टियरिंग पकड़ रखा था कि उसकी उँगलियाँ सफ़ेद पड़ गई थीं। वह लगातार बोल रहा था और इस बात की शिकायत कर रहा था कि बाक़ी सभी ड्राइवरों ने एवेन्यू में भीड़ मचा रखी है। ट्रैफ़िक के तूफ़ान में उसकी बातें सुनते समय मुझे ऐसा लगा, जैसे मैडिसन एवेन्यू में वही एकमात्र ड्राइवर था, जिसे गाड़ी चलाना आती है। अपनी खिड़की से सिर बाहर निकालकर वह तेज़ आवाज़ में दूसरों को सुझाव भी देता जा रहा था, जिनकी भाषा क़तई धार्मिक नहीं थी।

माहौल बहुत तनावपूर्ण था। बहरहाल मज़ेदार बात यह थी कि टैक्सी में एक स्टिकर लगा था, जिस पर लिखा था कि यात्री "आराम से बैठें और यात्रा का आनंद लें।" उस तनावग्रस्त और परेशान व्यक्ति को देखकर मेरी करुणा जाग गई। मैंने उस आध्यात्मिक तकनीक का प्रयोग किया, जिसका प्रयोग मैं अक्सर करता हूँ। उसे शांत करने के लिए मैंने उसकी ओर प्रार्थनाएँ भेजीं। भीड़ भरे रास्ते से गुज़रते समय मैंने उसे ईश्वर की शांति पहुँचाने की कोशिश की।

फिर मुझे ऐसी चीज़ दिखी, जिससे मुझे बहुत कुछ समझ में आ गया। यह हाथ से नहीं लिखा था, बल्कि छपा हुआ संदेश था। यह सामने टेप से चिपका हुआ था, जहाँ कोई भी इसे आसानी से देख सकता था। मैं इस संदेश को पढ़कर आनंदित हुआ, जिस पर लिखा था, "अगर आप इस सारे झमेले के बीच में मानसिक शांति रख सकते हैं - तो आप स्थिति को समझते नहीं हैं।"

मैंने टैक्सी ड्राइवर से पूछा कि इसका क्या मतलब है, तो उसने कहा कि उसे नहीं मालूम, लेकिन इससे उसे आराम मिलता है। ज़ाहिर है, हम इस दुनिया की दुविधा से बचे नहीं रह सकते हैं। हमें इसी दुनिया

में जीना है और स्थिति को समझना है। और यही मुद्दे की बात है : हम बाहरी तनाव को समझ *सकते* हैं और उससे तालमेल बैठा सकते हैं, इसमें सफलतापूर्वक जी सकते हैं, क्योंकि हमारे पास मानसिक शांति का रहस्य है।

जब हम अपनी मंज़िल पर पहुँचे, तो मैंने ड्राइवर से कहा कि मुझे ख़ेद है कि वह इतना परेशान है, क्योंकि अगर वह इसी तरह तनाव में रहेगा, तो वह बीमार पड़ सकता है। उसे मेरी बातों से लगा कि मैं डॉक्टर हूँ और उसने चिंतित होकर पूछा कि क्या उसकी परेशानी और तनावग्रस्त स्थिति का इलाज हो सकता है।

मैंने उसे बताया कि मैं डॉक्टर नहीं हूँ, लेकिन मैं एक डॉक्टर का नाम सुझा सकता हूँ, जो उसका इलाज कर सकता है। दरअसल मुझे उस डॉक्टर के तरीक़े मालूम हैं, इसलिए मैं उसे एक नुस्ख़ा दे सकता हूँ। यह शीशी में बंद दवा या गोली नहीं है, बल्कि एक उपचारक विचार है, जो उसके दिमाग़ में बैठने के बाद उसे शांति और शक्ति दे सकता है। इसके बाद मैंने एक काग़ज़ पर ये शब्द लिखे, "ईश्वर की शांति, जो समझ से परे है" (फ़िलिप्पियन्स 4:7)।

मैंने कहा, "इसे अपने दूसरे संदेश के पास लगा लेना। इसकी तरफ़ देखते रहना, जब तक कि ये आठ शब्द तुम्हारे दिमाग़ में गहराई से न छप जाएँ और तुम्हारे अवचेतन में न उतर जाएँ। इनमें उपचारक शक्ति है। ये तुम्हारे तनाव को दूर कर सकते हैं।"

उस व्यक्ति ने काफ़ी देर तक मेरे लिखे संदेश को देखा। यह स्पष्ट था कि वह इन शब्दों से प्रभावित हुआ था। फिर वह बोला, "शायद मुझे इसी की ज़रूरत थी। मैं आपके नुस्ख़े पर अमल करने की कोशिश करूँगा।"

मैं उसे तनाव का उपचार करने वाले अन्य शब्द भी दे सकता था, लेकिन उस समय इतना ही पर्याप्त लगा।

चूँकि आप इस पुस्तक के सिद्धांतों पर अमल करने वाले हैं, इसलिए मैं कई अन्य बातें भी जोड़ना चाहूँगा। तनावमुक्ति का तरीक़ा यह है कि आप शांति के सशक्त विचारों के सुनियोजित और सुविचारित प्रयोग द्वारा अपने तनावपूर्ण विचारों को हटा दें। तनाव का जो चिंतन

आपके दिमाग़ में भरा है, उसमें ऐसे सच्चे सशक्त और उपचारक विचारों का इंजेक्शन लगा दें, जिनमें स्थिति को बदलने की शक्ति है। डॉक्टर हमें बताते हैं कि कुछ विचार आपको बीमार कर सकते हैं, शारीरिक रूप से सचमुच बीमार कर सकते हैं। इस तरह के कई विचार हैं, जिनमें से तीन प्रमुख हैं : नफ़रत, डर और तनाव। एलेक्सिस कैरेल ने कहा है, "जब ईर्ष्या, नफ़रत और डर की भावनाएँ आदत बन जाती हैं, तो वे शरीर में महत्वपूर्ण परिवर्तन कर सकती हैं और बीमारियाँ भी उत्पन्न कर सकती हैं।" दूसरी तरफ़, प्रेम, आस्था और शांति जैसे अच्छे विचार आपको सेहतमंद बना सकते हैं।

लेकिन उनमें दिशा होना चाहिए। वे सुनियोजित और नियमित होना चाहिए। कुछ समय बाद इनकी वजह से आपका मूलभूत चरित्र बदल जाएगा। फिर वह तनाव भी कम हो जाएगा, जिसने आपको विचलित किया है तथा जिसने शायद आपके ब्लड प्रेशर, हृदय और निश्चित रूप से आपके व्यवहार को प्रभावित किया है। इस तरह आप मानसिक, भावनात्मक और शारीरिक सेहत की सामान्य व संतुष्टिदायक स्थिति में आ जाएँगे।

एक सप्ताह तक हर दिन नीचे दिए गए विचारों को "ग्रहण करें।" हर एक विचार को सोच-विचार करते हुए कई बार पढ़ें, ताकि आप उसके गहरे अर्थ को समझ लें और शब्दों को पहचान लें। फिर हर विचार को याद कर लें। उसे तब तक दोहराते रहें, जब तक कि वह आपके चेतन मन में दृढ़ता से स्थापित न हो जाए। फिर कल्पना करें कि वह विचार आपके अवचेतन की गहराई में जा रहा है और वहाँ पर अपना उपचारक काम कर रहा है।

हर दिन एक विचार को लें। जब ये सात विचार पूरी तरह से विचार-प्रवाह में शामिल हो जाएँ, तो फिर बाइबल में से ऐसे वाक्य खोजें, जो तनाव दूर करने में सहायक हों। अपने मस्तिष्क को इन विचारों से भर लें। इन विचारों को अपनी आंतरिक चेतना में गहराई तक बैठ जाने दें।

यह तरीक़ा अजीब लग सकता है, लेकिन अगर इससे चमत्कारिक परिणाम मिल सकते हैं, तो फिर बाक़ी बातों से क्या फ़र्क़ पड़ता है?

सैकड़ों, शायद हज़ारों लोग मुझे बता चुके हैं कि इस तरीक़े ने उनकी बहुत मदद की है और अंततः उन्हें तनाव से छुटकारा दिलाया है। यह सकारात्मक सोच के सबसे अद्भुत परिणामों में से एक है।

यहाँ पर तनाव का उपचार करने वाले विचारों का एक सप्ताह का नुस्ख़ा बताया गया है :

सोमवार "मैं तुम्हारे लिए शांति छोड़े जाता हूँ, अपनी शांति मैं तुम्हें देता हूँ... अपने हृदय को कष्ट में मत रखो, न ही इसे भयग्रस्त रखो" (जॉन 14:27)। (जहाँ इसमें तुम का प्रयोग किया गया है, वहाँ अपने नाम का प्रयोग करें।)

मंगलवार "तुम उस व्यक्ति को पूर्ण शांति दोगे, जिसके विचार तुम पर केंद्रित हैं, क्योंकि उसे तुम पर विश्वास है" (इसाइया 26:3)।

बुधवार "तुम्हारे साथ मैं भी हूँ और मैं तुम्हें आराम दूँगा" (एक्सोडस 33:14)।

गुरुवार "ईश्वर में विश्राम खोजें और धैर्यपूर्वक उसका इंतज़ार करें, चिंता में न घुलें" (भजन 37:7)।

शुक्रवार "मेरे पास आओ, तुम सब लोग जो श्रम करते हो और बुरी तरह थक चुके हो। मैं तुम्हें आराम दूँगा" (मैथ्यूज़ 11:28)।

शनिवार "ईश्वर की शांति को अपने हृदय पर शासन करने दें" (कोलोसियन्स 3:15)।

रविवार "वे मुझे हरे चारागाहों में लिटाते हैं, वे मुझे शांत जल के पास ले जाते हैं। वे मेरी आत्मा को नया बना देते हैं" (भजन 23:2,3)।

आपकी बातचीत के कारण भी आप तनावग्रस्त हो सकते हैं। दरअसल, आप आसानी से बातचीत के दौरान ख़ुद को तनावग्रस्त कर सकते हैं। शब्द सिर्फ़ अभिव्यक्त किया गया विचार है। इसलिए, जब आप तनाव के बारे में बात करते हैं, तो आप तनाव के बारे में सोचते

हैं, और जब आप तनाव के बारे में सोचते हैं, तो आप एक तनावपूर्ण स्थिति बना लेते हैं, जिसका परिणाम यह होता है कि आप बहुत तेज़ी से बोलते हैं। अगर आप तनावपूर्ण और परेशानी भरी बातें करना बंद कर देंगे, तो कुछ समय में आप उस विचार को ही ख़त्म कर देंगे, जो तनावपूर्ण चर्चा उत्पन्न करता है। धीरे बोलकर और अपने बोलने की गति को धीमा करके, शांत लहज़े और शब्दों के प्रयोग द्वारा इस प्रक्रिया को बढ़ावा दिया जा सकता है।

धीमे और आराम से बोलें। अपनी आवाज़ के ऊँची होने पर नज़र रखें। इसकी गहनता पर निगाह रखें। अगर आपकी बात ख़त्म होने से पहले ही कोई बीच में बोलने लगता है, तो यह समझ जाएँ कि शायद वह तनाव में है, इसलिए उसे बीच में बोलने दें। अगर आप बाद में अपनी अधूरी बात पूरी करना चाहते हैं, तो बहुत अच्छी बात है। लेकिन बेहतर होगा कि आप ऐसा न करें। बोलने के लिए कुछ हो या न हो, आजकल लोग सिर्फ़ बोलने के लिए बोलते हैं और यह आदत परेशानी की जड़ है।

भाषण में ही नहीं, सभी मानवीय गतिविधियों में आराम से काम करने के अच्छे परिणाम मिलते हैं।

एक अंतिम तकनीक है, जिसके बारे में मैं आपको बताना चाहूँगा। यह एक ऐसी तकनीक है, जिसका प्रयोग उन लोगों ने हमेशा किया है, जिन्होंने तनाव के साथ सफलतापूर्वक जीना सीखा है। कई बार इसका प्रयोग बिना सोचे-समझे किया जाता है, लेकिन कई बार इसका प्रयोग सुनियोजित तरीक़े से किया जाता है, जैसा उस बिज़नेसमैन ने किया, जिसके बारे में मैं आपको बताने जा रहा हूँ।

मैं इस व्यक्ति से ट्रेन में मिला और उसने मुझे तनाव कम करने की एक अच्छी तकनीक सिखाई। यह बिज़नेसमैन दक्षिण के एक व्यापारिक सम्मेलन में जा रहा था। वह मेरे सामने बैठा, उसने छोटा सा ब्रीफ़केस बाहर निकाला और बहुत से काग़ज़ों का ढेर अपने चारों तरफ़ फैला लिया। वह अपने साथ ऑफ़िस का काम लेकर आया था और वह ट्रेन में ही काम करने की तैयारी कर रहा था।

बहरहाल, काम शुरू करने से पहले उसने एक अजीब काम किया।

उसने अपने ब्रीफ़केस से एक पोस्टकार्ड के आकार का कार्ड निकाला। उस कार्ड पर बड़े सफ़ेद अक्षरों में लिखा था : **अंतिम लक्ष्य से पीछे की तरफ़ योजना बनाना शुरू करें**। इस आदमी ने इन शब्दों को टेबल पर अपने सामने रखा और काम में जुट गया।

आख़िरकार जिज्ञासा मुझ पर हावी हो गई और मैंने झुककर पूछा, "माफ़ कीजिए, मैं अगर आपसे एक सवाल पूछूँ, तो आपको बुरा तो नहीं लगेगा?"

उस बिज़नेसमैन ने अपना चश्मा उतारकर मेरी तरफ़ देखा और कहा कि वह मेरी बात का बुरा नहीं मानेगा : वह मेरी क्या मदद कर सकता है?

मैंने कहा, "मैंने बहुत से कार्ड देखे हैं, जिन पर लिखा रहता है, **आगे की योजना बनाएँ**। लेकिन मैंने कभी ऐसा कार्ड नहीं देखा, जिस पर यह लिखा हो कि **पीछे की तरफ़ योजना बनाएँ**।"

वह हँसा और बोला, "इसके द्वारा तो मैं ख़ुद को यह याद दिलाता हूँ कि मुझे अपने समय को व्यवस्थित करना है।"

"लेकिन पीछे की तरफ़ क्यों? आगे की तरफ़ क्यों नहीं?"

उसने कहा, "क्योंकि पीछे की तरफ़ योजना बनाने में एक स्पष्ट लक्ष्य का विचार शामिल है। आप एक लक्ष्य चुनते हैं, फिर आप उस लक्ष्य को हासिल करने की तस्वीर बनाते हैं, फिर आप उस लक्ष्य से पीछे की तरफ़ योजना बनाते हैं, जब तक कि आप यह ठीक-ठीक नहीं जान जाते कि आपको कहाँ और कब शुरू करना चाहिए।"

यह सचमुच कितना चतुराई भरा विचार है! अंतिम लक्ष्य से पीछे की तरफ़ योजना बनाएँ! मैंने इस तरीक़े को आज़माकर देखा है और यह सफल होता है। बड़ी बात यह है कि यह ख़ुद को व्यवस्थित करने में आपकी मदद करता है, ताकि आप किसी काम को समय पर शुरू करें। मुझे दृढ़ विश्वास है कि हर काम का एक आदर्श अंदरूनी समय होता है। उससे कम समय देने से तनाव उत्पन्न होता है, उससे ज़्यादा समय देने से समय बर्बाद होता है।

अपने दिन के कामों की अंदरूनी समय-सीमा को पहचानने की

कोशिश करें। आपको अपने पत्राचार से निबटने में सचमुच कितना समय लगता है? नाश्ता तैयार करने, बस स्टॉप तक जाने, बच्चों को स्कूल तक ले जाने में आपको कितना समय लगता है? इन लक्ष्यों से पीछे की तरफ़ योजना बनाएँ और इसके बाद आप जान जाएँगे कि हड़बड़ी या जल्दबाज़ी में आए बिना आपको काम कब शुरू करना है। इससे सचमुच तनाव कम होता है। बस सही समय पर काम शुरू कर दें।

ज़ाहिर है, जैसा पहले सुझाया गया है, तनाव और दबाव का मूलभूत उपचार ईश्वर की शांति है। "मैं तुम्हें शांति देता हूँः वैसी नहीं जैसी संसार देता है, बल्कि वैसी, जैसी सिर्फ़ मैं देता हूँ। अपने हृदय को परेशान मत रखो..." (जॉन 14:27)।

चूँकि मैं यह जानता हूँ कि आधुनिक युग में लोगों को ईश्वर की शांति की ज़रूरत है, इसलिए मैंने मार्बल कॉलेजिएट चर्च की आराधना में रचनात्मक आध्यात्मिक शांति को भी शामिल किया है। हर व्यक्ति से आग्रह किया जाता है कि वह अपने शरीर को विश्राम की अवस्था में ले आए और सिर्फ़ ईश्वर तथा ईसा मसीह के बारे में सोचे। विशाल जनसमुदाय में एक गहरी, बहुत गहरी शांति छा जाती है। सिर्फ़ फ़िफ़्थ एवेन्यू की आवाज़ें आती हैं, जो पुराने चर्च की संगमरमर की मोटी दीवारों से दब जाती हैं।

जब सब कुछ शांत हो जाता है, तो मैं धीमे से सुझाव देता हूँ कि हर व्यक्ति अपनी समस्याओं, डरों और तनावों को "शांति के गहरे तालाब में डाल दे।" प्रभाव बहुत गहरा और मर्मस्पर्शी होता है। ईश्वर की शांति सचमुच लोगों तक पहुँच जाती है और उनके मस्तिष्क तथा हृदय से ज़िंदगी की उलझनें बाहर निकल जाती हैं।

हमें ईश्वर की शांति की ज़रूरत कैसे है, इसका एक उदाहरण देते हुए मैं एक युवा महिला के मर्मस्पर्शी पत्र से इस अध्याय को ख़त्म करना चाहता हूँ :

> सबसे पहले, मैं आपको यह बता दूँ कि मैं बीस साल की रोमन कैथोलिक हूँ। मुझे धार्मिक आस्था के अनुरूप पाला गया है और मैं हमेशा धर्म का पालन करती हूँ। लेकिन कुछ समय से मेरा ध्यान इस

तरफ़ गया है कि ईश्वर और उसकी शक्तियाँ मेरे चिंतन से दूर होती जा रही हैं। मेरी आस्था घट रही थी, इसलिए मैंने प्रार्थना की कि ईश्वर में मेरी आस्था और विश्वास दोबारा जाग जाए और सशक्त बन जाए। आपकी पुस्तक के माध्यम से ईश्वर ने मेरी मदद की।

मैं आपको बता नहीं सकती कि मैं कितनी ज़्यादा ख़ुश हूँ... मुझे कितनी मानसिक शांति मिल रही है और मैं ज़िंदगी से कितना प्रेम कर रही हूँ। जब मैंने आपकी पुस्तक पढ़ी, तो मैंने उसके हर सुझाव पर पूरे दिल से अमल किया और मैं ऐसा तब तक करती रहूँगी, जब तक कि वे सुझाव मेरा हिस्सा न बन जाएँ और मैं उनका प्रयोग स्वाभाविक रूप से न करने लगूँ।

कुछ समय पहले मुझे एक बहुत विचलित करने वाला अनुभव हुआ था। एक साल तक मैं अपने एक काम की वजह से प्रबल अपराध बोध से ग्रस्त रही। इस भावना ने मुझे ख़ुश होने से ही नहीं रोका, बल्कि मुझे लगातार परेशान और दुखी बनाए रखा। मैंने कई महीने पहले ईश्वर के सामने अपने पाप को स्वीकार कर लिया है और उन्होंने मुझे माफ़ भी कर दिया है। बहरहाल मेरे लिए यह पर्याप्त नहीं था। वह बात मुझे परेशान करती रही और मेरे मन में वे सारी भयानक चीज़ें आ गईं, जो उसके परिणामस्वरूप हो सकती थीं। कुछ समय पहले, उस पाप के अवशेष और यादें फिर से ताज़ा हो गईं तथा मेरी अपराधबोध की भावनाएँ मुझे बताने लगीं कि मैं दोबारा वह काम कर सकती हूँ और पाप के गर्त में गिर सकती हूँ। पूरे दिन मैं बहुत परेशान रही और हालाँकि मैंने आपके विश्राम के सुझावों पर अमल करने की कोशिश की, लेकिन इसके बावज़ूद मैं तनावग्रस्त रही। उस रात मैं सो नहीं सकी, लेकिन अचानक मैंने सोचा कि अगर मैं ईश्वर के साथ बात करूँ, तो वे मुझे शांति और राहत देंगे। मैंने उनसे कहा कि मैं जानती हूँ कि उन्होंने मुझे क्षमा कर दिया है और यह भी कि मैं ख़ुद को सुधारने के बारे में कितनी गंभीर हूँ। मैंने उनसे कहा कि वे कृपा करके मेरी अपराधबोध की भावनाओं को दूर कर दें। तत्काल वे भावनाएँ चली गईं और मैं शांति भरी नींद में सो गई। वे भावनाएँ दोबारा मुझे सताने नहीं आईं और मैं

> जानती हूँ कि वे अब कभी नहीं आएँगी।
>
> जब मैंने आपकी पुस्तक पढ़ी, तो मुझे लगा कि आप व्यक्तिगत रूप से मेरी मदद करने की कोशिश कर रहे हैं। और आपने मदद कर दी है।

जब भी आप ऐसा कर सकें, तनाव से छुट्टी ले लें। अपनी घड़ी को कुछ समय के लिए उतारकर दूर फेंक दें। अपने दिन में शांति के छोटे-छोटे टापू बना लें। विश्राम की शक्ति का संग्रह करने की कला सीखें। लेकिन जब तनाव में रहना ज़रूरी ही हो, तो यह कहने की कला सीख लें, "कृपया एक मिनट ठहरें..." शांति उत्पन्न करने वाले विचारों से अपने दिमाग़ को भर लें। अपनी भाषा की गति धीमी कर लें। और लक्ष्यों तक पहुँचने में तनावग्रस्त होने से बचें। अंतिम लक्ष्य से पीछे की तरफ़ योजना बनाएँ। जो काम आपको करना है, उसके लिए ख़ुद को पर्याप्त समय दें। और अंत में, सबसे महत्वपूर्ण बात यह है कि आप हर दिन ईश्वर की शांति का अभ्यास करें।

इन आसान नियमों का नियमित पालन करें। आपकी ज़िंदगी में शांति ही शांति होगी। आपको तनाव को हावी होने देने की ज़रूरत नहीं है।

अध्याय 11

सकारात्मक सोच से बेहतर सेहत पाएँ

मार्बल कॉलेजिएट चर्च के मेरे ऑफ़िस में एक छोटी खिलौना बाल्टी रखी है, जिसमें असली कोयले के छोटे-छोटे टुकड़े हैं। मुझे लगता है कि मैं उस बाल्टी को हमेशा रखूँगा, क्योंकि वह सकारात्मक सोच द्वारा बेहतर सेहत पाने के प्रभावी रहस्य का प्रतीक है।

ऐसा इस तरह से हुआ। एक प्रख्यात राजनेता ने मुझसे अनुरोध किया कि मैं उनकी पत्नी की चाची से मिल लूँ, जो अस्पताल में भर्ती थीं। जब मैं उस महिला से मिला, तो मुझे वे बहुत रोचक और समझदार लगीं। उन्होंने कहा, "मेरी हालत सुधर रही है। मेरी कोयले की बाल्टी के कारण ऐसा हो रहा है।"

मैंने कहा, "कोयले की बाल्टी? मुझे पता नहीं था कि कोयले की बाल्टियों से इलाज हो सकता है। इसके अलावा, आजकल जब गर्म रहने के इतने बेहतर साधन हैं, तो कोयले की बाल्टियाँ किसके पास होंगी।"

फिर मुझे कोयले की बाल्टी दिख गई। अस्पताल के बिस्तर पर उस महिला के आसपास बोतलें, फूल और दवाओं का ढेर था। उसके सिरहाने रखी मेज़ पर ठीक बीचोंबीच कोयले की एक छोटी बाल्टी रखी थी। वह बाल्टी उस काली अँगीठी की नक़ल थी, जिसका इस्तेमाल पुराने ज़माने में हमारे पूर्वज करते थे।

मैंने कहा, "अच्छा, मैंने आज तक अस्पताल में ऐसी चीज़ नहीं देखी। क्या इसकी वजह से ही आप इतनी अच्छी दिख रही हैं?" और

वे सचमुच अच्छी दिख रही थीं। वे बिस्तर पर तनकर बैठी थीं और उनकी आँखें चमक रही थीं।

वे बोलीं, "ज़ाहिर है। यह बाल्टी मेरी विजय का प्रतीक है। मैं आपको इसके बारे में बता दूँ। मैं यहाँ पर अस्पताल में पड़ी थी। मेरा शरीर बीमार था और मन में निराशा भरी थी। मेरे मन में मुश्किलों के एक के बाद एक विचार आ रहे थे। तभी किसी ने मुझे सकारात्मक सोच की वह पुस्तक दी, जिसे आपने लिखा है। मुझे इस विचार ने ख़ास प्रभावित किया कि नकारात्मक विचार हमारे शरीर को बहुत नुक़सान पहुँचाते हैं। इसलिए मैंने फ़ैसला किया कि मैं अपने दिमाग़ से सभी पुराने स्याह विचारों को बाहर निकाल दूँगी और उनकी जगह पर चमकदार तथा आशा भरे विचारों को स्थापित कर दूँगी।

"जैसा आपने सुझाव दिया था, मैंने प्रार्थना करना और बाइबल पढ़ना शुरू कर दिया। इसके बावज़ूद मेरे मन में काले यानी नकारात्मक विचार आते रहे। फिर एक दिन मैंने सोचा कि काले विचार काफ़ी हद तक कोयले के बदसूरत काले ढेले की तरह होते हैं। हम भी कभी-कभी इतनी अजीब बातें सोच लेते हैं, लेकिन मुझे यक़ीन है कि यह विचार मुझे ईश्वर ने दिया था। इसलिए मैंने कोयले की यह छोटी बाल्टी मँगवा ली। अब जब भी कोई नकारात्मक विचार आता है, तो मैं कोयले का एक ढेला उठाती हूँ और कहती हूँ, 'ईश्वर की मदद से मैं इस विचार को अपने मस्तिष्क से बाहर निकालती हूँ और इस कोयले को अँगीठी में डालती हूँ।' पहले तो मेरी नर्स को लगा कि मेरा दिमाग़ चल गया है, लेकिन फिर उसने देखा कि इससे मेरा मनोबल बढ़ रहा था। इस आसान तकनीक ने मेरी बहुत मदद की और मैं ईश्वर को धन्यवाद देती हूँ, जो उसने मुझे यह विचार दिया। अब मेरे मस्तिष्क में सिर्फ़ उजले विचार हैं, जो उन काले पुराने विचारों की जगह पर आ गए हैं, जिनकी बदौलत मैं बीमार पड़ी थी। आपको पता नहीं है डॉ. पील कि कोयले की इस छोटी सी बाल्टी का मेरे ठीक होने में कितना बड़ा योगदान है।"

जब वे अस्पताल से लौटीं, तो उन्होंने अपनी कोयले की छोटी बाल्टी मेरे पास भिजवा दी। अब यह मेरे ऑफ़िस में एक बुकशेल्फ़ पर रखी

है और मुझे सेहत के एक महत्वपूर्ण सत्य के बारे में याद दिलाती रहती है - काले यानी नकारात्मक विचारों से मुक्ति पाएँ।

मैं यह जानता हूँ कि सकारात्मक सोच का सेहत पर बहुत अच्छा प्रभाव पड़ता है। मैं यह भी जानता हूँ कि नकारात्मक विचार बीमारी उत्पन्न करते हैं। नकारात्मक विचार रखना बहुत ख़तरनाक है। जॉब ने कहा था, "मैं जिस चीज़ से बहुत डर रहा था, वह मेरे सामने आ गई है" (जॉब 3:35)। और जॉब आख़िरी व्यक्ति नहीं था, जिसे यह पता लगा कि अस्वस्थ चिंतन से आप ख़ुद पर विपत्ति ला सकते हैं।

अक्सर हमें इस बात का कोई नाटकीय उदाहरण मिल जाता है। इंग्लैंड में मैंने *लंदन डेली मेल* में एक ख़बर पढ़ी, जिसमें ब्रिटिश टेनिस स्टार जेम गिलबर्ट की अजीब मृत्यु का वर्णन था। उनकी मृत्यु उस समय हुई, जब एक दंतचिकित्सक उनका दाँत निकालने वाला था।

बरसों पहले, जब जेम गिलबर्ट छोटी थीं, तो वे अपनी माँ के साथ एक दंतचिकित्सक के साथ गईं, जहाँ उनकी माँ को दाँत निकलवाना था। वहाँ पर एक बहुत ही असामान्य और दुखद घटना हुई। छोटी लड़की ने दहशत से देखा कि उसकी माँ डॉक्टर से दाँत निकलवाने के लिए जैसे ही कुर्सी पर बैठीं, उनकी मृत्यु हो गई। इसके बाद क्या हुआ? जेम के मस्तिष्क ने यह अमिट तस्वीर बना ली कि उनकी मौत भी इसी तरह होगी। वह तस्वीर मानसिक वास्तविकता बन गई। जेम गिलबर्ट तीस साल तक यह मानसिक तस्वीर देखती रहीं। वे इतनी डरी हुई थीं कि वे कभी किसी दंतचिकित्सक के पास नहीं जाती थीं, भले ही उन्हें इलाज की कितनी ही ज़रूरत हो।

लेकिन आख़िरकार एक ऐसा समय आया, जब जेम गिलबर्ट के दाँत में बहुत ज़्यादा दर्द होने लगा। अंततः वे इस बात के लिए तैयार हो गईं कि दंतचिकित्सक ससेक्स के उनके समुद्र तट वाले मकान में आकर उनका दाँत उखाड़ दे। उनके पास उनके फ़ैमिली डॉक्टर और पादरी भी थे। वे कुर्सी पर बैठीं। दंतचिकित्सक ने उनके गले पर बिब बाँधी और अपने औज़ार बाहर निकाले... और उन्हें देखते ही - वे मर गईं।

डेली मेल के पत्रकार ने यह टिप्पणी की कि जेम गिलबर्ट की मौत "तीस साल पुराने विचार" के कारण हुई थी। ज़ाहिर है, इतनी

भयानक घटनाएँ बहुत कम होती हैं। बहरहाल हर तरफ़ हम देखते हैं कि लोग पराजय, नफ़रत, डर और अपराधबोध के कारण अपनी बीमारी ख़ुद पैदा कर रहे हैं। वे अपने नज़रिये के कारण ख़ुद को धीरे-धीरे बीमार कर रहे हैं। तब तो फिर यह स्पष्ट है कि अच्छी सेहत की एक बहुत महत्वपूर्ण तकनीक यह है कि हम मस्तिष्क से सारे अस्वस्थ विचारों को बाहर निकाल दें। नियमित रूप से दिमाग़ की सफ़ाई करना महत्वपूर्ण है। हमें अगर स्वस्थ शरीर पाना है, तो इसके लिए हमें मानसिक संक्रमण से मुक्ति पाना होगी।

यह विचित्र किंतु सत्य है कि द्वेष की वजह से हम बीमार हो जाते हैं। बर्नार्ड बरूच कहते हैं, "हृदय के लिए दो चीज़ें बुरी हैं : सीढ़ियों पर चढ़ना और लोगों से द्वेष करना।" यह न सिर्फ़ हृदय के लिए सच है, बल्कि पूरे शरीर के लिए सच है। दूसरी तरफ़, क्षमा में बहुत उपचारक शक्ति होती है। मुझे एक महिला का पत्र मिला, जो अपने पति के साथ शिकार पर गई और दुर्घटना का शिकार हो गई। उसके पत्र में इस बात का प्रमाण है :

> 1946 में मेरे साथ एक दुर्घटना हो गई। मैं जो बंदूक चला रही थी, वह पलटकर ज़ोर से टकराई और मेरा दायाँ कंधा घायल हो गया। बहुत दर्द होने लगा और कुछ समय बाद मैंने एक अस्थि रोग विशेषज्ञ को दिखाया। एक्सरे में यह नज़र आया कि हड्डी के जोड़ पर बहुत कैल्शियम जमा है और चोट की जगह पर स्नायु-संकुचन (nerve spasm) भी है।
>
> स्नायु-संकुचन वाली जगह पर प्रोकेन का इंजेक्शन दिया गया और मुझे कोर्टिसोन पर रखा गया। लेकिन दर्द दोबारा लौट आया। मैं अपने हाथ को ज़्यादा ऊपर नहीं उठा पाती थी। मैंने अपने अस्थि रोग विशेषज्ञ से अपॉइंटमेंट ले लिया था, ताकि जब वे यात्रा से लौटकर आएँ, तो मेरा एक्सरे-उपचार शुरू हो सके।
>
> फिर मैंने *द पॉवर ऑफ़ पॉज़िटिव थिंकिंग* पढ़ना शुरू की। द्वेष और शरीर पर इसके प्रभाव के बारे में पढ़ने के बाद मैंने पुस्तक नीचे रख दी और सोचने लगी। मेरी इकलौती बहन के साथ मेरे अच्छे संबंध नहीं थे, हालाँकि मिलने पर हम शिष्टाचार का पालन करते

थे। चार महीने से भी ज़्यादा समय से हम एक-दूसरे के घर नहीं गए थे या फ़ोन पर बात नहीं की थी। इसके अलावा कई साल से हमारे संबंध मधुर नहीं थे।

काफ़ी सोचने के बाद मैंने उसे फ़ोन किया और उसके साथ अच्छी तरह चर्चा की। मैंने उससे यह भी कहा कि अगर उसे मदद की ज़रूरत हो, तो मैं यथासंभव मदद करने के लिए तैयार हूँ। फ़ोन रखने के बाद मैं रोने लगी।

फिर मेरी बाँह के भीतर जलन का एहसास होने लगा। इस एहसास का कारण बताना मुश्किल है। मुझे ऐसा महसूस हुआ जैसे ग्रंथियों से कोई द्रव प्रवाहित होने के कारण मुझे जलन हो रही थी। यह एहसास इतना प्रबल था कि मैंने अपनी बाँह को ध्यान से देखा कि कहीं वहाँ पर कोई फोड़ा तो नहीं हो गया है। यह एहसास सिर्फ़ कुछ सेकंड तक ही रहा। और फिर दर्द ग़ायब हो गया।

पहले तो मैंने अपने हाथ को धीरे-धीरे घुमाया और पाया कि मैं इसे ऊपर-नीचे, आगे-पीछे पूरी स्वतंत्रता से घुमा सकती थी। तब से मेरा हाथ पूरी तरह सामान्य है और इसमें कोई दर्द या कष्ट नहीं है।

द्वेष! यह सशक्त भाव हमारे शरीर को इतना ज़बर्दस्त नुक़सान क्यों पहुँचाता है? ऐसा इसलिए होता है क्योंकि हम उन दर्दनाक अनुभवों को बार-बार महसूस करते हैं। "द्वेष" (resent) एक रोचक शब्द है। यह लेटिन भाषा से आया है और इसका अर्थ है, "दोबारा महसूस करना।" यह नीचे बताए गए तरीक़े से काम करता है। हमें एक अनुभव होता है, जिससे हमारा व्यक्तित्व आहत हो जाता है। हम इससे द्वेष करते हैं और इसलिए हम बार-बार इसे याद करके तथा अनुभव करके ख़ुद को दुखी और बीमार बना लेते हैं। हो सकता है सचेतन मस्तिष्क उस दर्दनाक घटना को याद न करे। लेकिन माफ़ करने और भूल जाने के बजाय यह उसकी स्मृति को अवचेतन में धकेल देता है और फिर दबी हुई भावनात्मक प्रतिक्रिया शारीरिक दर्द या बीमारी के रूप में उभर आती है।

एक डॉक्टर ने मुझे एक पचास वर्षीय महिला के बारे में बताया, जिसके शरीर में बार-बार फोड़े हो जाते थे। वह उन फोड़ों पर चीरा

लगा देता था, लेकिन वे फिर से उभर आते थे और वह दोबारा उनके पास आ जाती थी। अंततः डॉक्टर को यह लगा कि शायद उनकी मरीज़ को शारीरिक नहीं, बल्कि आध्यात्मिक समस्या है। इसलिए उन्होंने एक प्रयोग करने का फ़ैसला किया।

जब वह महिला अगली बार इलाज के लिए आई, तो डॉक्टर ने उससे कहा, "क्या आप जानती हैं? मुझे ऐसा लगता है कि या तो आप किसी चीज़ से बुरी तरह डरी हुई हैं या फिर आपके मन में किसी के प्रति गहरा द्वेष है। मैं नहीं जानता कि सच्चाई क्या है, लेकिन जब तक मुझे यह बात पता नहीं चल जाती, तब तक मैं आपकी ज़्यादा मदद नहीं कर सकता।"

इसके बाद की लंबी बातचीत में यह स्पष्ट हो गया कि डॉक्टर का शक सही था। उस महिला को बचपन में एक ज़बर्दस्त आघात लगा था। उसकी बहन सुंदर थी, जबकि वह सामान्य रूप-रंग की थी। जब वे दोनों बहुत छोटे थे, तो उसकी सुंदर बहन मर गई। कफ़न के पास उसकी माँ ने रोते हुए सामान्य रूप-रंग की उस लड़की से कहा, "उसकी जगह तुम क्यों नहीं मर गईं!"

यह उस लड़की के लिए बहुत दर्द भरा अनुभव था। उसके मस्तिष्क ने इसे स्वीकार करने से इंकार कर दिया। यह कितना अविश्वसनीय था कि उसकी माँ उससे प्रेम नहीं करती थी! वह इस बात को याद नहीं करना चाहती थी, इसलिए उसने इसे अवचेतन मन में दफ़न कर दिया, लेकिन इसके बावज़ूद यह विचार उसकी चेतना में बना रहा। उसे अपनी माँ से नफ़रत हो गई। बहरहाल उसका मस्तिष्क इसे भी स्वीकार नहीं कर सकता था। इसलिए उसने इसे भी अपने अवचेतन में दफ़न कर लिया। ये अस्वस्थ भाव बहुत गहराई में धकेल दिए गए और वहाँ वे पनपते रहे तथा स्वास्थ्य संबंधी मुश्किलें पैदा करते रहे।

सब कुछ सही चलता था, परंतु किसी कारण से पुराने द्वेष जाग जाते थे और वह बीमार पड़ जाती थी (शायद माँ के फ़ोन से या शायद सड़क पर किसी ऐसी महिला को देखकर, जिसे देखकर उसे अपनी माँ की याद आ जाती थी)। वह कष्टकारी स्मृतियों और भावनाओं का प्रतिरोध करती थी, लेकिन इसके बावज़ूद वे दर्द के रूप में उभर आती

थीं। बहरहाल, जब उसे अपनी शारीरिक व्याधियों के सच्चे स्रोत का पता चल गया, तो उसने अपने सारे द्वेष खुलकर अपने डॉक्टर को बता दिए और इस तरह उन्हें अपने अवचेतन से निकाल दिया। जब उसने क्षमा के उपचार का प्रयोग किया, तो आख़िरकार उसे नफ़रत से छुटकारा मिल गया। उसने जो आध्यात्मिक सेहत हासिल की, उससे उसकी मानसिक और शारीरिक सेहत भी सुधर गई। इसके बाद उसे बार-बार होने वाले फोड़ों से भी मुक्ति मिल गई।

इस मरीज़ ने कई साल तक अपनी दुर्भावना को दफ़न रखा, उसके बाद वह बीमार हुई, लेकिन कई बार इसके परिणाम बहुत जल्दी मिलते हैं। दिन-प्रतिदिन की ज़िंदगी के आम टकरावों के परिणामस्वरूप सिरदर्द, कमर दर्द, दुखते जोड़ और "ग्रे सिकनेस" जैसी बीमारियाँ हो सकती हैं। इस तरह का एक मामला हाल ही में एक रोचक तरीक़े से मेरे सामने आया। एक पुराने दोस्त ने कहा कि वह "बुरा" महसूस कर रहा था और वह "अपनी सास से नफ़रत करता था।" वह जानता था कि सास से नफ़रत कारण है और बुरा महसूस होना परिणाम है।

उसने कहा, "मैं आपको उनके बारे में बता दूँ, नॉर्मन। अगर आप डायनों के बारे में सुनना चाहते हैं, तो उनके बारे में सुनें। मुझे हर दिन सुबह जल्दी उठना पड़ता है, अपनी पत्नी से भी पहले। मेरे नाश्ता करते समय मेरी सास वहाँ आ जाती हैं। वे किसी डायन से कम नहीं हैं। घिसे हुए किमोनो के नीचे वे एक पुराना बेढंगा नाइटगाउन पहने रहती हैं, जो फ़र्श पर घिसटता है। यही नहीं, वे गंदी चप्पलें पहनती हैं और फट-फट की आवाज़ करते हुए चलती हैं। उनके बालों में कभी कंघी नहीं होती है और वे उनकी आँखों के सामने झूलते रहते हैं। लेकिन मुझे उनके टोस्ट चबाने से सबसे ज़्यादा चिढ़ होती है। वे उसे अपने नक़ली दाँतों के बीच में रखकर घोड़े की तरह चबाती हैं। मैं वहाँ बैठकर हर सुबह यह इंतज़ार करता हूँ कि वे टोस्ट चबाना शुरू करें।"

कोई हैरानी नहीं कि इस तरह की भावनाओं से दिन शुरू करने के कारण उसे पेट संबंधी समस्याएँ हो गई थीं। मैंने एक आसान समाधान सुझाया। "आप अपनी सास को एक महिला नहीं, बल्कि सिर्फ़ सास मान रहे हैं।"

मेरी मित्र ने दृढ़ता से कहा, "वे महिला नहीं, सिर्फ़ सास ही हैं।"

"ऐसा नहीं है। सास होने से पहले वे महिला थीं और अगर आप अपनी समस्या का समाधान खोजना चाहते हैं, तो मैं आपको सुझाव देता हूँ कि आप उनसे महिला की तरह व्यवहार करना शुरू कर दें। किसी दिन जब वे सुबह नाश्ते पर आएँ, तो उन्हें लंच का आमंत्रण दे दें। इससे वे हैरान हो जाएँगी। उन्हें यह नहीं सूझेगा कि वे इस पर कैसी प्रतिक्रिया करें, और कम से कम वे इतनी हैरान तो हो ही जाएँगी कि कुछ मिनट के लिए टोस्ट चबाना भूल जाएँगी।

"उन्हें किसी अच्छी जगह पर लंच के लिए ले जाने का प्रस्ताव रखें। उनसे कहें, 'मैं आपको एक अच्छी जगह पर ले जाना चाहता हूँ, इसलिए अपने सबसे अच्छे कपड़े पहनें।' और जब वे आपसे रेस्तराँ में मिलें, तो उनके साथ इस तरह व्यवहार करें, जैसे आपको उन पर गर्व हो। उनके लिए एक गुलदस्ता ख़रीदें और उन्हें दे दें। उनके बालों की स्टाइल और उनके कपड़ों की प्रशंसा करें। और फिर इस तरह की बात कहें, 'मुझे कभी यह एहसास ही नहीं हुआ कि आप इतनी सुंदर हैं। मैंने तो आपको बस नाश्ते की टेबल पर ही देखा था। लेकिन आप तो सचमुच सुंदर हैं।' फिर बात वहीं छोड़ दें। अच्छा भोजन करें, आनंद भरी बातें करें, उन्हें ख़ुश करें और फिर देखें कि क्या होता है।"

इस तरक़ीब ने जादू की तरह असर किया। लंच के बाद जब अगली सुबह सास नीचे आईं, तो उनके बाल जमे हुए थे। फिर जैसे ही उन्हें मौक़ा मिला, उन्होंने नई चप्पलें और एक चमकदार सुंदर हाउसकोट ख़रीद लिया, ताकि गंदे पुराने किमोनो से पीछा छुड़ा सकें। कुछ समय बाद दोनों में गहरी मित्रता हो गई और तनाव तथा पेट की गड़बड़ के पुराने लक्षण दूर हो गए।

लेकिन आप कह सकते हैं, "डॉ. पील, आपके विचार उस आदमी के लिए तो बहुत अच्छे हैं, जो भावनाओं के कारण बीमार हुआ हो। लेकिन मेरी बीमारी भावनाओं के कारण उत्पन्न नहीं हुई है।"

यह बहुत हद तक सच है। लेकिन देखा जाए तो इस बात से कोई फ़र्क़ नहीं पड़ता कि बीमारी मानसिक है या शारीरिक। दोनों ही मामलों में सकारात्मक सोच से मरीज़ की आत्मा का इलाज हो जाता है। और

इससे इलाज में बहुत फ़ायदा होता है, भले ही बीमारी शारीरिक हो।

दरअसल मेरा विश्वास है कि चाहे आपकी समस्या कुछ भी हो, वह सुलझ सकती है। मैं इस वाक्य को यह जानने के बावज़ूद कह रहा हूँ कि इंसान के सामने बहुत भयानक और निराशाजनक समस्याएँ होती हैं।

मैं किसी आसान फ़िलॉसफ़ी का उपदेश नहीं देता हूँ, क्योंकि हम किसी आसान दुनिया में नहीं रहते हैं। लेकिन हम किसी असंभव दुनिया में भी नहीं रहते हैं। इस तथ्य को कभी न भूलें। इस जीवन की समस्याओं में हम सर्वशक्तिमान ईश्वर की मदद हमेशा ले सकते हैं। और *सर्वशक्तिमान* शब्द के नीचे लक़ीर खींच लें। ईश्वर से हमें जो मदद मिलती है, वह ज़बर्दस्त होती है। हम सभी जानते हैं कि उसकी मदद से इंसानों ने कितनी आश्चर्यजनक विजय हासिल की है। उदाहरण के लिए विस्कॉन्सिन की इस महिला का पत्र ले लें :

> मेरे पति स्वस्थ व्यक्ति थे, लेकिन चालीस साल की उम्र में उन्हें आर्थ्राइटिस हो गया। कुछ दिनों तक बहुत दर्द हुआ। जैसे ही वे थोड़े ठीक हुए, वे सेल्समैन के रूप में अपने सोलह राज्यों के दौरे पर चल दिए।
>
> आख़िरकार उन्हें छड़ी के सहारे चलना पड़ा। उनके पैरों और उँगलियों के जोड़ बुरी तरह सूज गए। मैं उनके साथ एक बार दौरे पर गई थी। यह देखना बहुत दुखद था कि कभी पूरी तरह स्वस्थ रहने वाला व्यक्ति अब सड़क पर लँगड़ाकर चल रहा था और हर क़दम पर दर्द की शिकायत कर रहा था।
>
> अचानक लगभग तीस साल का एक युवक हमारे पास से निकला। वह ख़ुशी से सीटी बजा रहा था। उसके गुज़रते समय मैंने देखा कि उसके हाथ नहीं थे। मैंने इस तरफ़ अपने पति का ध्यान दिलाया। इस युवक के सामने पूरी ज़िंदगी पड़ी थी, लेकिन उसके पास हाथ के नाम पर सिर्फ़ ठूँठ थे। और इसके बावज़ूद वह ख़ुश था।
>
> यह देखकर मेरे पति ने तनकर कहा, "अब मैं कभी किसी कष्ट की शिकायत नहीं करूँगा।" और उन्होंने की भी नहीं। उन्हें फ़्लेबाइटिस हुआ, गैंग्रीन हुआ और उनकी एक आँख की रोशनी भी

चली गई। तीन सप्ताह पहले गाल ब्लैडर फटने के कारण उनका ऑपरेशन करना पड़ा। उनका लिवर गाल ब्लैडर के चारों तरफ़ बढ़ने लगा था। उनकी उँगलियाँ इतनी मुड़ गई थीं कि वे अपनी शर्ट के बटन भी नहीं लगा सकते थे।

लेकिन वे ख़ुश हैं, वे विजयी हैं। वे कभी शिकायत नहीं करते। वे सभी छोटी-बड़ी अच्छी बातों के लिए कृतज्ञ हैं। जब एम्बुलैंस वाले ने उन्हें उनकी कुर्सी पर बैठाया, तो उन्होंने मेरी तरफ़ मुड़कर कहा, "मैं इससे बहुत अच्छी तरह बाहर निकल आया हूँ। ईश्वर मुझ पर कितना मेहरबान है।"

इस व्यक्ति की समस्याएँ दूर नहीं हुई थीं, लेकिन उसने उन्हें सुलझा लिया था। इस तरह की कई स्थितियाँ होती हैं, जहाँ इंसान कुछ भी कर ले, समस्याएँ दूर नहीं होतीं। लेकिन जिस व्यक्ति की आस्था ईश्वर में होती है, वह समस्या रहने के बावज़ूद उस पर विजय हासिल कर लेता है। इस आर्थ्राइटिस से पीड़ित व्यक्ति ने अपने नकारात्मक और आत्म-दया के सभी विचारों को बाहर निकाल दिया। हालाँकि उसका आर्थ्राइटिस ठीक नहीं हुआ, लेकिन उसकी आत्मा ठीक हो गई थी। आज वह दुखी नहीं है। वह ख़ुद को परिस्थितियों का शिकार नहीं मानता है। इसका परिणाम यह है कि अपनी शारीरिक कमियों के बावज़ूद उसे मानसिक और आध्यात्मिक सेहत का वरदान हासिल है। हो सकता है कि हम कभी-कभार अपनी शारीरिक स्थिति को न सुधार सकें, लेकिन हम अपने मनोबल को तो सुधार ही सकते हैं। कई बार हमारी शारीरिक स्थिति नियंत्रण से परे होती है। हमें सेहत अपने माता-पिता और परदादाओं से विरासत में मिलती है। सौभाग्य से विरासत में हमें अक्सर अच्छी सेहत मिलती है। कुछ समय पहले मुझे प्रेसिडेंट हैरी एस. ट्रूमैन का पत्र मिला, जिसमें उन्होंने इस तथ्य की तरफ़ इशारा किया था :

मेरा हमेशा यह विचार रहा है कि लंबा, सेहतमंद और सुखी जीवन बिताने के लिए व्यक्ति को अपने माता-पिता के पूर्वजों को सावधानी से चुनना चाहिए। ज़ाहिर है, मैंने ऐसा ही काम किया था। मैंने अपनी उम्र के हिसाब से व्यायाम और खान-पान के नियमों का

पालन किया है। मैं वही खाता हूँ, जो मैं खाना चाहता हूँ, जब मैं खाना चाहता हूँ, लेकिन उतना नहीं जितना मैं खाना चाहता हूँ।

बहरहाल, मिस्टर ट्रूमैन कहते हैं कि आध्यात्मिक सिद्धांतों पर चलने से उनकी सेहत पर प्रभाव पड़ा है :

> अच्छी सेहत का एक प्रमुख आधार नैतिक आचारसंहिता है, जो स्वयं और दूसरों के कल्याण का ध्यान रखती है। मुझे एक्सोडस का 20वाँ अध्याय और सेंट मैथ्यू के गॉस्पेल के अध्याय 5,6,7 आदर्श मार्गदर्शक लगते हैं, जिनके अनुसार जिया जाना चाहिए। सेंट ल्यूक का 10वाँ अध्याय भी उन लोगों पर आश्चर्यजनक प्रभाव डालता है, जो अच्छे पड़ोसी की सच्ची परिभाषा खोजने की कोशिश कर रहे हैं।

डॉ. जॉर्ज डब्ल्यू. क्रेन कहते हैं, "आधुनिक चिकित्सा में हमें अब यह एहसास होने लगा है कि सकारात्मक सोच शरीर के आंतरिक अंगों पर अच्छा प्रभाव डालता है। दूसरी तरफ़ नकारात्मक सोच शरीर के आंतरिक अंगों और ग्रंथियों के सुचारु कार्य में बाधा डालता है। दवाएँ और रसायन ग्रंथियों को प्रभावित कर सकते हैं, लेकिन मस्तिष्क भी यह काम कर सकता है।"

रोनाल्ड जे. स्मिथ को भी यह सच्चाई मालूम हो गई। *एस.एस. होमेरिक* नामक जहाज़ सेंट लॉरेंस नदी में धीमे-धीमे आगे बढ़ रहा था। रोनाल्ड स्मिथ का पेट हमेशा गड़बड़ रहता था और उसे लग रहा था कि उसे अल्सर होने वाला है। वह अपने एक हाथ में पेट दर्द की गोलियों का बड़ा डिब्बा लेकर खड़ा था। उसके दूसरे हाथ में *द पॉवर ऑफ़ पॉज़िटिव थिंकिंग* पुस्तक थी।

रोनाल्ड स्मिथ के साथी ने कहा, "तुम पाँच दिन से यह पुस्तक पढ़ रहे हो। क्या तुम्हें इसके सीखे सिद्धांतों पर यक़ीन नहीं है? अगर तुम्हें यक़ीन है, तो आगे बढ़ो और दवाओं को समुद्र में फेंक दो।" थोड़ा झिझकने के बाद स्मिथ ने दवाओं को समुद्र में फेंक दिया।

स्मिथ को दोबारा वे गोलियाँ कभी नहीं लेना पड़ीं। उसने सकारात्मक सोच की अद्भुत उपचारक शक्ति को जान लिया था। मैं एक बार फिर कहूँगा : अगर आपको विश्वास है कि आप बेहतर होने वाले हैं और

सकारात्मक सोच आपके लिए काम करने वाला है, तो स्वास्थ्यवर्धक शक्तियाँ अपना काम शुरू कर देंगी।

अख़बारों में एक व्यक्ति की मृत्यु के बारे में ख़बर छपी, जिसे सड़क पार करते समय ट्रक ने कुचल दिया था। पोस्टमॉर्टम में पता चला कि उसे टी.बी., अल्सर, किडनी की बीमारी और हृदय रोग था। लेकिन वह 84 साल की उम्र तक स्वस्थ और उत्साही जीवन जिया। पोस्टमॉर्टम करने वाले डॉक्टर ने कहा, "इस आदमी को तो तीस साल पहले मर जाना चाहिए था।" जब विधवा से पूछा गया कि उसका पति इतने लंबे समय तक ज़िंदा कैसे रहा, तो उसने जवाब दिया, "मेरे पति हमेशा यह *विश्वास* करते थे कि वे आने वाले कल में ज़्यादा अच्छा महसूस करेंगे।"

शारीरिक सेहत के क्षेत्र में सकारात्मक नज़रिया अपनाने वाले कुछ लोगों को सकारात्मक वाक्यों या कथनों का इस्तेमाल करने से बहुत फ़ायदा हुआ है। शब्द डाइनैमाइट की तरह होते हैं। अगर आप अपनी सेहत के बारे में लगातार नकारात्मक शब्दों का प्रयोग करते हैं, तो आप नकारात्मक शक्तियों को प्रेरित करते हैं, जो आप पर विपरीत प्रभाव डाल सकती हैं। आदतन बोले जाने वाले शब्द प्रबल विचार के प्रतिबिंब होते हैं और विचार हमारे शरीर पर नकारात्मक या सकारात्मक प्रभाव डाल सकते हैं। बहरहाल, इससे आपको फ़ायदा भी हो सकता है क्योंकि सकारात्मक शब्दों या वाक्यों के लगातार प्रयोग से स्वास्थ्य के लिए अनुकूल स्थितियों को भी प्रेरित किया जा सकता है। और सच तो यह है कि सकारात्मक सोच नकारात्मक सोच से ज़्यादा शक्तिशाली है, जिस तरह आस्था डर से ज़्यादा शक्तिशाली है।

एकेडमी ऑफ़ साइकोसोमेटिक मेडिसिन के पूर्व अध्यक्ष अल्फ्रेड जे. कैंटर, एम.डी., स्वास्थ्य पर शब्दों के प्रभाव के बारे में बोलते समय इस तरह के वाक्यों से सावधान रहने के लिए कहते हैं, "मैं आज बीमार नहीं पड़ूँगा।" यह एक अर्ध-सकारात्मक कथन है। इसके बजाय यह कहें, "मैं आज बेहतर रहूँगा," जो पूरी तरह सकारात्मक वाक्य है और इसलिए ज़्यादा स्वास्थ्यवर्धक है। डॉ. कैंटर कहते हैं, "सकारात्मक वाक्य आज़माए हुए वैज्ञानिक तथ्यों पर आधारित हैं - जीवविज्ञान,

रसायनशास्त्र और चिकित्सा के तथ्यों पर। सही तरह से इस्तेमाल करने पर ये सकारात्मक वाक्य आपकी सेहत सुधार देंगे, आपके जीवन को लंबा कर देंगे, आपके शरीर में नई स्फूर्ति भर देंगे, आपकी ख़ुशी को बढ़ा देंगे, आपको सफलता देंगे और आपको मानसिक शांति का सबसे महत्वपूर्ण उपहार देंगे।"

यहाँ पर स्वास्थ्य संबंधी सकारात्मक वाक्यों के कुछ उदाहरण हैं, जिनका प्रयोग कई लोगों ने सफलतापूर्वक किया है। उन्हें आज़माकर देखें, लेकिन यह सुनिश्चित करें कि आप हर दिन उनका प्रयोग करें और इस तरह अपने मस्तिष्क को सकारात्मक बातें सोचने का प्रशिक्षण दें।

> मैं स्वयं को पूर्ण मानता हूँ - मेरे शरीर का हर अंग ईश्वर के आदर्श नियमों के सामंजस्य में काम कर रहा है।
>
> मेरा पूरा अस्तित्व सेहत से भरा है। मैं सेहत के बारे में सोचता हूँ, महसूस करता हूँ और इसका निर्माण करता हूँ।
>
> महान चिकित्सक ईसा मसीह की उपचारक कृपा मेरी ज़िंदगी में भरी है। उनमें ही जीवन है। उनका जीवन मुझमें है।
>
> मैं ईश्वर का पुत्र हूँ। उनमें मैं ज़िंदा रहता हूँ, चलता हूँ और उन्हीं में मेरा अस्तित्व है। मैं सशक्त, जीवंत और ख़ुश हूँ। ईश्वर का साम्राज्य मेरे भीतर है और मैं ईश्वर के प्रति कृतज्ञ हूँ।

यहाँ पर एक शीर्षस्थ डॉक्टर यह कह रहा है कि स्वास्थ्य में सकारात्मक वाक्यों की महत्वपूर्ण भूमिका होती है। और वह अच्छी सेहत के लिए सकारात्मक वाक्यों की अनुशंसा भी कर रहा है।

दरअसल, सकारात्मक वाक्य कहना और सकारात्मक विचार रखना पहला क़दम है, जिसके द्वारा उसे हक़ीक़त में बदला जा सकता है। दूसरा क़दम उस सकारात्मक वाक्य को कर्म में बदलना है। और यह करने के लिए इस तरह काम करें, जैसे सकारात्मक वाक्य में कही गई चीज़ पहले से ही सच हो। जब आप सोचेंगे, सकारात्मक वाक्य कहेंगे और कर्म करेंगे, तो आप ज़्यादा अच्छा महसूस करने लगेंगे। उत्साह और ऊर्जा से काम करें और आप नई ऊर्जा तथा उत्साह से आश्चर्यचकित हो जाएँगे।

हाल ही में मैं लंच में जेम्स ए. फ़ार्ले के पास बैठा। मैंने उनकी अच्छी सेहत और उत्साह पर आश्चर्य व्यक्त किया। वे बहुत स्वस्थ लग रहे थे और उनकी उम्र उतनी ही लग रही थी, जितनी कि बीस साल पहले लगती थी, जब मैं उनसे पहली बार मिला था।

"जिम, क्या आप कभी बूढ़े नहीं होंगे?" मैंने प्रशंसा के भाव से पूछा।

उन्होंने खुलकर मुस्कराते हुए जवाब दिया, "नहीं, सर! आपकी क़सम।"

मैंने कहा, "मुझे यक़ीन नहीं होता। लेकिन इसका रहस्य क्या है?"

उन्होंने घोषणा की, "मैं कभी बूढ़े विचार नहीं सोचता हूँ।"

जिम फ़ार्ले सकारात्मक विचार सोचकर और जीकर सकारात्मक वाक्यों की शक्ति को सचमुच प्रदर्शित कर रहे हैं।

"ब्रिज ऑन द रिवर क्वाई" फ़िल्म में प्रिज़न कैंप कमांडर की भूमिका निभाने वाले जापानी अभिनेता सेस्यू हायाकावा को ग़लती से लगभग चालीस-पैंतालीस साल का मान लिया जाता है, हालाँकि उनकी उम्र सत्तर साल है। उन्होंने ऐसा कैसे किया? उन्होंने इतनी शांति और उत्साह से काम किया, जैसे वे अभी चालीस-पैंतालीस साल के ही हों। उन्होंने हाल में कहा, "जब मैं 45 साल का हुआ, तो मैंने उम्र का हिसाब रखना बंद कर दिया। बुढ़ापा अक्सर मन का मामला होता है। शरीर में होने से पहले यह कल्पना में होता है। यह मन में होता है। इससे कोई फ़र्क़ नहीं पड़ता कि मैं कितनी देर तक सोता हूँ या मैं क्या खाता हूँ। जब कोई आदमी एक रात को बहुत कम देर तक सोता है, तो आम तौर पर ख़ुद से कहता है, 'मैं पिछली रात को ठीक से नहीं सो पाया, मुझे आज थकान महसूस होगी।' और उसे थकान महसूस होती है। उसके शरीर को नींद की ज़रूरत नहीं थी; सिर्फ़ उसकी कल्पना को थी।"

कितनी दमदार और ज्ञानवर्धक बात है! हमारे शरीर को थकान, बीमारी और बुढ़ापे का शिकार बनने की ज़रूरत नहीं है। अपने बारे में अपनी "छवि" को बदलें। ख़ुद को अच्छे रूप में देखें। ज़ाहिर है,

स्वास्थ्य के नियमों का पालन करें और आप जो छवि देखते हैं, वह साकार हो जाएगी और आप वैसे ही बन जाएँगे।

यह बहुत समय से मेरा व्यक्तिगत सिद्धांत रहा है, जिसे मैंने ख़ुद पर लागू किया है। मैं ईश्वर का कृतज्ञ हूँ कि उसके मानसिक, शारीरिक और आध्यात्मिक नियमों के अभ्यास के द्वारा मैं साठ साल में सिर्फ़ दो बार ही मरीज़ के रूप में अस्पताल में गया हूँ। एक बार तो तब, जब मैं छोटा था और मेरे कान का छोटा सा ऑपरेशन हुआ था। दूसरी बार तब, जब मैं बीस साल का था और मेरे टॉन्सिल्स और एडेनॉयड निकालना पड़े थे।

मैं कोई चुस्त धावक नहीं हूँ, लेकिन मैं ख़ुशक़िस्मत हूँ कि मेरी सेहत अच्छी है। मार्बल कॉलेजिएट चर्च में मैंने बीमारी के कारण सिर्फ़ एक रविवार का प्रवचन छोड़ा है और वह भी इसलिए क्योंकि सर्दी मेरे गले में इतनी जम गई थी कि मुझसे बोलते नहीं बन रहा था। तब से मैंने विश्राम और सही चिंतन के ऐसे सिद्धांत खोज लिए हैं कि अब मैं उस तरह की मुश्किल से भी उबर सकता हूँ। मैं किन सिद्धांतों का प्रयोग करता हूँ? उन्हीं का, जिनकी सलाह मैंने अपनी पिछली पुस्तकों में दी है, जिनका प्रयोग बहुत से लोग प्रभावी ढंग से करते हैं।

ये सभी सिद्धांत दमदार हैं। उन्हें ज़िंदगी भर के प्रयोगों और निरीक्षण के बाद शब्दों में ढाला गया है। ऐसा न सिर्फ़ मैंने किया है, बल्कि हज़ारों लोगों ने इस "प्रयोगशाला" में परीक्षण करके मुझे निष्कर्ष बताए हैं। ये सिद्धांत ज़रूर काम करेंगे। मैं जानता हूँ कि ये काम करेंगे, क्योंकि इन्होंने मेरे लिए काम किया है और मेरे कई परिचितों के लिए भी, जिन्हें मैंने ये सिद्धांत बताए थे। ये सिद्धांत सकारात्मक सोच के अद्‌भुत परिणामों का हिस्सा हैं।

1. सकारात्मक वाक्य कहें कि आप स्वस्थ हैं। ख़ुद से कहें, "मैं आज अच्छा महसूस कर रहा हूँ। ईश्वर ने मेरे शरीर, मस्तिष्क और आत्मा को बनाया है, इसलिए आज मैं वैसा महसूस करता हूँ, जैसा ईश्वर का इरादा था : स्वस्थ और स्फूर्तिवान।"

2. अपने मन में लगातार अपनी अच्छी सेहत की स्पष्ट तस्वीर रखें।

3. ईश्वर को अक्सर, हर दिन, स्फूर्ति की अद्भुत भावना के लिए धन्यवाद देते रहें। मैंने 91 वर्षीय डॉ. जॉन राइले से उनके अच्छे स्वास्थ्य का रहस्य पूछा था। न्यूयॉर्क राज्य के इस सबसे वृद्ध सक्रिय चिकित्सक ने कहा, "हर दिन मैं अपने शरीर के अंगों की अद्भुत कार्यक्षमता के लिए ईश्वर को धन्यवाद देता हूँ। मैं उन्हें बार-बार दोहराता हूँ और कहता हूँ, 'धन्यवाद ईश्वर मेरे बेहतरीन पेट के लिए; धन्यवाद ईश्वर मेरे अद्भुत हृदय के लिए; धन्यवाद ईश्वर मेरे बेहतरीन रक्त प्रवाह के लिए।' "

डॉ. राइले को ज़रा भी संदेह नहीं है कि इस अनूठे तरीक़े ने ही उन्हें स्वस्थ और दीर्घायु बनाया है। हर दिन धन्यवाद देकर वे चेतना में अच्छी सेहत की छवि स्थापित कर रहे हैं और फिर वह छवि साकार हो जाती है।

4. अपने मस्तिष्क को अस्वस्थ विचारों से मुक्त रखने की पूरी कोशिश करें। विरोध, पश्चाताप, प्रतिशोध, निराशा जैसे ओछे और नकारात्मक विचारों को बाहर कर दें। उनकी जगह पर स्वस्थ, दयालुतापूर्ण और सकारात्मक विचार रखें। क्या आपने बाली की वह कहावत नहीं सुनी है, "अगर आप ग़ुस्सा होते हैं, तो आप जल्दी बूढ़े हो जाएँगे ?" मुझे बताया गया है कि बाली ऐसी जगह है, जहाँ दुनिया भर में सबसे कम हृदय रोगी हैं।

5. विचारों के इस सिस्टम में कोई भी ऐसी चीज़ न लें, जो इसे नुक़सान पहुँचाती हो।

6. अपने वज़न को कम रखें। पता लगाएँ कि डॉक्टरों के हिसाब से आपका वज़न कितना होना चाहिए और उसे वहीं पर रखें। वज़न की समस्या के समाधान के लिए एक ऐसी शक्ति की आवश्यकता होती है, जो मूलतः आध्यात्मिक प्रकृति की होती है। बहुत ज़्यादा भूख (चाहे वह शक्ति की हो या पेय पदार्थों की या भोजन की) मूलतः चरित्र संबंधी समस्या है। और ज़ाहिर है चरित्र आध्यात्मिक रूप से बनता है।

कुछ साल पहले मैं अपने वज़न को लेकर बहुत चिंतित हो गया। मेरा वज़न जितना होना चाहिए था, उससे बहुत बढ़ चुका था। फिर भी मैं ज़्यादा खाता रहा। मैंने अपना भोजन कम नहीं किया और मुझे

इस बात का अच्छी तरह से एहसास था। मैं सोचने लगा कि क्या मैं सचमुच ऐसा कर सकता हूँ। यह दरअसल मेरे लिए एक नैतिक समस्या बन गई कि क्या मैं भोजन की लालसा से पराजित हो गया था?

मैं डाइट पर गया और मेरा पैंतीस पौंड वज़न कम हो गया। कुछ साल बाद जब उन घटे हुए पैंतीस पौंडों में से पंद्रह वापस आ गए, तो मैंने उस प्रक्रिया को फिर से दोहराया - इस बार वज़न तीस पौंड कम हो गया, और अब यह एक तरह से मेरा स्थायी वज़न हो चुका है। वज़न को कम करके अपेक्षित स्तर तक लाने के लिए मैंने कुछ आध्यात्मिक और मानसिक तरीक़ों का प्रयोग किया, जिनका वर्णन *लिव लॉन्गार एंड बेटर* में किया है, जो मैंने अपने भाई और चिकित्सक डॉ. रॉबर्ट क्लिफ़र्ड पील के साथ लिखी है।

7. अच्छी सेहत के लिए नियमित दैनिक व्यायाम अनिवार्य है। मुझे पुश-अप्स, कैलिस्थेनिक्स और तैरना पसंद है, कई बार गोल्फ़ और हाइकिंग भी। व्यायाम का ऐसा तरीक़ा चुनना महत्वपूर्ण है, जिसे आप इतना पसंद करते हों कि आप बिना बोर हुए उसे नियमित रूप से कर पाएँ।

व्यक्तिगत रूप से मैं हर दिन कम से कम एक मील पैदल चलता हूँ, आम तौर पर सोने से ठीक पहले। और जब मैं अपने फ़ार्म पर होता हूँ, तो मैं डॉ. पॉल डडली व्हाइट की सलाह पर अमल करते हुए साइकल चलाता हूँ।

डॉ. व्हाइट ने कहा है, "अच्छी नींद के लिए शाम को दूर तक तेज़-तेज़ पैदल चलना किसी दवा से ज़्यादा असरदार होता है। नियमित अच्छे व्यायाम से स्नायुओं के दबाव और तनाव का प्रतिरोध किया जा सकता है और उसे रोका भी जा सकता है। यह इसकी सबसे अच्छी दवा है।"

डॉ. व्हाइट आगे कहते हैं कि "नियमित व्यायाम से हाथों और ख़ासकर पैरों की मांसपेशियाँ बेहतर होती हैं। इससे शिराओं में रक्त संचार सुधरता है। चूँकि शिराओं में लगे वाल्व रक्त को ग़लत दिशा में जाने से रोकते हैं, इसलिए मांसपेशियों द्वारा शिराओं के सिकुड़ने से हृदय में रक्त लौटने में मदद मिलती है। नर्म और अप्रयुक्त मांसपेशियाँ

इस काम को अच्छी तरह से नहीं कर सकतीं और इस वजह से शिराओं में थक्का जम सकता है। दिन में कई बार प्राणायाम करना भी बहुत महत्वपूर्ण है।" मैंने इसमें अपने व्यायाम कार्यक्रम को जोड़कर उत्कृष्ट परिणाम पाए।

8. डॉक्टर से नियमित जाँच कराएँ। किसी भी असंतुलन की तरफ़ यदि जल्दी ध्यान चला जाए, तो इससे स्वास्थ्य में तत्काल सुधार होता है।

9. व्यक्तिगत रूप से मैं मानता हूँ कि सबसे बड़ी बात यह है कि अपने जीवन का द्वार खोल दें, ताकि ईश्वर की नवीनीकरण की शक्ति प्रवाहित हो सके। "साधना" (meditate) और "उपचार" (medicate) का मूल अर्थ लगभग समान है। सही चिंतन में उपचारक शक्ति होती है। ईश्वर अच्छी सेहत की रचना करता है और वह इसकी पुनः रचना भी करता है। स्वास्थ्य (health) शब्द एंग्लो-सैक्सन शब्द "होल्थ" से आया है, जो "पूर्ण" (whole) शब्द की जड़ है और "पवित्र" (holy) शब्द की भी। इस तरह स्वास्थ्य का पूर्णता और पवित्रता के विचारों से गहरा संबंध है। दरअसल पवित्रता का अर्थ अव्यवस्थित या पाकसाफ़ बनना नहीं, बल्कि पूर्ण बनना है।

प्लेटो के इस प्रसिद्ध कथन को याद रखें, "आत्मा के उपचार के बिना शरीर का उपचार करने की कोशिश नहीं करना चाहिए।" सचमुच सेहतमंद और पूर्ण मनुष्य को स्वस्थ रहना चाहिए, शरीर से भी और आत्मा से भी। मैं इस बात को कभी नहीं भूलता हूँ कि स्वस्थ व्यक्ति के लिए आध्यात्मिक रूप से जीवंत बने रहना महत्वपूर्ण है। जब व्यक्ति का मस्तिष्क सकारात्मक विचारों और ईश्वर के विचारों से भरा रहता है, तो उन नकारात्मक और अस्वस्थ विचारों के लिए जगह ही नहीं बचती है, जिनके कारण लोग बीमार पड़ते हैं।

अध्याय 12

वैवाहिक जीवन में सुखी कैसे रहा जाए

क्या आप सफल और सुखी वैवाहिक जीवन जीना चाहते हैं ? ज़ाहिर है, हर व्यक्ति यह चाहता है। और कई दंपतियों ने यह सीखा भी है कि सकारात्मक सोच द्वारा वैवाहिक जीवन को सुखी कैसे बनाया जाता है।

उदाहरण के लिए, एक युवक ने त्योरियाँ चढ़ाते हुए कहा था, "मैं कभी शादी नहीं करूँगा। मैं इतना मूर्ख नहीं हूँ।" पिछले युद्ध के कुछ समय बाद ही उसने हमारे चर्च की युवा वयस्क गतिविधियों में भाग लेना शुरू किया। वह डेटिंग पर गया, लेकिन उसने यह स्पष्ट कर दिया कि शादी करने का उसका कोई इरादा नहीं है और उसका यह इरादा पक्का है!

अंततः हमें उसके विवाह-विरोधी दृष्टिकोण की वजह पता चल गई। पहली बात तो यह थी कि उसके माता-पिता में तलाक़ हो गया था। इसके अलावा उसने अपने बहुत से परिचितों के वैवाहिक जीवन को दुखी देखा था। जब वह एक छोटे जहाज़ पर फ़ार्मासिस्ट का मेट था, तो उसने देखा कि "जहाज़ पर मौज़ूद कोई भी विवाहित पुरुष अपनी पत्नी के प्रति वफ़ादार नहीं था।" जैसे ही जहाज़ बंदरगाह पर पहुँचता था, विवाहित पुरुष सबसे पहले किनारे पर पहुँचते थे और जो भी महिला उन्हें मिलती थी, उसके साथ "रंगरेलियाँ मनाने" लगते थे।

इस तरह के नकारात्मक अनुभवों का परिणाम यह हुआ कि इस युवक ने यह संकल्प कर लिया कि वह कभी शादी नहीं करेगा। उसकी आँखें खुल चुकी थीं। वह इसका परिणाम जानता था और वह इससे बचकर रहने का फ़ैसला कर चुका था। यह उसका अटल निर्णय था।

हमारे चर्च में मर्ले विक्स दंपति हैं, जिनका वैवाहिक जीवन बहुत सुखी है। ऐसी व्यवस्था की गई कि यह युवक विक्स दंपति के घर जाकर उनसे मिले। वह उनके साथ कई दिन तक रहा। उसने उन्हें हँसते-खेलते और प्रार्थना करते देखा। यहाँ तक कि बहस करते, असहमत होते और फिर सुलह करते हुए देखा। उसने उन्हें कई तरह के मूड्स और स्थितियों में कई समस्याओं से निबटते देखा और यह देखकर वह चमत्कृत रह गया।

उसने बाद में कहा, "आपको पता है, ये लोग सचमुच जानते हैं कि 'वैवाहिक जीवन में सुखी कैसे रहा जाए!'" यह कहते हुए उसका चेहरा ऐसे चमक रहा था, जैसे उसने कोई नई खोज की हो।

मुझे यह वाक्य पसंद आया, "वैवाहिक जीवन में सुखी कैसे रहा जाए!" यह सफल जीवन का एक अत्यावश्यक और महत्वपूर्ण तत्व है। जब लोग इस क़रीबी रिश्ते में सुखी रहने का तरीक़ा जानते हैं, तो वे यह भी जानते हैं कि उनका वैवाहिक संबंध स्वस्थ और रचनात्मक है, जिससे दोनों जीवनसाथियों को प्रोत्साहन, मदद और प्रेरणा मिलती है। इसमें वे एक-दूसरे को सहारा देते हैं। यह एक ऐसा संबंध है, जिसमें बच्चों को सच्चा प्रेम और स्नेह मिलता है। इससे एक ऐसा घर बनता है, जिसमें ख़ुशी की रोशनी और कल्याण का एहसास होता है।

द नेशनल एज्युकेशन एसोसिएशन ने एक बैठक आयोजित की, जिसमें देश के लगभग सभी महत्वपूर्ण विश्वविद्यालयों के प्रेसिडेंट उपस्थित थे। इस बैठक का उद्‌देश्य इस विषय पर चर्चा करना था कि शिक्षा देश की सबसे महत्वपूर्ण आवश्यकता के बारे में क्या कर सकती है। और यह सबसे महत्वपूर्ण आवश्यकता क्या थी? रूसियों के साथ प्रतिस्पर्धा करने के लिए आधुनिक वैज्ञानिक शिक्षा? बेहतर अंतरिक्ष शिक्षा? अर्थशास्त्र का बेहतर प्रशिक्षण? इनमें से कुछ नहीं। सभी शिक्षाविदों ने महसूस किया कि आज की सबसे महत्वपूर्ण आवश्यकता

सुखी परिवार और वैवाहिक जीवन है। सुखी और स्वस्थ परिवार स्वस्थ समाज की नींव है। परिवार स्वस्थ बन जाए, तो यह स्वास्थ्य बाहर की ओर झलकेगा और बिज़नेस, उद्योग, शिक्षा, सरकार, यानी समाज के हर क्षेत्र को स्पर्श करेगा।

तो सफल वैवाहिक जीवन का होना बहुत ज़रूरी है और हमारे समय की सबसे बड़ी चिंता है।

इस पुस्तक के लिए सामग्री एकत्रित करते समय मैंने आने वाले पत्रों की श्रेणियाँ बना दीं। सबसे ज़्यादा पत्र "वैवाहिक समस्याओं" वाली श्रेणी में ही हैं। हर सप्ताह इस तरह के पत्र आते हैं :

> मेरे विवाह को चौदह साल हो गए हैं और मैं ज़रा भी ख़ुश नहीं हूँ, हालाँकि मेरी तीन बढ़िया और स्वस्थ पुत्रियाँ हैं, जिनके लिए मैं ईश्वर को धन्यवाद देती हूँ। 49 साल के मेरे पति मेरे साथ बहुत बुरा सलूक करते हैं। कई बार तो वे मुझ पर हाथ भी उठा देते हैं। मैं सोचती हूँ कि असली समस्या यह है कि उन्हें आराम की ज़रूरत है। वे छुट्टियाँ मनाने नहीं जाते हैं। उन्हें इसके बजाय दोगुनी तनख़्वाह की पड़ी रहती है, हालाँकि हमें उसकी ज़रूरत नहीं है। वे बहुत पैसा कमाते हैं। हमारे पास अपना ख़ुद का मकान है। और हम कभी कर्ज़ में नहीं रहे हैं। मैं सोचती हूँ कि कौन सा उपाय आज़माना चाहिए। क्या आप इस बारे में मुझे कोई सुझाव दे सकते हैं?

> हमारी एक पुत्री है, जिसका विवाह एक ऐसे व्यक्ति के साथ हो गया है, जो एक जगह पर टिककर नौकरी नहीं करता और बाक़ी मामलों में भी वह ग़ैर-ज़िम्मेदार है। उनके तीन छोटे बच्चे हैं। वह काफ़ी समय से एक मार्गदर्शन केंद्र में जा रही है, क्योंकि उसके मस्तिष्क पर तनाव का प्रभाव पड़ रहा है। उसकी स्थिति अब पहले से ठीक है, लेकिन उसे यह सलाह दी गई है कि तलाक़ लेने के बाद ही वह पूरी तरह से ठीक हो सकती है।

हमेशा इस बारे में बहुत सी चर्चा होती है कि महिला को ख़ुद को आकर्षक रखना चाहिए और बच्चे पैदा करने, घरेलू काम करने तथा चिंता करने के प्रभावों को नज़र नहीं आने देना चाहिए। उसे ख़ुद को इतना सँवारकर रखना चाहिए कि वह ऑफ़िस सेक्रेटरी की तरह

लगे। लेकिन पति के बारे में क्या कहा जाता है? ज़ाहिर है, बढ़े हुए पेट और गंजे सिर वाला व्यक्ति रोमियो नहीं रह जाता है। उसे क्या सलाह दी जाए?

मुझे अपने वैवाहिक जीवन में एक समस्या आ रही है और मैं नहीं जानती कि क्या करूँ। नौ महीने पहले मैंने अपने पति को छोड़ दिया था, जिसके एक महीने बाद मैंने पुत्र को जन्म दिया। जब से मैंने उसे छोड़ा है, तब से मैं सुखी नहीं हूँ। पति को छोड़ने का कारण यह था कि वह अविवाहित पुरुषों के साथ बहुत घूमता था और जमकर शराब पीता था। इसके अलावा वह मेरे पर्स में पैसे नहीं छोड़ता था। वह सिर्फ़ इतने पैसे छोड़ता था कि घर का किराया चुक जाए और किराने का सामान आ जाए। मैं आपको बता दूँ, मेरी असली समस्या यह है कि मैं अपने माता-पिता के साथ रहती हूँ और वे चाहते हैं कि मैं तलाक़ ले लूँ। वे इसकी योजना बना रहे हैं। अगर मैं पति के पास वापस लौटती हूँ, तो मुझे डर है कि मेरे माता-पिता का प्रेम कम हो जाएगा। मैं अपने पति से अब भी बहुत प्रेम करती हूँ। उसने अपनी ग़लती मान ली है और वह चाहता है कि मैं उसके पास वापस लौट जाऊँ। मुझे क्या करना चाहिए?

ऐसा लगता है कि मुझे सबसे ज़्यादा परेशानी अपनी पत्नी के कारण होती है। मैं नहीं जानता कि उसे किस तरह समझा जा सकता है। हमारी शादी को अठारह साल हो चुके हैं और मैं उससे बहुत प्रेम करता हूँ, लेकिन वह अलग ही तरह की है - शांत, आत्मनिर्भर और आत्म-संतुष्ट। मुझे ऐसा महसूस ही नहीं होता कि उसे किसी चीज़ के लिए मेरी ज़रूरत है। कई बार वह थोड़े-बहुत प्रेम का प्रदर्शन कर देती है, लेकिन उसे इस बात की परवाह नहीं होती है कि मैं उसे प्रेम करूँ। जब मैं उसे यह बताने की कोशिश करता हूँ कि मुझे कैसा महसूस होता है, तो वह सुनना ही नहीं चाहती। क्या आप मदद कर सकते हैं?

हर सप्ताह इसी तरह के कई पत्र आते हैं और अंतरंग झलक दिखाते हैं कि लोगों को अपने वैवाहिक जीवन में किन समस्याओं का सामना करना पड़ रहा है।

सकारात्मक सोच का एक अद्भुत परिणाम यह है कि मुश्किल वैवाहिक स्थितियों में यह प्रभावी है। जिन लोगों को वैवाहिक जीवन में मुश्किलें आ रही हैं, जब वे अपनी स्थिति में सकारात्मक नज़रियों का प्रयोग करते हैं, तो संबंध लगभग हमेशा ही मज़बूत बन जाता है। एक बार फिर प्रशंसा और सम्मान का माहौल बन जाता है। जब दोनों जीवनसाथी विवाह के बारे में सृजनात्मक तरीक़े से सोचने लगते हैं, तो उन्हें सृजनात्मक परिणाम मिलने लगते हैं।

कुछ समय पहले मैं वेस्ट कोस्ट पर भाषण दे रहा था। भाषण ख़त्म होने के बाद एक व्यक्ति ने मुझे बताया कि सकारात्मक सोच ने उसकी ज़िंदगी को किस तरह प्रभावित किया है।

उसने कहा कि उसकी शादी को नौ साल हो चुके हैं। शादी के दो सप्ताह बाद ही उसे यह एहसास हो गया था कि उसने अपने जीवनसाथी को चुनने में ग़लती कर दी थी।

उसने कहा, "वह शादी एक ग़लती थी। हम दोनों बहुत जल्दी ही यह बात समझ गए। यह शारीरिक आकर्षण का मामला था, लेकिन मेरी पत्नी बिलकुल ही मूर्ख निकली। वह स्वार्थी भी थी। मुझे इस सच्चाई का सामना करना पड़ा कि मैं कभी उसके साथ नहीं निभा पाऊँगा और मुझे यह फ़ैसला करना था कि इस रिश्ते को तोड़ूँ या यूँ ही चलने दूँ।"

इस व्यक्ति ने अपनी पत्नी के साथ विवाहित बने रहने का फ़ैसला किया। उसने मुझे बताया कि उसने यह फ़ैसला किया था कि वह इस बुरी स्थिति को अच्छी से अच्छी बना लेगा और इस रिश्ते को निभाएगा। उसने बताया कि जैसे ही उसने यह निर्णय लिया, उसने शिकायत करना छोड़ दिया और जिस महिला से वह प्रेम नहीं करता था, उसके साथ जितनी अच्छी तरह रह सकता था, रहने की कोशिश की।

यह दुखद स्थिति पाँच साल तक चलती रही और फिर इस आदमी ने *द पॉवर ऑफ़ पॉज़िटिव थिंकिंग* पढ़ी। उसने इस पुस्तक में दिए गए सिद्धांतों का प्रयोग अपने व्यावसायिक जीवन में किया और उसे अच्छे परिणाम मिले। एक दिन उसके दिमाग़ में आया कि अगर सकारात्मक सोच के ये सिद्धांत बिज़नेस में काम कर सकते हैं, तो शायद ये उसके

व्यक्तिगत जीवन में भी काम कर सकते हैं।

उसने ख़ुद से पूछा, "क्या होगा, अगर मैं *द पॉवर ऑफ़ पॉज़िटिव थिंकिंग* के हर अध्याय और हर विचार को अपने घरेलू जीवन में अपनाऊँ।"

वह ऐसा करने लगा। उसने अपनी पत्नी का विश्लेषण शुरू किया और ख़ुद से पूछा कि वह स्वार्थी और मूर्ख क्यों थी। उसके मन में यह विचार आया कि शायद उसका विवाह एक तरह की चुनौती थी। उसने अपनी पत्नी की कल्पना रोचक और आकर्षक जीवनसाथी के रूप में की। वह उसके लिए प्रार्थना करने लगा और अंततः उसकी प्रशंसा भी करने लगा। साथ में, उसने निष्पक्ष ढंग से अपने व्यक्तित्व की भी जाँच की और ईमानदारी से वे दोष खोजे, जो उसकी पत्नी को दुखी बना रहे थे। ऐसा करना महत्वपूर्ण था, क्योंकि जैसा उसने स्वीकार किया, उसमें भी कम स्वार्थ या आत्म-केंद्रीयता नहीं थी।

यह प्रक्रिया चार साल तक चली, लेकिन जैसा उसने कहा, "परिणाम बहुत अच्छे मिले।" और यह स्पष्ट था कि वह इस मामले में ईमानदार था। एक-दूसरे को झेलते रहने के बजाय अब दोनों प्रेमपूर्ण पार्टनर बन गए हैं, जिसमें हर जीवनसाथी दूसरे से जितना पाता है, उससे ज़्यादा देने की कोशिश करता है।

इस आदमी ने मुझे बताया, "सकारात्मक सोच ने हमारे वैवाहिक संबंध को पूरी तरह बदल डाला।"

सच्चाई यह है कि वैवाहिक रिश्ता सभी मानवीय संबंधों में सबसे कोमल और कठिन रिश्ता है, जिसमें दो अलग तरह के व्यक्तियों को तालमेल बैठाकर अंतरंग साहचर्य के सूत्र में बँधना होता है। वैवाहिक जीवन की सफलता को संयोग या आशा पर नहीं छोड़ा जा सकता। एक स्पष्ट और व्यावहारिक योजना बनाने की ज़रूरत है, ताकि दोनों ही विकास कर सकें और परिपक्व हो सकें, ताकि बच्चों का जीवन पूर्ण, सुखी और रचनात्मक हो सके। ये विवाह के उद्देश्य हैं और इन्हें हमेशा मस्तिष्क में दृढ़ता से रखना चाहिए। मैं दोहरा दूँ, सुखी विवाह वह है, जिसमें सभी संबंधित व्यक्तियों - पति, पत्नी और बच्चों - को अधिकतम लाभ होता है।

आइए हम वैवाहिक जीवन में उत्पन्न होने वाली कुछ समस्याओं की जाँच करें और यह देखें कि उनका सफलतापूर्वक सामना कैसे किया गया।

वैवाहिक जीवन के बारे में एक बहुत आम शिकायत यह है कि दंपतियों की कोई साझी रुचि नहीं होती। ज़ाहिर है, कई बार पति और पत्नी के लिए साझी रुचियाँ विकसित करना मुश्किल होता है। पति हर सुबह 8 बजकर 10 मिनट वाली ट्रेन पकड़कर ऑफ़िस जाता है और शाम को 6 बजकर 57 मिनट वाली ट्रेन से लौटता है। उसका पूरा दिन काम-काज और व्यावसायिक रुचियों से भरा होता है, लेकिन वह अपनी पत्नी को उनके बारे में कुछ नहीं बताता है, क्योंकि वह जान चुका है कि उसकी इन बातों में कोई रुचि नहीं है। या फिर वह इतना थका होता है कि ज़्यादा बातें नहीं करना चाहता। दूसरी तरफ़, पत्नी शायद टाउन हॉल या क्लब में लेक्चर्स सुनकर अपना दिन गुज़ारती है। जब वह अपने पति को अपने दिन की घटनाएँ सुनाकर उसका मूड ठीक करने की कोशिश करती है, तो वह बोर हो जाता है। परिणाम यह होता है कि दोनों कभी एक-दूसरे से संप्रेषण नहीं कर पाते हैं। उनकी रुचियाँ धीरे-धीरे अलग होती जाती हैं।

कुछ साल पहले मेरे सामने विरोधाभासी रुचियों का एक मज़ेदार उदाहरण आया, जब हमारे चर्च के एक सदस्य ने मुझसे कहा कि वह और उसकी पत्नी इस बात पर झगड़ते हैं कि टेलीविज़न कौन देखे। यह उन दिनों की बात है, जब टेलीविज़न नया आया था और ज़्यादातर लोग सिर्फ़ एक टेलीविज़न सेट ही ख़रीद सकते थे। वे दोनों हर रात को ड्रॉइंग रूम में बैठते थे और पति लड़ाई, खेल और पश्चिमी फ़िल्में देखना चाहता था, जबकि पत्नी सांस्कृतिक कार्यक्रम देखना चाहती थी। वे टेलीविज़न देखने के मुद्दे पर बहस करने लगते थे। वे एक-दूसरे को चुभने वाली और ओछी बातें कहते थे और हालाँकि उनके वैवाहिक जीवन में कभी तलाक़ की नौबत तो नहीं आई, लेकिन यह बात तय थी कि स्थिति सुखद नहीं थी।

यह समस्या इतनी छोटी लग सकती है कि इसे पादरी तक नहीं लाना चाहिए, लेकिन कई बार छोटी-छोटी समस्याएँ गहरी समस्याओं

का लक्षण हो सकती हैं या किसी बड़ी समस्या में बदल सकती हैं। पति अपनी पत्नी की अजीब रुचियों को नहीं समझ पाता था और पत्नी अपने पति की मूर्खतापूर्ण रुचियों को नहीं समझ पाती थी। कुछ समय बाद पति और पत्नी दोनों ने यह फ़ैसला किया कि उन्हें इस स्थिति से निबटने के लिए कुछ करना चाहिए, इसलिए वे मुझसे मिलने आ गए। उनसे चर्चा करने के बाद मैंने उनके लिए एक छोटी सी योजना बनाई। मैंने पहले तो पति से अकेले में बात की और बाद में पत्नी से और उन्हें यह सिद्धांत बताया, "... सम्मान के साथ एक-दूसरे को वरीयता दें" (रोमन्स 12:10)।

मैंने कहा, "इसका मतलब यह है कि आपको सामने वाले को वरीयता देना चाहिए। यानी आपको सामने वाले की इच्छा पूरी करने पर ज़ोर देना चाहिए। मैं चाहता हूँ कि आप अपनी टेलीविज़न संबंधी समस्या पर बाइबल के इस सिद्धांत को लागू करें। जब आप आज रात को घर जाएँ," मैंने पति से कहा, "तो आप इस बात पर ज़ोर दें कि आप दोनों मिलकर सांस्कृतिक कार्यक्रम देखेंगे और उससे सचमुच कुछ सीखेंगे।" कुछ समय बाद उसी दिन मैंने पत्नी से कहा, "जब आप घर जाएँ, तो इस बात पर ज़ोर दें कि आप दोनों मिलकर फ़ुटबॉल का मैच देखेंगे। देखें कि आप इसका आनंद ले पाती हैं या नहीं।"

शुरुआत में तो इस सुझाव ने एक अप्रिय मोड़ ले लिया। उस रात को पत्नी ने टी.वी. पर फ़ुटबॉल मैच का चैनल चला दिया।

पति ने कहा, "अरे नहीं, ऐसा मत करो! मैं इस बात पर ज़ोर देता हूँ कि आज रात को तुम शास्त्रीय संगीत सुनो।"

पत्नी बोली, "बिलकुल नहीं। हम आज फ़ुटबॉल मैच देखेंगे, चाहे तुम्हें अच्छा लगे या न लगे।"

तो पहली रात को, यक़ीन मानिए, उनमें बाइबल के इस सिद्धांत पर अमल करने की कोशिश में जमकर लड़ाई हो गई, "... सम्मान के साथ एक-दूसरे को वरीयता दें।"

बाद में जब वे मेरे ऑफ़िस में शिकायत करने आए, तो उन्होंने इस स्थिति का रोचक पहलू देखा और इसके बाद हम इससे जुड़े अधिक गंभीर प्रश्न पर आ गए। दरअसल, उनकी समस्या सिर्फ़ यह थी कि

उनकी रुचियाँ अलग-अलग थीं। उनका जीवन बहुत संकीर्ण था। वे ख़ुद तक सीमित थे और ख़ुद के लिए जी रहे थे। उन्हें बाहरी गतिविधियाँ खोजने की ज़रूरत थी, जिनमें वे एक साथ हिस्सा ले सकें। उन्हें अपने टेलीविज़न सेट से दूर बाहर के बड़े संसार में जाने की ज़रूरत थी।

तब से ये पति-पत्नी समुदाय और चर्च की गतिविधियों में इतने सक्रिय हो गए हैं कि वे बहुत कम टेलीविज़न देखते हैं। उन्होंने साझी रुचियाँ खोजने के लक्ष्य को हासिल कर लिया है। आज वे सबसे सुखद वैवाहिक जोड़ों में से एक हैं।

साझी रुचि के मामले से दूसरे धर्म के व्यक्ति के साथ विवाह करने का मामला भी जुड़ा है। सैकड़ों लोगों ने मुझसे पूछा है कि क्या प्रोटेस्टेंट व्यक्ति को कैथोलिक से शादी करना चाहिए या ईसाई को यहूदी से शादी करना चाहिए। यह सवाल परिवारों को जितना आंदोलित करता है, उतना बहुत कम सवाल करते हैं।

अगर लोग सचमुच सकारात्मक सोच का अभ्यास करें, तो वे दूसरे धर्म के व्यक्ति से सफलतापूर्वक विवाह कर सकते हैं। लेकिन इसके लिए एक-दूसरे के धर्म के प्रति आपसी सम्मान होना चाहिए और विवाह से संबंधित हर तत्व का समान संतुलन होना चाहिए। बहरहाल, काफ़ी अनुभव के आधार पर मैं युवाओं को प्रबलता से अपने धार्मिक समूह के भीतर ही विवाह करने की सलाह देता हूँ : प्रोटेस्टेंट लोगों को प्रोटेस्टेंट समुदाय में शादी करना चाहिए, कैथोलिकों को कैथोलिक समुदाय में और यहूदियों को यहूदी समुदाय में। अपनी पृष्ठभूमि का जीवनसाथी चुनने से कई ख़तरे ख़त्म हो जाते हैं। विवाह में वैसे भी तालमेल की बहुत सी समस्याएँ होती हैं और समझदारी इसी में होगी कि उसमें धर्म की भिन्नता को न जोड़ा जाए।

बहरहाल, अगर प्रेम, आस्था और आपसी सम्मान हो, तो मिला-जुला विवाह, दरअसल कोई भी विवाह, सुख के सर्वोच्च स्तर तक उठ सकता है। अगर किसी घर में ईश्वर के प्रति प्रेम हो, एक-दूसरे के प्रति प्रेम हो, जो धार्मिक भिन्नताओं से ऊपर जाता हो, तो पूरा परिवार शांति तथा सुख के साथ रह सकता है।

वैवाहिक जीवन में एक और समस्या उठती है, जब पति यह मान लेता है कि वह घर का मालिक है। वह धन का हिसाब-किताब रखता है, पत्नी को जेबख़र्च देता है और यह मानता है कि पत्नी में उतनी ही आर्थिक समझ है, जितनी कि जंगल में भटक रहे बच्चे में होती है।

इससे मिलती-जुलती एक और समस्या सामने आती है। कई महिलाएँ जाने-अनजाने में ख़ुद को कलाकृतियाँ मान लेती हैं और पति के रूप में पिता का विकल्प चाहती हैं, जो उनकी देखभाल करे। अपरिपक्व, बचपने से भरी, अविकसित मानसिकता वाली कुछ महिलाओं के हिसाब से पत्नी को यह अधिकार है कि उसे सारे सुख दिए जाएँ। उसके लिए विवाह का उद्‌देश्य ही महिला को सुख देना है। ज़ाहिर है, इसका मतलब यह है कि उसे अपने "पापा" पति से हर मुँहमाँगी चीज़ मिले।

लेकिन अक्सर ऐसा होता है कि उसका पति डैडी जैसे काम करने में रुचि नहीं लेता है। वह बताता है कि उसने जिस औरत को अपना जीवनसाथी बनाया है, उससे वह परिपक्वता और सच्चे योगदान की उम्मीद करता है। वह महिला अपनी अपरिपक्वता के कारण भावनात्मक रूप से प्रतिक्रिया व्यक्त करती है और विवाह टूटने लगता है।

सफल वैवाहिक संबंध के लिए दंपति को सबसे बड़ा क़दम यह उठाना चाहिए कि उन्हें परिपक्व बनना चाहिए। शायद यह ज़िंदगी का सबसे मुश्किल काम है। मनोचिकित्सक और द अमेरिकन फ़ाउंडेशन ऑफ़ रिलीजन एंड साइकेट्री के प्रमुख डॉ. स्माइली ब्लैंटन ने मनोवैज्ञानिक डॉ. इर्विन स्मॉलहेसर के सहयोग से एक परिपक्वता स्कोर तैयार किया है। यह आसान परीक्षण आपको यह बता देगा कि आपको अपने वैवाहिक जीवन या पूरे जीवन में परिपक्वता के मामले में मेहनत करने की ज़रूरत है या नहीं।

परिपक्वता का स्कोर

हाँ *नहीं*

1. क्या आप अपना आपा खो देते हैं, अपने पैर पटकते हैं, चीज़ें उठाकर फेंकते हैं या चीज़ों को लात मारते हैं?
2. क्या आप हमेशा सामने वाले का उतना ही ध्यान रखते हैं, जितना कि ख़ुद का रखते हैं?

3. क्या आप दूसरे लोगों के सामने अपनी पत्नी या पति की आलोचना करते हैं?
4. क्या आप इस बात पर ज़ोर देते हैं कि आपकी बात मानी जाए और जब ऐसा नहीं होता, तो आप मुँह फुला लेते हैं?
5. क्या आप दीर्घकालीन चिंता करने वाले हैं?
6. क्या आप ईश्वर में विश्वास करते हैं और अपनी सर्वश्रेष्ठ कोशिश करते हैं?
7. क्या आप जीवन के उतार-चढ़ाव और अपरिहार्य घटनाओं को शांति के भाव के साथ स्वीकार करते हैं?
8. क्या आपको सकारात्मक विश्वास है कि आप अपनी समस्याओं का सामना कर सकते हैं और उन्हें सुलझा सकते हैं?

सवाल 1, 3, 4, और 5 का जवाब अगर हाँ है, तो यह अपरिपक्वता का सूचक है।

सवाल 2, 6, 7 और 8 का जवाब अगर हाँ है, तो यह परिपक्वता का सूचक है।

इस जाँच के परिणाम आपका मार्गदर्शन करेंगे और यह जानकारी देंगे कि आपको अपनी भावनात्मक परिपक्वता विकसित करने की ज़रूरत है या नहीं। निश्चित रूप से एक बड़ी कठिनाई यह होती है कि बहुत से लोगों में प्रेम की अपरिपक्व अवधारणा होती है। हॉलीवुड की फ़िल्मों के प्रेम के विचारों ने विवाह को बहुत नुक़सान पहुँचाया है। हम यह सोचने लगे हैं कि "प्रेम" का मतलब लंबी चाँदनी रातों और खिले हुए लाल गुलाबों का रोमांच होता है।

अभी कुछ समय पहले एक युवा महिला मेरे ऑफ़िस में यह शिकायत लेकर आई कि उसके वैवाहिक जीवन में कोई रोमांच ही नहीं बचा है। उसकी शादी को नौ महीने हो चुके हैं और अब उसके पति के छूने से उसके दिल का धड़कना बंद हो चुका है। बहरहाल, उसे एक और युवक मिल गया है, जो इस तरह का हॉलीवुड जैसा रोमांच देता है। वह मेरी सलाह चाहती थी कि क्या वह अपने पति को तलाक़

देकर इस दूसरे युवक के साथ वैवाहिक सुख पा सकती है। उसने कहा कि उसे "तो बस रोमांस का रोमांच चाहिए।"

मैंने कहा, "मान लीजिए, यह नया रोमांच भी पहले की तरह ही सिर्फ़ नौ महीने तक चले, तो फिर क्या होगा? वास्तव में यह भी हो सकता है कि अगला सिर्फ़ पाँच महीने चले, क्योंकि दोहराने पर रोमांच घटने लगता है। जब तक आप चालीस साल की होंगी, तब तक आप सुखी नहीं, बल्कि बूढ़ी हो जाएँगी और पागलों की तरह तथाकथित ग्लैमर को खोजती फिरेंगी, जो आपको हमेशा चकमा देता रहेगा। आपको यह एहसास होना चाहिए कि जो रोमांच आप खोज रही हैं, वह एक ख़ास चीज़ है, जो एक ख़ास अवस्था में ही मिलती है। इसकी तीव्र गहनता स्थायी नहीं होती है। यह तो सिर्फ़ हॉलीवुड की फ़िल्मों का मायाजाल है। ऐसा हो ही नहीं सकता और ऐसा होना भी नहीं चाहिए। ऐसा होना मानवीय मनोविज्ञान के सभी तथ्यों के विपरीत है।"

इस युवती को किसी ने भी यह नहीं बताया था कि सेक्स का रोमांच सफल और सुखद विवाह का सिर्फ़ एक पहलू है। मेरे पिता, जो पहले डॉक्टर और बाद में पादरी बने, बहुत बुद्धिमान थे और कहा करते थे कि प्रेम का रोमांच और कुछ नहीं, बल्कि प्रकृति की एक जैविक चाल है, जिसका उद्‌देश्य यह है कि प्रजाति या वंश चलता रहे।

बहुत सारे युवा दंपतियों को यह लगता है कि सेक्स का रोमांच कम होने का मतलब यह है कि उनका प्रेम कम होने लगा है। उन्होंने सेक्स के अलावा किसी अन्य आधार पर एक-दूसरे के साथ तालमेल बैठाया ही नहीं है और अपनी अपरिपक्वता में वे विवाह के बाक़ी पहलुओं पर मेहनत नहीं करना चाहते हैं। हालाँकि शारीरिक पहलू महत्वपूर्ण है, लेकिन किसी भी दृष्टि से यह संपूर्ण नहीं है।

मैंने एक अख़बार में एक सर्वे के परिणाम देखे। इसमें सुखी वैवाहिक जीवन वाले चार सौ दंपतियों से साक्षात्कार लिया गया। इस सर्वे ने बताया कि उन्हें एक-दूसरे के साथ तालमेल बैठाने में औसतन छह साल का समय लगा! यह तथ्य याद रखें कि यह औसत समय है। कई लोगों को इससे बहुत ज़्यादा समय लगा होगा। इसलिए जब कोई युवा दंपति विवाह के कुछ महीने या कुछ साल बाद यह पाता है कि रोमांच का

एहसास कम होने लगा है, तो उसे हताश नहीं होना चाहिए। सुखी वैवाहिक जीवन जीना सीखने में समय और धैर्य की ज़रूरत होती है। यह ग़लत है, दरअसल यह मूर्खतापूर्ण सोच है कि रोमांस का पहला ज्वार उतरते ही दूसरा पार्टनर खोजने का समय आ गया है।

मैं यह नहीं कह रहा हूँ कि सेक्स का आनंद सिर्फ़ कुछ शुरुआती गुलाबी महीनों तक ही सीमित रहना चाहिए। सेक्स का तालमेल परिपक्व विवाह के लिए बहुत ज़रूरी है। और ज़्यादातर सफल वैवाहिक संबंधों में सेक्स की रुचि और क्षमता बुढ़ापे तक बनी रहती है। निश्चित रूप से सेक्स में तालमेल की गड़बड़ी से गंभीर समस्याएँ उत्पन्न हो सकती हैं, जैसा कई पत्रों में बताया गया है :

> आपने सेक्स के बारे में कई अच्छी बातें कही हैं, इसलिए मैं आपको एक गंभीर समस्या बताना चाहता हूँ।
>
> अपनी पत्नी के साथ बाक़ी हर क्षेत्र में मेरे बहुत अच्छे संबंध हैं, सिर्फ़ सेक्स के क्षेत्र को छोड़कर। मुझे इसकी जितनी ज़रूरत होती है, उसे उसकी एक-तिहाई की ही ज़रूरत होती है। मुझे इस मनोवैज्ञानिक कामुक अंतर के बारे में क्या करना चाहिए? मैं किसी दूसरी महिला के साथ संबंध नहीं बनाना चाहता, लेकिन मेरी पत्नी, जिसे मैं प्रेम करता हूँ, मुझे संतुष्ट नहीं करती है।
>
> मेरी पत्नी एक स्वप्न-सुंदरी है और बहुत आकर्षक है। उसका व्यक्तित्व ऐसा है कि वह आसानी से मित्र बना लेती है, ख़ासकर बच्चों को, जो उसे प्रेम करते हैं। उसका सपना यह है कि उसका भी एक बच्चा हो। मैं उससे बहुत प्रेम करता हूँ और वह दुनिया में मेरे लिए सब कुछ है। मेरी समस्या यह है कि हमारी शादी को दो साल हो चुके हैं, लेकिन मैं अब तक उसके साथ शारीरिक संबंध नहीं बना पाया हूँ।
>
> मैं बहुत से डॉक्टरों को दिखा चुका हूँ और उन सबका यही कहना है कि मुझमें कोई शारीरिक कमी नहीं है। आख़िरकार एक डॉक्टर ने मुझसे कहा कि भावनाओं, घबराहट, और अवचेतन मन की वजह से मेरे प्रयास सफल नहीं हो पा रहे हैं।

मैं पति की भूमिका पूरी तरह नहीं निभा पा रहा हूँ और उसे सुखी परिवार तथा वैवाहिक जीवन का आनंद नहीं दे पा रहा हूँ। क्या आपको लगता है कि इसके बावज़ूद उसे मेरे साथ ज़िंदगी गुज़ारना चाहिए ? क्या आपको लगता है कि कोई चीज़ हमारी मदद कर सकती है ?

मेरे पति और मेरी शादी को एक साल और एक महीना हो चुका है। मुझे शारीरिक संबंध में ज़रा भी मज़ा नहीं आता है और स्थिति यहाँ तक आ गई है कि मैं उसे चूमने से भी डरती हूँ कि कहीं बात बढ़कर शारीरिक संबंध तक न पहुँच जाए। मुझे सेक्स कभी पसंद नहीं रहा है और मैं मानती हूँ कि सेक्स के बिना मैं ज़्यादा सुखी रहूँगी। मैंने यह बात अपने पति को बता दी है। इससे उसे बहुत दिक़्क़त है और मुझे लगता है कि उसकी दिक़्क़त जायज़ भी है। क्या मुझे अपने पति को तलाक़ दे देना चाहिए और सुखी रहने का एक और मौक़ा खोजने देना चाहिए या हमें इसी तरह ज़िंदगी गुज़ारना चाहिए ?

मेरी पुत्री का विवाह पिछली जुलाई में हुआ था। मैंने उसे विवाह के शारीरिक पहलू के लिए तैयार करने की कोशिश की। मुझे लग रहा था कि वह पर्याप्त परिपक्व और तैयार थी। बहरहाल, उसे तालमेल बैठाने में दिक़्क़त होती है। उसे लगता है कि कहीं वह "ठंडी" तो नहीं है। मैं सोचती हूँ कि कहीं ज़्यादा पढ़ने के कारण हम भ्रमित तो नहीं हो गए। क्या आपके पास कोई सलाह है, जो उसकी मदद कर सके ?

मेरी शादी को अठारह साल हो चुके हैं और मेरे पास एक बेहतरीन पति और चार बच्चे हैं। लेकिन डॉ. पील, सेक्स संबंधों को लेकर मेरा नज़रिया अब भी उदासीन है। शायद ऐसा इसलिए है क्योंकि बचपन में हमें यह बताया गया था कि यह बुरा काम है। क्या ईश्वर इसे बुरा मानता है ? क्या सेक्स सिर्फ़ संतान पैदा करने के लिए ही है, ताकि दुनिया चलती रहे ?

बहुत बार यह सवाल सामने आता है कि क्या सेक्स बुरा है। ज़ाहिर है धार्मिक पवित्रता की पृष्ठभूमि ने सेक्स के प्रति हमारे नज़रियों पर

अमिट प्रभाव डाला है। मुझे लगता है कि दृढ़ता से यह कहना महत्वपूर्ण है कि सेक्स का पूर्ण व स्वाभाविक आनंद लेना सामान्य और सही है, वरना ईश्वर दुनिया चलाने का कोई अलग तरीक़ा खोजता। प्रेम शारीरिक भी है और आध्यात्मिक भी। यही वजह है कि आध्यात्मिक विवाह के भीतर शारीरिक इंद्रियों का पूर्ण आनंद लेना कभी बुरा नहीं होता।

सेक्स दो ऐसे लोगों के प्रेम की पवित्र अभिव्यक्ति है, जो विवाह द्वारा आध्यात्मिक रूप से एक हो चुके हैं। बाइबल में कहा गया है, "दोनों एक हो जाएँगे।" हालाँकि सेक्स का मिलन मूलतः शारीरिक है, लेकिन यह प्रेम की सर्वोच्च और शुद्धतम भावनाओं की मूलभूत अभिव्यक्ति भी है। इसे बुरा मानना संकीर्ण मानसिकता का परिचायक है, जो शायद बचपन में आपको नैतिक बनाने के लिए सिखाई गई थी। यह ईश्वर के सिद्धांत का संकीर्ण अर्थ है।

बहरहाल यह ध्यान दें कि हालाँकि हम प्रेम के शारीरिक पहलुओं के बारे में बात कर रहे हैं, लेकिन हम वैवाहिक जीवन के आध्यात्मिक पक्ष को भी लगातार केंद्र में रख रहे हैं। असली शक्ति भावनात्मक तत्व में है और यह एक ऐसा क्षेत्र है, जहाँ सकारात्मक सोच बहुत महत्वपूर्ण बन जाता है। सकारात्मक सोच कहता है कि हम अपनी कठिनाइयों पर विजय पाने में सक्षम हैं, फिर चाहे वे वैवाहिक हों या अन्य किसी प्रकार की हों।

सकारात्मक सोच का एक बहुत प्रभावी पहलू सकारात्मक प्रार्थना करना है। मैं फ़ादर पैट्रिक जे. पीटन के इस कथन में दृढ़ विश्वास करता हूँ, "वह परिवार जो साथ-साथ प्रार्थना करता है, साथ-साथ बना रहता है।"

एक युवा दंपति ने मुझे बताया कि वे न्यूयॉर्क सिटी में फ़िफ़्थ एवेन्यू पर पैदल जा रहे थे। रास्ते में लड़के ने लड़की से पूछा कि क्या वह उससे शादी करेगी। उसने कहा "हाँ।" वे दोनों ही धार्मिक प्रवृत्ति के थे। उनकी पहली भावना यह थी कि वे चर्च में जाकर अपनी सगाई को ईश्वर के सामने समर्पित कर दें।

सबसे पास में सेंट पैट्रिक्स कैथेड्रल था और हालाँकि वे दोनों ही प्रोटेस्टेंट थे, लेकिन वे चर्च में दाख़िल हुए, घुटने टेके और एक साथ

प्रार्थना की। ईश्वर के सामने विवाह-सूत्र में बँधने से पहले ही उन्होंने अपने भावी विवाह को आध्यात्मिक रूप से ईश्वर को समर्पित कर दिया। इसमें कोई हैरानी की बात नहीं है कि आगे चलकर उनका विवाह बेहद सफल साबित हुआ। अपनी सगाई को ईश्वर के सामने समर्पित कर देना सचमुच एक मूल्यवान विचार है। इस तरह शुरुआत से ही संबंध स्थायी आध्यात्मिक नींव पर आधारित हो जाता है।

दरअसल अधिकांश युवा ईश्वर को विवाह की वेदी पर ही छोड़ देते हैं। वे उसे अपने घर में नहीं ले जाते हैं। मैं हाल ही में सैली नाम की एक बहुत परेशान महिला से बातें कर रहा था, जिसका विवाह टूटने वाला था। चर्चा के दौरान मैंने उसे अपना विश्वास बताया कि प्रार्थना करने वाला परिवार साथ-साथ बना रहता है। मैंने उससे पूछा, "क्या आपके घर में ईश्वर का नाम कभी लिया जाता है?"

उसने कहा, "हाँ, लेकिन उस तरह नहीं, जो आपका मतलब है।"

मैंने पूछा, "क्या आपने कभी अपने पति के साथ मिलकर प्रार्थना करने के बारे में सोचा है?" यह सुनकर वह हँसी और बोली, "आप मेरे पति को नहीं जानते!"

मैंने कहा, "मैं ऐसे बहुत से लोगों को जानता हूँ, जो ऐसा दिखाते हैं। वे कहते हैं कि वे कभी प्रार्थना नहीं करेंगे। लेकिन मैंने पाया है कि ज़्यादातर मामलों में यह सिर्फ़ नाटक होता है। मैं चाहता हूँ कि आप इसे आज रात को आज़माकर देखें। टेबल पर डिनर लगने से पहले पति को बता दें कि आप ईश्वर का आशीर्वाद लेना चाहेंगी। आध्यात्मिक पुट डालने के लिए शुरुआत में इसका प्रयोग करें और फिर धीरे-धीरे देखें कि क्या आप अपने घर में प्रार्थना का माहौल बना सकती हैं।"

उसे लग रहा था कि इस प्रयोग से कोई फ़ायदा नहीं होगा, बहरहाल वह इसे आज़माने के लिए तैयार हो गई। उस शाम को जब उसका पति घर आया, तो वह सामान्य से ज़्यादा बुरे मूड में था और चिड़चिड़ा रहा था। उसने अपना मुँह अख़बार के पीछे छिपा लिया और बात करने से इंकार कर दिया। जब पत्नी ने आख़िरकार बताया कि डिनर तैयार हो गया है, तो वह बोला, "समय भी तो हो गया है!"

जब वे टेबल पर बैठे, तो पत्नी ने कहा, "इससे तुम्हें हैरानी हो सकती है, लेकिन मुझे लगता है कि मुझे ईश्वर का आशीर्वाद लेना चाहिए। तुम्हें कोई दिक़्क़त तो नहीं है?"

पति ने गुर्राकर कहा, "तुम्हें जो करना हो, करो। यह एक स्वतंत्र देश है।"

थोड़े संकोच के साथ पत्नी ने ईश्वर का आशीर्वाद लिया। फिर नाश्ते पर भी उसने ऐसा ही किया। वह कई दिनों तक ऐसा करती रही। इसके बाद एक दिन पति ने रूखे स्वर में उससे कहा, "ज़रा ठहरो, सैली। हर बार खाने के वक़्त प्रार्थना तुम करती हो। इस घर का मुखिया कौन है? अब मैं प्रार्थना किया करूँगा।" पति ने अपनी स्मरण शक्ति पर ज़ोर डाला और एक पुरानी पारिवारिक प्रार्थना बाहर निकाली, जो उसने बचपन में सुनी थी। बीच-बीच में अटकते हुए उसने सफलतापूर्वक प्रार्थना पूरी की।

इस दंपति ने पहले कभी एक-दूसरे की आवाज़ प्रार्थना में नहीं सुनी थी। कुछ समय बाद दोनों के लिए साथ-साथ प्रार्थना करना ज़्यादा आसान हो गया। अंततः वे सोने से पहले प्रार्थना करने लगे। आख़िरी बार जब सैली से मेरी बात हुई, तो उसने बताया कि उनके वैवाहिक जीवन में सहयोग और प्रेम की एक नई भावना आ गई है।

घर पर एक साथ प्रार्थना करना सुखद वैवाहिक जीवन की सबसे अच्छी तकनीकों में से एक है। मैं ऐसे दंपतियों को जानता हूँ, जिन्होंने कई बहुत ही रोचक तरीक़ों से अपने घरेलू जीवन में ईश्वर को केंद्रीय स्थान पर रखा है। मैं अक्सर सुनता हूँ कि कई वैवाहिक मुश्किलें इसलिए पैदा होती हैं, क्योंकि घर को ठीक से नहीं सँभाला जाता है। यह पत्नी घर को ठीक से सँभालना पसंद नहीं करती थी और इस वजह से उसका घर हमेशा गंदा तथा अस्त-व्यस्त दिखता था। इससे उसका पति ग़ुस्सा हो जाता था, जो व्यवस्था और साफ़-सफ़ाई को पसंद करता था।

उसने मुझसे कहा, "मैंने यह फ़ैसला किया कि मेरे नज़रिये को बदलने का इकलौता तरीक़ा यह है कि मैं घर सँभालने के काम को ईश्वर के प्रति समर्पित कर दूँ। बाइबल कहती है, 'सभी कामों को

अच्छे से और अच्छी व्यवस्था से करें' (I कोरिन्थियन्स 14:40)। यह मेरे घर सँभालने का सूत्रवाक्य बन गया और परिणाम सचमुच बहुत अच्छे निकले।"

एक और पत्नी ने इस तकनीक को सफलतापूर्वक आज़माया है। वह अपने परिवार के सोकर उठने से पहले उठती है और "अपने घर को सकारात्मक वाक्यों से भर लेती है।" वह अपने ड्राइंग रूम के बीच में खड़ी हो जाती है और इसके बाद अपने घर के हर कोने की तरफ़ मुँह करके ज़ोर से कहती है, "इस घर में ईश्वर का वास है। यह घर शांति, प्रेम और ख़ुशी से भरा है।" वह घोषणा करती है, "परिणाम सचमुच अद्‌भुत है।" इस तरह के कथन वास्तविकता में बदल जाते हैं। कोई भी घर सुखद स्थान बन सकता है। घर सँभालने का थकाने वाला हिस्सा सार्थक उद्‌देश्य में रूपांतरित किया जा सकता है। पति पैसे कमाए और पत्नी घर सँभाले - ये ज़िंदगी के दो सबसे मूलभूत काम हैं। जब इन्हें प्रेम और सद्‌भावना से किया जाता है, तो इनमें सच्चा सुख मिलता है।

मेरी माँ में यह उल्लेखनीय क्षमता थी कि वे घर सँभालने के कामों को रचनात्मक पारिवारिक अनुभवों में बदल देती थीं। हमारा घर हमेशा आनंद और सुखद रोमांच से भरा रहता था। माँ सचमुच कूटनीतिज्ञ थीं। उदाहरण के लिए किसी को भी यह पता नहीं चल पाता था कि अब बर्तन धुल रहे हैं। माँ की चाल यह होती थी कि जब बर्तन धोने का अप्रिय काम करना होता था, ठीक उसी समय वे किसी रोचक विषय पर बहस छेड़ देती थीं। उस समय बर्तन धोने वाली ऑटोमैटिक मशीनें नहीं थीं। उस ज़माने में हमें बर्तन ख़ुद धोना पड़ता था और हम ऑटोमैटिक नहीं थे।

जब खाना ख़त्म हो जाता था, तो मेरी माँ किसी बहुत विवादास्पद विषय पर बातचीत करने लगती थीं। हम सब लोग तत्काल पक्ष या विपक्ष में हो जाते थे। जैसे ही बहस एक ख़ास मोड़ पर पहुँचती थी, माँ चुपचाप एक बर्तन मेरे पिता को पकड़ा देती थीं, एक मुझे और बाक़ी मेरे भाइयों को। वे ख़ुद उठकर किचन में बर्तन लेकर जाती थीं और बीच-बीच में लगातार बातचीत को हवा देते रहती थीं। इससे पहले कि

हम जान पाएँ कि क्या हो रहा था, हम सब उनके साथ बर्तन साफ़ कर रहे होते थे, बर्तन पोंछ रहे होते थे और पूरी ताक़त से बहस कर रहे होते थे। इस तरह हमारा समय बहुत अच्छी तरह से गुज़र जाता था।

सफल वैवाहिक जीवन के किसी भी अध्याय में जीवनसाथी के चुनाव पर बातचीत होना स्वाभाविक है, क्योंकि यह बहुत महत्वपूर्ण है। ज़ाहिर है, यह ज़िंदगी के सबसे महत्वपूर्ण निर्णयों में से एक है। कई बार निर्णय ग़लत हो जाता है और ज़िंदगी भर दुख उठाना पड़ता है। इसलिए मैं इस बात में दृढ़ विश्वास करता हूँ कि सगाई की अवधि पर्याप्त लंबी होना चाहिए। दोनों को एक-दूसरे के बारे में बहुत कुछ जानना है : क्या वे सचमुच एक-दूसरे के साथ संप्रेषण कर सकते हैं? क्या उनकी अधिकांश रुचियाँ एक सी चीज़ों में हैं? क्या उनकी पारिवारिक पृष्ठभूमियाँ काफ़ी हद तक समान हैं?

मेरे एक अच्छे मित्र मिस्टर एम. बहुत मशहूर व्यक्ति हैं। उन्होंने मुझे बताया कि उनके पुत्र जिम ने एक दिन घर आकर घोषणा की कि उसे प्रेम हो गया था। वह एक "बहुत शानदार" लड़की से ज़बर्दस्त प्रेम करने लगा था और न्यूनतम अवधि पूरी होते ही तत्काल उससे शादी करना चाहता था। जिम का परिवार उस लड़की से मिला और सबने तत्काल ही भाँप लिया कि वह जिम के लिए सही नहीं रहेगी। लेकिन जिम को यह बताने से कोई फ़ायदा नहीं होना था।

समझदारी से एम. ने यह फ़ैसला किया कि उनका बेटा यह बात अपने आप ही समझ ले। इसलिए पहला मौक़ा मिलते ही उन्होंने लड़की को आमंत्रित किया कि वह एक सप्ताह तक उनके घर पर आकर रहे। लगभग तत्काल यह स्पष्ट हो गया कि लड़की घर में फ़िट नहीं हो पा रही थी। वह थोड़ी फूहड़ क़िस्म की थी। जब परिवार के बाक़ी सदस्य उठ जाते थे, तब भी वह सोती रहती थी। वह घरेलू कामों में मदद नहीं करती थी। स्पष्ट रूप से वह परिवार के बाक़ी सदस्यों की तुलना में ख़ुद को बौद्धिक रूप से श्रेष्ठ समझती थी और आम तौर पर परिवार से दूर रहना चाहती थी।

लड़के का थोड़ा मोहभंग हुआ, लेकिन वह यह मानने को तैयार नहीं था कि उसका फ़ैसला ग़लत है। फिर क्रिसमस के मौक़े पर जिम

के माता-पिता ने इस बात पर ज़ोर दिया कि जिम उस लड़की के घर पर पूरी छुट्टियाँ गुज़ारे। उन्होंने उसे लड़की के घर रहने के लिए भेज दिया। उन्हें यह उम्मीद नहीं थी कि वह एक जनवरी के पहले लौटेगा, लेकिन वह तीन दिन बाद ही वापस लौट आया। धीरे-धीरे कहानी पता चली। जिम ख़ास तौर पर इस बात से विचलित था कि उसकी मंगेतर अपने माता-पिता पर चिल्लाती थी। घर पर उसका व्यवहार बहुत ख़राब था और वह सामान्य घरेलू काम करने से भी इंकार कर देती थी। वह बिगड़ैल और ग़ुस्सैल बच्ची की तरह व्यवहार करती थी।

माता-पिता ख़ुद "न्यूरॉटिक" नज़र आते थे और फूहड़ थे। जिम ने बताया कि बाथरूम में रखे साबुन को देखकर ऐसा लगता था, जैसे उसे आदिमकाल से अब तक साफ़ नहीं किया गया हो। इन दो घरेलू प्रवासों का परिणाम यह निकला कि जिम का उत्साह पूरी तरह ठंडा पड़ गया। बहरहाल, मान लीजिए कि जिम को अपने "सच्चे प्रेम" के बारे में ये बातें विवाह से पहले पता नहीं चली होतीं। मान लीजिए कि उसने लड़की से विवाह करने में जल्दबाज़ी की होती और उसे उसके गुणों का पता तभी चलता, जब बहुत देर हो चुकी होती। पहली नज़र के प्रेम का अपना महत्व है, लेकिन पहली नज़र के विवाह के बारे में यह नहीं कहा जा सकता। जल्दबाज़ी में विवाह करने का ख़तरा मोल लेने से पहले बहुत सी समस्याओं को सुलझाना पड़ता है।

मैं इस अध्याय के अंत में डॉ. स्माइली ब्लैंटन और डॉ. इर्विन स्मालहेसर का बनाया "विवाह दर्पण" दे रहा हूँ।

"आप अपने जीवनसाथी को कितनी अच्छी तरह जानते हैं?" कई वैवाहिक ज़िंदगियों के सबसे दुखद तथ्यों में से एक यह है कि दो लोग सबसे अंतरंग संबंध में बँधने के बावज़ूद अपने जीवनसाथी के जीवन-संबंधी नज़रिये के बारे में लगभग कुछ नहीं जानते हैं।

वैवाहिक जीवन में भावनात्मक परिपक्वता का एक पैमाना यह है कि आप अपने जीवनसाथी को किस हद तक समझते हैं। नीचे दिया गया परीक्षण कई महत्वपूर्ण क्षेत्रों में आपके दृष्टिकोणों की तुलना करता है।

खंड एक पतियों को भरना है। खंड दो पत्नियों के लिए है। जब आप दोनों यह काम कर लें, तो हर सवाल के जवाब मिलाकर देखें

और जिन पर आप सहमत हों, उनकी संख्या गिन लें।

खंड एक - *सिर्फ़ पतियों के लिए*

1. क्या आप अब भी उतने ही रोमांटिक हैं, जितने हनीमून के दौरान थे? . . . . हाँ ____ नहीं ____
2. क्या ससुराल वालों से आपकी अच्छी पटरी बैठती है? . . . . हाँ ____ नहीं ____
3. क्या आप अपनी पत्नी की घरेलू समस्याओं के प्रति सहानुभूति रखते हैं? . . . . हाँ ____ नहीं ____
4. क्या आप धन का बजट बनाते समय अपनी पारिवारिक आवश्यकताओं को सबसे पहले रखते हैं? . . . . हाँ ____ नहीं ____
5. क्या आपको लगता है कि अमेरिकी महिलाएँ बहुत दबंग हैं? . . . . हाँ ____ नहीं ____
6. क्या आप अपनी पत्नी को कभी-कभार तोहफ़े देकर हैरान करते हैं? . . . . हाँ ____ नहीं ____
7. क्या आप अपने काम या कैरियर को अपने परिवार से पहले रखते हैं? . . . . हाँ ____ नहीं ____
8. अगर आपकी पत्नी नौकरी करना चाहे, भले ही यह आर्थिक रूप से आवश्यक न हो, तो क्या आप सहमत हो जाएँगे? . . . . हाँ ____ नहीं ____
9. क्या पति और पत्नी को अलग-अलग छुट्टियाँ मनाना चाहिए? . . . . हाँ ____ नहीं ____
10. क्या आप परिवार के महत्वपूर्ण निर्णय लेते हैं? . . . . हाँ ____ नहीं ____
11. क्या आप और आपकी पत्नी में सेक्स के क्षेत्र में सामंजस्य है? . . . . हाँ ____ नहीं ____
12. अगर आपकी पत्नी के मित्र और रुचियाँ घर के बाहर हों, तो क्या आपको चिढ़ होगी? . . हाँ ____ नहीं ____

13. क्या आप और आपकी पत्नी इस बात पर सहमत हैं कि बच्चों को कैसे पाला जाए?. . हाँ____ नहीं____
14. क्या पूरा परिवार मिलकर भविष्य की योजना बनाता है?. . . . . हाँ____ नहीं____
15. क्या आपकी पत्नी ख़ुद को आकर्षक बनाने की उतनी ही कोशिश करती है, जितनी वैवाहिक जीवन के शुरुआती दिनों में करती थी?. . .हाँ____ नहीं____
16. क्या आपकी पत्नी आपके काम में रुचि दिखाती है?. . . . . हाँ____ नहीं____
17. जैसे ही आप घर में दाख़िल होते हैं, वैसे ही क्या आपकी पत्नी घरेलू समस्याएँ बताकर आपका स्वागत करती है?. . . . . हाँ____ नहीं____
18. क्या आपकी पत्नी किफ़ायत से घर चलाने की कोशिश करती है?. . . . . हाँ____ नहीं____
19. क्या आप महसूस करते हैं कि आपकी पत्नी को बच्चों से सबसे ज़्यादा प्रेम करना चाहिए?. . हाँ____ नहीं____
20. क्या आपका परिवार अपनी आध्यात्मिक आस्था के नवीनीकरण में समय लगाता है?. . . . .हाँ____ नहीं____

खंड दो – *सिर्फ़ पत्नियों के लिए*

1. क्या आपके पति अब भी उतने ही रोमांटिक हैं, जितने हनीमून के दौरान थे?. . . . . हाँ____ नहीं____
2. क्या आपके पति की ससुराल वालों से अच्छी पटरी बैठती है?. . . . . हाँ____ नहीं____
3. क्या आपके पति आपकी घरेलू समस्याओं के प्रति सहानुभूति रखते हैं?. . . . . .हाँ____ नहीं____
4. क्या आपके पति धन का बजट बनाते समय परिवार की आवश्यकताओं को सबसे पहले रखते हैं?. . . . . हाँ____ नहीं____

5. क्या आपके पति को लगता है कि अमेरिकी महिलाएँ बहुत दबंग हैं? . . . . हाँ____ नहीं____
6. क्या वे कभी-कभार तोहफ़े देकर आपको हैरान करते हैं? . . . . हाँ____ नहीं____
7. क्या वे अपने काम या कैरियर को अपने परिवार से पहले रखते हैं? . . . . हाँ____ नहीं____
8. अगर आप नौकरी करना चाहें, भले ही यह आर्थिक रूप से आवश्यक न हो, तो क्या आपके पति सहमत हो जाएँगे? . . . . हाँ____ नहीं____
9. क्या पति और पत्नी को अलग-अलग छुट्टियाँ मनाना चाहिए? . . . . हाँ____ नहीं____
10. क्या आपके पति परिवार के महत्वपूर्ण निर्णय लेते हैं? . . . . हाँ____ नहीं____
11. क्या आपके पति और आपमें सेक्स के क्षेत्र में सामंजस्य है? . . . . हाँ____ नहीं____
12. अगर आपके मित्र और रुचियाँ घर के बाहर हों, तो क्या आपके पति को चिढ़ होगी? . . हाँ____ नहीं____
13. क्या आप दोनों इस बात पर सहमत हैं कि बच्चों को कैसे पाला जाए? . . . . हाँ____ नहीं____
14. क्या पूरा परिवार मिलकर भविष्य की योजना बनाता है? . . . . हाँ____ नहीं____
15. क्या आप ख़ुद को आकर्षक बनाने की उतनी ही कोशिश करती हैं, जितनी वैवाहिक जीवन के शुरुआती दिनों में करती थीं? . . . . . हाँ____ नहीं____
16. क्या आप अपने पति के काम में रुचि दिखाती हैं? . . . . हाँ____ नहीं____
17. जैसे ही आपके पति घर में दाख़िल होते हैं, वैसे ही क्या आप घरेलू समस्याएँ बताकर उनका स्वागत करती हैं? . . . . हाँ____ नहीं____

18. क्या आप किफ़ायत से घर चलाने की कोशिश करती हैं? . . . . हाँ____नहीं____

19. क्या आप अपने पति के बजाय बच्चों से ज़्यादा प्रेम करती हैं? . . . . हाँ____नहीं____

20. क्या आपका परिवार अपनी आध्यात्मिक आस्था के नवीनीकरण में समय लगाता है? . . . . . हाँ____नहीं____

अगर पंद्रह या इससे ज़्यादा बिंदुओं पर सहमति है, तो इसका मतलब यह है कि आप एक-दूसरे के दृष्टिकोण को बहुत अच्छी तरह से समझते हैं।

दस से पंद्रह सवालों पर सहमति से यह पता चलता है कि दृष्टिकोणों की भिन्नता तो है, लेकिन इसे नज़रअंदाज़ किया जा सकता है।

दस से कम प्रश्नों पर अगर जवाब अलग-अलग हों, तो इससे यह पता चलता है कि आपके वैवाहिक जीवन में समस्याएँ हैं और आपने कई महत्वपूर्ण मुद्‌दों पर बातचीत नहीं की है। अगर आप इन मुद्‌दों पर खुलकर शांति से चर्चा कर लें, तो आप इनके कारण उत्पन्न होने वाली गंभीर समस्याओं से बच सकते हैं।

अध्याय 13

आध्यात्मिक शक्तियों के साथ जीना सीखें

आपके मस्तिष्क में कितने चमत्कार छिपे हैं!

एक महिला ने कहा, "मैंने एक अख़बार में यह ख़बर पढ़ी कि अमुक व्यक्ति हार्ट अटैक से मर गया।"

उससे पूछा गया, "कौन से अख़बार में?"

"मुझे नहीं पता कि अख़बार कौन सा था, लेकिन मैंने उसकी मौत की ख़बर पढ़ी थी।" फिर उसने वह ख़बर शब्दशः सुना दी।

अख़बारों की छान-बीन करने पर इस तरह की कोई ख़बर नहीं मिली। जाँच से पता चला कि वह व्यक्ति मरा नहीं था, बल्कि जीवित था। बहरहाल तीन दिन बाद वह व्यक्ति हार्ट अटैक से मर गया और अख़बार में ठीक वैसी ही ख़बर छपी, जैसी उस महिला ने बताई थी।

वह रहस्यमयी शक्ति कौन सी थी? भविष्य का पूर्वज्ञान (precognition)।

पहले विश्वयुद्ध के दौरान चार साल की एक छोटी बच्ची ने अपनी माँ से कहा, "मम्मी, डैडी का दम घुट रहा है! वे एक गहरे गड्ढे में हैं!"

बाद में पता चला कि उस बच्ची के पिता ठीक उसी समय एक खंदक में थे और उन पर गैस से हमला हो रहा था।

और यह भी उतनी ही रहस्यमय शक्ति है - अतीन्द्रिय दृष्टि (clairvoyance)।

एक अधेड़ व्यक्ति न्यू जर्सी के हाईवे पर अपनी कार चला रहा था। तभी उसके सीने में भयानक दर्द हुआ। दर्द इतना ज़्यादा था कि उसने अपनी कार रोकी और सोचा कि उसे दिल का दौरा पड़ गया है, लेकिन कुछ समय बाद दर्द गायब हो गया।

कुछ घंटे बाद उसे यह जानकारी मिली कि उसका पुत्र कॉलोरेडो में गाड़ी चलाते समय ठीक उसी समय मर गया था और दुर्घटना में उसका सीना चकनाचूर हो गया था।

और यह रहस्यमयी शक्ति कौन सी है? दूरसंवेदन (telepathy)।

इन घटनाओं की जाँच ड्यूक यूनिवर्सिटी के डॉ. जे.बी. राइन ने की है, जो पैरासाइकोलॉजी के अग्रणी विशेषज्ञ हैं। पैरासाइकोलॉजी शारीरिक इंद्रियों के अतिरिक्त अन्य माध्यमों द्वारा मानसिक गतिविधियों का सुनियोजित अध्ययन है। वे कौन सी चीज़ें हैं, जिनका वर्णन वे प्रिकॉग्नीशन, क्लेयरवॉयेंस, टेलीपैथी के नाम से करते हैं? उनसे क्या साबित होता है? डॉ. राइन का मानना है कि ये मानवीय मस्तिष्क की ऐसी शक्तियाँ हैं, जो समय और दूरी के अवरोध के बिना ब्रह्मांड में व्याप्त हैं। हम यहाँ पर इनका ज़िक्र आपके भीतर की विराट क्षमता के प्रमाण के रूप में कर रहे हैं - एक ऐसी क्षमता, जो अधिक प्रभावी और सशक्त जीवन जीने में आपकी मदद कर सकती है।

ज़ाहिर है, ऐसे लोग हमेशा रहेंगे, जो इस तरह की बातों के बारे में कहेंगे, "यह असंभव है।" लेकिन यह कहने के पीछे उनका एकमात्र कारण यही है कि उन्होंने इसके बारे में पहले कभी नहीं सुना। मैं एक व्यक्ति से मिला, जिसने ऑटोमोबाइल रेडियो का आविष्कार किया। उसने इसके उत्पादन के लिए जिस बैंकर से लोन माँगा, उसने कहा, "मैंने पहले कभी इस तरह का मूर्खतापूर्ण विचार नहीं सुना है! कारों में कभी रेडियो नहीं लग सकते!" अकल्पनाशील मस्तिष्क अक्सर किसी भी नई चीज़ पर ऐसी ही प्रतिक्रिया करता है।

इस लेखक का मानना है कि इंसान में एक बहुत महान शक्ति छिपी है, जो शारीरिक या भौतिक से परे है। हमें ईश्वर की महान योजना

के संदर्भ में स्वयं को अधिक विराट रूप में देखना चाहिए। एक शीर्ष वैज्ञानिक ने मुझे बताया कि उच्च गणित के फ़ॉर्मूले में जब अनंत (infinity) का प्रयोग किया जाता है, तो यह काम करता है।

अनंत पर ज़ोर देने से आप अपने आसपास और अपने भीतर की महान शक्तियों के अधिक क़रीबी संपर्क में आ जाएँगे। जब आप इन गहरी शक्तियों का दोहन करेंगे, तो आप अपनी ज़िंदगी के पराजित तत्वों पर ज़्यादा बड़ी विजय हासिल करेंगे।

उदाहरण के लिए, मेरे सामने एक उल्लेखनीय पत्र है, जो चित्रात्मक तरीक़े से बताता है कि कुछ लोगों के साथ क्या होता है, जब सकारात्मक सोच के माध्यम से वे अपने आसपास की आध्यात्मिक शक्तियों से संपर्क बना लेते हैं।

मैं जून में चवालीस साल का हो गया हूँ। 1930 से मैं प्रोफ़ेशनल जोकी हूँ। इस पत्र को लिखने का कारण वह घटना है, जो मेरे साथ अक्टूबर 1956 में हुई थी।

मैं 1934 से बहुत ज़्यादा शराब पी रहा था। अप्रैल 1955 में आपकी पुस्तक *द पॉवर ऑफ़ पॉज़िटिव थिंकिंग* मेरे हाथ लग गई। जिस शराबख़ाने में मैं शराब पीता था, संयोग से उसी के मालिक ने मुझे यह पुस्तक दी थी।

मेरी एकाग्रता की शक्ति लगभग ख़त्म हो चुकी थी, हालाँकि मैं शारीरिक रूप से ठीक हालत में था, क्योंकि मुझे घुड़सवारी करना होती थी। मुझे 23वें भजन को याद करने में तीन सप्ताह लग गए, इसी से आप समझ सकते हैं कि मेरी हालत कैसी थी।

मैंने बाइबल ख़रीदी और आपके सिद्धांतों पर मेहनत करने लगा। यह धीमा काम था। जो मैं पढ़ता था, वह मुझे याद नहीं रहता था। फिर भी मैं पढ़ता रहा और प्रार्थना करता रहा। मैंने कुछ छोटे भजन याद भी कर लिए।

इस दौरान मैंने शराब छोड़ दी, लेकिन बहुत ज़्यादा बियर पीने लगा। मैं उतने नशे में तो नहीं रहता था, लेकिन अब भी मैं नशे में रहता था। मैं नशे में रहूँ या होश में, मैं बाइबल पढ़ता रहा और

प्रार्थना करता रहा।

1956 में मैंने कुछ प्रगति की, जो बहुत आश्चर्यजनक तो नहीं थी, लेकिन साफ़ नज़र आती थी। मेरी कोशिश मुझे इस बिंदु तक ले आई।

मैं उस समय स्पोकेन, वॉशिंगटन में रेस मीटिंग में घुड़सवारी कर रहा था। मैं ट्रैक से कुछ मील दूर एक होटल में रहता था। एक रात को मैं जल्दी सो गया। मैं एक अजीब से एहसास के साथ जागा, जो मेरे हृदय के आसपास हो रहा था और धीरे-धीरे पूरे शरीर में फैल रहा था। मेरे भीतर बरसों से जो तनाव इकट्‌ठा हो गया था, सबसे पहले तो वह चला गया और उसकी जगह प्रेम का भाव आ गया। मेरा पूरा शरीर चमक रहा था। मैंने अपने माता-पिता को अपने पास देखा। फिर वे ग़ायब हो गए और मैंने कई चीज़ें देखीं। मैंने ख़ुशी और दुख के आँसू बहाए। मैंने कई लोगों के लिए प्रार्थनाएँ कीं, जो मेरे मस्तिष्क में एक के बाद एक तैरकर आईं।

इसके बाद मैं उठा और मैंने बत्ती जला दी, ताकि मैं दर्पण में देख सकूँ। मेरी त्वचा में हल्की गर्मी का रेशमी एहसास होने लगा। मैं ख़ुशी के और फिर दुख के आँसू बहा रहा था।

जब मैं अगली सुबह ट्रैक पर गया, तो लोगों ने मुझे हैरानी से देखा। कुछ ने कहा, "तुम्हें हो क्या गया है?" उनमें से अधिकांश मेरे अच्छे मित्र थे, इसलिए उन्होंने ज़्यादा कुछ नहीं कहा। मुझे ऐसा महसूस हुआ, जैसे मैं किसी लंगड़े या अपाहिज व्यक्ति को छूकर उसे ठीक कर सकता हूँ। मैं लगभग दो सप्ताह तक इस अवस्था में रहा, फिर यह एहसास घट गया और बाद में यह कभी-कभार कुछ समय के लिए आ जाता है। यह मुझे कभी पूरी तरह छोड़कर नहीं गया।

डॉ. पील, अब यहाँ पर आप आते हैं। अगले दिन मैंने किसी रेस में घुड़सवारी नहीं की, इसलिए मैं अपने बॉस के घर पर रहा और लॉन तराशता रहा। हर व्यक्ति रेस में चला गया था। मैं गैरेज के पास से गुज़रा और सूरज की रोशनी में बैठ गया। वहाँ पर एक गधा था, जिसके पास मैं कभी नहीं जा पाया था। वह सीधे मेरे पास आया और

खड़े होकर काफ़ी देर तक मुझे देखता रहा। मैं आँसू बहाने लगा। कुछ समय बाद मैं उठा और लॉन तराशने के काम में जुट गया।

इस पूरे समय मैं ऐसी स्थिति में था, जिसमें मैं बहुत छोटे-छोटे विवरणों पर भी ध्यान देता था। जब मैंने लॉन तराशने का काम पूरा कर लिया, तो मैं घर के अंदर गया और नहाने के बाद सोफ़े पर लेट गया। मुझे नींद नहीं आई, लेकिन मैं प्रार्थना की तंद्रा में चला गया। मेरे दिमाग़ में कई चीज़ें घुमड़ने लगीं। आख़िरकार मेरे दिमाग़ में आपका नाम आया। यह प्रबल शक्ति के साथ आया, एक बार नहीं, बल्कि कई बार आया। हर बार आपके नाम पर बहुत ज़ोर दिया गया।

फिर कुछ समय बाद मैं 23वें भजन को दोहरा रहा था और जब मैं आख़िरी पंक्ति पर आया, "निश्चित रूप से अच्छाई और दया ज़िंदगी भर मेरे पीछे आएँगी, और मैं हमेशा ईश्वर के घर में निवास करूँगा," तो मेरे अंदर ख़ुशी का एक अद्‌भुत विस्फोट हुआ और मैं हर शब्द पर बहुत ज़ोर देने लगा। मैंने लगभग दस दिनों में सिगरेट छोड़ दी। पहली जनवरी तक शराब पीने की सारी इच्छा भी ख़त्म हो गई। तब से मैंने सिगरेट और शराब को छुआ तक नहीं है।

मैं इस व्यक्ति से व्यक्तिगत रूप से मिला हूँ और मुझे वह शांत तथा बुद्धिमान लगा। उसमें लोगों की मदद करने की प्रबल इच्छा है और वह समझदारी तथा रचनात्मक तरीक़े से ऐसा करता है।

हम कितनी शानदार दुनिया में रहते हैं! हम विचित्र रहस्यमयी शक्तियों से घिरे हैं, जिन्हें हम अभी पूरी तरह समझ नहीं पाए हैं, उनका प्रयोग करने की बात तो छोड़ ही दें। इस घुड़सवारी करने वाले व्यक्ति को एक रहस्यमयी शक्ति को जानने का सौभाग्य मिला। इस तरह का अनुभव कुछ ही लोगों को होता है, ख़ास तौर पर इतने नाटकीय रूप में। बहरहाल, इसके बाद उसकी ज़िंदगी पूरी तरह से बदल गई।

लेकिन हममें से हर व्यक्ति इन ज़बर्दस्त शक्तियों के साथ कुछ हद तक तादात्म्य स्थापित कर सकता है। इस अध्याय में मैं आपके सामने कुछ उल्लेखनीय पत्र रखने वाला हूँ, जो मुझे इस संबंध में मिले हैं। मैं इन पत्रों का विश्लेषण करने की कोशिश नहीं करूँगा, बल्कि उन्हें ज्यों

का त्यों रखूँगा, ताकि आप उन पर विचार कर सकें। इन रहस्यमयी शक्तियों ने जिन लोगों की ज़िंदगियों को स्पर्श किया, उन्हें कुंठा, नफ़रत, कमज़ोरी, पाप, यहाँ तक कि शारीरिक बीमारियों का भी अद्भुत उपचार मिल गया। शायद दूसरों के अनुभव से आपको भी राहत और शक्ति मिले।

यह अनुभव मुझे प्रसिद्ध न्यू इंग्लैंड कॉलेज के एक प्रोफ़ेसर ने भेजा है :

> मेरे विद्यार्थी जीवन में मुझे कभी-कभार सिरदर्द होता था। मेरी दादी हमारे घर में रहती थीं और वे हमेशा मेरे माथे पर हाथ रखकर सिरदर्द ठीक कर देती थीं। बाद में जब मैं एमहर्स्ट कॉलेज में पढ़ाने लगा, तो सिरदर्द एक बार फिर मुझे परेशान करने लगा।
>
> वहाँ पर मेरे पहले ही साल में दिसंबर में एक रात को दर्द की वजह से मैं थोड़ा जल्दी सोने चला गया। आधी रात के लगभग मुझे अचानक महसूस हुआ कि मेरी दादी मेरे सिरहाने खड़ी थीं। उन्होंने मेरे माथे पर अपना हाथ रखा। मेरा सिरदर्द ग़ायब हो गया और *फिर कभी लौटकर नहीं आया।*
>
> मेरे माता-पिता का कई दिनों से कोई पत्र नहीं आया था, इसलिए मुझे यह पता नहीं था कि दादी अचानक बीमार हो गई थीं। अगले दिन मुझे यह जानकारी मिली कि दादी ठीक उसी समय गुज़र गई थीं, जब मुझे अपने सिर पर उनका हाथ महसूस हुआ था। मुझे यक़ीन है कि उन्होंने मुझे राहत पहुँचाने के मौक़े का फ़ायदा उठाया था, जो सिर्फ़ वही पहुँचा सकती थीं।

इनमैन, कांसस में रहने वाले एक पाठक ने मुझे यह पत्र लिखा है, जिसमें उसने एक ऐसा अनुभव बताया, जिससे मौत का डर कम होता है।

> पिछली 18 नवंबर को मैं अचानक बीमार हो गया और मुझे बेहोशी में अस्पताल ले जाया गया।
>
> बाद में एम्बुलैंस ड्राइवर ने मुझे बताया कि यह एक चमत्कार था कि मैं अब भी ज़िंदा हूँ, क्योंकि उसे लगा था कि वह मुझे समय पर अस्पताल नहीं ला पाया।

उस समय मैंने एक रहस्यमयी चीज़ अनुभव की। मैंने एक चमकदार रोशनी महसूस की। जब मैं इसके पास गया, तो मुझे सुंदर सूर्योदय की तरह का दृश्य दिखा। थोड़ा और क़रीब पहुँचने पर मैंने अपार जलराशि देखी और मैं उसके क़रीब खड़ा रहा। फिर मैंने आख़िरकार इस सुंदर रोशनी के पार देखा। इसके बाद मैं मुड़ा और देखा कि जहाँ से मैंने शुरू किया था, वहाँ से मैं बहुत दूर आ चुका था।

क्या यह अनुभव अनूठा है? बिलकुल नहीं। मेरी फ़ाइलों में ऐसे बहुत से वर्णन हैं, जो इस संभावना की तरफ़ इशारा करते हैं कि मृत्यु उतनी भयानक नहीं होती है, जितना कि हम सोचते हैं। यह भी निश्चित रूप से हमारे आस-पास की अद्‌भुत शक्तियों द्वारा संचालित होती है।

एक राष्ट्रीय पत्रिका में एक उल्लेखनीय लेख छपा था, जिसका शीर्षक था, "मृत्यु होते समय कैसा महसूस होता है?" इस लेख में मृत्यु की प्रकृति पर शीर्ष डॉक्टरों के नौ कथन थे। प्रसिद्ध डॉक्टर सर विलियम ओस्लर ने एक बार कहा था, "अधिकांश इंसान न सिर्फ़ नायकों की तरह मरते हैं, बल्कि मेरे वृहद चिकित्सकीय अनुभवों में वे दरअसल बिना दर्द या डर के मरते हैं। मरने के बारे में भी उतनी ही विस्मृति होती है, जितनी कि पैदा होने के बारे में होती है, इसलिए लोग अपने मस्तिष्क में ऐसे भूत भर लेते हैं, जिनमें कोई सच्चाई नहीं होती है।"

इस लेख की लेखिका केट हॉलिडे ने नौ डॉक्टरों से पूछा कि क्या वे सर विलियम के कथन से सहमत हैं। आश्चर्यजनक बात यह थी कि एक भी डॉक्टर असहमत नहीं हुआ। कॉरनैल यूनिवर्सिटी मेडिकल कॉलेज में क्लीनिकल सर्जरी के एसोशिएट प्रोफ़ेसर डॉ. फ्रैंक एडेअर ने कहा, "प्रकृति मानव जाति के लिए अच्छी है। औसत आदमी ज़िंदगी भर दहशत भरे माहौल में जीता है, मौत आते समय उसका डर ख़त्म हो जाता है।"

लॉस एंजेलिस अकेडमी ऑफ़ मेडिसिन के डॉ. एच.डी. वॉन फ़्लीट कहते हैं, "मैं हर जाति और धर्म के मरने वाले व्यक्तियों के साथ बैठा हूँ - हिंदू, शिन्टो, कैथोलिक, प्रोटेस्टेंट, यहूदी और मुसलमान। वे शांति

में मरते हैं और मैंने पाया है कि धर्म में आस्था होने पर उन सभी लोगों में मृत्यु की मधुरता गहरी हो जाती है। धर्म का विश्लेषण अलग-अलग होता है, लेकिन मृत्यु के बारे में दुनिया भर के सभी लोगों का अनुभव समान होता है।"

दक्षिणी कैलिफ़ोर्निया यूनिवर्सिटी के एसोशिएट क्लीनिकल प्रोफ़ेसर ऑफ़ मेडिसिन डॉ. जोहान्स नील्सन कहते हैं, लोग मौत से इसलिए डरते हैं, क्योंकि वे कल्पना करते हैं कि अचानक उन्हें ज़िंदगी से बाहर निकाल दिया जाएगा। ऐसा नहीं होता है। जब आपकी बीमारी बढ़ती जाती है, चाहे वह एनीमिया हो, कैंसर हो या दुर्घटना हो, तो आप उस क्षण की अपनी शारीरिक स्थिति या समस्या के बारे में ज़्यादा विचार करने लगते हैं। यहाँ तक कि जो डॉक्टर मरते हैं, उन्हें भी इसका अनुभव होता है। उनकी रुचि का दायरा छोटा होता जाता है और वे सिर्फ़ तात्कालिक चुनौती से ही सरोकार रखने लगते हैं, जब तक कि यह सवाल सबसे महत्वपूर्ण नहीं बन जाता कि क्या वे दोबारा साँस ले पाएँगे। और जब दायरा बहुत छोटा हो जाता है, तो वे स्वर्ग चले जाते हैं... दूसरे शब्दों में, दायरा इस हद तक सिमट जाता है कि डर भी बाहर चला जाता है। जब आपका अनंत से साक्षात्कार होता है, तो सारी महत्वहीन और छुटपुट चीज़ें, यहाँ तक कि डर भी, ग़ायब हो जाता है।"

केट हॉलिडे के शोध से यह पता चलता है कि मृत्यु का डर उतना यथार्थवादी नहीं है, जितना कि हम मानते हैं। ज़िंदगी की पूर्णता में हमारे मन में इसका गहरा डर होता है, लेकिन बीमारी और असमर्थता में दुनिया पीछे हट जाती है तथा ईश्वर मस्तिष्क और आत्मा में आशीर्वाद का एनेस्थीसिया लगा देता है। हालाँकि मृत्यु से पहले की बीमारियाँ कष्टकारी हो सकती हैं, लेकिन मृत्यु कष्टकारी या भयावह अनुभव नहीं है। जिन डरों को हम मौत के साथ जोड़ते हैं, वे तब सबसे प्रबल होते हैं, जब हम सचमुच ज़िंदा और स्वस्थ होते हैं। परंतु जब लोग मृत्यु के पास आते हैं और कमज़ोर या बीमार हो जाते हैं, तो ऐसा लगता है कि जीवन संकुचित हो जाता है, सामान्य चिंताएँ अपना महत्व खो देती हैं और मौत इतनी स्वाभाविक बन जाती है कि वह डरावनी नहीं लगती है।

कौन जाने, दूसरी तरफ़ के लोग हमारे कितने क़रीब होते हैं। कई पाठक थोड़े संकोच के साथ मुझे बताते हैं कि इस दुनिया से जा चुके प्रियजन उनके जीवन को स्पर्श करते हैं। हम इसका कारण नहीं जानते हैं। लेकिन इससे यह ज़रूर पता चलता है कि हमारे आस-पास प्रबल और अच्छी शक्तियाँ हैं। कुछ साल पहले मैं कार से अपनी पत्नी के साथ न्यू जर्सी के एस्बरी पार्क से न्यूयॉर्क सिटी जा रहा था। एस्बरी पार्क में मैंने घरेलू सजावट के सामान की नीलामी में भाग लिया था, जो शैडो लॉन की जायदाद का हिस्सा थे। यह जायदाद प्रेसिडेंट वुडरो विल्सन के ग्रीष्मकालीन व्हाइट हाउस के रूप में मशहूर थी। मैंने सुंदर हरीकेन लैंप्स ख़रीदे। हालाँकि वे मुझे उचित दामों पर मिले थे, लेकिन फिर भी मैंने उनके लिए ख़ासी रक़म दी थी और मुझे शायद थोड़ा अपराधबोध भी हो रहा था। बहरहाल, चूँकि वे मेरी पत्नी रूथ को जन्मदिन के तोहफ़े में दिए जाने वाले थे, इसलिए मुझे यह ख़र्च जायज़ लगा। उन्हें पैक करके कार के लगेज कम्पार्टमेंट में रखा गया और हम घर की तरफ़ चल दिए।

उस यात्रा के बीच में हम लंच करने के लिए हॉवर्ड जॉनसन रोडसाइड रेस्तराँ में रुके। वहाँ पर भीड़ थी, लेकिन हमें काउंटर पर दो स्टूल ख़ाली मिल गए। मैंने पहले लंच ख़त्म किया और किसी दूसरे को सीट देने के लिए मैंने रूथ से कहा कि मैं कार के पास उसका इंतज़ार करूँगा।

जब मैं बाहर चमकदार रोशनी में आया, तो मुझे अचानक अपनी माँ की उपस्थिति का प्रबल एहसास हुआ। वे कुछ साल पहले इस दुनिया से जा चुकी थीं। मुझे महसूस हुआ, जैसे वे मुस्करा रही थीं। मुझे उनके प्रेमपूर्ण व्यक्तित्व का एहसास हुआ और इतनी स्पष्टता से हुआ, जैसे यह अनुभव वास्तविक हो। फिर चिर-परिचित अंदाज़ और शक्ति के साथ मुझे उनकी आवाज़ सुनाई दी। उन्होंने कहा कि रूथ बहुत बढ़िया लड़की है और उसे ये सुंदर हरीकेन लैंप्स मिलना ही चाहिए और मैं किसी चीज़ की चिंता न करूँ, बल्कि ख़ुश रहूँ और नेक काम करता रहूँ। फिर यह एहसास चला गया, लेकिन मैं गहराई तक हिल गया था। मैं अवाक खड़ा था और मुझे अपने आसपास की किसी

भी चीज़ के बारे में होश नहीं था। मैं तो सिर्फ़ यह जानता था कि हर चीज़ स्पष्ट रूप से सुंदर लग रही थी।

मैं रोने लगा और मेरा यक़ीन मानिए, मैं रोने वाले इंसानों में से नहीं हूँ। मैं जल्दी से कार के पास पहुँचा और जब रूथ आई, तो वह मुझे रोते देखकर सदमे में आ गई। हम कार से कुछ मील आगे पहुँचे, तब कहीं जाकर मैं ख़ुद को इतना सँभाल पाया कि उसे पूरी घटना बता सकूँ। मेरी माँ ने उस समय पर, उस जगह पर और एक छोटे तथा महत्वहीन से दिखने वाले मामले के बारे में मुझसे संपर्क क्यों किया? हमारे आसपास की अद्‌भुत शक्तियों के काम के पीछे छिपे कारणों को कौन जानता है? उस पल हम साथ थे, इस बारे में मुझे व्यक्तिगत रूप से कोई संदेह नहीं है। और उस मुलाक़ात से मुझे अनूठी शांति और शक्ति मिली।

ऐसी घटनाएँ असामान्य नहीं हैं और ऐसे अनुभवों के बारे में चुप रहने की भी निश्चित रूप से कोई ज़रूरत नहीं है। मुझे द्वितीय विश्वयुद्ध के जनरल क्लार्क की पत्नी मिसेज़ मार्क क्लार्क का पत्र मिला था, जिसके अंश ये हैं :

> कई अवसरों पर मैं अपनी नानी और माँ की बातें सुनती हूँ, जब वे मेरे पच्चीस वर्षीय मामा एल्मर की मृत्यु की कहानी पर बात करती हैं।
>
> एल्मर को टॉइफ़ॉइड हो गया था और 1900 में यह एक घातक बीमारी थी। एल्मर की इवा नामक एक जुड़वाँ बहन थी, जिससे एल्मर बहुत प्रेम करता था। वह भी दो साल पहले इसी बीमारी से मरी थी।
>
> कई दिनों तक मेरे मामा कोमा में रहे। वे इतने कमज़ोर थे कि हिल भी नहीं सकते थे। अचानक वे बिस्तर पर बैठ गए और उन्होंने अपनी बाँहें आसमान की तरफ़ फैला लीं, उनका चेहरा ख़ुशी से चमकने लगा और वे दृढ़ व स्पष्ट आवाज़ में बोले, "इवा" और फिर वे मर गए।

सेसिल बी. डेमिल एक अनुभव की अद्‌भुत कहानी बताते हैं, जिसने

उन्हें जीवन और मृत्यु के बारे में ज्ञान दिया। "मैं मैन के जंगलों में एक झील में था। नाव बह रही थी। मैं पढ़ रहा था, आराम कर रहा था और किसी विचार की तलाश कर रहा था। मैंने पानी में नीचे देखा, क्योंकि मेरी छोटी सी नाव वहाँ आ गई थी, जहाँ झील सिर्फ़ चार इंच गहरी थी। वहाँ कीचड़ और पानी में वाटर बीटल्स थे।

"एक वाटर बीटल नाव के कोने पर ऊपर चढ़ आया और उसने अपने डंक को लकड़ी में धँसा दिया और मर गया। मैंने उसे वहीं पड़ा रहने दिया और पढ़ने लगा। सूरज गर्म था। लगभग तीन घंटे बाद मैंने दोबारा मरे हुए वाटर बीटल को देखा। वह गर्मी से कुम्हला गया था। उसकी पीठ खुल रही थी। मैंने उस मरे हुए बीटल की पीठ से एक नए रूप को बाहर रेंगते देखा - एक नर्म सिर - फिर पंख। एक बहुत ही सुंदर ड्रैगनफ़्लाई। उसने इंद्रधनुष के सभी रंग चमका दिए। मेरे देखते-देखते वह उड़ने लगी। वह एक सेकंड में उससे ज़्यादा दूर उड़ गई, जितना वाटर बीटल कई दिनों में रेंगा होगा। वह सतह के ऊपर मंडराती रही, नीचे रेंगते वाटर बीटल्स से सिर्फ़ कुछ इंच ऊपर, जो यह जानते ही नहीं थे कि वह ड्रैगनफ़्लाई वहाँ थी।

"मैंने अपनी उँगलियों से मुरझाए हुए वाटर बीटल के छिलके को नाव की मुंडेर से हटाया। वह झील में गिर गया और कीचड़ में डूब गया।

"बाक़ी वाटर बीटल्स उसके पास रेंगकर देखने आए कि वह क्या था।

"वह मुर्दा था, इसलिए वे उससे दूर हट गए।

"अगर ईश्वर एक वाटर बीटल के लिए इतना कर रहा था, तो क्या आपको विश्वास नहीं होता कि वह मेरे लिए कितना करेगा?" सेसिल बी. डेमिल ने पूछा।

यह मृत्यु की प्रकृति का सशक्त वर्णन है। मृत्यु अंत नहीं है, यह तो बस एक परिवर्तन है और यह मानना तार्किक लगता है कि हम इसके बाद जीवन के एक बेहतर रूप में क़दम रखेंगे।

मुझे पराभौतिक अनुभूति के जितने भी अनुभव बताए गए हैं, उनमें

निरंतरता पर ज़ोर दिया गया है।

2 मई 1914 को हमारी प्रिय माँ मर रही थीं। वे डाइबिटीज़ के कारण बहुत कमज़ोर हो चुकी थीं। 1 मई से वे उठ नहीं पाई थीं और धीरे-धीरे कोमा में चली गई थीं।

पिताजी बिस्तर के सिरहाने पर बैठे थे। उनके एक हाथ में घड़ी थी और दूसरे हाथ में माँ की नब्ज़। मैं कुछ मिनट के लिए कमरे से बाहर गई। मेरी बहन माँ के पैरों की तरफ़ खड़ी थी। जैसे ही मैं खुले दरवाज़े से अंदर आई, जो बिस्तर के निचले हिस्से के सामने था, तो मैं अचानक रुक गई। मैंने जो देखा, उससे मैं हैरान रह गई। फिर मैं बिस्तर के पास गई और चुपचाप अपनी बहन के पास जाकर खड़ी हो गई - अंत तक। मैंने उससे कभी नहीं कहा कि मैंने क्या देखा था, ताकि वह कहीं यह कल्पना न करने लगे कि उसने भी वही चीज़ देखी थी। मैं यह चाहती थी कि वह मुझे बताए कि उसने क्या देखा।

हमारी माँ को दफ़न करने के दो सप्ताह बाद मेरी बहन और मैं चुपचाप पोर्च में बैठे थे और बीच-बीच में बातें कर रहे थे। कुछ समय बाद वह बोली, "जब मैं माँ के निधन के ठीक पहले बिस्तर के पास खड़ी थी, तो मैंने एक बहुत ही अजीब और असामान्य चीज़ देखी।" मैंने उसकी बात में बाधा नहीं डाली और जब वह पूरी बात बोल चुकी, तभी मैंने कहा, "हाँ, मैंने भी वही देखा था। मैं इंतज़ार कर रही थी कि तुम मुझे बताओ।" उन्होंने जो देखा था, वह यह था :

माँ के लगभग नौ इंच ऊपर एक भूरी-नीली धुंध की पतली चादर थी, जैसा रंग अक्सर पहाड़ों पर धुंधलके में दिखता है। धुंध के सिरे हवा में वाटर कलर की पेंटिंग की तरह मिल रहे थे और यह पैर से सिर की तरफ़ धीमे-धीमे बढ़ रही थी। फिर यह ऊपर की तरफ़ उठने लगी, नीचे का सिरा समतल था, इस काग़ज़ की नोक की तरह सीधा।

माँ का गाउन गले से नीचे कुछ इंच तक खुला था। धुंध के *बीच से* उनके शरीर का रंग जीवंत लग रहा था, लेकिन जैसे ही धुंध ऊपर की तरफ़ उठी, उनका शरीर मौत के रंग का दिखने लगा। दोनों ही रंग जैसे एक ही पल में दिख रहे थे।

जैसे ही धुंध माँ के सिर के ऊपर से गुज़री, तो पिताजी, जिनकी आँखें घड़ी पर थीं और उँगलियाँ माँ की कलाई पर, दुखी स्वर में बोलेः "माँ जा चुकी हैं।" धुंध तत्काल कमरे के माहौल में ग़ायब हो गई। कोई भी बाहरी दरवाज़ा या खिड़की खुली नहीं थी। हम दोनों ने उनकी ज़िंदगी उनके शरीर से निकलते हुए देखी थी।

इन दोनों महिलाओं का मानना है कि उन्होंने "अपनी माँ की ज़िंदगी उनके शरीर से निकलते हुए देखी थी," जैसे ज़िंदगी का शरीर से बाहर भी अस्तित्व हो सकता हो। यह घटना यह संकेत देती है कि मृत्यु का मतलब व्यक्तित्व या आत्मा का एक अवस्था से दूसरी अवस्था में प्रवेश है।

मुझे जो बहुतेरे अनुभव बताए गए हैं, वे यह संकेत भी देते हैं कि मौत नाम का यह परिवर्तन सुंदर होता है। हमेशा हमारे चारों तरफ़ की आध्यात्मिक शक्तियाँ हमारी परवाह करती हैं।

स्ट्रैटफ़ोर्ड, कनेक्टिकट से एक पाठक ने मुझे एक घटना के बारे में लिखा है, जो उसे एक डॉक्टर ने बताई थी। एक महिला को कार ने टक्कर मार दी थी और वह सड़क के किनारे पड़ी थी। आस-पास इकट्‌ठे लोगों ने सोचा कि वह मर चुकी है। जब डॉक्टर एम्बुलैंस में पहुँचा, तो उसने घुटनों के बल बैठकर महिला का सिर उठाया। उस महिला ने अपनी आँखें खोलीं और पूछा कि क्या वह डॉक्टर है। जब उसने हाँ में जवाब दिया, तो वह बोली, "मैं चाहती हूँ कि आप मेरे सभी दोस्तों को यह बता दें, अगर मौत इसी को कहते हैं, तो यह मेरी ज़िंदगी का सबसे सुंदर अनुभव है।" और इसके साथ ही उसका सिर पीछे लटक गया और वह मर गई।

ईश्वर ने हम सबमें ज़िंदगी की इच्छा और प्रेम भर दिया है। मृत्यु का अंतिम पल तक प्रतिरोध करना हमारा स्वभाव है। लेकिन क्या हम यह विश्वास नहीं कर सकते कि ईश्वर ने हमारे जीवन की योजना इस तरह बनाई है, ताकि जब हम इस दुनिया से जाएँ, तो किसी ज़्यादा अच्छी जगह पर पहुँच जाएँ? जो लोग इस जीवन में ईश्वर के साथ रहते हैं, उन्हें अगले जीवन से डरने की कोई ज़रूरत नहीं है। यह उन सैकड़ों सच्चे लोगों की गवाही है, जिन्होंने अपने अनुभव से यह बताया

है कि हमारे आस-पास आध्यात्मिक शक्तियों का अस्तित्व है।

इस तरह के अनुभव मुझे बार-बार बताए जाते हैं और उनमें हमेशा सुंदरता के पहलू होते हैं। उदाहरण के लिए यहाँ पर एक महिला का पत्र है, जो हैमिल्टन, ओहियो में रहती है :

> जब मैं बारह साल की थी, तो एक छोटे से टॉन्सिल के ऑपरेशन से मुझे भयानक हैमरेज हो गया। उन दिनों ख़ून बहुत कम चढ़ाया जाता था और मैं क्लीनिक से घर आ चुकी थी। मेरा मस्तिष्क साफ़ था और चूँकि बच्चे ऐसे मौक़ों पर निडर होते हैं, इसलिए मैं सिर्फ़ यही चाहती थी कि यह कष्ट ख़त्म हो जाए।
>
> मैंने देखा कि मेरी माँ का चेहरा मुरझा गया था। मेरे बेडरूम में बहुत से लोग आ गए थे। यहाँ तक कि दादी भी सीढ़ियाँ चढ़कर ऊपर आ गई थीं... अचानक वे सब चले गए और मैं अकेली रह गई। मैं एक अँधेरे गलियारे में खड़ी थी, निडरता से, लेकिन थोड़ा झिझक भी रही थी। अँधेरे में लोग मुझसे टकराते हुए आगे निकल रहे थे और गलियारे के अंत तक जा रहे थे, जहाँ एक अद्भुत रोशनी चमक रही थी। मैंने इससे ज़्यादा चमकदार चीज़ पहले कभी नहीं देखी थी। वे सब लोग ख़ुश थे।
>
> मैं थोड़ा आगे गई, जब तक कि मुझे "बाहर" दिखाई नहीं देने लगा। वहाँ भीड़ नहीं थी। सिर्फ़ सफ़ेद डेज़ी का सुंदर खेत था, जो उजले आसमान के नीचे चमक रहा था। उस खेत में मुझसे भी छोटी एक लड़की बैठकर फूल चुन रही थी।
>
> मैं एक शहरी लड़की थी, लेकिन अपने अंकल के खेत पर जाने के बाद मैं हमेशा यही सोचती थी कि उजले आसमान के नीचे हवादार पहाड़ी पर डेज़ी का खेत सबसे सुंदर दृश्य होता है। मैं निश्चित रूप से जानती थी कि ये डेज़ी मेरे लिए हैं और उस गलियारे से परे, उस पहाड़ी से आगे जो रोशनी है, वह भी मेरे लिए है।
>
> फिर मुझे कुछ शब्द सुनाई दिए, जिससे उस रोशनी पर एक पर्दा सा गिर गया : "माँ को मेरी ज़रूरत है।" मैं आपको यह बताकर परेशान नहीं करूँगी कि मैंने इस पर विश्वास क्यों किया, लेकिन ऐसा

ही हुआ... मैं जाग गई और मैंने यह पाया कि मेरा सिर माँ की छाती पर रखा था। वे बार-बार मेरा नाम ले रही थीं। अगले कुछ दिनों तक सिर्फ़ मुझे ही यह विश्वास था कि मैं ठीक हो जाऊँगी।

इस तरह के अनुभव दूसरी ओर के जीवन की प्रकृति के बारे में कुछ संकेत दे सकते हैं। और ध्यान दीजिए, वे सब रंगीन, चमकीले और सुखद अनुभव हैं। क्या वे उस यथार्थ की झलक देते हैं, जिसे आम तौर पर सिर्फ़ मृत्यु के बाद जाना जाता है?

पराभौतिक अनुभूति ईश्वर का एक दयालुतापूर्ण उपहार होना चाहिए, जिससे वास्तविकता की सच्ची प्रकृति की कभी-कभार झलक मिलती है। हमारी स्वाभाविक मानवीय पहुँच से परे भी एक अद्‌भुत संसार है, जो हमारे जीवन को प्रभावित कर सकता है। हमें कभी-कभार इसकी सिर्फ़ झलक दिखाई जाती है, ताकि हमें यह याद रहे कि हालाँकि हम एक नश्वर संसार में रहने वाले भौतिक जीव हैं, लेकिन हम एक बड़ी दुनिया का हिस्सा भी हैं।

क्या हम इन रहस्यवादी नियमों को समझते हैं? अभी तक तो नहीं। हम अपने आसपास के भौतिक नियमों को ही पूरी तरह से नहीं समझ पाए हैं, तो अधिक गहरे आध्यात्मिक नियमों को समझना तो दूर की बात है। सी.बी. कोल्बी ने *व्हाइट प्लेन्स रिपोर्टर डिस्पैच* में यही सवाल उठाया था :

> क्या आपने कभी सोचा है कि रेडियो और टी.वी. स्टेशन हर दिन चौबीसों घंटे आकाश में जो तरंगें भेजते हैं, उनका क्या होता है? क्या वे ख़त्म हो जाती हैं और ग़ायब हो जाती हैं या फिर उनका अस्तित्व हमेशा रहता है। हम यह जानते हैं कि कई बार तस्वीरें रहस्यमय ढंग से उभर आती हैं, किसी कार्यक्रम के प्रसारण के बहुत बाद भी। इन अजीबोगरीब घटनाओं में से एक मशहूर घटना सितंबर 1953 में इंग्लैंड में हुई।
>
> इंग्लैंड के टेलीविज़नों के पर्दे पर अचानक हाउस्टन, टैक्सॉस के टी.वी. स्टेशन क्ली के आइडेंटिफ़िकेशन कार्ड और कॉल लेटर्स दिखाई दिए। आज भी अटलांटिक के पार प्रसारण सिर्फ़ एक सपना

है, इसलिए कुछ दर्शकों ने इसकी तस्वीर ले ली, ताकि उस घटना का प्रमाण रख सकें।

टी.वी. जगत में तहलका मच गया। इसका कारण यह था कि जब ब्रिटिश प्रसारण इंजीनियरों ने हाउस्टन में क्ली को इस असामान्य घटना के बारे में बताया, तो उन्हें पता चला कि 1950 के बाद स्टेशन ने प्रसारण करना बंद कर दिया है। पिछले तीन सालों से क्ली का कोई आइडेंटिफ़िकेशन कार्ड दिखाया ही नहीं गया था।

यह तस्वीर तीन साल तक कहाँ थी? यह सिर्फ़ इंग्लैंड में क्यों दिखी और यह जहाँ थी, वहाँ से वापस कैसे आई? क्या इससे आपको हैरानी नहीं होती है?

हमारे आस-पास बहुत सी ऐसी चीज़ें हैं - भौतिक भी - जिन्हें हम आसानी से स्पष्ट नहीं कर सकते। ये अजीब घटनाएँ हमें एक भव्य आत्मिक संसार का संकेत देती हैं, जिसमें हम निस्संदेह ब्रह्मांड की वास्तविकता के अधिक निकट होंगे, जो स्पष्टीकरण से परे है। उदाहरण के लिए, हमारी ज़िंदगी के दूसरे सिरे पर रहने वालों के साथ हमारा क्या संबंध है? क्या वे कई बार हमारी मदद करने के लिए अद्भुत तरीक़े से हमारे पास आते हैं?

कई उदाहरण हैं, जो हमारे आस-पास की अजीब शक्तियों की संरक्षणात्मक सहायता का प्रमाण देते हैं। व्यावहारिक दृष्टिकोण से इससे हमारी यह अवधारणा प्रमाणित होती है कि अगर हम विश्वासपूर्वक अपना कर्तव्य करेंगे, तो व्यापक जीवन में हमें ज़्यादा शक्ति मिलेगी।

डॉ. स्माइली ब्लैंटन ने मुझे अपनी मोहक नई पुस्तक *नाउ ऑर नैवर* के एक उत्साही पाठक का पत्र दिया। यह पाठक बरसों पहले के एक विवाद के बारे में बताता है, जिसमें स्थानीय एपिस्कोपल पादरी ने उस क़दम का विरोध किया था, जिसकी सैम नामक गुंडा प्रबल वकालत कर रहा था। जब वोटिंग हुई, तो पादरी की जीत हुई। ग़ुस्से में सैम चिल्लाया, "इसके लिए मैं तुम्हें जान से मार डालूँगा!"

चूँकि सब जानते थे कि सैम हिंसक प्रवृत्ति का है, इसलिए कुछ लोगों ने पादरी से कहा, "हम आपके साथ घर तक चलेंगे, क्योंकि

रास्ते में आपको वीरान जंगल से होकर जाना पड़ेगा और हम यक़ीन से यह नहीं कह सकते हैं कि सैम अपनी धमकी को हक़ीक़त में नहीं बदलेगा।"

लेकिन पादरी ने मना कर दिया। उन्हें उन लोगों की ज़रूरत नहीं थी, क्योंकि वे कभी अकेले नहीं रहते थे... कोई हमेशा उनकी रक्षा करता था।

कुछ साल बाद सैम मृत्युशैया पर पड़ा था और उसने पादरी को संदेश भिजवाया कि वे आकर उससे मिल लें। उसने कहा, "महोदय, मरने से पहले मैं आपके सामने एक बात का प्रायश्चित करना चाहता हूँ। आपको वह रात याद है, जब मैंने क़सम खाई थी कि मैं आपको जान से मार डालूँगा? मेरा इरादा पक्का था और मैं जंगल में हाथ में रॉड लेकर आपके आने का इंतज़ार कर रहा था।"

पादरी ने पूछा, "तो फिर तुमने मुझे मारा क्यों नहीं, सैम?"

सैम ने पादरी को हैरानी से देखते हुए कहा, "जब आपके दोनों तरफ़ दो हट्‌टे-कट्‌टे आदमी चल रहे थे, तो मैं आपको कैसे मार सकता था?"

ब्रह्मांड में कोई जादू नहीं है। लेकिन ईश्वर यहाँ है और उसकी शक्तियाँ अनंत हैं। हमने भौतिकता के जगत में काफ़ी समय से यह बात जान ली है और इसे स्वीकार कर लिया है। जिन बातों को लोग कभी "चमत्कार" कहते थे, वे अब रोज़मर्रा के तथ्य हैं। किसी भी तरह के चमत्कार अब हमें हैरान नहीं करते हैं, क्योंकि विज्ञान के क्षेत्र में लगभग हर दिन बहुत सारे चमत्कार होते हैं।

फिर हमें पराभौतिक क्षेत्र में एक समूचे संसार के अस्तित्व और उसके काम करने पर संदेह क्यों करना चाहिए? यह चमत्कारी नहीं है, क्योंकि निस्संदेह यह भी नियम के अनुसार चलता होगा। यह ब्रह्मांड नियमों पर चलता है। हम किसी भी चीज़ को तब तक चमत्कार कहते हैं, जब तक कि हम इसके नियम को नहीं समझ पाते। मैंने जो उदाहरण दिए हैं, वे सिर्फ़ आश्चर्यजनक उत्सुकताएँ नहीं हैं, बल्कि वे यह संकेत देने के लिए बताए गए हैं कि आध्यात्मिक ब्रह्मांड में आध्यात्मिक जीव होने के नाते हमारा संबंध ऐसी प्रबल शक्तियों से है,

जिन्हें हम समझ नहीं पाते हैं। इसका अर्थ यह है कि अगर हम सामान्य विनम्र जीवन जीते हैं, आस्था की राह पर चलते हैं, ईश्वर के साथ अटूट संपर्क में जीते हैं, तो हमें हर समय सहारा मिलेगा।

फिर उन्हीं शक्तियों के द्वारा हम एक ज़्यादा बड़े अनंत जीवन में प्रवेश करेंगे, जो इस जीवन के साथ बहुत क़रीबी रूप से जुड़ा है। हम इस संसार के जीवन को अनंत जीवन से अलग नहीं कर सकते। अनंत का अर्थ है शाश्वत, हमेशा। हम इस समय भी अनंत में हैं। जब मृत्यु का अंत होता है, तो अमरता की शुरुआत होती है, लेकिन समय के प्रवाह में कोई अवरोध नहीं होता है।

मृत्यु तो सिर्फ़ आध्यात्मिक जीवन का एक पहलू है। शरीर तो आत्मा का सिर्फ़ एक अस्थायी साधन है।

डॉ. जे.बी. राइन इस मामले में पराभौतिक अस्तित्व के कई प्रकरण बताते हैं, जिनमें एक स्कूल अध्यापिका का यह प्रसंग भी है :

> यह घटना मेरे पहले स्कूल में हुई, जहाँ मैं पढ़ाना सीखने गई थी। मैं तब सिर्फ़ अठारह साल की थी और पढ़ाने का अभ्यास कर रही थी। एक चौदह साल का लड़का था, जो यह जानना चाहता था कि मैं इसके बाद किस स्कूल में पढ़ाऊँगी। मैं उस समय यह बात नहीं जानती थी। उसने कई बार ज़ोर देकर कहा कि चाहे मैं कहीं भी पढ़ाऊँ, वह मेरे ही स्कूल में पढ़ेगा और किसी दूसरे स्कूल में नहीं पढ़ेगा।
>
> एक दिन दोपहर की क्लास शुरू होने के कुछ समय बाद मैं अपनी कुर्सी पर बैठी थी, तभी मुझे एक आवाज़ सुनाई दी, "हलो, मिस लॉन्ग।" मैंने देखा कि वही लड़का वहाँ खड़ा था और मेरी तरफ़ देखकर मुस्करा रहा था। उसके हाथ में हैट था और वह दरवाज़े का हैंडल पकड़े था। "मैंने आपसे कहा था ना कि चाहे आप कहीं भी पढ़ाएँ, मैं आपके स्कूल में आऊँगा और लीजिए, मैं आ गया।" मैं ख़ुश भी थी और हैरान भी। मैंने मुस्कराकर कहा, "ट्रूमैन, तुम यहाँ कैसे आए?" उसने जवाब दिया, "बस मैं आ गया। मैं कहाँ बैठ सकता हूँ?"
>
> कमरे में गहरा सन्नाटा था और हर विद्यार्थी जैसे अपनी जगह पर जम गया था। उनकी भावनाएँ उनके चेहरे पर स्पष्ट झलक रही

थीं और सब मेरी तरफ़ देख रहे थे। मैं जवाब देने के लिए तैयार थी, तभी मैंने पाया कि उसकी आकृति ग़ायब हो रही थी और मुझे उसके शरीर के बीच से कमरा दिख रहा था। मैं हिल गई। पहले मैंने उसके बारे में कभी नहीं सोचा था, लेकिन अब मैं उसे अपने दिमाग़ से नहीं निकाल पा रही थी।

कुछ दिनों बाद मुझे मेरी माँ का पत्र मिला, जिसमें उन्होंने ट्रूमैन की अकस्मात मृत्यु के बारे में बताया। मुझे यह जानकर धक्का लगा। वह सिर्फ़ कुछ दिनों के लिए बीमार हुआ था और उसकी माँ उसे अगले दिन स्कूल भेजने की योजना बना रही थी। वह नीचे उतरकर लंच कर रहा था। डेढ़ बजे, जब मैंने उसकी छाया देखी थी, वह ऊपर की सीढ़ियों पर चढ़ रहा था कि तभी वह गिर गया और मर गया।

इस तरह की घटनाएँ उल्लेखनीय हैं, क्योंकि वे बार-बार होती हैं और एक जैसे ढंग से होती हैं। यह सोचना अतार्किक नहीं है कि वे हमारी इंद्रियों से परे एक संसार के अस्तित्व का संकेत देती हैं। और चूँकि ईश्वर के बनाए इस ब्रह्मांड की हर चीज़ बुद्धिमत्तापूर्ण और उद्देश्यपूर्ण है, इसलिए हम यह अनुभव किए बिना नहीं रह सकते कि हम इन अद्भुत शक्तियों से संबद्ध हैं और उनकी वजह से मनुष्य का कल्याण होता है।

डॉ. राइन ने भविष्य के पूर्वज्ञान के अनुभव संकलित किए हैं। इसमें लॉस एंजेलिस के बस चलाने वाले ड्राइवर की हैरान करने वाली कहानी भी है। इस ड्राइवर ने एक रात को यह सपना देखा कि वह एक नए रूट पर गाड़ी चला रहा है। जब वह सामने से आ रही एक बस के पास से गुज़रा, तो एक हरा ट्रक बग़ल से आता दिखा। सपने में उसकी बस ने ट्रक को टक्कर मार दी। दो लोग तत्काल मर गए और एक महिला बुरी तरह घायल हो गई। उस महिला ने चीख़ते हुए उससे कहा, "तुम यह टक्कर होने से रोक सकते थे!" उसने देखा कि महिला की आँखें चमकदार नीली थीं।

अगली सुबह ड्राइवर अपने ऑफ़िस गया। अब भी उसे वह सपना याद था। वहाँ पर मैनेजर ने उससे कहा, "मैं आज तुम्हें जिम का रूट दे रहा हूँ। उसने अभी-अभी फ़ोन करके बताया है कि वह बीमार है।"

जब ड्राइवर नए रूट पर गाड़ी चला रहा था, तो उसे अचानक यह एहसास हुआ कि उसने सपने में यही रूट देखा था। उसको ठंडा पसीना आने लगा। फिर उसने देखा कि सामने से एक बस आ रही थी। उसने तत्काल ब्रेक लगा लिया। उसी पल एक हरा ट्रक पास वाली सड़क से आया और लहराता हुआ उसकी गाड़ी के सामने आ गया। बस रुक गई और ट्रक से टकराने से कुछ इंचों से बच गई। उस ट्रक में दो पुरुष और एक महिला थी। जब वे उसके पास से गुज़रे, तो उसे महिला की चमकदार नीली आँखें दिखीं। उसने कहा कुछ नहीं, सिर्फ़ अँगूठे और उँगली से "ओके" का इशारा किया।

ये अनुभव संकेत देते हैं कि समय और स्थान के बारे में हमारी आम धारणाएँ पूरी तरह से यथार्थ पर आधारित नहीं हैं। यह स्पष्ट है कि इंद्रियों के अलावा भी ज्ञान प्राप्त करने के दूसरे तरीक़े हैं। अमेरिका के शीर्ष तकनीकी विशेषज्ञ चार्ल्स एफ़. केटरिंग ने कहा था कि आज की शिक्षा की एक बड़ी ग़लती यह है कि यह अनुभूतिगत ज्ञान पर पर्याप्त ज़ोर नहीं देती है। उन्होंने सौ साल पहले डार्मस्टेड में ऑरगैनिक केमिस्ट्री का एक प्रकरण बताया। इस प्रोफ़ेसर ने एक सपना देखा, जिसमें उसने हेक्सामेटाबेंज़ीन के अणु की पूरी आणविक संरचना देखी। उसने इसे लिख लिया, लेकिन लोगों ने उसकी हँसी उड़ाई और कुछ समय बाद उसकी मृत्यु हो गई।

अभी हाल ही में एक प्रयोगशाला में एक वैज्ञानिक ने हेक्सामेटाबेंज़ीन के एक अणु की तस्वीर ली। और इसकी आणविक संरचना ठीक वैसी ही थी, जैसी कि उस प्रोफ़ेसर ने सौ साल पहले अपने सपने में देखी थी!

हम किसी वृहद आध्यात्मिक तंत्र के हिस्से हैं, जिसके साथ कभी-कभार हमें न चाहते हुए भी उलझना पड़ता है। न्यूयॉर्क सिटी के न्यूरो-साइकैट्रिस्ट डॉ. रसेल जी. मैकरॉबर्ट ने *टुमॉरो* मैग्ज़ीन के लिए एक लेख लिखा, जिसका शीर्षक था, "साइंस स्टडीज़ इन्टयूशन।" इसमें डॉ. मैकरॉबर्ट ने लिखा है :

> यह अनुभव एक महिला को अप्रैल 1949 में हुआ, जब उसे न्यूयॉर्क के एक प्रख्यात दंतचिकित्सक के क्लीनिक में गैस से एनेस्थेसिया दिया जा रहा था। मरीज़ को उस दवा के प्रभाव में एक

सपना दिखा और जागने पर वह बुरी तरह विचलित थी। उसने सपने में अपनी सहेली मिसेज़ मैन्युअल क्वेजॉन (जो फ़िलिपीन्स के पहले राष्ट्रपति की विधवा थीं) को मनीला के पास एक वीरान पहाड़ी रास्ते पर मौत के घाट उतारे जाते देखा। न्यूयॉर्क और मनीला के बीच के समय के अंतर को ध्यान में रखते हुए कहा जाए, तो यह सपना वास्तविक घटना के लगभग दस घंटे पहले देखा गया था। यह एक बहुत अच्छा उदाहरण है कि हम आँखों के बिना दूर की घटनाओं को भी बहुत पहले घटित होते देख सकते हैं।

दंतचिकित्सक ने अपनी रिपोर्ट में मुझसे कहा कि यह अजीब है, ख़ासकर तब जब इस तरह की घटना एक बहुत बुद्धिमान और ज़मीन से जुड़ी महिला बता रही हो।

इस तरह की घटना से हम स्तब्ध हो जाते हैं। ध्यान दें यह ज़रूरी नहीं है कि ऐसे अनुभव आध्यात्मिक व्यक्तियों को ही हों। अक्सर ऐसे अनुभव बहुत सामान्य व्यक्तियों को होते हैं। और कई बार तो पूरा वर्णन बहुत विस्तार से लिखा जाता है। हमारी *गाइडपोस्ट्स* पत्रिका का एक संपादक बोस्टन में था, जहाँ कुछ घंटे पहले ही टेलीपैथी का एक अद्‌भुत उदाहरण घटा था। इस संपादक ने शामिल लोगों से बातें कीं, उनसे अच्छी तरह सवाल-जवाब किए, ताकि किसी इरादतन या संयोगवश "अतिशयोक्ति" की संभावना से बचा जा सके। लेकिन संपादक को विश्वास हो गया कि उन्होंने इस तथ्य का वास्तविक प्रमाण देखा था कि इंसान का मस्तिष्क रहस्यमय विस्तार करने में सक्षम है। वह घटना इस प्रकार है :

14 जून 1955 को बोस्टन के एक वेल्डर थॉमस व्हिटेकर के मन में अचानक एक प्रबल भावना आई। उसे लगा कि कोई गड़बड़ थी। वह नहीं जानता था कि गड़बड़ क्या थी, लेकिन भावना इतनी प्रबल थी कि उसने अपना काम छोड़ दिया और अपनी गाड़ी में बैठकर चल दिया। रास्ते में उसने अपनी गाड़ी को घर की तरफ़ मोड़ने की कई बार कोशिश की, लेकिन उसकी आंतरिक अनुभूति ने उसे ऐसा नहीं करने दिया। घर की तरफ़ मुड़ने के बजाय वह वॉशिंगटन स्ट्रीट की तरफ़ मुड़ गया, जहाँ उसकी कंपनी कुछ काम कर रही थी।

उसने ख़ुद से कहा, "यह मूर्खतापूर्ण है कि वॉशिंगटन स्ट्रीट का काम रोक दिया गया।" लेकिन इसके बावजूद वह उस इलाक़े में गया।

और उसका वहाँ जाना बहुत अच्छा रहा। जब वह वहाँ पहुँचा, तो उसने देखा कि सड़क के बीच में चौदह फ़ुट गहरा गड्ढा खुदा था। फिर उसने यह भी देखा कि नीचे ज़मीन धँस गई थी। उस गहरे गड्ढे के किनारे की मिट्टी धँस गई थी। और टनों मिट्टी, रेत और पत्थरों के बीच से एक इंसान का हाथ बाहर निकल रहा था!

व्हिटेकर गड्ढे में कूद गया और उसने अपने हाथों से मिट्टी हटाने की कोशिश की। उसने इतनी गहराई तक खोद लिया कि उसे एक कलाई घड़ी दिख गई। उसने तत्काल पहचान लिया कि वह घड़ी उसके सबसे अच्छे मित्र और बॉस जॉन एच. सुलिवन की थी, जो स्टोनहैम वेल्डिंग सर्विस के मालिक हैं। हाथ हिल रहा था। बौखलाकर व्हिटेकर गड्ढे के ऊपर आया और उसने सुलिवन को गड्ढे में से निकालने के लिए फ़ायर ब्रिगेड और पुलिस को फ़ोन कर दिया।

कुछ घंटे बाद जॉन सुलिवन ने, जो ज़िंदा गड़ जाने की इस घटना के बाद थोड़े खस्ताहाल दिख रहे थे, *गाइडपोस्ट्स* के संपादक को बताया कि उन्होंने काम पूरा करने के लिए वॉशिंगटन स्ट्रीट की तरफ़ अकेले जाने का फ़ैसला किया था और जब वे उस गड्ढे में थे, तो उसके किनारे अचानक धँस गए। वे दफ़न हो गए। उनका दम तत्काल घुट जाता, लेकिन उन्होंने अपने चेहरे पर वेल्डर का मास्क लगा रखा था, जिसके भीतर पर्याप्त हवा थी। इसी की बदौलत वे मदद मिलने तक ज़िंदा रह सके।

क्या उन्होंने मदद माँगी थी? हाँ सचमुच। पहले तो उन्होंने ज़ोर से चिल्लाकर मदद माँगी थी, लेकिन जब यह स्पष्ट हो गया कि इससे कोई फ़ायदा नहीं होगा, तो उन्होंने एस.ओ.एस. की तरह मदद के लिए मानसिक संदेश भेजे। उन्होंने प्रार्थना की, "हे ईश्वर, किसी को भेजो। हे ईश्वर, किसी को भेजो। हे ईश्वर, किसी को भेजो।" उन्होंने बार-बार ये शब्द दोहराए। और जब वे इस तरह प्रार्थना कर रहे थे, तभी टॉमी व्हिटेकर के मन में वॉशिंगटन स्ट्रीट की साइट पर जाने की प्रबल भावना जागी थी। यह मानना तार्किक लगता है कि जॉन सुलिवन

ने टॉमी व्हिटेकर को बुलवाने के लिए ऐसे साधनों का प्रयोग किया था, जो सामान्य स्थिति में उपलब्ध नहीं होते हैं।

इस सबका रोज़मर्रा की ज़िंदगी से क्या संबंध है?

शायद किसी दिन हमारे लिए यह संभव होगा कि हम इन आध्यात्मिक प्रक्रियाओं पर भी नियंत्रण हासिल कर लें, जिस तरह हमने कई ऐसी प्राकृतिक प्रक्रियाओं पर किया है, जिन्हें हमारे पूर्वज चमत्कारिक, यहाँ तक कि मूर्खतापूर्ण भी मानते थे। कौन सोच सकता था कि इंसान कभी उड़ेगा या हवा के माध्यम से तस्वीरें भेजेगा? रचयिता ने इस संसार में इन शक्तियों को इसलिए रखा है, ताकि मनुष्य अपनी बेहतरी के लिए उनका प्रयोग कर सके।

स्पष्ट रूप से हमारे चारों तरफ़ की ये अजीब शक्तियाँ सदियों से मौज़ूद हैं। उदाहरण के लिए, शुरुआती स्पेनी खोजियों को दक्षिण अमेरिकी इंका इंडियन्स के साथ लड़ना पड़ा था। वे बताते हैं कि इंका जाति के लोगों को टेलीपैथी का रहस्य मालूम था। स्पेनिश सेनाएँ अपनी रणनीति को गोपनीय रखती थीं, लेकिन इंका जाति के लोग जान जाते थे कि वे कब आ रहे हैं, उनके दल में कितने लोग हैं और उनका इरादा क्या है। इससे स्पेन के सैनिक बौखला गए। ड्रम बजने या धुएँ जैसा कोई संकेत नहीं था, न ही सूचना के आदान-प्रदान का कोई अन्य भौतिक माध्यम नज़र आ रहा था। स्पेन के सैनिक इस निष्कर्ष पर पहुँचे कि इंका जाति के लोगों को टेलीपैथी के माध्यम से एक-दूसरे तक जानकारी पहुँचाने का रहस्य मालूम था।

भले ही इस तरह की घटनाओं का व्यावहारिक प्रयोग भविष्य में ही हो पाए, लेकिन हम इस विश्वास से नहीं बच सकते कि मनुष्य अंततः पराभौतिक क्षेत्र में भी शक्तियों का स्वामी बन जाएगा, जिस तरह कि वह भौतिक क्षेत्र में है। यह एक ऐसा संसार है, जो भौतिक नियमों द्वारा शासित है और लगभग अविश्वसनीय ढंग से काम करता है, जैसे वाह्य अंतरिक्ष अन्वेषण। लेकिन हमारे चारों तरफ़ और हमारे भीतर ऐसे आध्यात्मिक नियम हैं, जिनका प्रयोग उनकी संभावित क्षमता की तुलना में शायद ही कभी होता है।

हम एक जीवित, धड़कते ब्रह्मांड का हिस्सा हैं, जहाँ आत्मा ही

वास्तविकता है। जब हम इस आत्मा के सामंजस्य में जीना सीख लेते हैं और इसकी लय पकड़ लेते हैं, तो हम इसकी शक्ति के तादात्म्य में होंगे, जैसे हम पहले कभी नहीं थे। अंततः इसका परिणाम यह होगा कि हम ईश्वर के ज़्यादा क़रीब पहुँच जाएँगे और हमें यह रोमांचकारी ज्ञान मिलेगा कि हमारे साथ उसका संबंध सिर्फ़ भौतिक जगत तक ही सीमित नहीं है, बल्कि अधिक विराट आध्यात्मिक जगत तक भी फैला है। हम यह पाएँगे कि हम उसकी अमर आत्मा का हिस्सा हैं और इसलिए हम ख़ुद को जितना विराट और महत्त्वपूर्ण मानते हैं, हम उससे ज़्यादा विराट और महत्वपूर्ण हैं। इससे हम यह जान लेंगे कि ईश्वर ने हमें कमज़ोर, छोटा या पराजित नहीं बनाया है, बल्कि इस धरती पर ईश्वर की महान आत्मा की शक्ति के साथ चलने के लिए बनाया है।

आपमें और मुझमें सचमुच महान जीवन जीने की शक्ति है। हमारे आस-पास और हमारे भीतर की अजीब तथा सशक्त शक्तियों को ईश्वर ने निश्चित रूप से इसलिए बनाया है, ताकि उसके बच्चे ज़िंदगी के ग़ुलाम नहीं, बल्कि स्वामी बनकर रहें। और ये शक्तियाँ हमारी सारी कमज़ोरियों, पापों, डरों, नफ़रतों और हीन भावनाओं से बहुत महान हैं।

सुख और विजय के साथ जीने की शक्ति हम सबके लिए उपलब्ध है। यह शक्ति आपको समस्याओं के समाधान की तरफ़ ले जा सकती है, समस्याओं का सफलतापूर्वक मुक़ाबला करने में आपकी मदद कर सकती है और आपके हृदय तथा मस्तिष्क को शांति और संतुष्टि से भर सकती है।

कृपालु ईश्वर ने हमारे लिए जो ज़िंदगी बनाई है, वह छोटी, ओछी या सीमित नहीं है। वह बड़ी, सुंदर और असीमित है। उसकी संभावनाएँ असीम हैं।

अध्याय 14

आप अपनी कमज़ोरी को ताक़त में बदल सकते हैं।

आप अपनी कमज़ोरी को ताक़त में बदल सकते हैं। यह आपके, मेरे, हर व्यक्ति के लिए बहुत महत्वपूर्ण बात है। इस अद्‌भुत वाक्य को ज़ोर से दोहराएँ और इसे अपनी चेतना की गहराई तक जाने दें। यह बिलकुल सच है - आप अपनी कमज़ोरी को ताक़त में बदल सकते हैं।

लोग बदल सकते हैं। वे जहाँ कमज़ोर थे, वहाँ शक्तिशाली बन सकते हैं। जहाँ ग़लत थे, वहाँ सही बन सकते हैं। यह बीस साल के एक युवक के एक अनुभव से प्रदर्शित होता है। उसके पत्र से ऐसा लगता है, जैसे वह "ग़लत राह" पर था, लेकिन निश्चित रूप से अब ऐसा नहीं है। उसके पत्र को पढ़ें :

> मैंने हाल ही में आपकी पुस्तक *द पॉवर ऑफ़ पॉज़िटिव थिंकिंग* पढ़ी। इसने मुझे बिलकुल नया इंसान बना दिया। मैं सिर्फ़ बीस साल का हूँ, लेकिन मुझे कभी एहसास ही नहीं हुआ कि मैंने इन सालों को कितनी बुरी तरह बर्बाद किया है। मैंने अपनी ज़िंदगी में सिर्फ़ बुरा बनने की कोशिश की थी, जैसे झगड़ा करना, शराब पीना, गाली-गलौच करना, क्योंकि मेरे सभी मित्र यही करते थे। लेकिन आपकी पुस्तक पढ़ने के बाद मैं समझ गया कि मैं ग़लत था। इसके बाद मैं सचमुच आपके विचारों पर अमल करने लगा। उन्होंने चमत्कार कर दिया।

मैंने सिगरेट और शराब छोड़ दी। मैंने लड़ाई-झगड़ा करना बंद कर दिया। मैंने आवारा लोगों के साथ उठना-बैठना छोड़ दिया। मैं अपने मनपसंद खेल की तरफ़ मुड़ गया। और सबसे बड़ी बात यह है कि मैं दोबारा चर्च जाने लगा हूँ, क्योंकि मैंने ईश्वर में विश्वास करना सीख लिया है।

मुझे एक गर्लफ्रेंड मिल गई है, जो सचमुच मुझसे प्रेम करती है। हम समान चीज़ों में विश्वास करते हैं। वह अच्छी लड़की है; उन लड़कियों की तरह नहीं है, जिन्हें मैं पहले जानता था। मैंने उसकी मदद से दूसरों से प्रेम करना और उन्हें सम्मान देना सीख लिया, जो पहले मुझे नहीं आता था। आपके विचारों का प्रयोग करने के कारण अब मेरे बहुत से नए दोस्त बन रहे हैं। पूरी ज़िंदगी में मुझे कभी इतनी ज़्यादा ख़ुशी नहीं हुई, जितनी आपकी पुस्तक को पढ़ने के बाद हुई है।

कई लोगों ने विभिन्न तरीक़ों से प्रदर्शित किया है कि आप अपनी सबसे कमज़ोर जगह पर सबसे शक्तिशाली बन सकते हैं। ग्लेन कनिंघम के पैर बचपन में इतनी बुरी तरह जल गए थे कि लोगों ने उनसे कहा कि वे दोबारा चल नहीं पाएँगे, लेकिन वे ऑलंपिक के सबसे तेज़ धावकों में से एक बने।

ग्लेन कनिंघम ने मुझे बताया कि आस्था और सकारात्मक सोच से खिलाड़ी को 85 प्रतिशत सफलता मिलती है। दूसरे शब्दों में, आपको यह विश्वास होना चाहिए कि आप यह काम कर सकते हैं। उन्होंने कहा, "आपको शारीरिक, मानसिक और आध्यात्मिक तीनों स्तरों पर अच्छा प्रदर्शन करना होता है। आध्यात्मिक स्तर का यह मतलब है कि आप सफल होने के लिए ईश्वर से शक्ति हासिल करें। और मुझे नहीं लगता कि असंभव जैसी कोई चीज़ होती है।"

पॉल एंडरसन बचपन में बीमार और कमज़ोर थे। टैकोमा, जॉर्जिया में उन्होंने घर पर एक वेटलिफ़्टिंग मशीन बनाई, जिसमें लोहे की छड़ के एक सिरे पर लुहार के बाँट बँधे थे। पॉल एंडरसन दुनिया के सबसे शक्तिशाली इंसान बने और उन्होंने ऐसे रिकॉर्ड तोड़े, जो कई दशकों से नहीं टूटे थे।

सकारात्मक सोच लोगों के कमज़ोर पहलुओं को चुनौतीपूर्ण अवसरों की तरह देखता है। आप उन्हें अपने सबसे सशक्त गुणों में बदल सकते हैं। ऐसा करने की प्रक्रिया एक तरह से वेल्डिंग की तरह है। अगर धातु का कोई टुकड़ा टूट जाए और उसकी वेल्डिंग की जाए, तो वेल्डिंग वाली जगह बाक़ी जगहों से ज़्यादा मज़बूत होती है। प्रबल गर्मी से धातु का आणविक ढाँचा बदल जाता है।

एक अलमारी बनाने वाले ने एक बार मुझे बताया कि जब लकड़ी के दो टुकड़ों को उलटा करके गर्मी से चिपकाया जाता है, तो लकड़ी उस जगह से नहीं, बल्कि किसी और जगह से टूटती है। यही प्रक्रिया व्यक्तित्व में भी घटित हो सकती है और अक्सर घटित होती है। सही चिंतन और प्रबल आस्था के गहन प्रयोग द्वारा कमज़ोर बिंदु दरअसल सबसे सशक्त बिंदु बन जाता है।

हम किसी कमज़ोर बिंदु को सशक्त बिंदु में कैसे बदलें? नीचे वह छह-सूत्रीय फ़ॉर्मूला दिया गया है, जो कारगर साबित हुआ है।

1. अपनी कमज़ोरी को पहचानें, फिर इसका अध्ययन करें और इसे पूरी तरह से समझ लें। इसके ख़िलाफ़ अभियान शुरू करने की योजना बनाएँ।

2. आप किस तरह के सशक्त परिणाम हासिल करना चाहते हैं, उन्हें सटीकता से पहचान लें।

3. यह तस्वीर बनाएँ या कल्पना करें कि आप अपने सबसे कमज़ोर बिंदु पर सबसे शक्तिशाली बन रहे हैं।

4. तत्काल वह शक्तिशाली व्यक्ति बनना शुरू करें, जो आप बनना चाहते हैं।

5. इस तरह काम करें, जैसे जहाँ आप सबसे कमज़ोर थे, वहाँ आप सबसे शक्तिशाली बन गए हैं।

6. ईश्वर से मदद का आग्रह करें और यह विश्वास करें कि वह मदद कर रहा है।

यह फ़ॉर्मूला एच.सी. मैटर्न ने तैयार किया था, जो बहुत बड़े सकारात्मक चिंतकों में से एक हैं। एच.सी. मैटर्न ख़ुद एक उदाहरण हैं कि इंसान किस तरह किसी गंभीर कमज़ोरी को वास्तविक शक्ति में

बदल सकता है। वे बहुत नकारात्मक थे, इतने नकारात्मक थे कि कई साल पहले एक रात को वे लॉन्ग आईलैंड के एक वीरान बाग़ में गए और उन्होंने आत्महत्या करने की कोशिश की। ज़िंदगी अर्थहीन थी। कोई आशा नहीं बची थी। उनके पास एक बोतल थी, जिसमें ज़हर भरा था। उन्होंने इसे अपने होंठों से लगाया, पिया और ज़मीन पर लुढ़क गए।

जब उन्हें होश आया और उन्होंने आँखें खोलीं, तो उन्हें चाँदनी में नहाया आसमान दिखा, जिससे उन्हें आश्चर्य हुआ। पहले तो उन्होंने सोचा कि कहीं वे मर तो नहीं गए हैं। लेकिन वे ज़िंदा थे। वे यह कभी नहीं जान पाए कि वे क्यों नहीं मरे। बहरहाल उन्हें लगा कि ईश्वर उनसे ज़िंदगी में कुछ और काम करवाना चाहता है। जब उन्हें यह एहसास हो गया, तो अचानक उनमें जीने की इच्छा जाग गई। उन्होंने अपनी जान बचाने के लिए ईश्वर को धन्यवाद दिया और दूसरों की मदद करने के लिए अपने जीवन को समर्पित कर दिया।

मैटर्न सकारात्मक चिंतक बन गए। उन्होंने दूसरों को प्रोत्साहित करने को अपने जीवन का उद्‌देश्य बना लिया।

आप किस कमज़ोरी को जीतना चाहते हैं ? डर ? ग़ुस्सा ? भावनात्मक आघात ? हीन भावना ? निराशा ? क्या शराब आपकी कमज़ोरी है ? या महिलाएँ ? चाहे कमज़ोरी जो भी हो, एक बात तो तय है, यह ज़रूरी नहीं है कि आप इससे हारें। इस दमदार बात को याद रखें। आप अपनी कमज़ोरी को ताक़त में बदल सकते हैं।

आइए कुछ ऐसे लोगों के उदाहरण देखें, जिन्होंने अपनी कमज़ोरी को शक्ति में बदला है।

यह पत्र न्यू मेक्सिको में रहने वाले एक युवक का है :

प्रिय डॉ. पील,

मैं नहीं जानता कि यह पत्र कैसे शुरू करूँ। मैं यहाँ न्यू मेक्सिको में एक रैंच में रहता हूँ। पिछले दस साल में मैंने अपना ज़्यादातर समय शराबख़ानों में गुज़ारा है। और मेरा हुलिया बहुत ख़राब हो चुका है। मैंने तीन बार आत्महत्या करने की कोशिश की। मेरा कोई मित्र नहीं

है। और कोई लड़की मुझसे वास्ता नहीं रखना चाहती है। मैं उन्हें दोष नहीं देता हूँ। मैं ख़ुद के अलावा किसी को दोष नहीं देता हूँ।

लेकिन अब हालात बदल गए हैं। मैं अपने भाई से मिलने ल्यूबॉक, टेक्सॉस गया था। वह और उसकी पत्नी रात वाला शो देखने गए। मैं घर पर बच्चों की देखभाल करने के लिए रुका रहा।

जब बच्चे सो गए, तो मैंने उनके बेडरूम में जाकर देखा कि वे ठीक तो हैं। फ़र्श पर सकारात्मक सोच के बारे में आपकी दो पुस्तकें पड़ी थीं। मैंने उन्हें उठा लिया और उनकी तरफ़ देखा। मैं वापस ड्रॉइंग रूम में आया और बैठ गया।

वहाँ पर बैठकर मैं उन्हें पढ़ने लगा। मुझे वह मिल गया, जिसकी मुझे तलाश थी : एक नई ज़िंदगी। मैं काफ़ी समय तक ईश्वर के बिना रहा था। मैं अब हर रविवार को चर्च जाने लगा और हर बुधवार की रात को बाइबल क्लास में। अब मेरे प्रति शहर के लोगों का नज़रिया भी बदल चुका है। मेरे अब बहुत से नए दोस्त बन गए हैं। मेरे सब पुराने शराबी दोस्त छूट गए हैं। उन्हें लगता है कि मेरा दिमाग़ ख़राब हो गया है। मैं तो सिर्फ़ यही चाहता हूँ और प्रार्थना करता हूँ कि वे मेरा अनुसरण करें और वह पा सकें, जो आज मेरे पास है - एक नई ज़िंदगी। ईश्वर की मदद के बिना मैं यह नहीं कर सकता था। और मुझे आपको भी धन्यवाद देना है।

अब भी मेरी कोई गर्ल फ़्रेंड नहीं है, लेकिन अब मैं इसका कारण जानता हूँ। साउथवेस्ट में रैंच पर काम करने वाले या काऊबॉय को बहुत ज़्यादा पसंद नहीं किया जाता है। मेरी स्कूली शिक्षा ज़्यादा नहीं है, लेकिन मैं इसके कारण पीछे नहीं रहूँगा। अगर मैं ईश्वर के बताए तरीक़े से जियूँगा, तो भले ही धरती पर मुझे घर न मिल सके, लेकिन ऊपर मेरे लिए एक सुंदर घर होगा - क्योंकि मुझमें आस्था है, ख़ुद पर और ईश्वर पर विश्वास है। जो आपके पास है, उससे संतुष्ट रहें, क्योंकि जैसा उन्होंने कहा है, "मैं कभी तुम्हारा साथ नहीं छोड़ूँगा, न ही तुम्हें बेसहारा छोड़ूँगा।" मैं हर समय इन पुस्तकों को अपने साथ रखता हूँ। एक भी दिन ऐसा नहीं गुज़रता है, जब मैं कोई नई पंक्ति नहीं सीखता हूँ।

मैं बत्तीस साल का हूँ। मैं आपको एक तस्वीर भेज रहा हूँ, जो पिछली गर्मियों में रैंच पर ली गई है। मैं बहुत ख़ुश हूँ कि मैं आपको यह बताने के लिए पत्र लिख रहा हूँ कि आपकी पुस्तकों ने मेरे लिए कितना कुछ किया है। मैं अब इस पत्र को बंद कर रहा हूँ। कृपया मेरे लिए प्रार्थना करें।

पुनश्च : कृपया मेरी ख़राब लिखाई पर ध्यान न दें। मैं यह भी नहीं जानता कि सही स्पेलिंग कैसे लिखी जाती है। मुझे पेंसिल से लिखना पड़ता है। मैं ग़लतियाँ करता हूँ। मुझे बार-बार काट-पीट करना पड़ती है।

इस युवक की ज़िंदगी बदल गई। सकारात्मक और रचनात्मक विचारों के माध्यम से उसका मस्तिष्क अचानक ईश्वर की शक्ति के संपर्क में आया और उसकी ज़िंदगी बदल गई। अगर किसी व्यक्ति में कोई कमज़ोरी है, जिस पर वह क़ाबू पाना चाहता है, तो उसमें सर्वश्रेष्ठ रचनात्मक विचारों को ग्रहण करने की इच्छा होना चाहिए। उसे कुछ समय बाद ही यह पता चल जाएगा कि इस तरह के विचार बहुत शक्तिशाली होते हैं और उनका पालन करने पर उसकी ज़िंदगी पूरी तरह बदल सकती है। इससे कई नाटकीय परिवर्तनों का कारण समझ में आता है, जो धार्मिक आस्था वाले लोगों के साथ होते हैं। एक नया और सशक्त विचार मस्तिष्क में आ जाता है, जो पुरानी कमज़ोरियों को मिटा देता है और उन्हें चकनाचूर कर देता है। मानसिक प्रक्रिया में ही हर तरह की प्रेरणा मिलती है। "हृदय परिवर्तन" का मतलब दरअसल मस्तिष्क का गहन परिवर्तन है। हृदय तो सिर्फ़ ख़ून को साफ़ करने वाली एक मांसपेशी है। दरअसल मस्तिष्क ही उस नवीन अवधारणा को स्वीकार करता है, जिसकी वजह से परिवर्तन होता है। और आस्था इतना सशक्त विचार है कि यह पूरी ज़िंदगी को एक नई दिशा में मोड़ सकता है, अद्‌भुत और प्रचुर शक्ति प्रदान कर सकता है।

इसीलिए आपको बाइबल पढ़ना चाहिए, जिसमें ज़िंदगी बदलने वाले विचारों का सबसे सशक्त संग्रह है। इसीलिए आपको नियमित रूप से चर्च जाना चाहिए और ईश्वर के महान शब्द सुनना चाहिए, जिन्हें अगर आप अपने मस्तिष्क की गहराई में उतार लें, तो उनमें आपकी

ज़िंदगी को बदलने की शक्ति होती है। शक्तिशाली सकारात्मक विचार किसी व्यक्तिगत कमज़ोरी को जीतने में बहुत सहायक होते हैं।

कुछ साल पहले मैं लॉस एंजेलिस में भाषण दे रहा था। वहाँ मैंने एक युवती का बहुत रोचक उदाहरण देखा, जो ग़लत शब्दों का इस्तेमाल करके अपनी ज़िंदगी बर्बाद कर रही थी। उसके शब्द विनाशक विचारों के प्रतीक थे। अगर आप अपने बारे में नकारात्मक या हीनता के शब्दों का लगातार प्रयोग करेंगे, तो आप अपने मस्तिष्क में विनाशक अवधारणाएँ बैठा लेंगे।

भाषण के बाद मैं मंच पर बहुत से लोगों से मिल रहा था। वहाँ एक आकर्षक युवती भी थी, जिसने मुझसे संकोच से हाथ मिलाया और इस ज़ोरदार वाक्य से मेरा अभिवादन किया :

"मैं आपसे बातें करना चाहती थी। लेकिन ज़ाहिर है मैं कुछ नहीं हूँ। आप मुझे नहीं जानते हैं। मैं किसी क़ाबिल नहीं हूँ, पर मैंने आपकी पुस्तकें पढ़ी हैं और मैं बस आपसे हाथ मिलाना चाहती थी।"

मैं कहता हूँ कि इस वाक्य से मुझे सदमा पहुँचा, क्योंकि इसमें ईश्वर की सर्वोच्च रचना यानी इंसान के बारे में नकारात्मक बात कही गई थी।

मैं बहुत से लोगों के मुँह से यह सुनते-सुनते थक चुका हूँ कि वे "कुछ नहीं" हैं। पूरे देश में लोग अपने बारे में इसी तरह की बात बोलते हैं। इसलिए मैंने इस युवती को रोका और पूछा, "मिस कुछ नहीं, क्या आप मुझ पर एक मेहरबानी करेंगी? क्या आप कृपया इंतज़ार करेंगी? बाक़ी लोगों से मिलने के बाद मैं आपसे बात करना चाहूँगा।" कुछ समय बाद मैं उस युवती की तरफ़ मुड़ा, जो मेरा इंतज़ार कर रही थी।

मैंने कहा, "अब, मिस नोबडी (nobody), मैं आपके साथ कुछ बातें करना चाहूँगा।"

लड़की हँसी, "आप मुझे इस नाम से क्यों बुला रहे हैं?"

मैंने कहा, "मिस नोबडी। क्योंकि इसी नाम से आप ख़ुद को पुकारती हैं। क्या आपका कोई दूसरा नाम भी है?"

इस पर उसने मुझे अपना नाम बताया।

मैंने आगे कहा, "तो फिर आपने मुझसे यह क्यों कहा था कि आप कुछ नहीं (nobody) हैं? आप कहती हैं कि आपने सकारात्मक सोच की पुस्तकें पढ़ी हैं, लेकिन यह स्पष्ट है कि आपने उनसे ज़्यादा कुछ नहीं सीखा है, वरना आप कभी ख़ुद को मिस नोबडी नहीं मानतीं। ये पुस्तकें इस तरह से लिखी गई हैं, ताकि लोगों को यह एहसास हो कि वे दरअसल कौन और क्या हैं। आप न सिर्फ़ दूसरों को बता रही हैं, बल्कि इससे भी ज़्यादा गंभीर बात यह है कि आप ख़ुद को बता रही हैं कि आप ज़्यादा क़ाबिल नहीं हैं। लेकिन मैं देख सकता हूँ कि आप ग़लत हैं, क्योंकि ज़ाहिर है, आपमें कई प्रशंसनीय गुण हैं। निश्चित रूप से आप आकर्षक हैं। आपकी आँखें सुंदर और तेज़ हैं। आपको सलीके से कपड़े पहनना आता है। आपकी मुस्कराहट आकर्षक है। मैं सोचता हूँ कि आप बहुत अच्छी युवती हैं और मुझे नहीं लगता कि आपको 'नोबडी' कॉम्प्लेक्स का शिकार होना चाहिए।"

मैंने उस युवती से कुछ देर तक उसकी महत्वाकांक्षाओं और आशाओं के बारे में बातें कीं। मैंने उससे कहा कि उसके लिए यह बहुत महत्वपूर्ण है कि वह नकारात्मक विचारों के कारण अपनी आशाओं का दमन न करे। उसका कमज़ोर पहलू गहराई में जड़ें जमा चुका "नोबडी कॉम्प्लेक्स" था और वह नकारात्मक शब्दों से इस कठिनाई को और बढ़ा रही थी। उसकी स्थिति का इलाज यह था कि वह अपनी आत्म-अवधारणा को उलट ले।

मैंने उसे उसकी कमज़ोरी पर विजय पाने का फ़ॉर्मूला दिया और उसे बताया कि उसका इस्तेमाल कैसे करना है। मैंने यह सुझाव भी दिया कि वह इन वाक्यों का प्रयोग करे : "मैं ईश्वर का मंदिर हूँ। ईश्वर में मैं जीती हूँ, चलती हूँ और मेरा अस्तित्व है। मैं ईश्वर की संतान हूँ। मैं ईश्वर की संतान की तरह सोचूँगी और काम करूँगी।"

वह मान गई कि वह हर दिन बारह बार ये वाक्य बोलेगी और इन शब्दों के अनुरूप स्वयं की कल्पना करेगी। महीनों बाद जब मैं कैलिफ़ोर्निया में दोबारा भाषण देने गया, तो एक आकर्षक युवती मेरे सामने आकर बोली, "आप मुझे जानते थे, लेकिन अब आप मुझे नहीं

जानते हैं।" यह एक अजीब बात थी, और मैं ध्यान से देखने के लिए मुड़ा। मुझे यह देखकर हैरानी हुई कि वह और कोई नहीं, बल्कि "मिस नोबडी" थी। उसने आगे कहा, "मैंने पाया है कि मैं काम कर सकती हूँ। मैं अब ख़ुद को कुछ नहीं (nobody) मानने की उस भयानक आदत से उबर चुकी हूँ और मैं आपको धन्यवाद देना चाहती हूँ कि आपने मेरी पहचान बदलने में मेरी मदद की।"

जब हमने बातें कीं, तो यह स्पष्ट हो गया कि वह दरअसल काफ़ी बदल चुकी थी। इस युवती ने सकारात्मक विचारों का प्रयोग करके अपनी कमज़ोरी पर विजय पा ली थी। वह अपनी सबसे कमज़ोर जगह पर सबसे शक्तिशाली बन चुकी थी, हालाँकि पहले उसके मन में हीन भावना थी और वह ख़ुद को बहुत तुच्छ मानती थी।

बहुत से लोग हीन भावना की वजह से ख़ुद को तुच्छ समझने लगते हैं। इस तरह की हीनता की भावनाएँ बेहद कष्टकारी और आत्म-पराजयवादी हो सकती हैं। मेरा विश्वास करें, मैं यह बात व्यक्तिगत अनुभव से जानता हूँ। बचपन में मैं बहुत "संकोची" था। इसके कारण मुझे बहुत कष्ट होता था। और यह कष्ट बहुत आम है, जैसा कि इस विषय पर मिलने वाले इतने सारे पत्रों से स्पष्ट होता है। उदाहरण के लिए एक पत्र यह है :

प्रिय डॉ. पील,

मैं काफ़ी समय से आपको पत्र लिखना चाहती हूँ। निश्चित रूप से मुझे मदद की ज़रूरत है, लेकिन मैं नहीं जानती कि कोई मेरी मदद कर सकता है या नहीं।

मेरी समस्या यह है। मेरे पति चर्च के संरक्षक हैं और मैं उनकी मदद करती हूँ, लेकिन मुझे लगता है कि महिलाएँ मुझे स्वीकार नहीं करती हैं। कई बार जब मैं चर्च जाती हूँ, तो मैं अकेली बैठती हूँ। महिलाएँ चर्च में आकर या तो मेरे सामने या मेरे पीछे वाली लाइन में बैठ जाती हैं। वे तब तक मेरे पास नहीं बैठती हैं, जब तक कि बाक़ी सब कुर्सियाँ भरी न हों।

हम उनके जितने अच्छे कपड़े नहीं पहनते हैं और मुझे लगता है

इसी कारण मैं बाक़ी लोगों जितनी आकर्षक नहीं दिखती हूँ। मैं शांत स्वभाव की हूँ, लेकिन मैं कई बार ऐसी बातें बोल देती हूँ, जो मुझे नहीं बोलना चाहिए और ऐसे तरीक़े से बोल देती हूँ, जिस तरीक़े से नहीं बोलना चाहिए।

महिलाएँ मुझे सिलाई या अन्य सामूहिक कार्यों में भी शामिल नहीं करती हैं। जब मैंने अपनी सेवाएँ स्वेच्छा से देने का प्रस्ताव रखा, तो उन्होंने कहा कि वे मुझे ऐसे समय के लिए बचाकर रख रही हैं, जब उन्हें मेरी ज़रूरत पड़ेगी। बहरहाल, मुझे पता चला है कि वे दूसरों से मदद माँग रही हैं।

मेरे रिश्तेदार भी किसी न किसी कारण से मेरे लिए शर्मिंदा महसूस करते हैं। वे अपने मित्रों से मेरा परिचय नहीं करवाते हैं और मुझे अपने साथ चर्च नहीं ले जाते हैं। हम इस इलाक़े में एक साल से रह रहे हैं और हमारे यहाँ अब तक सिर्फ़ एक पड़ोसी आया है।

मैं निश्चित रूप से कृतज्ञ रहूँगी, अगर मैं जान सकूँ कि महिलाओं के बीच स्वीकृति कैसे पाई जा सकती है और मित्र कैसे बनाए जा सकते हैं।

यह एक आम पत्र है, जो अपूर्णता की भावना के शिकार लोगों के कष्ट का दुखद दृश्य दिखाता है। बहुत बार (और मुझे लगता है कि यह संरक्षक की पत्नी के बारे में सच है) ये कष्टकारी कमज़ोरियाँ ख़ुद ही ओढ़ी जाती हैं। ऊपर दिए गए पत्र में देखें कि यह महिला ख़ुद ही मुसीबत मोल लेती है। वह जान-बूझकर जल्दी चर्च आती है और कुर्सी पर बैठ जाती है, जहाँ लोगों को प्रतीकात्मक रूप से उससे यह कहने के लिए विवश होना पड़ता है, "मैं आपको पसंद करती हूँ" या "मैं आपको पसंद नहीं करती हूँ।" अब, इस स्थिति में गणित उसके बहुत ख़िलाफ़ है। अगर सौ लोग चर्च में आते हैं, तो सिर्फ़ दो ही उसके पास बैठ सकते हैं और बाक़ी 98 लोगों को कहीं और बैठना होगा। लेकिन वह उन 98 लोगों में से हर एक की गतिविधि को अपने ख़िलाफ़ मान लेती है।

ऐसा क्यों है कि इतने सारे लोग दरअसल हीनता की भावना की तलाश करते हैं? मनोवैज्ञानिक मुझे बताते हैं कि व्यक्तित्व की सबसे

आम कमज़ोरियों में से एक यह है कि लोग अक्सर *सफल नहीं होना चाहते हैं!* न जाने कहाँ से उन्होंने यह सीख लिया है कि सफलता एक ख़तरनाक चीज़ है, क्योंकि इससे उन पर सफल व्यक्ति के रूप में जीने की ज़िम्मेदारी का बोझ आ जाएगा। इसलिए वे अचेतन रूप से ऐसे तरीक़े खोजते हैं, जो उनकी कमज़ोरियों पर ज़ोर देकर उन्हें हीन रखें।

यह जीवन की सच्चाई है कि हर व्यक्ति में कुछ कमज़ोर और कुछ सशक्त क्षेत्र होते हैं। सवाल यह है, आप किस पर ज़्यादा ध्यान देंगे? आप किस पर ज़ोर देंगे? अगर आप अपने व्यक्तित्व के कमज़ोर क्षेत्रों के विशेषज्ञ बनते हैं, तो आप कमज़ोर बन जाएँगे। अगर आप सशक्त क्षेत्रों पर ज़ोर देंगे, तो आप सशक्त बन जाएँगे। यह इतना ही आसान और निश्चित है।

लेकिन हमें सच्ची कमज़ोरियों और अपनी ओढ़ी हुई कमज़ोरियों के बीच के फ़र्क़ के बारे में सावधान रहना चाहिए। ख़ुद को स्वीकार करना सीखना हीनता की कमज़ोरी से उबरने का पहला क़दम है। हममें से ज़्यादातर लोग, कम से कम हीन भावना के कारण परेशान लोग, ख़ुद पर और अपनी तथाकथित कमज़ोरियों व कमियों पर ज़रूरत से ज़्यादा ध्यान देते हैं। हम महत्वहीन चीज़ों के बारे में बहुत जागरूक होते हैं। हमें लगता है कि हर व्यक्ति उन पर ध्यान दे रहा है, जबकि दरअसल उन पर कोई ध्यान नहीं देता है।

कुछ समय पहले मुझे इस सिद्धांत की जाँच करने का असामान्य अवसर मिला। मुझे बहुत से लोगों के पत्र मिल रहे थे, जो अपने बारे में हीन भावना से ग्रस्त वही वाक्य दोहरा रहे थे, "इस या उस कारण से कोई भी मुझे पसंद नहीं करता है।"

एक लड़की को इस बात पर शर्म आती थी कि वह बहुत मोटी थी, दूसरी को इस बात पर आती थी कि वह बहुत दुबली थी। एक लड़के को महसूस होता था कि उसके कान बहुत बड़े हैं, जबकि दूसरे को लगता था कि उसके कान उसके सिर से बिलकुल चिपके हुए हैं। एक और लड़का इस बारे में संकोची था कि वह बहुत ज़्यादा लंबा था, जबकि दूसरे को यह हीन भावना थी कि उसकी लंबाई कम थी। मुझे एक युवती का पत्र याद है, जिसने यह शिकायत की थी कि वह बहुत

ज़्यादा सुंदर है और लोग उसे उसके व्यक्तित्व के कारण नहीं, बल्कि उसकी सुंदरता के कारण पसंद करते हैं।

इसी तरह की शिकायत मेरे शहर में रहने वाले एक लड़के ने की। उसने कहा, "डॉ. पील, कोई भी मुझे पसंद नहीं करता, क्योंकि मेरी नाक बहुत बड़ी है।"

मैंने इस तरह की चीज़ इतनी बार सुन ली थी कि मैंने तत्काल एक प्रयोग करने का फ़ैसला किया। मैंने इस लड़के से कहा, "अपने छह ऐसे परिचितों के नाम बताओ, जो तुम्हें बड़ी नाक के कारण पसंद नहीं करते हैं।" उसने मुझे छह नाम बता दिए और कुछ समय बाद मैंने उन सब लोगों को फ़ोन करने का समय निकाला। फ़ोन पर मैंने उनसे पूछा कि वे उस लड़के के व्यक्तित्व का सबसे प्रमुख लक्षण बताएँ। उनमें से हर एक को कुछ देर तक सोचना पड़ा, लेकिन मेरी जाँच का परिणाम यह था। एक ने मुझे बताया कि उसका व्यवहार दोस्ताना था, दूसरे ने कहा कि वह गणित में बहुत ज़्यादा तेज़ था। एक लड़की ने कहा कि वह बहुत अच्छा डांसर था। और इसी तरह। इनमें से किसी ने भी यह नहीं कहा कि उस लड़के की नाक उसका सबसे प्रमुख लक्षण है। स्पष्ट रूप से अपनी नाक के बारे में वह खुद ही चिंतित था, दूसरा कोई नहीं था।

सच तो यह है कि हममें से कई लोग कोई छोटा लक्षण पकड़ लेते हैं, जिसे हम कमज़ोरी मानते हैं और ख़ुद को यह विश्वास दिलाने की बहुत कोशिश करते हैं कि *इस कमज़ोरी के कारण हम सफल नहीं हो सकते।* इस समस्या का समाधान इस एहसास में निहित है कि ईश्वर ने आपको एक ख़ुश, सफल और सशक्त व्यक्ति के रूप में बनाया है। आपको यह फ़ैसला करना होगा कि आप अपनी कमज़ोरियों पर ज़ोर देंगे या अपनी शक्तियों पर, क्योंकि आपमें दोनों ही हैं। फ़ैसला आपके हाथ में है। जैसे ही आप अपनी शक्तियों पर ज़ोर देना शुरू करेंगे, आपकी हीनता की भावना कम होने लगेगी और कमज़ोरी तथा अपूर्णता के स्थान पर आपमें सामर्थ्य का एक नया एहसास आ जाएगा।

आइए, एक और आम कमज़ोरी को देखें और उसके समाधान को भी। यह कमज़ोरी है हतोत्साहित होने की। कई बार हतोत्साहित होना

ही सफलता और असफलता के बीच का फ़र्क़ बन जाता है। अगर आप कुछ ज़्यादा देर तक कोशिश करते! या ज़्यादा कड़ी मेहनत करते! लेकिन हताशा की वजह से आपने उस समय हार मान ली, जब आप कुछ समय बाद ही सफल होने वाले थे। उस समय कोशिश करना छोड़ना कितना दुखद है, जब सिर्फ़ एक और धक्के से सफलता मिल सकती थी!

ज़िंदगी में उतार-चढ़ाव आते रहते हैं। लेकिन सकारात्मक सोच इस समस्या से निबट लेती है। मेरे मित्र फ्रैंक डब्ल्यू. क्राइडेल न्यूयॉर्क में मैनहटन एंड एस्टर होटल्स के जनरल मैनेजर हैं। वे संभावित हताशा का सामना करने में सकारात्मक सोच की शक्ति के अच्छे उदाहरण हैं। व्यावहारिक समस्याओं को सुलझाने में प्रार्थना और मार्गदर्शन के योगदान के बारे में उन्होंने कहा था, "यह ज़बर्दस्त है कि किस तरह समस्याओं से निबटने की पूरी रूपरेखा बन गई। हमारे सामने कुछ कठिन समस्याएँ भी आईं, लेकिन सच तो यह है कि जब आप ईश्वर में भरोसा करते हैं और कोशिश करते रहते हैं, तो हालाँकि उतार-चढ़ाव आएँगे, लेकिन सकारात्मक सोच की मदद से आप अपने उतारों को चढ़ावों में बदल सकते हैं।" कितनी ज़बर्दस्त सच्चाई है : "आप अपने उतारों को चढ़ावों में बदल सकते हैं।" इसका मतलब है कि हमें यह जानना होगा कि नकारात्मक चीज़ों को सकारात्मक चीज़ों में कैसे बदला जाए।

कठिनाइयों और हताशा की समस्याओं में सकारात्मक सोच से बहुत अद्‌भुत परिणाम मिलते हैं। मेरी एक मित्र रूथ हार्डी कैलिफ़ोर्निया के पॉम स्प्रिंग्स में इंगलसाइड इन नामक होटल चलाती हैं। यह एक छोटी सी सुंदर जगह है, जिसके चारों तरफ़ बोगनवेलिया, ताड़ और संतरे के पेड़ हैं। सुनहरी धूप और रेगिस्तानी हवा के बीच यह सुंदर जगह है। रात को जब चाँद पहाड़ों के बीच से ऊपर निकलता है, तो यह जगह शांति तथा आकर्षण से भर जाती है और अलौकिक बन जाती है। यह मेरे प्रिय स्थानों में से एक है।

लेकिन यहाँ भी सुंदरता के साथ-साथ संघर्ष है। दरअसल, बिना संघर्ष के सच्ची सुंदरता हो भी कैसे सकती है?

यह सुंदर होटल आस्था और सकारात्मक सोच के कारण अस्तित्व में आया। मिसेज़ हार्डी को बहुत सी मुश्किलों का सामना करना पड़ा, तब कहीं जाकर वे इस व्यवसाय को सफल बना पाईं। वे जानती थीं कि ऐसा करने के लिए उन्हें आध्यात्मिक शक्ति की ज़रूरत है, इसलिए उन्होंने हर जगह मार्गदर्शन की तलाश की। अर्नेस्ट होम्स और अन्य लोगों ने उनकी मदद की।

उन्होंने एक मित्र को पत्र लिखा था, जिसने मुझे वह पत्र दिखाया :

> यह आश्चर्यजनक है कि नॉर्मन की नसीहत मुझ तक कैसे पहुँची। 1942 में जब मैं अकेली थी, तो मैंने फ़ैसला किया कि मुझे ज़िंदगी की कोई योजना बनाना चाहिए। मैंने जवाब खोजने के लिए मेटाफिज़िक्स या गूढ़ दर्शन की लगभग हर चीज़ पढ़ डाली। फिर 40 के दशक में किसी ने मुझे मार्बल कॉलेजिएट चर्च का कुछ साहित्य भेजा। मुझे इसमें समझदारी लगी और मैं इस पर विश्वास करने लगी। मैंने सोचा कि अगर यह सिद्धांत सचमुच कारगर है, तो मुझे इस पर अमल करना चाहिए। और तब से आज तक मैंने इंगलसाइड इन को नॉर्मन के बताए तरीक़े से चलाने की कोशिश की है। नॉर्मन ने मुझे कई बार बताया है कि उनका सिद्धांत पूरी तरह सही साबित होने की स्थिति में है। वे इसमें विश्वास करते हैं और वे जानते हैं कि यह कारगर है। वे हमेशा ऐसे प्रमाण की तलाश करते रहते हैं, जो यह साबित करे कि यह ज़िंदगी जीने का सही तरीक़ा है।
>
> आप जानते हैं, वायुसंचरण के नियमों के अनुसार भौंरा उड़ नहीं सकता! लेकिन भौंरा यह बात नहीं जानता है और उड़ता रहता है! वह बहुत मोटा है, बहुत बड़ा है, उसके पंख बहुत छोटे हैं, लेकिन फिर भी वह उड़ता रहता है। होटल की सभी पुस्तकों में यह कहा गया है कि अमेरिकी योजना के होटल में अगर पचास से कम कमरे हों, तो वह ज़्यादा लंबे समय तक चल नहीं सकता, क्योंकि उसमें पर्याप्त आमदनी नहीं होगी। डाइनिंग रूम के संचालन के हिसाब से भी यह बहुत छोटा काम होगा। लेकिन छब्बीस साल से मैं अमेरिकी योजना का एक छोटा होटल चला रही हूँ और यह अब भी चल रहा है। मैं नॉर्मन की शिक्षा पर जितना आगे चलती हूँ, यह उतनी ही

कारगर साबित होती है। मैंने पाया है कि मुझे जल्दबाज़ी करने या तनाव लेने की ज़रूरत नहीं है - मैंने पाया है कि मेरी ज़िंदगी बहुत शांत और सुखी है, क्योंकि मैं ईश्वर से मार्गदर्शन माँगती हूँ और मुझे वह मिल जाता है। मैं बाइबल और अन्य पुस्तकें पढ़ती हूँ तथा इस सिद्धांत पर अमल करती हूँ। मेरी ज़िंदगी में जो सबसे अच्छी घटना हुई है, वह यह है कि नॉर्मन का साहित्य मेरे हाथों में पड़ गया।

सकारात्मक सोच असफलता के ख़िलाफ़ हुए कई सफल संघर्षों के लिए उत्तरदायी है, जिनमें कमज़ोरी को शक्ति में बदला गया। एक व्यक्ति आज सफल और सम्मानित एक्ज़ीक्यूटिव है। उसे कभी हीनता से संघर्ष करना पड़ा था। जब मैं उससे पहली बार मिला, तो मुझे वह बहुत ही संकोची लगा। दरअसल वह इतना संकोची था कि वह सिमटकर बैठा था। यह एक ऐसी कमज़ोरी थी, जो उसे बहुत पीछे रख रही थी। इसके कारण वह ख़ुद को गौण बना लेता था और ऐसी छवि प्रस्तुत करता था, जैसे उसमें शक्ति व योग्यता की कमी है।

वह एक बड़े बिज़नेस संगठन के पर्सनेल विभाग में था। एक दिन उसे बताया गया कि उसकी सेवाओं की अब आवश्यकता नहीं है - ऐसा तब हुआ, जब उसे कंपनी में नौकरी करते-करते आठ साल हो चुके थे। वह हैरान भी था और दुखी भी। उसके पास बचत के नाम पर बहुत कम पैसे थे, उसका भविष्य अंधकारमय लग रहा था और वह बुरी तरह हताश था। लेकिन तभी एक अजीब चीज़ हुई। जब उसे ख़ुद पर निर्भर होना पड़ा, जब उसके सामने एक वास्तविक संकट आया, तो उसने अपनी कमज़ोरी को शक्ति में बदल लिया। उसे वे बातें याद आईं, जो हम सकारात्मक सोच के बारे में कह रहे थे। और उसने इन सिद्धांतों पर अमल करने का संकल्प किया।

मैंने उसकी मुश्किल के बारे में सुना और कहा, "मैं आपकी मदद करना चाहता हूँ। कुछ लोगों से मेरी जान-पहचान है और शायद हम आपकी कुछ मदद कर सकते हैं।"

लेकिन मुझे हैरानी हुई, जब उसने यह जवाब दिया, "मैं नहीं चाहता कि आप मेरे लिए कुछ भी करें। मैं आपके सकारात्मक सोच के सिद्धांतों की परीक्षा करने जा रहा हूँ। आप मुझे भूल जाएँ। बस मेरे

लिए प्रार्थना करें। अगर ये सिद्धांत काम करते हैं, तो वे अवश्य काम करेंगे, चाहे आप मेरी मदद करें या न करें। और अगर वे काम नहीं करते हैं, तो आपकी मदद से मुझे ज़्यादा फ़ायदा नहीं होगा।" मुझे यह बात पसंद आई, क्योंकि इससे यह पता चला कि शक्ति आ रही थी।

कुछ महीने बाद उसने मुझे अपने अनुभव के परिणाम बताए। उसने कहा, "जीवन में पहली बार मैं सचमुच रचनात्मक चिंतन करने के लिए विवश हुआ। मुझे अपने परिवार का पेट पालना था, लेकिन मेरे पास कोई नौकरी नहीं थी, न ही भविष्य में नौकरी मिलने की कोई उम्मीद थी। बहरहाल, मैंने यह तस्वीर देखी कि कहीं पर मेरे लिए कोई भविष्य तय है, मुझे बस इसे खोजना होगा, इसके लिए मुझे अपने मस्तिष्क और आस्था का प्रयोग करना होगा।"

तो उसने क्या किया? बस इतना ही। उसने सौ कंपनियों के प्रेसिडेंट्स के नाम खोजे। उसने हू इज़ हू और अन्य डायरेक्टरीज़ पढ़ीं, ताकि वह उन एक्ज़ीक्यूटिव्ज़ के बारे में जानकारी प्राप्त कर सके, जिनसे वह संपर्क करना चाहता था। उसने यह अध्ययन किया कि वे किस प्रकार के बिज़नेसमैन थे। उसने उनके व्यक्तिगत नज़रिये, उनकी पसंद-नापसंद की जाँच की। उसने हर व्यक्ति के मानसिक झुकाव का विस्तृत अध्ययन किया।

उसने उनमें से हर एक को व्यक्तिगत पत्र लिखा, जिसमें उसने कहा कि उसे कार्मिक संबंधी कार्य के लिए प्रशिक्षित किया गया है। उसने अपना अनुभव बताया। उसने संभावित नियोक्ता को विनम्रता परंतु स्पष्टता से बताया कि उसके पास उन्हें देने के लिए क्या है। उसने बताया कि उसके हिसाब से वह नियोक्ता की कैसे मदद कर सकता है। उसने अपनी सेवाओं की बिक्री को नियोक्ता की आत्म-रुचि से जोड़ दिया। उसने अपने बारे में डींगें नहीं हाँकीं, लेकिन उसने संकोच भी नहीं किया। उसने अपनी योग्यताओं को निष्पक्ष ढंग से प्रस्तुत किया। और उसे रुचि प्रदर्शित करने वाले कई जवाब मिले।

उसने उस नौकरी की मानसिक तस्वीर देखी, जिसे वह चाहता था। वह लगातार सकारात्मक तरीक़े से सोचता रहा और उसके संपर्कों के कारण उसके पास दो अच्छे पदों के प्रस्ताव आए। उसने उनमें से एक पद

को स्वीकार कर लिया, जहाँ उसे पिछली नौकरी की तुलना में हर साल बारह सौ डॉलर ज़्यादा मिल रहे थे। नई नौकरी शुरू करने के बाद मैंने उससे कहा, "आपके साथ जो हुआ है, वह सचमुच चमत्कार है।"

"चमत्कार, बिलकुल नहीं। यह सकारात्मक सोच की शक्ति का प्रदर्शन है, जिसे आप सिखाते हैं। मैंने व्यक्तिगत अनुभव से यह पाया है कि सकारात्मक सोच व्यावहारिक और वैज्ञानिक दोनों तरह से दमदार है। मैं अब जानता हूँ कि बाइबल हमसे आस्था रखने को क्यों कहती है, क्योंकि जब आप विश्वास करते हैं, सचमुच विश्वास करते हैं, तो आपका दिमाग़ साफ़ होता है और फिर आप अपनी कठिनाइयों के बीच से मार्ग खोज सकते हैं। इसके अलावा, इस तरह का अनुभव पूरी तरह बुरा नहीं है। शायद मुझे ज़रूरत थी कि कोई चीज़ मुझे बुरी तरह हिलाकर डरे हुए चूहे या खरगोश जैसी ज़िंदगी से बाहर निकाल दे।" दरअसल वह उस स्थान पर सबसे सशक्त बन गया था, जहाँ वह पहले सबसे कमज़ोर था।

कमज़ोर से शक्तिशाली बनने का सबसे प्रभावकारी तरीक़ा सकारात्मक आस्था की ज़िंदगी बदलने वाली प्रक्रिया है। इस तथ्य के हर दिन इतने प्रमाण मिलते हैं कि उनमें से किसी एक को चुनना बहुत मुश्किल है। ऐसे लोगों के प्रमाण असीमित हैं, जिन्होंने अपनी कमज़ोरी को शक्ति में बदला है।

कई बार मैंने उन लोगों से इस परिवर्तन की प्रक्रिया का ज़िक्र किया है, जो अपनी कमज़ोरी से संघर्ष करते हैं। वे मुझसे यह कहते हैं, "मैं चर्च जाता हूँ, दान देता हूँ और बाइबल पढ़ता हूँ। मुझे ऐसा लगता है कि मैं सक्रिय धर्म के अनुसार जी रहा हूँ, परंतु इससे मुझे ज़रा भी मदद नहीं मिल रही है।" देखिए, असली महत्व की बात है ईश्वर की शक्ति का आध्यात्मिक अनुभव। इसमें सिर्फ़ धार्मिक औपचारिकता की ही ज़रूरत नहीं होती। कमज़ोरी को सच्ची शक्ति में बदलने के इस सशक्त काम में इससे ज़्यादा की ज़रूरत होती है।

बिल कार्टर का प्रकरण ले लें। मैं उसे कार्टर कहूँगा, हालाँकि यह उसका असली नाम नहीं है। बिल को शराब के मामले में बहुत मुश्किल आ रही थी। उसने ख़ुद को सुधारने और अपनी कमज़ोरी से पीछा

छुड़ाने के लिए हर तरीक़े को आज़मा लिया था, लेकिन कोई फ़ायदा नहीं हुआ। एक दिन उसके डॉक्टर ने उससे ज़रा रूखेपन से कहा, "बिल, मुझे ख़ेद है, लेकिन मैं तुम्हारे लिए इससे ज़्यादा नहीं कर सकता।"

"आपका मतलब है कि मेरा मामला निराशाजनक है।"

"हाँ, जब तक कि तुम सबसे बड़े विशेषज्ञ की मदद न लो।"

"परंतु डॉक्टर, शराब के बारे में आपसे ज़्यादा कौन जानता है?"

डॉक्टर ने कहा, "मैं एक ऐसे विशेषज्ञ को जानता हूँ, जो तुम्हारी मदद कर सकता है। उसकी क़ीमत बहुत ज़्यादा है, और तुम्हारे मन में वह क़ीमत चुकाने की इच्छा होना चाहिए। वह तुम्हारी हर चीज़ ले लेगा, लेकिन निश्चित रूप से वह तुम्हारा इलाज कर सकता है।"

बिल अपनी कुर्सी पर तनकर बैठ गया। "यह विशेषज्ञ कौन है? अगर मैं इस शराब पीने की समस्या को सुलझा सकूँ और ख़ुद पर नियंत्रण पा सकूँ, तो मैं हर क़ीमत चुका दूँगा।"

डॉक्टर ने कहा, "बिल, जिस विशेषज्ञ के बारे में मैं बात कर रहा हूँ, उसका क्लीनिक *न्यू टेस्टामेंट* में है। तुम जानते हो कि वह कौन है। और मुझे इस बारे में बहुत संदेह है कि जो क़ीमत वह माँगता है, वह क़ीमत तुम चुकाना चाहोगे। मैं जानता हूँ कि तुम चर्च जाते हो और प्रार्थना करते हो। तुम बाइबल भी पढ़ते हो, लेकिन तुम वह क़ीमत नहीं चुका रहे हो, जो परिवर्तन के लिए ज़रूरी है। और इस डॉक्टर की फ़ीस क्या है? तुम ख़ुद, तुम्हारा पूरा अस्तित्व। तुम ख़ुद को रोके हुए हो, इसलिए तुम्हारा उपचार नहीं हो पा रहा है। तुम अपने आख़िरी 5 प्रतिशत हिस्से को नहीं छोड़ रहे हो। मैंने तुम्हारे शरीर में से अल्कोहल तो निकाल दिया है, लेकिन तुम्हारे मस्तिष्क के बचे हुए 5 प्रतिशत हिस्से तक नहीं पहुँच सकता। वहाँ सिर्फ़ वही महान चिकित्सक पहुँच सकता है और उस कमज़ोरी का इलाज कर सकता है, जो तुम्हें बर्बाद कर रही है और बर्बाद करती रहेगी।

"देखो, तुम्हें पूर्ण समर्पण करना होगा, पूर्ण समर्पण। जब तुम ऐसा करोगे, तो तुम्हें सचमुच शक्ति मिल जाएगी।"

कितना बढ़िया डॉक्टर था! वह शरीर के अलावा मस्तिष्क और आत्मा का भी डॉक्टर था। यह सच है कि हममें से ज़्यादातर लोग दरअसल पूरी आस्था नहीं रखते हैं। इस गहरे अर्थ में धार्मिक आस्था को प्रभावी बनाने के लिए पूरे समर्पण की ज़रूरत होती है, दिल से भी और आत्मा से भी। बिल कार्टर ने आख़िरकार अपने डॉक्टर की सलाह मान ली। उसने एक आसान प्रार्थना की, जो वह पहले नहीं कर पा रहा था। उसने यह कहा :

"ईश्वर, मैं अब इस 5 प्रतिशत विरोध को भी छोड़ रहा हूँ। मैं अपने समूचे व्यक्तित्व से आपके सामने समर्पण कर रहा हूँ। मेरा अब कोई अस्तित्व नहीं है। आप जो चाहें, वह करें। आमीन।"

परिणामस्वरूप आध्यात्मिक शक्ति आने लगी। कुछ समय बाद शराब की समस्या से मुक़ाबला करने की बिल की क्षमता बढ़ गई। आज वह इससे पूरी तरह उबर चुका है और प्रभावशाली व्यक्ति बन चुका है, क्योंकि उसने यह सीख लिया है कि ईश्वर की इच्छा के सामने पूर्ण समर्पण कैसे किया जाता है। उसने कहा, "जब मैंने ईश्वर के हाथों में कमान सौंप दी, तो मैंने दरअसल यह महसूस किया कि पुरानी कमज़ोरी जलकर बाहर निकल रही है।" आस्था के बारे में मूलभूत तथ्य यह है कि यह शक्ति के साथ तभी काम करेगी, जब आप *पूरी तरह समर्पण कर दें।* कुछ भी बचाकर न रखें। कोई संशय न रखें। अपने पूरे दिल से, अपने पूरे मस्तिष्क से, अपनी पूरी आत्मा से, *सकारात्मक तरीक़े से* विश्वास करें। अगर आप ऐसा करेंगे, तो कोई भी कमज़ोरी इतनी बड़ी नहीं है कि आप उसे न जीत सकें।

इस अध्याय में हम ऐसे तरीक़ों की खोज कर रहे हैं, जिनके प्रयोग द्वारा लोगों ने वास्तव में सकारात्मक सोच के माध्यम से कमज़ोरी को ताक़त में बदला है। हमने क्रोध, हीनता, हताशा और नैतिक पराजय की तरफ़ विशेष ध्यान दिया है।

ये सिद्धांत किसी भी कमज़ोरी पर आज़माए जा सकते हैं, चाहे वह कोई भी हो। इस अध्याय में जो सुझाव दिए गए हैं, अपनी विशेष समस्या को उस संदर्भ में लाएँ। सबसे पहले, अपनी समस्या को स्पष्टता से देखें, ताकि आप सटीकता से जान सकें कि आप किस

कमज़ोरी से जूझने की कोशिश कर रहे हैं। फिर उन परिणामों पर ध्यान केंद्रित करें, जो आप हासिल करना चाहते हैं। स्पष्टता से यह जान लें कि आप क्या हासिल करना चाहते हैं। तत्काल वह व्यक्ति बनना शुरू कर दें, जो आप बनना चाहते हैं। अपनी कमज़ोरी को ताक़त में बदलने की अपेक्षा रखें। लगातार ऐसा करने से ऐसा सचमुच हो जाएगा। अपने लक्ष्य को हासिल करने के लिए लगनशील रहें। हार न मानें। लगे रहें - लगे रहें - लगे रहें।

अगर आप महसूस करते हैं कि आपकी ऊर्जा कम हो रही है, तो इस अध्याय को दोबारा पढ़ें। ख़ास तौर पर इस तरफ़ ध्यान दें कि दूसरों ने इसी तरह की कमज़ोरियों का सामना करके विजय कैसे पाई। और अंत में यह दृढ़ विश्वास रखें कि ईश्वर का यह इरादा नहीं है कि आप कमज़ोरियों के शिकार हों। इस पर यक़ीन करें क्योंकि यह सच है। यह विश्वास करें कि ज़िंदगी का सामना करने का स्वाभाविक तरीक़ा साहस और शक्ति के माध्यम से है। यह विश्वास करें कि ईश्वर ने आपको ऐसी शक्ति दी है, जिसका आप प्रयोग नहीं कर रहे हैं। लेकिन अब आप इसका प्रयोग करने जा रहे हैं।

अपनी कमज़ोरी को पहचान लें। आप जो परिणाम चाहते हैं, उन्हें स्पष्ट कर लें। शक्तिशाली बनने की तस्वीर देखें। आप जिस शक्तिशाली व्यक्ति में बदलना चाहते हैं, वह बनना शुरू कर दें। इस तरह काम करें, जैसे आपने उस कमज़ोरी को ताक़त में बदल लिया है। यह विश्वास करें कि आप जो परिणाम चाहते हैं, आप उन्हें हासिल कर सकते हैं। ईश्वर पर विश्वास करें कि वह आपकी मदद करेगा। यही वह तरीक़ा है, जिससे व्यक्तित्व में गहरे परिवर्तन होते हैं। अपनी विशिष्ट समस्या पर इसे आज़माकर देखें। आप भी अपनी कमज़ोरी को ताक़त में बदल सकते हैं।

दरअसल आपकी पूरी ज़िंदगी हर तरह से ज़्यादा शक्तिशाली और सुखद बन सकती है। जब आप इस पुस्तक की नसीहतों का अध्ययन करेंगे और उन पर अमल करेंगे, तो आपके साथ और आपके भीतर महान घटनाएँ होंगी। अधिक प्रबल आस्था, अधिक गहरी समझ और अधिक समर्पण की बदौलत आप एक अद्‌भुत नए जीवन के द्वार खोल

लेंगे। आप अपनी सभी समस्याओं का सामना करने में सक्षम होंगे। आपमें पर्याप्त अतिरिक्त शक्ति तथा ज्ञान होगा, ताकि आप दूसरों के जीवन पर भी रचनात्मक प्रभाव डाल सकें।

फिर पराजय नहीं रहेगी, असफलता नहीं रहेगी, निराशा नहीं रहेगी। अचानक ज़िंदगी आसान या सतही नहीं बन जाएगी - बिलकुल नहीं। ज़िंदगी वास्तविक है, ज़िंदगी गंभीर है और इसमें समस्याएँ भरी पड़ी हैं। लेकिन ईश्वर का शुक्र है कि इसमें समस्याओं के समाधान भी भरे पड़े हैं। इस पुस्तक में सोचने और कार्य करने के जो फ़ॉर्मूले दिए गए हैं, उन्हें पढ़ लेने के बाद अब आपको अपनी कठिनाइयों से हारने की ज़रूरत नहीं है। अब आप उन्हें हरा सकते हैं। यह परिवर्तन उस मालिक की बदौलत हुआ है, जो आपकी ज़िंदगी में प्रवेश कर चुका है और जिसने आपको एक नया इंसान बना दिया है। इसलिए आपको और दूसरे लोगों को सकारात्मक सोच के अद्‌भुत परिणाम अवश्य मिलेंगे।

उपसंहार

मैं सकारात्मक सोच के अद्‌भुत परिणाम आगे भी बता सकता हूँ। इस पुस्तक में जितने उदाहरण दिए गए हैं, उनसे बहुत ज़्यादा लोगों ने जीत हासिल की है। और मैं आपको उन सबके बारे में बताना चाहूँगा। लेकिन पुस्तक के आकार की एक सीमा है। इसलिए हमें यहीं रुकना पड़ेगा।

लेकिन ऐसा करने से पहले मैं आपसे एक अंतिम बात कहना चाहता हूँ : कभी भी ख़ुद से या अपनी ज़िंदगी से निराश न हों। कभी हार न मानें, कभी आस न छोड़ें।

हर समस्या, हर कठिनाई से उबरने का कोई न कोई रास्ता होता है। और यह रास्ता सकारात्मक सोच और सकारात्मक कर्म से ही मिलता है। इसे आध्यात्मिक प्रेरणा द्वारा हासिल किया जाता है।

दूसरों ने ईश्वर की मदद से जो किया है, वह आप भी कर सकते हैं। और आपको यह काम कैसे करना है, यह मैंने इस पुस्तक में पूरी सच्चाई और स्पष्टता से बताया है। इसमें वे फ़ॉर्मूले और तकनीकें दी गई हैं, जिनका इस्तेमाल करके लोगों ने पराजय को विजय में बदला है।

अब जब आपने इस पुस्तक को पढ़ लिया है, तो इस पर अमल करें। यह पुस्तक ज़्यादातर पुस्तकों की तरह नहीं है, जिन्हें पढ़ने के बाद काम ख़त्म हो जाता है। यह अमल करने की मार्गदर्शिका है। यह तभी काम करेगी, जब आप इस पर काम करेंगे। सर्वश्रेष्ठ परिणामों के लिए अनुशासित और प्रार्थना भरी लगन ज़रूरी है।

मैं इस पुस्तक को सच्ची प्रार्थना में समर्पित करता हूँ। मैंने इसे ईश्वर को इस प्रार्थना के साथ समर्पित किया है, ताकि यह आपकी मदद कर सके। और यह पुस्तक आपकी मदद कर सकती है, जिस तरह इसने दूसरों की मदद की है। अगर आप इसके सिद्धांतों पर आस्था से अमल करेंगे, तो आप भी सकारात्मक सोच के अद्‌भुत परिणाम हासिल कर सकते हैं।

मित्रतापूर्ण शुभेच्छाओं के साथ। ईश्वर आप पर कृपा बनाए रखे।

आपका,

नॉर्मन विन्सेन्ट पील